普通高等教育"十二五"规划教材
全国高等院校财经管理类规划教材

销售管理
——技能与实务

主　编　任广新
副主编　闫　岩　罗　建
参　编　史　书　蒋　建　夏建刚
　　　　王艳双　张　静　陈　哲
　　　　郭　元　张贵平

内 容 简 介

本书为了满足工商管理专业、市场营销专业等财经管理类专业学生和教师的需求,吸收了国内外销售管理的新理念、新知识、新技能,并用于指导实训与实践,突出实用性。全共分两部分:第一部分为销售基本技能篇,第二部分为销售管理实务篇。在明确销售与销售管理的基本含义前提下,为学习者提供"客户开发技能、谈判技能、促成技能"基本实用技能,同时提供"销售计划管理、人员管理、区域管理、渠道管理、客户管理、终端管理、网络销售管理和销售诊断与控制"的基本理论与实务,共计十二章。

本书注重对受教育者在销售基本技能、销售管理思维培养、销售管理技能与实务方面的训练和管理素质的提升。书中结合案例分析、视野与思考、思考与练习等内容,透彻总结了最新的、综合的销售管理的方式和方法,从导入案例开始,到案例分析和思考与练习结束,理论与实践相结合,通俗易懂,深入浅出。

本书可以作为应用型人才培养的教科书或辅助教材,同时也用于为企业销售管理培训。

图书在版编目(CIP)数据

销售管理:技能与实务/任广新主编.—北京:北京大学出版社,2013.4
(全国高等院校财经管理类规划教材)
ISBN 978-7-301-20690-4

Ⅰ.①销… Ⅱ.①任… Ⅲ.销售管理—高等职业教育—教材 Ⅳ.①F713.3

中国版本图书馆 CIP 数据核字(2012)第 104192 号

书　　　名:	销售管理——技能与实务
著作责任者:	任广新　主编
策 划 编 辑:	温丹丹
责 任 编 辑:	吴坤娟
标 准 书 号:	ISBN 978-7-301-20690-4/F·3191
出 版 发 行:	北京大学出版社
地　　　址:	北京市海淀区成府路 205 号　100871
网　　　址:	http://www.pup.cn　　新浪官方微博:@北京大学出版社
电 子 信 箱:	zyjy@pup.cn
电　　　话:	邮购部 62752015　发行部 62750672　编辑部 62756923　出版部 62754962
印 刷 者:	北京大学印刷厂
经 销 者:	新华书店
	787 毫米×1092 毫米　16 开本　19.5 印张　462 千字
	2013 年 4 月第 1 版　2014 年 11 月第 2 次印刷
定　　　价:	38.00 元

未经许可,不得以任何方式复制或抄袭本书之部分或全部内容。
版权所有,侵权必究
举报电话:010-62752024　电子信箱:fd@pup.pku.edu.cn

前　言

20世纪70年代初,才开始出现销售管理理论和经验的研究。大多数相对成熟的研究以销售团队行为、动机和态度等方面为重点。销售经理大多依赖于传统和个人经验,并依赖直觉管理他们的销售团队。销售经理们不知如何更好地提高销售人员的销售技能和具体管理实务的基本技能。营销研究者则更多研究的是产品、价格、渠道和促销等相关内容。

销售管理至今还是一门年轻的学科,国内大多数教材都是结合国外营销管理相关书籍与市场营销书籍编写而成,提供内容也不尽相同,理论方面虽有一定的帮助,但对未参加工作的学生来说,很难体会到真实企业销售及销售管理具体实务性工作情景。

本书为了满足工商管理专业、市场营销专业等经管专业学生的需求,在明确销售与销售管理的基本含义前提下,为学生提供客户开发技能、谈判技能、促成技能等基本实用技能,同时提供销售计划管理、人员管理、区域管理、渠道管理、客户管理、终端管理、网络销售管理以及销售诊断与控制的相关基本理论与实务,给学生提供透彻的、最新的、综合的销售管理的方式和方法。书中提供了相关案例、视野与思考内容等,用通俗易懂的语言,使学生学习起来不枯燥,深入浅出。从导入案例开始,到案例分析和思考与练习结束,理论与实践相结合,让学生有一个整体的训练,符合销售管理岗位的需求。

本书吸收了国内外销售管理的新理念、新知识、新技能,并用于指导实训与实践,突出实用性。全书共分两部分:第一部分为销售基本技能篇,第二部分为销售管理实务篇。

本书参编人员均有企业相关工作经验,在编写过程中力争做到"理论够用为主,实践实用为重",注重提高学生销售管理方面的技能,为未来从事企业相关岗位奠定良好的基础。

本书由北京吉利大学商学院任广新担任主编,负责全书的结构设计、统稿和审稿。闫岩、罗建担任副主编。全书共分为十二章,其中:第一章、第八章由任广新编写,第二章由史书、蒋建编写,第三章由蒋建编写,第四章由夏建刚编写,第五章由王艳双编写,第六章由罗建编写,第七章由张静编写,第九章由陈哲编写,第十章由郭元编写,第十一章由闫岩编写,第十二章由张贵平编写。

在编写过程中,得到了企业实践专家、渤海大学张满林教授,北京吉利大学校长助理赵开华教授和商学院副院长宋丽群教授的支持与指导,在此表示衷心的感谢。随着市场经济的发展,销售管理理论与方法也在不断发展之中,由于编者水平不限,疏漏之处在所有免,欢迎专家和读者予以批评指正。

任广新

2012.2

目 录

第一章 销售管理概述 (1)
第一节 销售与销售管理 (2)
第二节 什么是销售管理 (4)
第三节 销售部门在企业中的地位 (6)
第四节 销售经理岗位职责 (9)
第五节 如何做一名优秀的销售经理 (10)
第六节 销售管理学的发展历程 (14)

第一部分 销售基本技能篇

第二章 客户开发技能 (21)
第一节 客户开发概述 (21)
第二节 如何寻找和开发客户 (27)
第三节 寻找和开发客户的技巧 (34)

第三章 销售谈判技能 (44)
第一节 销售谈判概述 (45)
第二节 销售谈判的准备 (48)
第三节 销售谈判的流程 (51)
第四节 销售谈判的技巧 (53)

第四章 销售促成技能 (63)
第一节 销售成交概述 (63)
第二节 销售异议处理 (72)
第三节 促成交易技巧 (76)

第二部分 销售管理实务篇

第五章 销售计划管理 (87)
第一节 销售计划概述 (87)
第二节 销售预测 (89)
第三节 销售目标与配额 (92)
第四节 销售预算管理 (97)

第六章 销售区域管理 (103)
第一节 销售区域概述 (106)
第二节 销售区域设计 (109)
第三节 销售区域开发 (115)
第四节 销售区域管理 (119)

第七章 销售人员管理 (133)
- 第一节 销售人员规模设计 (134)
- 第二节 销售人员招募与选拔 (135)
- 第三节 销售人员的培训 (143)
- 第四节 销售人员的激励 (148)
- 第五节 销售人员的业绩考评 (153)
- 第六节 销售人员的薪酬制度 (159)

第八章 销售渠道管理 (165)
- 第一节 企业渠道管理人员的岗位和职责 (166)
- 第二节 如何建立销售渠道 (169)
- 第三节 渠道中间商种类介绍 (181)
- 第四节 销售合同 (192)
- 第五节 如何进行渠道管理 (197)

第九章 客户管理 (208)
- 第一节 客户管理概述 (209)
- 第二节 客户关系管理 (210)
- 第三节 客户信用管理 (217)
- 第四节 客户投诉管理 (225)
- 第五节 客户服务管理 (229)

第十章 销售终端管理 (238)
- 第一节 货品陈列 (239)
- 第二节 订货、发货与退货管理 (246)
- 第三节 终端管理 (256)

第十一章 网络销售管理 (263)
- 第一节 什么是网络销售 (266)
- 第二节 网络销售的基本流程 (268)
- 第三节 网络销售的主要方法 (271)
- 第四节 网络销售人员管理 (273)
- 第五节 网络销售风险管理 (275)

第十二章 销售诊断与控制 (283)
- 第一节 销售诊断与控制概述 (284)
- 第二节 销售诊断工作步骤与内容 (288)
- 第三节 销售分析与评价 (291)
- 第四节 销售目标控制 (298)

参考文献 (304)

第一章 销售管理概述

[学习目标]

学完本章,你应该达到:
1. 知道什么是销售与销售管理;
2. 掌握销售管理的过程;
3. 知道销售部门在企业中的地位;
4. 理解销售管理的岗位职责;
5. 知道一名优秀销售经理应有什么素质;
6. 了解销售管理学的发展趋势。

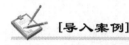

[导入案例]

一位销售经理的困惑

A 经理在某公司工作了四年。三年前,他因销售业绩出色而被提升为区域销售经理。在做经理的第一年,他招聘了四个他很满意的销售代表,但是三个月后,A 经理就发现这四个销售代表在不同的方面出现了问题,因此他不厌其烦地找销售代表谈,要他们改正。第一年结束时,他区域内的四个销售代表换了三个,没有完成当年区域的销售计划。第二年,培训老师介绍了"软"与"硬"的概念,A 经理很受启发。回到当地后,对每位销售都开始"软",员工要什么支持,他都提供。这一年结束时,没有一个员工流动,大家还相当团结和友好,团队士气很高,完成当年计划 105%!第三年伊始,A 经理把分配的计划给同事后,个人产出最高的两个销售代表认为对他们不公平,本区域的计划增长率比同一个地区的另两个区域增长率高,A 经理鼓励他们说,计划是有点儿偏高,但这是领导对本区域的信任,大家尽量努力。半年后,区域累计完成计划 92%,对比去年增长 5%,A 经理着急了,他开始找每个销售代表分析市场潜力,找解决方法,并让三个科室召开研讨会等。他听传闻说,有两位员工想要找新的工作……结果第三年结束时,两位销售代表离职了,并且完成计划的 98%!A 经理总结的原因是:下半年对员工太"硬"了。

思考问题

1. 您认为 A 经理第三年太"硬"了吗?为什么?
2. A 经理第二年太"软"了,所以第三年出了问题,这种观点对吗?为什么?
3. 如果您是 A 经理,那么您应该如何做?

第一节　销售与销售管理

一、什么是销售

销售(Sales)是指企业为了实现经营发展目标,将生产和经营的产品或服务出售给顾客的活动。在销售过程中销售人员发现(或引导)顾客需求,并通过企业的产品或服务满足其特定需求的过程,是实现企业盈利和发展要求的过程。销售是一个双赢的过程。

销售是企业存活的基础。企业是追求盈利的经济实体,只有将产品或服务销售出去,才能获取收入,才有可能实现利润,因此销售是企业经营的重要活动。

销售是满足客户需求的活动。销售人员要能够找出商品所能提供的特殊利益,满足客户的特殊需求。例如,客户买太阳眼镜,有的是为了耍酷;有的是怕阳光过强,眯着眼睛容易增加眼角的皱纹;有的也许没有东西遮住红肿的眼睛,不方便出门。每个人的需求不一样,所以无论造型多酷的太阳眼镜,如果镜片的颜色比较透光,那么这幅太阳眼镜提供的功能就无法满足那些担心皱纹以及希望遮住红肿眼睛的两类客户的需求。该太阳眼镜就难以销售给他们。

对于销售有很多不同的理解,要正确地理解销售需注意以下几点。

(一) 销售不是"推销(Selling)"。推销是一种说服客户购买某种产品或服务,并协助满足其需要的活动。而科学的销售不仅包括"推"的策略,还包括"拉"的策略,即通过广告、营业推广等促销手段吸引客户购买。

(二) 销售不是"交换(Exchange)"。交换是一种以满足对方基本需要为动机的物与物或物与货币的交易行为。而销售是以企业发展为动机的行为,其目的是通过产品或服务来获取经济效益和社会效益。

(三) 销售不是"营销(Marketing)"。著名市场营销学者菲利普·科特勒(Philip Kotler被誉为"现代营销学之父")认为:"营销是个人和集体通过创造,提供出售,并同别人交换产品和价值,以获得其所需所欲之物的一种社会和管理过程。"营销活动涉及企业所有的经营活动,销售只是其中之一的活动。销售与营销二者的具体区别见表1-1。

表1-1　销售与营销的区别

区别方面	销售	营销
思考方式不同	战术思考	战略思考
围绕中心不同	以销售人员为中心	以市场分析、顾客创造为中心
研究对象不同	主要研究能销售的技能和方法	主要研究能打开市场的策略
关心重点不同	关心现有产品的销售 关心销售目标的达成	关心顾客需求的满足 关心企业的持续发展
关注成效不同	着眼创造短期业绩	立足企业未来

二、销售特点

销售是一种点对点的营销方式。点与点之间不一定是一条直线,可能是绕过所有障碍的一条曲线。

销售是一项报酬率非常高的艰难工作,也是一项报酬率最低的轻松工作。这一切完全取决于你对销售工作是怎么看、怎么想、怎么做的。

销售极具挑战性,经常会遇到客户的抗拒。销售的过程主要就是解除抗拒的过程,要把客户的拒绝当成是客户在提问,而销售人员要做的就是有技巧地解答这个问题。

销售需要持久的耐心和坚强的信心。每个人都有自己选择的权力,你可以选择其他的业务做,更可以选择你自己想做的事情。但是,成功的销售精英85%都有坚持不懈的努力精神和强大的信心以及积极的工作态度。

销售是"技术"工作,需要掌握必要的知识。销售工作不是简单的推介,而是一种时间的积累,专业知识的积累,实战经验的积累,人脉资源的积累。在销售过程中需要有相关的知识、操作技能和技巧。

销售应该开始于发现或刺激顾客需求。销售人员应站在客户的立场去思考相关事宜,客户想的最简单的五句话:买得明白;买得放心;买得满意;买得舒服;买得有价值。

销售产品就是销售自己,销售人员的魅力便是产品的魅力。销售产品首先得让客户认可销售人员,销售人员的仪容仪表、言谈举止和自我修养都会影响客户的购买意向。

三、销售过程

销售人员要提高销售的成功率和销售效率,必须掌握基本的销售步骤。结合企业客户特点,一个完美的销售流程一般是由以下十个步骤组成。

步骤一:售前准备。

凡事预则立,不预则废。良好的准备是成功的一半。资料的准备,名片的准备,心理的准备,着装的准备,有时还要带一些小礼品。其中,资料包括日常公司常备资料和针对该客户的个性化资料,对资料要熟之又熟,准备充分了销售人员才能出发去拜访客户。

步骤二:约见客户。

做好销售前准备之后,销售人员就要约见客户。约见客户的技巧很多,一般客户都会说自己很忙,不愿意接待,那么销售人员应尽量采用比较激昂且有感染力的声音进行约见,可采用二选一法则,例如:您是九点有时间还是十点方便呢?

步骤三:建立信任。

介绍产品前销售人员首先要推销自己,让客户对其有一个良好的印象,拉近与客户之间的距离,让对方对其产生好感和兴趣,从而不断增强信任感。

步骤四:挖掘需求。

只有了解客户的真正需求,进行仔细的需求分析,销售产品时才能有的放矢。很多销售人员(包括中高级的销售人员)都会忘掉这个环节,而直接讲述产品,这是大忌。在和客户寒暄的过程中销售人员慢慢发现客户的需求,然后有针对性地"下药",一针见血。医生的"望、闻、问、切",就是客户需求分析的最好例子。

步骤五:介绍产品。

在了解客户需求后,也许要一次或几次地进行介绍本企业产品,这是销售人员的基本功,一定要熟悉自己的产品,最好进行互动式的讲解,用客户理解的语言和方式介绍产品。

步骤六:竞争分析。

介绍完产品后,销售人员可以进行一次总结,但是客户往往会提出"某某公司"比你们如何呢?竞争对手的分析要客观一些,偏激地抨击竞争对手,只能带来客户对销售人员的反感。一般原则是:只说自己的好,不说别人的坏;只说行业现状,不说针对谁。

步骤七：异议处理。

在介绍产品或交流过程中，客户会提出各种各样的问题或意见，这些都属于客户异议。出现客户异议是成交的障碍，同时也可能是成交的信号，销售人员必须认真应对，尽快消除异议。要分析是需求异议、产品异议、供应商异议、价格异议，还是时间异议等，再采取相关的妥善的处理办法，这些我们会将在本书的第四章第二节进行讲解。

步骤八：缔结成交。

缔结成交是销售中最重要的环节。很多销售人员很会与客户交谈，但是不会促进成交，即与客户签单。如果销售人员掌握了各种技巧，经过充分的准备，就可以从容地完成缔结成交这一过程。如在客户最兴奋的那个点上成交，不仅很快而且还有可能把单子额度放大。

步骤九：客户服务。

签完合同，不是销售工作的结束，而是刚刚客户服务的开始。除产品本身的服务外，还要定时关心客户，如每周的短信，每月的回访，每一个与客户相关的节日都应给其真诚慰问等。

步骤十：客户转介绍。

这是优秀的销售人员持续做出优秀业绩的法宝。在和客户持续的服务沟通过程中，赢得客户的信任，他们会主动介绍他人来购买产品，销售人员从客户转介绍中不断取得销售业绩。

（资料来源：阿里学院网站 http://www.alibado.com/exp/detail-w562435-e10887-p1.htm，销售人员必须知道的销售步骤，有修改）

第二节　什么是销售管理

一、销售管理的含义

营销学权威菲利普·科特勒在他的《营销管理》一书中对营销管理的定义是：营销管理是为了实现各种组织目标，创造、建立和保持与目标市场之间的有益交换和联系而设计的方案的分析、计划、执行和控制。

根据以上的营销管理的定义，我们可以看出营销管理是企业管理中非常重要的一个工作环节。市场营销工作必须与企业的产品开发、生产、销售、财务等工作环节协调。只有这样，企业的整体经营目标才能够达成，企业的总体经营策略才能够得以有效地贯彻落实。而且营销管理工作是在企业的经营目标、战略经营计划的总体战略之下，根据对经营环境的分析结果，对市场进行细分，选定希望进入的目标市场，然后据此而制订市场营销计划和营销组合，并且推动计划的落实执行和对执行计划的过程进行监督控制、评估、检讨和修订。

对于销售管理，美国印第安纳大学的达林普教授定义如下：销售管理是计划、执行及控制企业的销售活动，以达到企业的销售目标。

美国学者约瑟夫·P. 瓦卡罗（Joseph P. Vaccaro）认为：销售管理就是解决销售过程中出现的问题，销售经理应该是一个知识渊博、经验丰富的管理者。

拉尔夫·W. 杰克逊（Ralph W. Jackson）（美）和罗伯特·D. 希里奇（Robert D. Hisrich）（美）在《销售管理》一书中这样表述：销售管理是对人员推销活动的计划、指挥和监督。

美国销售管理专家查尔斯·M. 富特雷尔（Charles M. Futrell）教授认为，销售管理是一个通过计划、配置、训练、领导和控制组织资源以达到销售目标的有效方式。

我国学者李先国等人认为，所谓销售管理，就是管理直接实现销售收入的过程。

由此可见，销售管理是从市场营销计划的制订开始，销售管理工作是市场营销战略计划中的一个组成部分，其目的是执行企业的市场营销战略计划，其工作的重点是制定和执行企业的销售策略，对销售活动进行管理。

综上所述，销售管理有狭义和广义之分。

狭义的销售管理专指以销售人员（Sales Force）为中心的管理。

广义的销售管理是对所有销售活动的综合管理。

我们认为，销售管理是对企业销售活动的计划、组织、培训、领导和控制，以达到企业实现企业价值的过程。

二、销售管理的过程

在明确了什么是销售管理之后，我们再来探讨销售管理的过程。

（一）制定销售计划及相应的销售策略

企业在确定了营销策略计划之后，销售部门便需要据此制订具体细致的销售计划，以便开展、执行企业的销售任务，以达到企业的销售目标。销售部门必须清楚地了解企业的经营目标、产品的目标市场和目标客户，对这些问题有了清晰的了解之后，才能够制定出切实而有效的销售策略和计划。

在制定营销策略的时候，必须考虑市场的经营环境、行业的竞争状况、企业本身的实力和可分配的资源状况、产品所处的生命周期等各项因素。在企业制定的市场营销策略的基础上，销售部门制定相应的销售策略和营销战术。

根据预测的销售目标及销售费用，销售部门必须确定销售团队的规模。销售人员的工作安排、培训安排、销售区域的划分及人员的编排、销售人员的工作评估及报酬都是销售部门在制订销售计划时必须考虑的问题。

（二）建立销售组织并对销售人员进行培训

在销售计划和销售策略制定好之后，销售部门要研究并确定如何组建销售组织架构，确定销售部门的人员数量、销售经费的预算、销售人员的招聘办法和资历要求。

销售部门需要根据目标销售量、销售区域的大小、销售代理及销售分支机构的设置情况、销售人员的素质水平等因素进行评估，以便确定销售组织的规模和销售分支机构的设置。

对新招募的销售人员要进行有效的相关培训，制订详细的培训计划，科学、合理地设计培训内容，有效地组织和实施销售培训，并考核其效果，提高其业务能力，以便顺利开展销售工作。

（三）制定销售人员的个人销售指标，将销售计划转化为销售业绩

销售人员的销售业绩，一般以销售人员所销售出的产品数量或销售金额来衡量。此外，销售人员所售出的产品的利润贡献是衡量销售人员销售业绩的另一个标准。而对于一些需要重复购买产品的客户，销售人员要维持好与这类客户的关系。维持与客户的业务关系的能力及对客户的售后服务的质量也是一个重要的考核因素。

销售部门需要按照销售计划去执行各项销售工作，要紧密地跟进和监督各个销售地区的销售工作进展情况，要经常检查每一个地区、每一个销售人员的销售任务完成情况。发现问题立刻进行了解并处理，指导、协助销售人员解决在工作中可能遇到的困难，帮助销售人员完成销售任务。销售部门需要为销售人员的工作提供各种资源，支持和激励每个销售人

员去完成他们的销售指标。

(四) 对销售计划的成效及销售人员的工作表现进行评估

销售人员的工作表现评估是一项重要的工作,销售部门必须确保既定的工作计划及销售目标能够完成,需要有系统地监督和评估计划及目标的完成情况。销售人员的工作表现评估一般包括检查每个销售人员的销售业绩,包括产品的销售数量、完成销售指标的情况和进度、对客户的拜访次数等各项工作。对销售人员的销售业绩的管理及评估必须定期进行,对评估的事项必须订立明确的准则,使销售人员能够有章可循。而评估的结果,必须对销售人员进行反馈,让他们知道自己做得不够的地方,从而对工作中的缺点做出改善。

工作评估最重要的不仅在于检查销售人员工作指标的完成情况和销售业绩,更重要的是要检讨销售策略和计划的成效,从中总结出成功或失败的经验。成功的经验和事例应该向其他销售人员进行推广,而找出的失败原因也应该让其他人作为借鉴。对销售业绩好的销售人员应当给予适当奖励,以促使他们更加努力地工作;对销售业绩差的销售人员,应当指出他们应该改善的地方,并限时予以改善。

根据销售人员的工作表现情况和业绩评估的结果,销售部门需要对企业的市场营销策略及销售策略进行检查,发现需要进行改善的地方,应该对原制定的策略和计划进行修订。与此同时,也应该对公司的销售组织机构和销售人员的培训及督导安排进行检查并加以改善,以提高销售人员的工作水平,增强销售工作的效率。

(五) 对销售区域有效掌控,对客户进行有效管理

销售区域除了责任到人以外,还要对其做充分的了解与控制,特别是对销售渠道成员要进行有效的管理,防止其发生窜货和不正当竞争行为,以及与销售人员联合骗取企业利益,同时做到优扶劣汰。

客户管理的核心任务是热情管理和市场风险管理。调动客户热情和积极性的关键在于给客户带来利润和美好的前景;市场风险管理的关键在于对渠道成员的信用等级、市场运作能力和产品或服务价格等控制能力。

第三节 销售部门在企业中的地位

销售部门是企业的龙头,是企业最直接的效益实现者,在企业中具有举足轻重的地位。销售工作的成功与否直接决定企业的成败。企业的各项工作最终是以市场为检验标准的。销售是实现企业目标至关重要的一环。

一、销售部门在整个营销过程中的作用

销售是营销管理的重要组成部分,是连接企业与市场的桥梁。

在现代企业中,通常会设有两大职能部门:一为销售部,二为市场部。其中,销售部在企业中的作用主要有:

(1) 销售部门直接与市场和消费者相联系,它可以为市场分析及定位提供依据;

(2) 销售部门可以通过一系列的销售活动配合营销策略组合;

(3) 通过销售成果检验营销规划,与其他营销管理部门拟定竞争性营销策略,制定新的营销规划。

销售是企业活动的中心,销售人员是企业"冲在最前沿的战士",在瞬息万变的市场上,

销售是连接企业与顾客之间的纽带,不断地进行着创造性的工作,为企业带来利润,并不断地满足顾客的各种需要。销售部在公司整体营销工作中承担的核心工作是销售和服务。

二、销售部门在公司中的位置和职能

销售经理必须清楚本部门在企业组织结构中的位置,因为销售经理要定时和公司不同的部门及不同层级的人接触,譬如财务部、市场部、运输部等。另外和生产、研发、行政及其他部门也有不经常但稳定的接触机会。只有这样才能保证客户得到满意的服务。销售部门通常在生产销售一体的企业中的位置如图1-1所示。

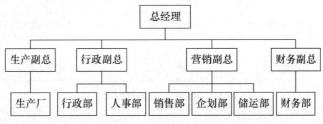

图1-1 销售部在企业组织结构中的位置

销售部门的职能如下:
(1) 进行市场一线信息收集、市场调研工作;
(2) 提交年度销售预测给营销副总;
(3) 制订年度销售计划,进行目标分解,并实施;
(4) 管理、督导销售的正常工作运作;
(5) 设立、管理、监督区域分支机构正常运作;
(6) 营销网络的开拓与合理布局;
(7) 建立各级客户资料档案,保持与客户之间的双向沟通;
(8) 合理进行销售部预算控制;
(9) 研究把握销售人员的需求,充分调动其积极性;
(10) 制订业务人员行动计划,并予以检查控制;
(11) 配合本系统内相关部门做好推广促销活动;
(12) 预测渠道危机,呈报并处理;
(13) 检查渠道阻碍,呈报并处理;
(14) 按推广计划的要求进行货物陈列、宣传品的张贴及发放;
(15) 按企业回款制度,催收或结算货款。

三、销售部门组织类型及特点

销售部门组织模式的选择受到企业人力资源、财务状况、产品特性、消费者及竞争对手等因素的影响,企业应根据自身的实力及企业发展规划,精心设置,用最少的管理成本获得最大的经济效益。下面介绍几种常用的销售组织模式。

(一) 地域型销售组织模式

这种结构是指在最简单的销售组织中,各个销售人员被派到不同地区,在该地区全权代理企业业务(其结构如图1-2所示)。销售部的结构因销售方式不同而有所不同,销售方式以推销为主的销售部的结构就不同于专业销售的销售部的结构,后者比前者更密集、更深入、更庞大。

在该组织模式中,区域主管权力相对集中,决策速度快;地域集中,相对费用低;人员集中易于管理;在区域内有利于迎接挑战。

区域负责制提高了销售人员的积极性,激励他们去开发当地业务和培养人际关系,但销售人员要从事所有的销售活动,技术上不够专业,不适应种类多、技术含量高的产品。

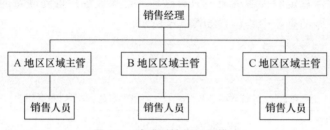

图 1-2 地域型销售组织模式

在制定地区结构时,企业要分析一些地区特征:该地区便于管理,销售潜力易估计,能节省出差时间,每个销售人员都要有一个合理充足的工作负荷和销售潜力。通过对地区规模和市场形状的衡量来满足这些特征。

区域由一些较小的单元组成,如市或县,这些单元组合在一起就形成了有一定销售潜力或工作负荷的销售区域。划分区域时要考虑地域的自然障碍、相邻区域的一致性、交通的便利性等。许多企业喜欢区域有一定形状,因为形状的不同会影响成本、覆盖的难易程度和销售队伍对工作的满意程度。比较常见的区域有圆形、椭圆形和楔形。现今,企业可以使用电脑程序来划分销售区域,使各个区域在顾客密度均衡、工作量或销售潜力和最小旅行时间等指标组合到最优。该组织模式较适合中小企业。

(二)产品型销售组织模式

许多企业都用产品线来建立销售队伍结构。特别是当产品技术复杂,产品之间联系少或数量众多时,按产品组成销售队伍就较合适。例如,电器销售企业分别为空调销售部、洗衣机销售部、数码产品销售部等配备了不同的销售队伍,如图 1-3 所示。

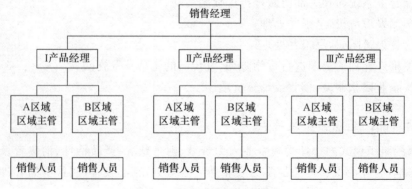

图 1-3 产品型销售组织模式

这种结构方式下生产与销售联系密切,产品供货及时,适合技术含量高、产品种类多的企业。但由于地域重叠,造成工作重复,成本高。

（三）顾客型销售组织模式

企业也可以按市场或消费者（即顾客）类型来组建自己的销售队伍。例如一家兼容计算机厂商，可以把它的客户按顾客所处的行业（金融、教育、电信等）加以划分。

按市场组织销售队伍的最明显优点是每个销售人员都能了解消费者的特定需要，有时还能降低销售队伍费用，更能减少渠道摩擦，为新产品开发提供思路，如图1-4所示。

但当主要顾客减少时会给公司造成一定的威胁。

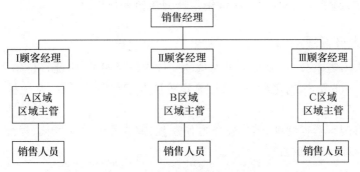

图1-4 顾客型销售组织模式

（四）复合型销售结构

如果企业在一个广阔的地域范围内向各种类型的消费者推销种类繁多的产品时，通常将以上几种结构方式混合使用。销售人员可以按地区、产品、顾客等方法加以组织，一个销售人员可能同时对一个或多个产品线经理和部门经理负责。

第四节 销售经理岗位职责

不同企业的销售经理的岗位职责不尽相同，但大体有如下内容。

一、做好需求分析工作

建立稳定可靠的市场信息反馈采集机制，定期组织市场调研，收集市场信息，进行市场容量分析、销售增长潜量分析、行业需求分析、顾客需求分析、市场占有率分析等工作。

二、竞争情况分析工作

定期收集产品价格信息，掌握其他企业的价格水平，分析竞争态势，适时调整产品销售策略，报请相关上级领导批准后实施，以适应市场竞争形势。

三、确定销售目标

全面负责企业产品市场开发，根据企业年度经营目标，包括销售额目标、分销目标、市场占有率目标、顾客满意度目标、销售费用目标。

四、制定销售策略

制定销售策略，主要包括产品策略、销售渠道策略、销售促进策略，报主管经理批准后组织实施，并对销售策略实施效果进行分析、调整与改进。

五、制订销售计划

根据销售目标和部门人员组成,制订年度销售计划,月度、区域、产品销售分解计划。

六、做好销售预算

根据企业近期目标和远期目标、财务预算要求,向销售人员下达销售任务,组织销售人员分析市场环境,制定和编制产品、区域销售计划和销售预算。

七、销售人员管理

做好销售人力需求分析,编制销售人员的岗位工作说明书,明确每位销售人员的岗位职责,做好招聘与培训指导、制定薪酬规划、绩效考核方案和考核指标、奖惩措施,制订销售竞赛计划,并操作实施。

制定并完善销售管理制度、销售业务操作规程,使业务流程规范化、标准化,并编制业务手册,指导、强化操作实施。

八、资金管理

制定销售费用开支管理制度,严格审核并控制销售费用开支,销售成本控制在预算水平之内。进行销售活动费用分析和监督,做好销售账款回收监督。

九、协调相关部门关系

协调销售部和各相关组织的关系,建立稳定良好的协作关系,使销售工作顺畅开展。

十、有效信息沟通

定期与相关部门的人员进行沟通,管理好重点客户的订单计划,确保销售计划圆满完成。做好合作伙伴和重点客户的走访,确保销售渠道和重点客户信息回馈准确,增强信任度。

十一、客户信息管理

制定客户管理制度,建立并完善客户信息档案,做好大客户的追踪服务,建立客户信用评估管理办法及评估结果应对方案,不断追踪进行信用评估,强化销售风险防范措施。

十二、销售工作分析

定期组织、召开销售工作分析会议,分析销售动态、销售成本、产品价格政策、存在的问题、销售业务活动的过程及结果、市场竞争状况等,提出改进方案和措施,督促销售计划顺利完成。

第五节 如何做一名优秀的销售经理

对一名销售经理来说,最大和最具挑战性的任务就是让销售团队准备好面对不断变化的市场。如果你想生存下去,就必须持之以恒地改进你的工作,时刻牢记一句话:"好,更好,最好!永不停息直到好变得更好,更好变得最好。"

戴维·安德森(Dave Anderson)是美国加州一个从事营销和领导力培训的公司总裁,他对营销管理有更深刻的认识。他写了《领先于众人之上的营销》和《胡言乱语的领导力》两本书。戴维·安德森的经历证明,能成为顶尖销售代表并不意味着你能够管理好下属。要想成为优秀的销售经理应该有以下七大品质。

一、成为变革的主人

对一名销售经理来说,最大和最具挑战性的任务就是让整个销售团队准备好面对不断变化的市场。"每一个组织,"彼得·德鲁克说,"必须准备放弃它所做的一切事情。"伟大的营销经理是变革的主要角色。商业从来不是一系列可以预测的、让人惬意的、有明确方向的直线演变。今天的商业是金融、技术和经济革命爆发所带来的结果。理想的销售经理将能冷静地面对这些混乱,热情地拥抱变革,并且总是能够适应任何艰难的挑战。

这就是为什么那些伟大的经理为自己制定那么高的工作心理,而且能够领导变革管理。雷拉妮·鲁莉(Leilani Lutali)是纽约一家咨询公司的销售代表,她认为她的前任经理黛安娜(Diana)就是这样的一个人。"黛安娜对自己和销售团队的期望值是一样的。她不担心她手下的销售代表超过她。事实上,她鼓励这种情况发生。通过她的指导,我们能够做到最好。"

"当我们面对变革的时候,"销售培训顾问汤姆·米勒(Tom Miller)说,"销售人员将能够意识到他们必须放弃的东西。对他们来说,实际上所有的变革都被认为是损失。这就是为什么在痛苦地衡量销售收益时,优秀的营销经理能够增加价值。他们帮助销售人员生动地想象一个巨大蛋糕上的葡萄干,然后告诉销售人员他将领导他们穿过一个麻木不仁的封锁区,最终面对一个巨大的蛋糕。"

二、赢得销售人员的信任

销售人员不大注意他们的营销经理所说的话,他们通过销售经理的所作所为来判断销售经理的意图。信任是双方良好关系的基础。信任意味着你的话像黄金一样珍贵,销售人员不需要猜测你告诉他们的任何事情,因为他们信任你。信任不是你对团队的告诫,而是在没人注意的情况下你的所作所为。

这就意味着你制定了规则,你自己先要遵守。否则,你就成了员工的笑柄。

最重要的是,销售人员必须相信他们的经理正在为这个团队努力工作,并且在他们需要的时候能够与他们一起并肩作战。如果你骄傲自大、态度恶劣、话语粗鲁尖刻,或者被发现撒谎或欺骗,你将辜负他们的信任,最后,整个销售团队将丧失斗志,没有激情。

如果你作为一名销售经理犯了错误,不要忌讳它,也不要掩盖它,要迅速承认错误:"我犯了一个错误,我来承担全部责任。"你的诚实表现将平息那些批评者的怨气,而且会得到任何曾经犯过错误的人的理解和尊重。如果你太过骄傲而不肯承认错误,你将失去人们的信任。双方一旦失去信任,你的团队将不能平稳地运作,而且你的管理能力也将受到损害。

三、给予反馈和激励

当销售经理没有对销售人员的工作做出客观评价的时候,销售人员可能会停止努力工作。如果销售人员不用承担没有完成任务的后果,同时超额完成销售任务也没有奖赏,那么销售业绩可能会下降。

优秀的销售经理会设立明确的销售目标,给予足够的反馈和激励,并且让销售人员了解自己的进度。"延迟反馈的后果就是使他们失去动力,因此你应该不断地给予反馈。"安德森说,"如果销售人员知道标准是什么,他们将努力达到那个标准。如果你没有设立一个明确的标准,你如何能够确定工作的责任?如果销售人员不了解标准是什么,他们怎么能够知道他们是否降低了标准?"

有一个真实的故事。在一家公司里,销售副总裁太在意自己的地位是否稳固,他非常渴望得到首席执行官的赞美。然而对于下属卓有成效的工作,他却不肯给予肯定、感谢和赞美。每当区域经理完成工作目标时,这位销售副总裁就会给他们设立更高的工作目标,要求销售人员做得更好。一年内,他的十二个区域经理中有五个人离开了他的部门,销售量由此开始下降。当首席执行官换人后,他被辞退了。

四、创造激情

一个优秀的销售经理必须不断地创造激情,团队才有活力,不断创造更好的业绩。"我希望能够保持销售人员愉快的心情和忙碌的状态。"All Copy Products首席执行官罗伯特·肯耐普(Brad Knepper)如此说。在他掌管公司的3年里,他把公司的销售收入从120万美元提高到1100万美元。他认为,创意性的竞争能够保持高昂的激情。例如,在一次持续一周的利用棕榈叶、草裙和tiki火把完成的生存者竞赛中,赢够点数的销售人员就可以打电话安排约会和展示产品,而那些赢得最少点数的销售人员就会被踢出他们的团队。这次竞赛起到了很好的效果,生产力得到了迅速提高,人们在办公室工作到很晚,通过竞赛减少了销售人员彼此之间的冷漠,他们相互分享经验和创意,竞争精神更为强烈了。

如果一个公司在经济不景气中经历了裁员的痛苦,那么保持高昂的激情就更难了。"我们经历了一个非常艰难的时期,"一家在线媒体公司的营销经理说,"在一个星期里,我们整个销售团队一半的销售人员被解雇了。在最初的震荡之后,我决定与每一个成员进行一次真诚的对话。我告诉他们,没有谁敢保证公司不会继续解雇员工。但如果我们以一个团队来进行工作,尽我们最大的努力,并且调整我们的方法,我们就有获胜的机会。在接下来的九个月里,我们打了一个翻身仗。"

五、亲身参与

很多销售人员过分关注他们的努力过程而不是结果。他们不肯承担工作的全部责任,反而认为是他们的经理亏欠他们。因此,他们变得毫无效率。

管理大师彼得·德鲁克曾经说过,"关注业绩并且对结果承担责任的经理,无论资历多么浅,都是对'高级管理'这一短语的本质的阐述,因为他自己负责承担了整个的绩效。"

销售管理的关键是亲自参与其中,对重要的客户保持频繁的接触,并且与自己管理的销售团队打成一片。"糟糕的经理整天待在办公室里,优秀的经理亲临销售第一线,向手下展示如何完成工作。"戴维·安德森说。

销售经理在客户层面上关键性的参与能使销售组织深深地植根于市场,这样一来,客户就会感觉与公司有更密切的联系。例如,在Ritz Carlton酒店,客房经理或者餐厅经理经常在大厅门口问候客人,对他们的光临表示感谢。为什么?研究表明,当管理层出现的时候,客户就感觉受到了尊重。

六、培养和发展团队

我们生活在一个以知识为基础的社会中,信息以光的速度进行传播。信息的传播速度和容量向人们提出了新的挑战。虽然销售人员比客户更多地接触到自己公司的知识领域,但是客户对他们自己的情况有更深入的了解。在知识爆炸时代,高质量的人际沟通就成了稀有商品。最佳的销售培训就是鼓励销售人员花费更多的时间去了解客户的情况,然后投入更多的时间去深入地挖掘客户的需求,并为客户提供更合适的解决方案。

优秀的销售经理为下属提供持续的培训和发展机会。"你不能指望人们在两周的初级培训后就能迅速地奔跑起来。销售培训是持续的投资。"戴维·安德森说:"不要让你的员工去碰机会,要给他们一个周密的计划,并对整个过程予以评估。"

优秀的销售经理也把职业发展和技能发展区分开来。尽管销售谈判课程有助于销售人员的短期成长,但是它不会改进销售人员长期的职业发展。为促进销售人员的职业发展,就要拓展销售人员的商业敏锐力以及对人、对商业行为的判断能力。

最后,成功的销售经理要在支持每一个销售代表的个人发展与完成公司任务之间保持微妙的平衡。这与其说是一门科学,不如说是一门艺术。

七、领导员工永无止境地改进

卓越的销售意味着每一个销售人员都必须全身心地投入到永无休止的持续的改进过程中。一个新的销售经理能够给一家公司带来一些迅速而有效的变化,但要把这种动力长期保持下去并不是一件容易的事。因为销售经理更关心他们能否完成短期的销售目标,这就会导致他们在创新和持续改进之间犹豫不决。

创新和持续改进之间有着微妙而又巨大的差异。创新是大跨越,要求能够带来突破和迅速的结果。持续改进依靠小的步骤,依靠对传统的共识,更注重过程,并且随着时间的变化一点一点地梳理结果。

当商业前景乐观时,关注于创新的销售经理将会出台新的客户关系管理(CRM)解决方案,培训所有的销售人员,或者设立一个慷慨的激励计划。换句话说,口袋里面的钱刺激了创新的动力。但是在今天颇具挑战性的经济环境里,持续改进也许是一种更理想的选择。

销售经理可以从以下5个方面持续不断地改进自己的工作。

第一,改进考核方法。从销售预测开始,考核每个销售人员的交易率。对各种活动进行更准确的考核,能够更好地帮助你理解哪些因素带来了更好的结果。

第二,改进销售流程。查看每一个环节,并且让你的团队找出完成每一项工作的最好方式。

第三,观察一下你的管理过程。你花费多少时间与优秀的销售人员在一起,帮助他们做得更好,捕捉到更多的机会?你投入多少时间培训业绩不佳的销售人员?

第四,你是如何激励员工的。问一下你的销售人员:"我做得怎样?我怎么做能帮助你获得胜利?"他们会告诉你该怎么做。

第五,让你自己专注于永无止境的改进。把下面这段话印在记事本上并发给每一个员工:"好,更好,最好。永不停息直到好变得更好,更好变得最好。"

(资料来源:《新营销》,作者:郭继光译《顶尖营销经理的七大品质》2005-08,http://www.chinahrd.net/manage/info/96370 有删改)

第六节 销售管理学的发展历程

销售管理学在20世纪初首创于美国,在美国已经进入了销售队伍管理学,它的发展大概分为以下几个时期。

一、萌芽时期

1900—1920年是销售管理学的萌芽时期,那时美国哈佛大学在内的几所大学开设的课程为分销学或分销管理学。

二、研究时期

1921—1945年是销售管理学原理的研究期,也是销售学原理的研究期。哈佛大学的哈里·R.托斯德在1921年出版了《销售管理中的若干问题》一书,开始引领销售管理的研究,成为销售管理学的开山鼻祖。而此时销售学原理,包括销售技巧也在归纳与总结研究之中。美国加州大学的西蒙·李特曼教授成为销售技巧的开山鼻祖,而著名的克拉克、韦尔德与亚历山大教授则成为销售学的开山鼻祖,克拉克与韦尔德认为销售就是寻找买主,亚历山大教授认为销售应该富有主动性,去说服现有顾客与潜在的顾客采取购买行为。美国威斯康星大学的爱德华·D.琼斯教授,与俄亥俄州大学的詹姆斯·E.海杰蒂教授把销售管理的研究推向了更高的层次。

三、形成时期

1946—1955年是销售管理学的形成时期,也是市场营销学的研究与形成时期。此时市场营销与销售学管理分开发展,大多数人转向市场营销学的研究,而少数学者继续进行销售管理学的研究,此时销售管理学的研究中,销售学原理包括销售技巧得到了更高层次的发展,美国学者开发了SPIN销售技巧与适应性销售技巧。各大培训机构大力传播销售学原理及其技巧。(SPIN意思指:S就是Situation Questions,即询问客户的现状的问题;P就是Problem Questions,即了解客户现在所遇到的问题和困难;I就是Implication Questions,即暗示或牵连性问题,它能够引申出更多问题;N就是Need-Payoff Questions,即告诉客户关于价值的问题。)

四、发展时期

1956—1979年是销售与销售管理学的发展时期,此时零售管理、分销与物流管理、采购管理从销售管理分化出去。在此时期美国的销售学原理进入了顾问式销售哲学,销售管理课程从销售队伍规模设计到销售人员的招聘、选拔、培训与融合,再到销售薪酬设计与激励、评估等子系统得到了进一步的研究、提升与整合。美国的商业及其管理知识快速从美国向世界传播,其中包括销售与销售管理。

五、巩固时期

1980—1992年是销售管理学的巩固时期,把战略性思维引入销售学原理与销售管理学,出现了针对销售总监级的企业培训课程《战略性销售管理》。很多销售管理类的教材不断地涌现。如MIT的"高科技销售和销售团队管理"课程涉及了销售前沿内容——激励薪酬、时间和地域管理、销售前瞻、销售代表的雇佣和解雇以及挖掘新客户等。这类课程受到很多企业销售经理的追捧,他们面临的最大挑战是销售与销售管理而非技术研发与研发管理。

六、创新与突破时期

1992年至今,销售管理学的创新与突破时期。他们把伙伴式销售思维引入销售学原理,把战略性人力资源管理思维引入销售管理学。销售管理学逐渐分为销售团队管理(针对基层销售管理)、高效销售管理(针对中层销售管理)以及战略性销售管理(针对高层销售管理与跨国销售管理者)。由于销售队伍是一个公司的活力源泉,很多美国学者把研究转向销售队伍管理,把现代人力资源管理理论引进销售管理,因此(战略性)销售队伍管理类的文章不断涌现,教材也在广泛为MBA学生所运用。就连市场营销名列美国第一的西北大学凯洛格商学院也非常重视销售与销售管理,他们长期以来一直开设《销售队伍管理》与《销售学原理》两门课程。因为他们认为所有的市场营销,最终都需要销售与销售队伍管理来参与、帮助与推进。没有《销售学基础》与《销售队伍管理》,培养的市场营销专业的学生到企业后不能为企业立即作出贡献,任何企业都是销售人员的人数超过市场营销人数。《战略性销售队伍管理》与《销售团队管理》课程被欧洲、日本、新加坡等国家广泛引进。我国也在21世纪初分别引进了《推销与销售管理》、《销售管理》、《销售团队管理》与《销售队伍管理》等课程。

三位销售总监管理的成败

阿里老板白手起家,带着几个知己,经过十多年的快速发展,旗下的A公司位列行业前十名。全国十个大区经理,七个是跟着老板一起打天下的元老,他们的言行都得到了老板的信任,同时与经销商有着极为密切的联系,逐渐拥兵自重。由于企业集团有很多事情需要阿里应对,阿里决定在A公司设立销售总监岗位,协助他管理销售部,于是就有了以下故事。

第一任销售总监是原行政总监李总。李总跟随老板十年,在强势的老板面前,能够承上启下,在复杂的环境中游刃有余,功力不凡。老板认为,李总虽然不懂营销,却能够执行自己的意图,这就够了。各大区经理在老板阿里的高压下,只得向李总表示配合和妥协。为了树立李总的威信,五万元以下的销售费用,老板阿里让李总做主,不必他亲自审批。有费用,市场就会好做。李总手里有了权柄,大区经理们趋之若鹜。李总是一个非常谨慎的人,有了权力也不会没有节制,老板阿里也正是看到这一点才那么放心。李总是能省就省,上任伊始,所批的费用反而大大少于同期,这得到了老板阿里的表扬。

但各大区经理不愿意了,开始怨声载道,认为他什么都不懂,瞎指挥。在大家的煽动下,销量开始快速下降——做给老板看。李总明白后,开了很多会议,发了很多火,可是各个大区经理不为所动,有两个大区经理想和李总配合一下,也被众人围攻,李总孤掌难鸣。无奈之下,李总搬出老板阿里出面镇压,很快就摆平事端。但是老板阿里对销售部的乱象十分厌烦,敏锐地指出,销售的任务就是要以最快的速度把销量提升上来。

李总面对老板阿里的命令,面对棘手的团队问题,只有主动妥协——放宽销售费用报销政策的方式拉拢这批悍将。这一招非常灵验,造反的市场都是成熟市场,大家一起把销量放开,销量立刻上升了20%,皆大欢喜。李总没高兴两天,问题就又出来了。促销费用给谁不给谁是个关键问题,大家掌握了李总的命门后,以销量下降作为威胁,把政策当成了分赃。李总本来只有五万元以下费用审批权,可是各个市场采用多次审批的办法,突破了这个界限。原本是要控制费用,可是到了月底,费用反而严重超支。这其中存在严重的猫腻,地方上资格老的销售人员们与经销商勾结起来,共同分赃。李总看到这种情况,知道已经干不下去了,趁着老板阿里还没发脾气,抓紧提出辞呈。李总在妥协中失控而败走麦城。

第二任销售总监王总是老板阿里的外甥。王总在负责老板的另一个产业,是个有魄力的人物。他曾经在销售一线历练多年,也一直密切关注舅舅的公司,他有决心解决这种销售部混乱的状况。王总上任以后,快刀斩乱麻:带来了十多个人员,对区域公司大换血,人员打散,不听话的销售经理坚决拿掉,从自己带来的人员中提拔替代,等于向公司的这些元老直接宣战。王总强势介入后,立刻就有一些人员投靠过来。王总认为这是队伍开始分化,整顿已经初现成效。殊不知,这些人向来比较弱势、没有掌握资源的利益失去者,他们当然渴望把握变革的机遇。

在一些销售分公司,大区经理苦心经营多年,下属人员和这些经理都有着千丝万缕的联系,本身就是利益共同体。总部准备向他们的经理动刀的时候,很多员工拼着这个工作不要,也坚决抵制,A公司的人员流失率骤然增加。面对这种僵局,王总也不能后退,他必须咬着牙坚持:要走的人不挽留,销售分公司人员坚决打散,同时安排自己培养的一些亲信替代。后来人员走得太多,甚至一些区域公司所有的人员都投靠到竞争对手那里。经销商本身也是利益共同体的一部分,看到熟悉的人员都走了,于是也主动参战,态度十分强硬:有几个经销商在酒后打电话把王总骂了一通。更多的是在背后向阿里老板告状。一些经销商还随着离开的人员,开始与竞争品牌联系。经销商是公司最为宝贵的资源,阿里老板看到事情即将无法收拾,急忙出面,先是安抚经销商,然后让王总灰溜溜地离开,销售公司又重新恢复了原状。

第三任销售总监阿邓空降A公司。销售部不能一日无主,老板锲而不舍地选择着销售总监。阿邓通过猎头公司出现在A公司总部的时候,刚刚出现了一次恶性打架事件:两个业务员因为口角引发了肢体冲突,结果引发各自的同事参加,形成了二十多人的斗殴。虽然事后当事人被开除,影响却非常恶劣。上任时,阿邓一直小心翼翼,避免介入任何纷争,远离斗争的旋涡。阿邓决定争取成为一个游戏规则的制定者。

阿邓的做法是:

1. 独自上任。阿邓清楚,一旦带着人员上任,那就是证明想形成自己的势力,必然引起原有人员的戒备,稍有不慎就会引来群蜂攻击。而且,阿里老板也不会让一个外来势力取得控制权,即使阿邓能够站稳脚跟,也会被划为新的一个派系。

2. 不偏不倚。上胜之后,先了解情况,维持现状,让公司的人员接纳。所以一切都是围绕着工作,遵守办公程序,不要和任何人有私下的联系。连同人谈话的时候,也把门打开,不要让人有任何猜疑。

3. 掌握各大区掌门人的长短之处。作为一个新人,首先是谦虚,让这些各大区经理感受不到威胁,对谁都客客气气。且以学习为主,因为即使是大区经理的成功,也有成功的理由,只有了解了他们的长处和短处,以后的整顿才会有针对性。

4. 依靠老板阿里,多多沟通。作为一个空降兵,阿邓的权力基础就是老板阿里的信任,所以一定要与老板阿里沟通,只有和老板阿里站在一起、保持相对高度,才能领导好各大区经理。

5. 建立竞争平台。阿邓让老板看到了问题的源头：当前销售政策中，单纯考核销量很不合理，它是营销系统动荡不安的直接原因，只有通过变革才能完成提升销量、降低费用的目标。对这个问题老板阿里非常感兴趣，沟通了很多细节。在老板阿里保证全力以赴支持的前提下，营销系统的考核机制开始调整，逐步完善，考核指标综合性。(1) 按照市场成熟的程度将其分为 A、B、C 三个层次，增加考核市场增长率，等于把原有的既得利益部分切除掉，防止元老们占据一些成熟市场，而空白市场无人开发。(2) 增加考核费用指标，不能让会闹的孩子有奶吃，而是要让大家知道节约。这正是老板心中所想，在动员会议上，老板拍桌子打板凳，要求全力实施。老板的支持把反对的声音压制住了。为了避免直接对抗，让这些骄兵悍将逐步接受并遵守游戏规则，整个考核结果的奖惩力度没有太大（每个月的差别不超过 1000 元）。但是到了年底，老板根据表现发红包的时候，差别就达到了好几倍（数额是保密的），让他们心里痒痒，却又无可奈何。一年过后，当形势稳定后，考核又加了很多项，更加完善，而考核结果不但和经济利益挂钩，而且和职务也有了联系，干不好就要下台，逐步淘汰一些不思上进的员工，制度终于发挥了权威性。

阿邓在日常销售管理中还采取以下做法：

1. 将选兵，兵选将。是志同道合的就让他们在一起，树立起荣誉感。让他们在一起成为团队内的小团队，培养起凝聚力和战斗力。经理就是这个小团队的核心，对所招收的人负有全部责任。这样一来，那些无所事事地混日子的员工反而成为被清除的首选，哪怕与经理的关系再好，可是连累整个团队的业绩，同样也会被排斥。

2. 设立团队名次。评价业绩的时候，不以个人为基础，而是一个销售团队，对于团队进行评选，让老板阿里来颁奖，激发大家的荣誉感。

3. 更为有效的学习。过去强调的帮扶传带，老业务员带着新业务员学习，由于害怕被顶替，师傅往往留一手。如今小团体之间展开竞争，强烈的团体感，反而促使这种技巧的传播和交流，促使小团体成员自我提高。

4. 清除害群之马。对那些态度上不认同整体，又对企业和部门发展没有积极作用的成员，予以清退，对于不能够跟上公司变革的销售骨干，利用合适的机会也进行瓦解和清理。

5. 弥补管理漏洞。由原来重审批转为现在的重结果、重过程。云南市场是公司的重点市场，销量排名前 5 名，大区经理和老板阿里关系很好。但是在一次活动中，报销的店招费用达到 30 多万，可是审核后发现只有 10 多万元。审查结果报到老板阿里那里，大区经理直接被清退。

6. 利用办公软件完善管理。网络化办公让整个管理流程更加透明，申请什么、由谁审批清晰明确，审批后的费用直接打入经销商账户，加上部门的监控，使这些封疆大吏无法欺上瞒下。

7. 监控大区经理工作内容。大区经理的权力明晰化，工作内容甚至分解到每一天，其他部门从各个方位进行监控。既要保证经理们的市场灵活性，又杜绝失控状态。

通过一年多的努力，在老板阿里的支持下，员工抱成团与公司对抗的现象杜绝了，工作似乎更容易开展，销售部的风气似乎重新恢复正常。A 公司的销售管理顺利地进入了规范化管理时代。①

---

① 本案例由黄德华改编郝星光发表在《销售与市场·渠道版》2009 年 5 月刊的文章《如何消解业务队伍派系争斗》而成，略有改动。

1. 案例中前两任销售总监的失败之处在哪里？
2. 您认为阿邓作为空降的销售总监，其成功之处在哪里？他会失败吗？
3. 假如您来任 A 公司的销售总监，您打算怎样开展工作？

一、思考题
1. 什么是销售？
2. 谈谈销售的过程？
3. 简述销售管理与市场营销管理的区别？
4. 销售经理的岗位职责是什么？

二、实训报告
结合本章所学内容，写一份未来从事销售管理岗位的职业生涯规划报告或写一份如何做一名出色的销售经理报告。

第一部分

销售基本技能篇

第二章 客户开发技能

[学习目标]

学完本章,你应该达到:
1. 了解销售漏斗理论;
2. 掌握客户开发的两种策略;
3. 掌握客户寻找与开发的技巧。

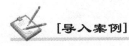

[导入案例]

"免费"的旅游

保健品经营者通常将目标市场定位为衣食无忧、享受天伦之乐的老年人。其中采取的一种营销手段叫旅游营销——第一步,促销人员在城市的某一居民区发放传单,传单中写明免费旅游的时间;第二步,小区中的部分老人会如约参加这场"免费"的旅游;第三步,由几名"导游"陪伴众位老人一路游山玩水,并"倾心交谈",但并不涉及销售产品内容;第四步,在免费的午餐后,为老人做身体检查;第五步,导游根据老人身体检查的结果和一路交谈对老人各方面条件的了解,将老人按成交的可能性在心中分成A类客户、B类客户、C类客户和D类客户,并开始有针对性地向老人推销产品,最终达成交易。通常一个小区来参加活动的老人占小区老人的五分之一,最后达成交易的是参加活动老人的五分之一到一半。

> **思考问题**
>
> 1. 潜在客户与现实客户的关系是什么?
> 2. 这种"免费"旅游营销方式哪些可取?哪些不可取?

正如上边案例中所讲到的,如何寻找到目标客户,并将产品介绍给目标客户,让潜在的客户认识、了解、接受这个全新的产品并成为现实客户是摆在销售团队面前的第一个问题。没有开发客户,没有客户来问津产品,就根本谈不上客户维护;没有客户来问津产品,任何销售技巧都没有施展的空间。因此,在这一章,我们主要学习如何寻找和开发客户。

第一节 客户开发概述

任何一位优秀的销售人员,也无法使销售区域内的所有顾客都成为自己的客户。因此,有必要花费更多的时间去开拓新的客户。而开拓新客户的第一步是寻找准客户,即销售人员应该明白向谁销售产品,哪些顾客有可能购买自己推销的产品,使销售活动有明确的目标与方向,使潜在客户成为现实客户。

一、销售漏斗理论

销售的最基本原则是积极开发新客户,同时适时淘汰信用较差的客户。任何行业的销售都必须持续不断地开拓新市场,否则,企业每年将会失去30%~40%的客户,只有多开拓新客户才能维持足够的客户量。公司的成长与客户开发的数量相关,若仅维持旧客户的关系,业绩的成长将非常缓慢。即使优秀的销售人员也不能说他已经百分之百的控制了所辖区域的顾客群,因此,必须用更多的时间去开发新的客户,不管制造业、贸易业、还是服务业都是一样,必须积极进行新客户的开发。

但是,是否所有的潜在客户都能变成现实客户呢?并不是这样。销售漏斗理论告诉我们,只有少数潜在客户才能成为现实客户,如图2-1所示。

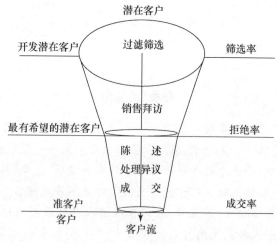

图2-1 销售漏斗

很多销售管理者经常使用这个图形来表示销售进度,因为它很直观、简洁。如果销售人员选择使用销售漏斗,他/她就能看见自己在不断打交道的潜在客户、准客户的数目,还能获知自己的销售活动的焦点应指向哪里。

由图2-1可以看出,潜在客户徘徊在漏斗的顶上,等待销售人员将他们推到下一层。因此,销售人员要采取必要步骤将尽可能多的潜在客户变成最有希望的潜在客户。在漏斗中第一层的潜在客户(那些对销售人员提供的产品感兴趣的人)经过销售人员的拜访与说服,会更加接近做出购买承诺。漏斗变得越来越窄反映出这样一个事实:很大一部分潜在客户被淘汰掉,即有一定的筛选率。

没有拒绝的潜在客户经过销售人员的大量接触后,一些潜在客户变成了准客户。销售人员应采取必要步骤如销售陈述、处理异议、促成交易等,将这些准客户移下或移出漏斗,使准客户变成真正的客户。漏斗也是变得越来越窄,同样表示有一些准客户从漏斗中分离出去,客户与准客户的比值即为成交率。通过销售人员的持续努力,走出漏斗的最终客户与准客户的比值即为成交率。通过销售人员的持续努力,走出漏斗的最终客户可变成长期的购买者与业务上的合作伙伴。

销售漏斗对销售人员的时间安排也同等重要。这个模型确切标出了销售人员需要在哪里花时间。因为合理的"漏斗管理"同合理的时间管理确实是一回事。根据销售漏斗理论可以将销售时间分为三部分,然后按先后顺序安排销售时间,即遵照顶部、中部、下部的顺序,日复一日如此管理好销售时间,销售人员将几乎肯定会完成销售目标,令人刮目相看。

二、客户开发

要完成销售任务,就要寻找和开发顾客。客户开发,就是企业将目标客户和潜在客户转化为自己的现实客户的过程。企业识别客户的步骤:首先是识别客户,包括认识客户对企业究竟有多大的价值;其次是选择客户,即企业应当确定谁为目标客户;再次是开发客户。

(一)客户的认识

客户是企业利润的源泉,只有客户购买了企业的产品或者服务,才能使企业利润得以实现。因此,可以说客户是企业的"摇钱树",是企业的"财神",是企业生存和发展的基础。

从根本上说,一个企业的竞争力有多强,不仅要看技术、看资金、看管理、看市场占有率,更为关键的是要看它到底拥有多少忠诚的客户,特别是拥有多少忠诚的优质客户。一个企业不管它有多好的设备、多好的技术、多强大的品牌、多好的人才、多雄厚的资金,如果没有客户及客户的忠诚,那么企业就难以持续不断地发展。

企业如果拥有的优质客户越多,就越能够形成规模效应,从而降低企业为客户提供产品或者服务的成本,这样,企业就能以较低的费用比竞争对手更好地为客户提供更高价值的服务,进而在激烈的市场竞争中处于领先地位,有效地战胜竞争对手。

坦率地说,市场竞争其实就是企业争夺客户的竞争,企业要实现盈利,就必须开发新客户,维系老客户,重视和加强培养客户的忠诚度,提高客户的终生价值。

如果按照客户与企业之间距离的远近、关系的疏密,可将客户分为五类:非客户、潜在客户、目标客户、现实客户和流失客户。这五类客户之间是流动的,可以相互转化的。

例如,潜在客户或目标客户一旦采取购买行为,就变成企业的初次购买客户,初次购买客户如果经常购买同一企业的产品或服务,就可能发展成为企业的重复购买客户,甚至成为忠诚客户。但是初次购买客户、重复购买客户、忠诚客户也会因其他企业的更有诱惑的产品或服务,或者因为对企业不满而成为流失客户。

企业要获得尽量多的忠诚客户,就必须对重复购买客户加强管理,而要获得尽量多的重复购买客户,又必须对初次购买客户加强管理,要获得尽可能多的初次购买客户,就必须对潜在客户和目标客户进行管理。企业对各类客户的管理必须环环相扣,从潜在客户、目标客户开始,直到对初次购买客户、重复购买客户及忠诚客户都必须加强跟踪管理,绝不能放松。

(二)客户的选择

由于客户需求的差异性和企业资源的有限性,每个企业能够有效地服务客户的数量和类别是有限的,市场中只有一部分客户能成为企业产品或服务的实际购买者,其余则是非客户。此外,竞争者的客观存在,也决定了任何一家企业不可能"通吃"所有的购买者,不可能为所有的购买者提供产品或服务。因此,企业不应当以服务天下客户为己任,不可把所有的购买者都视为自己的目标客户。

企业如果没有选好客户,或者选错了客户,那么开发客户的难度可能就比较大,开发的成本可能比较高,开发成功后维持客户关系的难度也比较大,成本也会比较高。相反,企业如果经过认真选择,选对、选准了目标客户,那么开发客户的成本和维持客户的成本才可能最低。

企业如果没有选好客户,就不能为确定的目标客户开发恰当的产品或者提供恰当的服务。假如形形色色的客户共存于同一家企业,就可能会造成企业定位混乱或定位不足,从而导致客户对企业形象产生混乱或模糊不清的印象。相反,如果企业主动选择特定的客户,明确客户定位,就能够开发恰当的产品或者提供恰当的服务,也能够树立鲜明的企业形象。

企业选择目标客户当然要尽量选择好的客户,好客户就是能够给企业带来尽可能多的利润,而占用企业资源尽可能少的客户。好客户与坏客户是相对而言的,只要具备了一定的条件,他们之间是有可能相互转化的,好客户也会变成坏客户,坏客户也会变成好客户。

有些客户会觉得企业提供的产品或者服务比竞争对手的更好,更加"物有所值"而忠诚,这至少说明企业的特定优势能够满足这类客户的需求,也同时说明他们是容易与企业建立关系和维持关系的客户。因此,企业可以分析现有的忠诚客户具有哪些共同的特征和特点,并据此寻找最合适的目标客户——这是选择最可能忠诚的目标客户的一个捷径。

（三）客户的开发

客户的开发,就是企业将目标客户和潜在客户转化为自己的现实客户的过程。企业开发客户的策略可以分为"拉"的策略和"推"的策略。

所谓"拉",就是企业通过适当的产品、适当的价格、适当的分销渠道和适当的促销手段来吸引目标客户和潜在客户,从而将目标客户和潜在客户开发为现实客户的过程。所谓"推",就是企业通过积极的人员推销形式,将目标客户开发为企业的现实客户的过程。"推"的策略是企业在自己的产品、价格、分销渠道和促销手段上没有明显特色,或者缺乏吸引力的情况下,采取的引导或者劝说客户购买的行为。因此,依靠"推"的策略完成客户开发,首先要能够寻找到目标客户,其次是要想办法说服目标客户购买。

由想仿制到购买

2011年,销售代表反映某中间商客户看了 A 公司的产品样本后,计划对 A 公司的产品进行仿制。于是,客户经理小李去拜访该客户,说:"张总,我们的产品很简单,谁照着做都没问题,都能做出一模一样的东西。我们从 2000 年开始生产该产品,按理说市场上该产品早就泛滥了,可是没有。为什么?主要就是编程控制方式及调试问题,这点不是谁都能解决的。并且该产品专利在我们手中,您如果生产出来和我们公司一样的产品那就涉嫌侵权了。你们公司销售产品是为了什么?不就是为了赚钱吗?销售我们的产品我让你们赚钱,因为我们公司始终相信大家都赚钱那才能真正赚钱。再有您用我们公司的产品,调试是我们的,售后服务是我们的,您不是省了很多的麻烦事吗!"听小李说完后,张总说:"不会的,我们根本做不了,我们肯定要合作的,你放心,这两天我们把参数落实一下,下周我们就签订合同。"

第二章 客户开发技能

> **启 示**
>
> 1. 推。即推出,就是要把他的背离行为推出,以便引出要打压的结果。例如,简单的大家都能做。
> 2. 打。即打压,就是对推出的行为说明可能带来的后果。例如,做出来也不能运行,还涉嫌侵权,大家都赚钱才叫赚钱。
> 3. 拉。即回拉,就是对推出的行为或打压后,说明合作可能带来的好处。例如,你不但能赚钱,而且还省心。
> 4. 采用此法必须具备的主要条件是必须有确切的可借之力。

寻找客户是推销的起点,企业不能盲目地寻找客户,而应通过正确的途径和方法。常用的寻找客户的方法有逐户访问法、会议寻找法、到俱乐部寻找法、在亲朋故旧中寻找、资料查询法、咨询寻找法、"猎犬"法、介绍法、"中心开花"法、电话寻找法、信函寻找法、短信寻找法、网络寻找法等。

寻找到客户不等于能够成功开发,因为还需要一个说服客户的过程。首先,销售人员要向客户介绍企业的情况、产品的优点和价格及服务方式等信息。其次,要及时解决客户提出的问题,消除客户的疑虑,根据客户的特点和反应,及时调整策略和方法。最后,要一再说明和表达客户购买的好处。由于客户的学识、修养、习惯、兴趣及信仰等的不同,自然地对于各种人、事、物的反应及感受有相当大的差异,因此必须区别对待不同类型的客户,这样才能事半功倍。

销售额的秘密

张晨负责向超市销售日用品。他刚到公司时,公司拨给他40个客户。公司规定的销售额是70万/月。张晨算了算,这40个客户只能给他带来50万~60万的订单,所以,他需要自己再开发新客户。经过3个多月的努力,张晨开发出了20个客户。现在,他有60个客户了,其中,有5个客户每月可以订购6万元左右的产品,有6个客户每月可以订购3万元的产品,其余客户平均每月订购6000元左右的产品。这样,张晨一个月可以实现销售额77万左右。张晨顺利地度过了试用期,他松了口气。现在,张晨不用再去开发新客户了,而是忙着和这些老客户保持联系,并且为他们服务。张晨的经理提醒他应该继续开发新客户,否则,他不能保持稳定的销售额。张晨不以为然,第一,他觉得自己的销售额已经绰绰有余了,第二,他确实没有时间。他每天要安排60个客户的订货送货,还要轮流拜访这些客户,真的是很忙。终于有一天,不幸降临了。在他到公司的第六个月,竞争对手的两个新产品带着铺天盖地的广告宣传上市了,他的很多客户因此减少了订货,还有3家客户,其中有两个是每月6万元的大客户不再订货了。张晨的销售额急剧下降。月底一算,只有50多万的销售额。在做完这个月的销售统计后,销售经理把张晨叫到了办公室。"这个月的销售额下降很多,要赶快补充新客户,补上缺口。"销售经理对张晨说。张晨不是很服气:"这个损失不是我造成的,是公司宣传跟不上的结果。我只减少了3个客户,销售额减了,工作量没减多少,我哪有时间去开发出那么多客户来补足20万的销售额?况且,就算能开发出来,我也管理不过来!"

销售经理看看张晨,没说什么,而是拿出这个月的统计报表,递到了张晨手上。张晨看了报表才发现,销售部共有24位销售人员,只有3位这个月没完成定额。"这些销售人员和你面临同样的情况,为什么他们能完成呢?你想想看。"销售经理严肃地说,然后,他拿出了一份明细表说:"你看看老赵的销售情况,老赵只有48个客户,但是人家这个月的销售额是145万。而且人家月月销售额都差不多在140万～150万左右,从来没有低于140万的时候。"这个张晨很清楚,老赵是销售冠军,他总是200%地完成任务。"作为销售,凡事要先从自己身上找原因。公司的营销问题公司会考虑,你回去想想你自己的问题,看看有没有办法保持稳定的销售额,否则,你的年终奖就会受影响。"张晨从经理办公室出来,感到很郁闷。他还没有完全搞清楚是怎么回事儿?他真不知道别人是怎么完成的,特别是,他不知道老赵为什么能凭46个客户完成那么高的销售额。经过认真思索,张晨决定去向老赵请教,于是,他约老赵晚上一起喝酒。张晨选了附近最好的餐馆,并且提前到达,点了比较昂贵的、老赵喜欢吃的菜。看到菜上桌后,老赵两眼盯着张晨说:"好像不是一起喝点酒这么简单,这么破费,该不是鸿门宴吧?"

张晨不好意思地笑了笑:"拜师,这是拜师酒,想向您学点绝招,不知道您肯不肯教?""绝招,什么绝招?"老赵问。"我想知道,您是怎么凭借46个客户完成那么多销售额的?竞争对手的促销对您没影响吗?"张晨说。老赵哈哈大笑:"当然有影响,你以为我是神仙?这个月我发展了5个新客户呢。""您不介意把您的绝招教教我吧?"张晨小心翼翼地问。老赵想了想说:"我其实也不知道有什么绝招,这样,我给你讲讲我是怎么做的吧,你看看对你是不是有帮助。""太好了。"张晨说着拿出了笔记本。老赵开始讲述他的销售方法:"我是在公司开业不久到公司的,那时候,公司只分配给了我10多个客户资源,其余都是我自己开发的。我开发客户和别人不一样,很多销售见门就进,只要人家说愿意进货,就感激涕零。我可不是,我挑肥拣瘦。不够一定销售额,我还懒得和他们合作呢。但是,遇到哪些我认为销售潜力大的超市,我会死磨硬泡,想不和我合作都难。另外,我对客户是分类服务的,进货多的客户,我的服务会很周到。所以,我的大客户都是铁户,很少流失。当然,小客户我也会在满足了大客户需求的前提下尽量照顾,这更多的是出于对一个客户的责任感。其实,如果这些客户为照顾不周而流失,我并不太在乎,因为我每个月都会研究和尝试开发几个新客户。我对我的管片了解得一清二楚,哪里有新超市开业,我比工商局都清楚。另外,我也经常去竞争对手哪里抢几个客户。这些新开发出来的客户可以帮我补充客户流失造成的损失。所以,客户流失不仅不会影响销售额,还给了我用新的好客户替代不良客户的机会。当然,好客户也不是完全不流失,这个月也流失了一个,不过流失比较少,而且,一旦流失,也可以用新开发出来的好客户补上。这样,经过了几年的调整,我现在手中会非常稳定地拥有45～50个客户,其中20多家都是高产田,每月进货都在3万元以上。而那些不足1万元的客户也就5家左右。""那这个月你的客户没有减少订货量吗?"张晨问。"减少了,并且还有2个客户结束了合作。但是,我补充的5个新客户帮我补足了损失的部分。所以,我的销售额没有受太多影响。"

> **思 考**
> 1. 你认为张晨完不成销售额的主要原因是什么？
> 2. 为什么老赵能凭46个客户完成145万的销售额？

（资料来源：http://www.esalestraining.com.cn/html/yysc/2007_11_27_07112715274199465.html）

第二节 如何寻找和开发客户

寻找客户是销售的起点，只有选择了恰当的客户，才有可能顺利地完成销售工作。在寻找客户时，不能大海捞针般地盲目寻找，必须先确定客户的范围。在此基础上还应掌握寻找客户的方法，为日后的销售工作奠定良好的基础。

一、确定客户范围

销售人员不能奢望所访问的每一个人都能购买自己销售的商品，因而需要结合具体情况发现能从自己销售的商品中获益又有能力购买这种商品的个人或组织，即"准客户"。寻找准客户的行为也称为开发客户。

在开发客户的过程中，应该结合各方面的因素来确定准客户的范围，并进行更全面的分析，才能保证销售有的放矢地进行。

（一）根据商品因素确定客户范围

在确定客户范围时，非常重要的一点就是考虑商品因素，即所销售的商品应能够满足客户的需要。这种满足客户需求的能力越强，其使用价值满足需求的特点就越明显，商品扩散就越快，客户的范围也就越广。商品的性能越优越，相对先进性越明显，其客户范围就越广。商品所具有的有用性与消费者的消费观念和价值观越相吻合，客户的范围也就越广。质量、性能各方面相当，价格越低，操作越简便的商品，其客户的范围也就越广。反之，价格相对较高，操作较复杂或先进性不明显，甚至较差的商品，其需求量小，销售速度就慢，其客户范围也小。

（二）根据企业的特点确定客户范围

第一，企业所经营的商品的特点是在确定客户范围时要考虑的重要因素。经营生活必需品的企业，如便利店、小超市等，企业的位置对于确定客户的范围非常重要。因为这些企业所提供的产品差不多，不存在明显的差别，客户在选择产品时不存在明显的倾向性或偏好，因而一般喜欢选择邻近的商店购买。因此，在这类行业中，谁能为客户提供时间上和空间上的更多便利条件，谁就更能赢得客户。

第二，商品的规模也是确定客户范围时应该考虑的因素。大型企业占地面积大，经营商品的品种较多，而且在商品质量、售后服务等方面比较有保障，客户容易产生信任感，相应地，企业确定的客户的范围也相对广一些。

企业的形象或信誉也是不可忽视的重要因素。它是一个抽象的、综合性的概念，是企业的商品质量、性能、价格、服务、技术、设备等方面的集中体现。企业形象良好，在客户中具有一定的知名度和美誉度，在确定客户范围时可适当放大些。

第三,企业营销的力度和能力对确定客户的范围也有重要影响。一般来说,企业营销的力度和能力与企业的客户范围呈正相关。企业的营销活动力度越大,覆盖范围越广,则客户范围就越广。

(三)结合消费者状况确定客户范围

销售人员在开发客户的过程中,应先确定所销售的产品应面向的对象。向低收入者销售高档奢侈品是不可能达成交易的。销售人员在确定客户范围时应设身处地地为客户着想,使确定的客户范围更加准确、合理。

二、寻找客户的方法

寻找客户主要是指寻找潜在客户,它是销售工作的第一道关口,要挖掘出潜在客户,除了依靠销售人员自身的努力以外,还必须掌握并正确运用基本的途径和方法。客户寻找与开发的两类方法,一类是"推"法,一类是"拉"法。

(一)"推"法

所谓"推",就是企业通过积极的人员推销形式,将目标客户开发为企业的现实客户的过程。"推"的策略是企业在自己的产品、价格、分销渠道和促销手段没有明显特色或者缺乏吸引力的情况下,采取的引导或者劝说客户购买的行为。因此,依靠"推"的策略完成客户开发,首先要能够寻找到目标客户,其次是要想办法说服目标客户购买。寻找客户的方法如下。

方法一,逐户访问法。逐户访问法又被称为"地毯式寻找法",指推销人员在所选择的目标客户群的活动区域内,对目标客户进行挨家挨户的访问,然后进行说服的方法。

一般来说,推销人中采用此法成功开发客户的数量与走访人数成正比,要想获得更多的客户,就得访问更多数量的人。

逐户访问法的优势在于:在锁定的目标客户中不放过任何一个有可能成交的客户;可借机进行市场调查,了解目标客户的需求倾向;是推销人员与各种类型客户打交道并积累经验的好机会。但逐户访问法也存在一些缺点:家庭或单位出于安全方面的考虑一般多会拒绝访问;需耗费大量的人力;推销人员为人处世的素质和能力是成功的关键;若赠送样品则成本更高。

方法二,会议寻找法。会议寻找法是指以目标客户出席的各种会议中,如订货会、采购会、交易会、展览会和博览会与目标客户建立联系,从中寻找开发客户机会的方法。如出版社利用"全国书市"聚集全国各地的大小书店、图书馆等的机会,与他们接触、交谈,争取把他们培养成为自己的客户。运用会议寻找时要注意技巧,否则容易引起对方的反感。

国际国内每年都有不少交易会,如广交会、高交会、中小企业博览会等,这是一个绝好的商机,要充分利用,交易会不仅实现交易,更重要的是寻找客户、联络感情、沟通了解。

方法三,到俱乐部寻找法。物以类聚,人以群分。每个人都有自己的小圈子和自己特定的活动场所,因此,如果能够进入目标客户的社交圈子,对其的开发工作也就容易进行了,胜算也大。

例如,打高尔夫球的一般是高收入阶层的人士,有个叫小张的保险推销员为了能够接触到这类人士,很用心,也花了不少钱,参加了一家高尔夫球俱乐部,这使得他有机会经常与这些高收入人士交流球技,与他们做朋友,结果,他签了许多大的保险单。

方法四,在亲朋故旧中寻找。将与自己接触过的亲戚、朋友列出清单,然后一一访问,争取在这些亲朋故旧中寻找自己的客户。

每个人都有一个关系网,如同学、同乡、同事等,可以依靠关系网进行客户开发。这种寻找客户方法的优点在于:容易接近客户,不需要过多的寒暄和客套即可切入主题;较容易成功,比陌生拜访的成功率要高出许多倍。这种方法也存在其缺点,因为是亲朋旧友,所以可能会害怕遭拒绝、丢面子而患得患失,不敢开口。因此,运用此法,应注意做到以下几点:为亲友负责,绝不欺骗、隐瞒,否则将众叛亲离;绝不强迫营销;提供最优质的服务。

方法五,资料查询法。资料查询法是指通过查询目标客户的资料来寻找目标客户的方法。可供查询的资料如下:电话号码簿;团体会员名册;证照核发机构;税收名册;报纸;杂志登载的信息。这种查询法的优点在于,能较快地了解市场需求量和目标客户的情况,且成本较低;缺点在于时效性较差。

除了向外部查询外,还可以对已有老客户资料进行整理进而发现新客户。现有的客户、与企业联系过的单位、企业举办活动(如公关、市场调查)的参与者等,他们的信息资料都应该得到良好的处理和保存,这些资料积累到一定的程度,就是一笔财富。在市场营销精耕细作的今天,这尤为重要。

举个简单的例子,某个家庭,第一代洗衣机购买的是"小天鹅双桶洗衣机",第二代洗衣机是"小天鹅全自动洗衣机",第三代洗衣机是"小天鹅滚筒式洗衣机",如果做到真正让客户的三代洗衣机都用"小天鹅",客户的资料和客户的精细服务是不可缺少的。客户的洗衣机需要更新换代,这中间就有业务机会,而且也可以通过一些活动加深厂商与顾客的感情。小天鹅可以提出一个营销内部口号:"让小天鹅在顾客家里代代相传"。

方法六,咨询寻找法。咨询寻找法是指利用信息服务机构所提供的有偿咨询服务来寻找目标客户的方法。这种查询方法方便快捷,节省时间,但是成本较高,且咨询机构的可靠性很难判断。

一些组织,特别是行业组织、技术服务组织、咨询单位等,他们手中往往集中了大量的客户资料和资源以及相关行业和市场信息,通过咨询的方式寻找客户不仅是一个有效的途径,有时还能够获得这些组织的服务、帮助和支持,比如在客户联系、介绍、市场进入方案建议等方面。

方法七,"猎犬"法,又称委托助手法,指委托与目标客户有联系的人士协助寻找目标客户的方法。这种方法的优点在于:可节省推销人员的时间,使他们把精力用在重点推销的对象上;委托的助手所从事的职业都是在直接使用推销品的行业或与之对口、相关行业,这样有利于捕捉有效信息,扩大信息情报网,甚至可利用职业的关系,并且又以第三者的公正形象出现,说服能力可能更强;在地域辽阔、市场分散、交通通信不发达、供求信息比较闭塞的地方,利用推销助手既可及时获得有效的推销情报,有利于开拓新的推销区域,又可以降低推销成本,提高推销的经济效益。其缺点在于助手的人选不易确定,因此确定适当的助手是该方法成功的关键。

方法八,介绍法。介绍法是指通过老客户的介绍来寻找有可能购买的客户的一种方法,又称介绍寻找法或无限寻找法。这种方法的优点在于:信息比较准确、有用;客户知道什么时候、他的哪位朋友需要这样的产品,这样就可减少开发过程中的盲目性;能够增强说服力,由于是经熟人介绍,容易取得客户的信任,成功率较高——一般适用于寻找具有相同消费特点的客户,或在销售群体性较强的产品时采用。但同时要注意以下几点,首先,不管业务达成与否都请他帮忙介绍;其次,让客户相信你——只有客户相信了你的为人、你的产品,才有可能为你介绍,所以一定要取得客户的信任;最后,给帮你介绍的客户一定的好处。

方法九,"中心开花"法。"中心开花"法是指在某一特定的目标客户群中选择有影响的人物或组织,并使其成为自己的客户,借助其帮助和协作,将该目标客户群中的其他对象转化为现实客户。这种方法的优点在于,利用名人的影响力可扩大企业及产品的影响力,容易让客户接受;其缺点在于,完全将开发客户的希望寄托在某一个人或组织上,风险可能比较大,而且选择恰当的"中心"是非常重要的,否则可能"成也萧何,败也萧何",而且,这个中心人物或组织是否愿意合作,以及其后期的表现同样会影响其介绍的客户的忠诚。

方法十,电话寻找法。电话寻找法是指以打电话给目标客户的形式来寻找客户的方法。其优点在于成本较低,节约人力;缺点在于无法从客户的表情、举止判断他的反应,无"见面三分情"的基础,很容易遭到拒绝。所以电话寻找法要注意以下几点:电话寻找是一项重复性高、易疲劳的工作,需要一个良好的交流环境,要保证电话推销人员在与客户交流时有一个放松的心情,如配备半封闭式的工作台,甚至有秘密的空间等;打电话前,必须提前做好功课,如目标客户的名称,要说的内容,目标客户可能会提出的问题,以及如何应对目标客户的拒绝等;打电话时口齿要清晰,态度要热情,尤其要注意通话的时机,一般应该是正常的工作时间,也要注意通话时间的长短和谈话技巧,最好能用简短的话语引发对方的兴趣,激发其想进一步了解产品的欲望,否则极易遭到拒绝;如果第一个接听电话的是总机或者秘书,你必须简短介绍自己,接下来要用礼貌、坚定的态度,说出要找的客户的名称,要让秘书感觉你很重要,你和老板谈论的事也很重要,但是不要说得太多;如果感觉这次电话开发的成功性不大,就要退而求其次,争取获得一个见面的机会,对方如果答应,就要立即确定时间和地点,收线之前,要再重复与对方见面的时间和地点。

方法十一,信函寻找法。这是一种以邮寄信函的方式来寻找客户的方法。例如给目标客户寄送邮购产品目录、宣传单、插页等,向他们介绍公司的产品或者服务以及订购和联系的方式。其优点在于:覆盖范围比较广;可传达的信息比较多;可涉及的目标客户数量比较多;成本较低。其缺点在于:时间较长;除非产品有特殊的吸引力,否则一般回复率较低。

方法十二,短信寻找法,是指通过发送短信来寻找客户的方法。其优点在于:省略电话的客套和迂回,方便、快捷;价格低廉,能够打破地域限制;发出的信息只要不删除,就一直能够保留在客户的手机上,可以随时提醒接收者;客户可以就一些他们感兴趣的问题进行交流;以短信的方式问候客户,可以增进与客户的感情。其缺点在于,受目前虚假诈骗短信的影响,可信度较差,另外,有的客户对无关短信很反感。

方法十三,网络寻找法,即借助互联网宣传、介绍自己的产品从而寻找客户的方法。这种方法的优点在于方便、快捷,信息量大,成本低;其缺点在于,受网络普及、上网条件以及网络诚信的影响。

通过互联网搜索引擎寻找客户的具体操作方法有如下几种。

第一种方法:你可以在搜索引擎,比如谷歌中输入:你的产品名称+importers。打个比方,如果你是经营圆珠笔的,你可以在谷歌中输入:ballpen importers 或者 ballpen importer。

第二种方法:再拿上面的例子打比方,假设你还是经营圆珠笔的,那么你也可以在谷歌中输入"ballpen importers"或者"ballpen importer"。请注意这里并没有重复,发现没有,第二种方法比第一种方法多了一对引号,你要连引号一起输,这样搜索出来的结果会有所不同。

第三种方法：输入Price＋你的产品名称进行搜索。例如直接输入：Price ballpen,这样搜索之后出现的结果很多都是该类产品的客户。

（资料来源：http://bbs.wtojob.com/print.aspx? bbsid＝168014）

(二)"拉"法

所谓"拉",就是企业通过适当的产品、适当的价格、适当的分销渠道和适当的促销手段吸引目标客户,从而将目标客户和潜在客户开发为现实客户的过程。"拉"策略的特点是企业靠本身的产品、价格、分销渠道和促销特色来吸引客户。

方法一,向客户提供适当的产品和服务。"好东西自己会说话"——适当的产品或服务是指企业提供给客户的产品或服务非常恰当、非常合适,这些产品或服务能够满足客户的需要。它不仅包括产品或服务的功能效用、质量、外观、规格,还包括品牌、商标、包装,以及相关的服务和保证等。

在工厂附近开超市如何吸引顾客？首先要看该工厂为什么类型的工厂,然后再根据工厂类型确定超市的商品结构,还有根据工厂的福利待遇来决定超市的商品结构。

比如,该工厂为机械加工的工厂,那么准备洗衣粉、超能皂等商品,如果该厂未提供员工午餐,那么可以准备盒饭、水果等。如果该厂在厂区附近为员工提供住宿,那么日用生活用品就是重点。如果该工厂女孩比较多,可以把消费人群定位在女孩上面,这样超市应该以化妆品、饰品为主,做到合理的商品群。

方法二,以适当的价格吸引客户。价格是指企业出售产品或者服务所追求的经济回报。价格对客户而言,不是利益的载体,而是代表一种牺牲。因此,价格既可能表达企业对客户的关心,也可能给客户以急功近利的感觉。

客户购买产品或服务时一般都有一个期望价格,当市场价格低于期望价格时,就会有更多的客户放弃购买——认为便宜没好货。特别是当客户不能客观地鉴别产品质量且这种产品又涉及他们的形象和威望时,就会把价格当做一个质量标准,认定只有贵的产品才会是好的产品。可见,定价太高、太低都不行。

适当的价格就是指企业应当根据产品或者服务的特点以及市场状况或竞争状况,为自己的产品或服务确定一个对客户有吸引力的价格。企业通过价格吸引客户的策略有很多,比如低价策略(折扣定价)、高价策略(声望定价)、心理定价、差别定价、招徕定价、组合定价、关联定价、结果定价等。

一般而言通过网银转账都会比柜台转账更便宜。特别是在大学开学前夕,家长更是成为了银行争夺网银客户的首选,降低手续费则成了一大手段。

郑先生近日就接连收到了多家银行发来的广告信息,无一例外都表明通过网银转账会比柜台转账便宜甚多。

例如一家股份制银行在柜台转账的手续费按照转账额度的1％收取,但是通过网银转账则只需要0.1％,另外一家股份制银行则是0.2％,相比柜台均便宜了不少。

更有甚者，一些起步不久的城商行更是以免费转账吸引客户。如市内一家异地城商行就实行了网银转账免费的策略。这对经常办理转账或者汇款业务的家长们来说，是非常实惠的。

方法三，以适当的分销来开发客户。分销是让产品或者服务到达可能会购买的客户的所在地，这些地方实际就是产品或者服务从生产者到最终客户所经历的各个环节和途径。适当的分销就是通过适当的途径或渠道，使客户很容易、很方便地购买到企业的产品或者服务。例如，人寿保险公司为了吸引和方便客户购买寿险，面对新的市场情况和技术情况，开通了寿险超市、网上寿险、银行寿险、邮政寿险等形式来吸引和方便人们购买寿险。

三棵树涂料9个月开发分销商17家。惠州市惠城区辖8个街道办事处和6个镇，总人口120万，是个美丽的山水城市，三棵树惠州店是2009年9月开业的，专卖店位于市区有名的装饰材料城——万饰城旁，至2010年5月已有直营专卖店1家，分销专卖店2家，乡镇店中店6家，村级分销店8家（含3家街道办店），总共终端有17个，配有业务经理2名，销售主管1名，导购员3名。

9个月开发分销商17家，惠州的经验是什么呢？

人员配置是先决条件。

没有人什么都是空谈！一个销售额100万元左右的店，必须配备5个以上的人员：业务经理1名：主要负责装饰公司、大客户的业务；业务主管2名：负责分销和小区推广业务；导购1名：主要负责店面日常销售、管理、消费者信息汇总等；最好还要有1名服务人员：负责售后及油木工信息收集、回访等。

分销市场开发是基础。

首先对分销市场进行仔细摸底，分区、分镇、分村进行归类，并对各区域内的分销客户进行评级，找出三个意向比较强的客户进行重点、重复走访，了解他们的要求，有针对性地出政策给予支持，但每个分销店必须能提供一个位置来做广告或门头。对于位置较好的分销店可以给予铺货、月结、促销等政策支持。

分销客户管理是保障。

制定详细分销客户拜访计划行程表，把管理工作细分到每天，及时了解和掌握分销客户的变化及需求，及时传达公司及代理商的促销、优惠信息，并逐步建立分销客户档案，分A、B、C三级管理。

老板客串式管理是润滑剂。

老板和业务经理、厂家代表每周必须抽出一天时间对现有分销客户进行拜访，拉近彼此之间的距离，增进感情，促进长久合作。每一季度举办"两会"（1次分商销联谊会及1次订货会），借助会议营销模式巩固客情，加强凝聚力；逢年过节或分销店老板家有喜事，代理商必须备薄礼一份，以示人文关怀，精心构建销售网络，以点带面，以面辐射全区域。

（资料来源：http://www.skshu.com.cn/news_detailed.aspx?ID=577）

方法四，以适当的促销来吸引客户。适当的促销是指企业利用各种适当的信息载体，将企业及其产品的信息传递给目标客户，并与目标客户进行沟通的传播活动，旨在引起客户的注意，刺激客户的购买欲望和兴趣，使其产生实际的购买行动。具体方式有广告、公共关系、销售促进等。

中友百货位于北京市繁华的西单商业区内,南面就是首都的交通要道东西长安街和北京市重点建设项目——文化广场。主要经营食品、日用百货、化妆品、男女士服饰系列用品、鞋帽、儿童系列用品、健身器材、体育用品、家电、办公自动化用品、家居用品、书籍、通信器材等,经营品种达10万种,年销售额5亿元。其目标顾客是中高档消费者,主要经营中高档商品,以国内名品为主、国际名品为辅。

中友百货的主要促销手段分析:

(1)服务促销。服务促销是中友百货的主要促销手段。人性化的经营管理是中友百货一向的经营目标,在开店之初中友百货就制定了"以服务为第一"的宗旨,将服务品质与商品视为同等重要,要对所有的顾客负责,同时还设立了处理顾客投诉及退换的部门,使购物者更有保障。"中友百货"已成为双保可信商品标识京城第一店。

(2)营业推广。营业推广也是中友百货促销的主要手段之一,其主要采用折扣优惠、奖励折扣、降价销售、优惠卡等。具体手段和活动如下:中友贵宾卡。顾客凭此卡除在店内享受购物折扣外,还可积分并获得礼品回馈,还享受如优惠租车等一系列特享优惠,集众多的优惠于一身,真正体现了中友卡的超值之处。长城储蓄值纪念卡。该卡是中国银行为庆祝中华人民共和国成立50周年而发行的唯一一套储值纪念卡,并委托中友独家销售使用,具有极高的使用和收藏价值,是中友重点的促销项目。

(3)广告促销。中友百货比较重视广告促销,经常在电视、报纸、网络等媒体上登载有关中友百货的营销活动,宣传公司的服务理念,取得了一定的效果。

天河书市中的"便衣"直销员

我有一个爱看书、收集书的习惯,所以每到周末只要有时间就会到广州天河的购书中心去"淘宝"。经常在购书中心选购营销类书籍的读者都知道,每天流动的人群中有一个特殊的群体——××直销员,他们更多的不是在看书、购书,而是在开发客户。前几天我就遇到了一个,而且引发了下面的对话及思考。

周日的下午两点左右,我正在翻看一本营销书籍。这时,一个30岁左右的干练女子出现在我旁边,先是翻阅一本书,后来伸出胳膊在我面前一过,又从书架上取下一本书。我不经意地一抬头,正好四目相对,她抱歉地一笑:"你也是做销售的吧?"

"是的。"我随意地应和着。

"我也是做销售的。你做什么产品的?"她又问了一句。

"欧派橱柜。"我边翻书边回答。

"听说过欧派,很有名气的,真羡慕你们。我是做××产品的,听说过吗?"她的话逐渐多起来。

"听说过但不是很了解。"我还是应和着。

"××是全球最大的直销产品企业,每年在全国的销售额达几百亿元。做销售很累呀,估计你们也是吧?"她开始转移话题。

"可不是嘛,每天都要思考和处理很多问题。"我们开始找到了共同语言。

"所以呀,天天在外面奔波一定要注意身体哦!你们要洽谈生意肯定吸烟吧?"她开始关心我了。

"吸烟是必不可少的,是沟通和解压的一种嘛。"我深有体会地说。

"烟气中含有苯和焦油,还有多种放射性物质能致癌,有90%的肺癌患者是与吸烟有关的,吸烟还能引发口腔和喉癌等,所以你最好是戒掉。"

说得我心里一颤,呵呵地笑了笑,也是在感谢她的好意。

"我以前一个同事,就是吸烟过度引起身体不适的。既然吸烟,肯定也很能喝酒吧?"她笑着又转了一个话题。

"你看呢?"我反问了一句。

"我估计你至少能喝一斤白酒。"她笑了笑。

"没有那么多,一般而已。"我也笑了笑。

"经常喝酒,能使脂肪堆积在肝脏引起脂肪肝,还可能引起胃出血危及生命。俗话说'抽烟伤肺,喝酒伤胃'嘛,所以你一定要注意了!"说得我心里有一种恐惧感,但也暖暖的。

"对了,××纽崔莱有几种产品,对胃和肺有一定的保养作用,尤其是针对长期吸烟喝酒的人,你可以先了解一下。"她边说边递给我一张关于纽崔莱的产品说明书,然后轻声给我介绍。

"你不是想向我推销保健品吧?"我笑道。

"不是的,因为我发现你脸色不大好,所以才向你介绍的,哦,这是我的名片。"她顺手塞给我一张名片。

"我脸色哪里不好?"我好奇地问道。

"这也是我根据长期的经验看出来的,呵呵。哎呀(她看了一下手机),真不好意思,我马上要给一个客户去送货,比较急。这样吧,名片上有我的联系电话和公司地址,明天晚上我有一场相关的健康讲座,还有两位销售培训老师来上课,我们可以相互交流一下。毕竟都是朋友吗,好不好?"她脸上露出急而真诚的表情。

"哦,好吧。"

"你看,我们的地址在××路××号,就在附近,这是我的电话,你直接打就可以了。把电话留给我吧,我派人在附近接你。"她摘出纸和笔递给我。

我随手留下了电话。

"我先走了,真不好意思,明天见。"她消失在我眼前。

做销售培训工作的我,从一开始就对××的直销人员保持着好奇和兴趣。以前也在书城接触过一些这样的人员,但发现今天接触的这个人运用的技巧的确非常独到。

(资料来源:王文刚.《书店里巧遇女推销员》.载《市场营销案例》,2009(3))

第三节 寻找和开发客户的技巧

销售的知识从某种程度上讲,是一门非常高深的与"人"沟通与互动的学问,所以人们往往从有关"人"的学问中汲取养分,希望能够改善和提升与人打交道的技巧。在寻找和开发客户实践中,销售人员往往更看重在各种场合下,采用何种销售方法、语言和行为方式更有利于销售工作。将该内容加以提炼、归纳和总结,就形成了寻找和开发客户的技巧。一直以来,销售技巧都是销售实践关注的重要内容之一。这一节,我们将专门介绍一些现在很流行的销售技巧。

一、接近客户

（一）接近客户的技巧

接近客户的成败关系到以后的销售工作能否顺利地进行下去,因此销售人员应掌握一定的技能,给客户留下良好的印象,为以后的销售工作做准备。

1. 利益接近法

利益接近法也叫实惠接近法。这种方法是销售者利用产品的优惠引起关键人的兴趣而进入面谈的接近方法,具体程序如下：

（1）迅速提出客户能获得的重要利益；

（2）指出能协助解决客户面临的问题；

（3）告诉客户一些有用的信息。

迅速地告诉客户他能立即获得的重要利益,是获得客户注意力和兴趣的一种方法。例如,告诉客户某种产品能给他带来高于竞争对手的营业利润。

这种方法是以销售者的诚信为基础的,必须实事求是,不可浮夸,更不能欺骗。

推销员马休正想以老套话"我们又生产出一些新产品"来开始他的销售谈话,但他马上意识到这样是错误的。于是,他改口说："班尼斯特先生,如果一笔生意能为你节省125英镑,你会有兴趣吗？""我当然感兴趣了,你说吧！""今年秋天,香料和食品罐头的价格最起码要上涨20%。我已经算好了,今年你能出售多少香料和食品罐头,我告诉你……"然后他就把一些数据写了下来。多少年来,他对顾客的生意情况非常了解,这一次,他又得到了顾客很大一笔订货。

2. 馈赠接近法

销售人员利用馈赠礼品的方式引起顾客的兴趣与好感,来接近顾客。送礼时要根据客户的身份及爱好不同,选择适合客户的礼品。礼品最好与销售产品相符,比如销售洗衣机附送洗衣粉等。

一位推销员到某公司推销产品,被拒之门外。女秘书给他提供一个信息：总经理的宝贝女儿正在集邮。第二天推销员快速翻阅有关集邮的书刊,充实自己的集邮知识,然后带上几枚精美的邮票又去找经理,告诉他是专门为其女儿送邮票的。一听说有精美的邮票,经理热情相迎,还把女儿的照片拿给推销员看,推销员趁机夸其女儿漂亮可爱,于是两人大谈育儿经和集邮知识,非常投机,一下子熟识起来。

3. 表演接近法

这是一种引起客户注意的方法,在商品展示会上经常使用,实际上是把产品示范过程戏剧化,以增加产品销售的吸引力。例如在商场中进行T型台表演,现场试用并评价产品等。

　　一个推销瓷器的女推销员,当她把一套餐具中的一个盘子递给瓷器经销商时,她故意把盘子掉到地上,但盘子却完好无损。当她捡起来后,说道:"这是引导瓷器革命的新技术成果,您的顾客特别是家里有小孩的顾客肯定会喜欢这样的产品,难道您不这样想吗?"结果,这位经销商一周后就与她签订了经销合同。

　　　　　　(资料来源:吴健安主编.现代推销理论与技巧.北京:高等教育出版社,2005.)
　　在利用表演接近法的时候,销售人员必须选择有利的时机出场,剧情安排合理,表演自然,才能吸引顾客。如果表演过分做作,可能引起顾客的反感,达不到目的。

　　4. 问题接近法
　　人的大脑储存着无数的信息,绝大多数的信息是一般的情况下不会想到的,也不会使用到。可当人受到外界的刺激时,例如销售人员对购买者进行提问,人的思考活动会立刻集中在这个问题上,相关的信息、想法也会突然涌入脑际,同时也会集中注意力来思索及表达对问题的看法。
　　问题接近法是吸引客户注意的一种方法,特别是当销售人员能找出一些与业务相关的问题时。当客户表达看法时,销售人员不但能引起客户的注意,而且也能了解到客户的想法,同时也满足了客户被人请教的优越感。

　　有一位推销书籍的女士,平时碰到顾客和读者总是从容不迫,平心静气地向对方提出这样两个问题:"如果我们送给您一套关于经济管理的丛书,您打开之后发现十分有趣,您会读一读吗?""如果读后觉得很有收获,您会乐意买下吗?"这位女士的开场白简单明了,连珠炮似的两个问题使对方无法回避,也使一般的顾客几乎找不出说"不"的理由,从而达到了接近顾客的目的。后来,这两个问题被许多出版社的图书推销员所采用,成为典型的问题接近方法。

　　5. 介绍接近法
　　介绍接近法包括自我介绍、他人介绍和产品介绍。自我介绍是主动递上名片或身份证明,以此来消除客户的怀疑,创造出宽松的气氛;他人介绍是指介绍对客户利益十分熟悉的其他人来接近客户,这种方法相对来讲成功率较高;产品介绍法是直接将产品摆在客户面前,使客户产生兴趣。

　　有一家橡胶轮胎厂的推销员到汽车制造公司去推销产品,他们随车带去了该厂生产的50多个品种的汽车轮胎,还有刚刚投放市场的最新式的子午线轮胎。进了对方厂门以后,他们并不做过多的口头宣传,只求汽车公司总经理看看随车带来的满满一汽车轮胎,琳琅满目,应有尽有,最后对方拍板与该厂签订了长年订货合同,汽车公司生产的汽车全部采用这家橡胶厂的轮胎。

6. 好奇接近法

利用客户的好奇心理,消除他对销售人员的敌对情绪而实现接近的目的。好奇心理是人们的一种原始驱动力,在此动力的驱使下,促使人类去探索未知的事物。好奇接近法正是利用顾客的好奇心理,引起顾客对销售人员或推销品的注意和兴趣,从而点明推销品利益,以顺利进入洽谈的接近方法。销售人员接近顾客时有的也不只是紧张和不安,有时推销也可能是愉悦的,特别是对于喜欢创造的销售人员。好奇接近法需要的就是销售人员发挥创造性的灵感,制造好奇的问题与事情。

"你知道为什么最近的工人日报把我们的柔性加工单元描述成制造业的革命吗?"推销员说着把报纸拿出来,让顾客看了一下标题,还未等顾客索取报纸就把它收好。要是顾客去细看文章的内容,就有可能中断、分散顾客的注意力,从而影响推销洽谈的效果。①

采用好奇接近法,应该注意下列问题:

第一,引起顾客好奇的方式必须与推销活动有关;

第二,在认真研究顾客的心理特征的基础上,真正做到出奇制胜;

第三,引起顾客好奇的手段必须合情合理,奇妙而不荒诞。

7. 赞美接近法

所有的人都喜欢别人的称赞,销售人员如果能掌握这个心理规律,恰当地利用,就能成功地接近客户。但必须注意,要符合客户心理,要真诚。

一个专门推销各种食品罐头的推销员说:"陆经理,我多次去过你们商场,作为本市最大的专业食品商店,我非常欣赏你们商场高雅的店堂布局,你们货柜上也陈列了省内外许多著名品牌的食品,窗明几净,服务员和蔼待客,百问不厌,看得出来,陆经理为此花费了不少心血,可敬可佩!"听了推销员这一席恭维话语,陆经理不由得连声说:"做得还不够,请多包涵,请多包涵!"嘴里这样说,心里却是美滋滋的。这位推销员用这种赞美对方的方式开始推销洽谈,很容易获得顾客对自己的好感,推销成功的希望也大为增加。

使用赞美接近法应注意以下几点。

第一,选择适当的赞美目标。销售人员必须选择适当的目标加以赞美。就个人购买者来说,个人的长相、衣着、举止谈吐、风度气质、才华成就、家庭环境、亲戚朋友等,都可以给予赞美;就组织购买者来说,除了上述赞美目标之外,企业名称、规模、产品质量、服务态度、经营业绩等,也可以作为赞美对象。如果销售人员信口开河,胡吹乱捧,则必将弄巧成拙。

---

① 资料来源:吴健安主编.现代推销理论与技巧.北京:高等教育出版社,2005.

第二,选择适当的赞美方式。销售人员赞美顾客,一定要诚心诚意,要把握分寸。事实上,不合实际的赞美,虚情假意的赞美,只会使顾客感到难堪,甚至导致顾客对销售人员产生不好的印象。对于不同类型的顾客,赞美的方式也应不同。对于严肃型的顾客,赞语应自然朴实,点到为止;对于虚荣型顾客,则可以尽量发挥赞美的作用。对于年老的顾客,应该多用间接、委婉的赞美语言;对于年轻的顾客,则可以使用比较直接、热情的赞美语言。

(二)保持洽谈平衡技巧

在初次与客户洽谈业务时,要注意保持洽谈的平衡。

(1)小心谨慎地准备,陈述要有条理。

(2)认真地倾听。

(3)在谈话时要尽量使客户产生兴趣。

(4)注意销售谈话的细节,密切注意客户的反应。

(5)用词要简单率直、易懂。

(6)谈话内容要丰富、别太单调。

(7)不要贸然打断客户的谈话。

(三)应该注意的事项

除了采用有效的接触方法外,还应注意初次见面的仪表神态、言谈举止,给客户留下忠实、可信的印象。

(1)恰当的穿着。销售人员在拜访客户之前,检查自己的穿着很重要。这样会使客户减少对销售人员的戒备,并认同销售人员和他们是同一类人。如何穿着呢?和客户穿着一样就很好了。

(2)神态要放松,但不可以随便,要表现得彬彬有礼。个人的言谈举止要得体,充分体现自己的业务素质。

(3)善于微笑。在客户面前要真诚友善地微笑,以缩短我们和客户的距离。第一次拜访客户时,要不时地微笑,使客户有一种亲切感,减少客户的抗拒心理,从而达到接近客户的目的。

(4)问候客户。问候的方式决定于多方面,见面的环境也同样影响销售人员的问候方式。

(5)要热诚,有感染力。销售人员开始做业务的时候,可能对业务知识不是很了解,但一定要非常热诚地对待客户。

(6)要积极、主动。在客户面前一定要有一种积极进取的精神和态度,在任何情况下都要显出自己是一个积极主动的人。

(7)把自己放在客户的位置上,时刻为客户着想。特别要注意客户的情绪,如果对方处于情绪低潮或者情绪不稳定,不适合谈生意,可以另约见面,迅速而礼貌地告辞。

(8)约会要准时。

(9)牢记客户的姓名,并给予对方正确的称谓。

特别要注意的是,接近客户首先就是要获得客户"人"的注意力,引起他或她的兴趣,如古老的 AIDA 模式(也称"爱达"公式,是国际推销专家海英兹·姆·戈得曼总结的推销模式,A 代表 Attention 即引起潜在客户的注意,I 代表 Interest 即创造出潜在客户感兴趣的事物,D 代表 Desire 即激发潜在客户的欲求,最后 A 代表 Action 即驱使潜在客户采取行动),就原则性地说明了上面一些接近技能的目的。在现代社会中,注意力是一种非常稀缺的资源。从认知心理学的观点看,人们像分配稀缺资源一样来使用自己的注意力,当然你也有一些方法可以强迫某人给你注意力,但这种做法的风险性也很高。此外,注意、兴趣、欲望、行动像一个"鸡生蛋、蛋生鸡"的循环套,它可以从任何地方开始。熟练运用这些技能,可以对客户开发工作产生极大的帮助。

二、开发客户需求的技能

需求意识是购买力评价学说 PPP(theory of Purchasing power parity)的初始阶段,开发需求关系到销售活动是否可持续发展。这里有一种系统的开发需求的方法——SPIN 提问法,其中心就是按照明确的顺序提出四个系列问题:背景(Situation),难点(Problem),暗示(Implication),需要—效益(Need-Payoff)。

(一)背景问题(Situation Questions)

背景问题的询问:在沟通的开始阶段,询问一些关于事实和目前状况的问题。这些问题很有必要,因为它们是你开发需求的基础。例如:

节能设备的销售人员问采购员:"你们厂每个月的电费大约有多少?"

工业设备销售人员问采购员:"你们用这些设备多久啦?"

房地产销售人员问潜在顾客:"你们家几口人?"

微波炉销售人员问潜在顾客:"你喜欢做饭吗?""你的家人出去吃饭的机会多吗?"

在处理这些问题的过程中有一个共同特征是:在收集潜在顾客现状的事实、信息和背景数据。销售人员首先询问一个相关情况的问题,这有助于大致了解买方需求。而且,一开始接触就询问一个相关情况的问题,可能让潜在顾客觉得不舒服,不愿与销售人员谈论存在的问题,甚至有可能否认存在的疑难问题。不过有了"热身"问题,就能让你更好地了解潜在顾客的情况。

(二)难点问题(Problem Questions)

难点问题的询问:询问潜在顾客现存状况的难点、困难或不满之处,而且每一个问题都是在促进潜在顾客说出隐含需求。例如:

工业设备的销售人员问采购员:"你的工人们对故障频繁、噪声这么大的老设备有没有抱怨过?"

一个推销塑胶跑道的销售人员问学校的领导:"你们学校的老师和学生有没有抱怨过目前的跑道下过雨泥泞不堪,不下雨又尘土飞扬?"

房地产销售人员问潜在顾客:"您对现在物业公司的服务满意程度如何?"

工业设备销售人员问技术人员:"在质量控制方面你有困难吗?"

询问难点,能及时了解潜在顾客的需求或面临的难题。目的就是挖掘潜在顾客的隐含需求,让潜在顾客说出:"是的,我的确有难题。"

(三)暗示问题(Implication Questions)

暗示问题的询问:就是关于潜在顾客状况的结果、影响和暗示。其目的在于对影响和结果的探讨使潜在顾客意识到问题的严重性和迫切性,将潜在顾客的问题放大,直到大得足以让潜在顾客购买你的产品。也就是说暗示问题起到了一个放大器的作用。例如:

一个牛奶检测设备的销售人员问采购人员:"在生产过程缺少实时质量监控对远期利益有什么影响?"

电脑销售人员问采购人员:"这个问题是不是说你们的秘书没有充分发挥应有的效率,

从而增加了打印每页文稿的成本?"

房地产销售人员对潜在顾客说:"有了新生儿,家里又需要一个房间做办公室,你目前的住房会给你带来什么问题?"

家用电器销售人员对潜在顾客说:"你们夫妇二人都工作,你们现在的厨房灶具是不是很不方便?你们是不是不得不经常出去吃饭?你们是不是常凑合着吃而不讲究营养均衡?"

暗示问题在决定过程中,增大了隐含需求的程度。

(四)需要-效益问题(Need-Payoff Question)

需求-效益问题的询问:询问潜在顾客你所提供的解决问题的对策的价值、重要性和意义。目的是注重对策的效益而不是注重难题,它能使潜在顾客说出对策的利益,提问是为了明确需求。

工业用品的销售人员对采购员说:"如果把它的运行速度提高10%对你们工厂是否有利呢?"

IBM电脑销售人员问采购员:"你对既能提高秘书的工作效率又能使成本低于现有水平的方法感兴趣吗?"

房地产销售人员对潜在顾客说:"如果我告诉您怎样以每平方米相对低的价格解决您住房的空间问题,您感兴趣吗?"

家用电器销售人员问潜在顾客:"您需要一种能在家中方便地烹调营养均衡饭菜的方式吗?"

在小生意中,提示问题的存在(隐含需求)然后提供解决问题的办法这种策略可以大显身手。但在大生意中情况就不那么简单了,大生意的提问策略必须从揭示隐含需求开始,通过对问题的影响和结果的挖掘,从而扩大问题,彰显解决问题的严重性和迫切程度,而且要将隐含需求转化为明确需求。在大生意中明确需求预示着成功的购买信号。需求-效益问题就是增加对解决问题的对策价值和意义的理解,从而引发潜在顾客对对策的渴望。

如何将隐含需求转变为明确需求呢?首先他们使用暗示问题提出并扩大问题,以便让潜在顾客感觉问题的严重程度,然后用需求-效益提示对策的价值或意义。因此明确需求由两部分组成:通过暗示建立起潜在顾客的难题,使它强烈又明显,通过需求-效益问题强调对对策的渴求。

需求-效益问题的目的:注重解决问题的对策而不仅仅是问题本身;更重要的是客户开始向推销员解释他可以取得的利益了。因此,与前边的难点问题和暗示问题相比较,需求—效益问题是建设性的、积极和有意义的。

下面这个经典的例子可以帮助你更好地理解SPIN模式。

卖方:你们工厂安装了节电设备没有?(背景问题)

买方:没有。

卖方:你们工厂的电费一年大约是多少?(背景问题)

买方:800万左右。

卖方:电费的开支在你们运行成本中所占比例多大?(背景问题)

买方:除去物料和人工开支外,就是电费,居第三。

卖方:据我所知,你们在控制成本方面做得相当不错,在实际操作过程中有没有困难?(难点问题)

买方:在保证产品质量和提高职工待遇的前提下,我们一直致力于追求生产效益最大化,因此在控制物料和人工成本方面着实下了一番工夫,确实取得了一定的效益。但在控制电费的支出上,我们还是束手无策。

卖方:那是不是说你们在民用高峰期用电要支付超常的电费?

买方:是的,尤其是每年的六、七、八三个月的电费高得惊人,我们实在想不出还有什么可以省电的办法啦,事实上那几个月我们的负荷也并不比平时增加多少。

卖方:除了电费惊人你是否注意到那几个月电压也不稳?(难点问题)

买方:的确是这样,工人们反映那几个月电压有时偏高,也有时偏低,不过这种情况并不多。

卖方:为防止民用高峰期电压不足及减少供电线路的损耗,电力部门供电时会以较高的电压传输,电压偏高对你们费用的支付意味着什么?(暗示问题)

买方:那肯定会增加我们实际的使用量,使我们不得不支付额外的电费。

卖方:除了支付额外的电费,电压偏高或不稳对你们的设备比如电机有什么影响?(暗示问题)

买方:温度升高会缩短使用寿命,增加维护和修理的工作量和费用。严重的可能直接损坏设备,使生产不能正常进行,甚至全线停产。

卖方:有没有因电压不稳损坏设备的情况发生,最大的损失有多少?(暗示问题)

买方:有,去年发生了两起,最重的一起是烧毁一台大型烘干机,直接损失就达50万元。

卖方:如此说来,节约电费对你们工厂控制成本非常重要?(需求-效益问题)

买方:是的,这不仅可以维持生产的正常运行,还可以延长设备的使用寿命。

卖方:从你所说的我可以看出,你们对既能节约电费又能稳定电压的解决办法最为欢迎,是吗?(需求-效益问题)

买方:是的,这对我们来说至关重要,我们非常需要解决电费惊人和电压不稳的问题,这样不仅使我们降低成本提高效益,而且还可以减少事故发生频率,延长设备的使用寿命,能使我们的生产正常运行。(明确需求)

简而言之,这就是SPIN模式。通过这样的询问,你就可以得到买方的明确需求,你从买方得到的需求越多越明确,推销就越有可能成功。值得指出的是,有效地使用SPIN模式询问的秘诀在于事先策划,简单的办法就是你将要问的问题开列一个清单,也可以使用专用的策划工具。

顶级保险推销员

"你好,王总,我是中国人寿保险公司的刘朝霞,我今天不想占用您的时间谈您公司员工的保险计划,但我希望在下星期找个时间跟您交换一下意见,当然,这样的交流曾使不少的人受益。"王先生并没有因为"使不少人受益"的话而打算见她,很客气地挂掉了电话。这之后的一段时间,刘朝霞不停地打电话过去,不仅给王先生,还打给他的秘书,最后人家明确告诉刘朝霞:"别再给王总打电话。"这样的警告让刘朝霞想起刚做保险时,她的同事张晶为了能见到客户,顶着明晃晃的大太阳在客户的办公楼下站了大半天,但最后还是让保安给"清理"了出去。

刘朝霞停止了电话轰炸,找到了跟王先生一起共过事的凌峰。凌峰此时已经是刘朝霞的老客户,通过凌峰的引荐,她终于见到了王先生。刘朝霞认真地聆听了王先生的公司中人力资源方面的一些问题,不时地表现出理解的神情,这让对方心里感到很舒服。王先生也很欣赏她的执着与热情,说:"朝霞没有吹嘘卖弄自己的产品,也没有不听我说话就直奔主题,在我们交谈时,她做了认真的记录。"这也是刘朝霞经过多年的历练总结出的一个小技巧。很多时候虽然已经拜访了一位准客户,刘朝霞却从不主动详谈保险的内容,很多人都是在聊天中才知道她是做保险的。但实际上她在有意无意间还是会涉及一些风险管理的话题的,"我素来让准客户自己决定什么时候投保,没能使他们感到迫切需要,就说明我努力得还不够。"刘朝霞这样解释自己的销售哲学。后来,王先生接受了中国人寿的产品,为他们公司的员工每个人都买了一份中国人寿的分红保险,保费近1000万元。

(资料来源:王慧琴.《顶级保险推销员》.载《IT经理世界》,2007(1),有删改)

思考问题

1. 刘朝霞在与客户接触的过程中运用的开发客户方法是"推"法还是"拉"法?
2. 刘朝霞在与客户接近中运用的是哪种接近技巧?

开发客户的方法中"推"式与"拉"式销售策略该如何在具体的现实销售过程中应用?

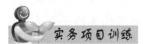

开发客户策略辩论会

正方观点:在客户开发问题上,销售主体应以"一个都不能少"的态度将尽可能多的甚至是全部潜在客户转化为现实客户。

反方观点:在客户开发问题上,销售主体应将客户分级,全力转化最优质和较优质的那部分潜在客户为现实客户,放弃相对难争取的潜在客户。

一、训练目的

1. 通过本次辩论,加深对销售漏斗理论的理解。
2. 通过本次辩论,加深对"推式"和"拉式"销售策略的掌握。

二、训练要求

1. 全班选出两组学生(正方与反正),每组5人,各组设一名辩论组长。
2. 利用课余时间,各组进行充分准备本方辩论赛的相关资料。
3. 任课教师作为主持人,辩论会为30～40分钟。

4. 找 5 名学生评委进行评分。

三、训练步骤
1. 辩论前将教室桌子重新摆放,达到能辩论要求即可。
2. 每组组长组织本组参赛流程、内容、开头与总结性发言。
3. 每组先各陈述自己观点,然后再进行双方辩论。
4. 规定时间限制,到辩论结束时间,每组组长做 2 分钟总结。

四、总结与评估
1. 由教师找 5 名学生做评委,给每组打分,满分 100 分。
2. 教师做总结评价。

思考与练习

一、思考题
1. 简述销售漏斗理论。
2. 简述"拉"式销售策略。
3. 简述"推"式销售策略。
4. 接近客户的技巧有哪些?举例说明。

二、实训报告
学习完本章后,调研一位销售人员,他/她是如何寻找和开发客户的,写一份访谈报告。

第三章 销售谈判技能

[学习目标]

学完本章,你应该达到:
1. 了解销售谈判的基本流程与技巧;
2. 熟悉销售谈判的各项准备工作查核方法;
3. 掌握销售谈判过程推进的有效规则并感受销售谈判情景过程;
4. 运用谈判技巧与策略,有效回避谈判过程中的障碍与陷阱,争取销售谈判的成功。

[导入案例]

商务谈判谈出"真金白银"

我国某冶金公司要向美国购买一套先进的组合炉,派一高级工程师与美商谈判,为了不负使命,这位工程师做了充分的准备工作,他查找了大量有关冶炼组合炉的资料,将国际市场上组合炉的行情及美国这家公司的历史和现状、经营情况等了解得一清二楚。谈判开始,美商一开口要价150万美元。中方工程师列举各国成交价格,使美商目瞪口呆,终于以80万美元达成协议。当谈判购买冶炼自动设备时,美商报价230万美元,经过讨价还价压到130万美元,中方仍然不同意,坚持出价100万美元。美商表示不愿继续谈下去了,把合同往中方工程师面前一扔,说:"我们已经作了这么大的让步,贵公司仍不能合作,看来你们没有诚意,这笔生意就算了,明天我们回国了。"中方工程师闻言轻轻一笑,把手一伸,做了一个优雅的请的动作。美商真的走了,冶金公司的其他人有些着急,甚至埋怨工程师不该抠得这么紧。工程师说:"放心吧,他们会回来的。同样的设备,去年他们卖给法国只有95万美元,国际市场上这种设备的价格100万美元是正常的。"果然不出所料,一个星期后美方又回来继续谈判了。工程师向美商点明了他们与法国的成交价格,美商又愣住了,没有想到眼前这位中国商人如此精明,于是不敢再报虚价,只得说:"现在物价上涨得利害,比不了去年。"工程师说:"每年物价上涨指数没有超过6%。一年时间,你们算算,该涨多少?"美商被问得哑口无言,在事实面前,不得不让步,最终以101万美元达成了这笔交易。

思考问题

1. 中方在谈判中取得成功的原因是什么?
2. 究竟何种因素造成美方处于不利地位?

(资料来源:英飞培训网)

销售谈判是一项很复杂的营销交际行为,它伴随着销售谈判者的言语互动、行为互动和心理互动等多方面的、多维度的错综交往。销售谈判行为从某种意义上说可以看成是众多管理实践中的一种,一种既严肃而又充满智趣的商务行为。参与者在遵守一定的商务规则中,各自寻找那个不知会在何时、何地、何种情况下出现的谈判结果。

美国谈判学会主席、谈判专家尼尔伦伯格说,谈判是一个"合作的利己主义"的过程。寻求合作的双方必须按一个互相均能接受的规则行事,这就要求销售谈判者应以一个真实身份出现在谈判行为的每一环节中,去赢得对方的信赖,继续把谈判活动完成下去。本章主要是从认识销售谈判入手,分析销售谈判的全部流程,一步步揭开销售谈判之谜。

第一节 销售谈判概述

一、如何在谈判中"旗开得胜"

谈判就像下棋,开局就要占据有利位置或战略性位置。

谈判的目的是要达成双赢方案。然而在现实生活中,一个要榨橘子汁,而另一个要用橘子皮烤蛋糕的情况毕竟太少见了。你坐在一个买家面前,你们心中都抱着同样的目的。这儿没有魔术般的双赢解决方案。他想要的是最低价,你想要的是最高价。他想从你的口袋里掏出钱来,放进他的腰包里。强力销售谈判(Power Sales Negotiating)则完全不同。它教你如何在谈判桌上获胜,同时让对方觉得他也赢了。

实际上,正是这种本领决定了一个人能否成为强力销售谈判高手。跟下棋一样,运用强力销售谈判技巧必须遵守一套规则。谈判和下棋最大的区别在于,谈判时对方不知道这些规则,只能预测你的棋路。棋手将象棋中的这几步战略性走棋称为"棋局"。开局时要让棋盘上的局势有利于你;中局要保持你的优势;进入残局时利用你的优势,将死对方,用在销售上就是要买方下单。

二、销售谈判的主要原则

原则一:多元切入,谈判不要限于一个问题。

如果销售人员解决了其他所有问题,最后只剩下价格谈判,那么结果只能是一输一赢。如果谈判桌上多留几个问题,销售人员总能找到交换条件达成公平交易。人们的谈判目的各有不同。销售人员的最大误区就是认为价格是谈判中的主导问题。很明显,许多其他因素对买方也很重要,例如产品或服务的质量,按时送货和灵活的付款条件。不能得寸进尺,过于贪婪。在谈判中不要捞尽所有好处。销售人员或许觉得自己胜了,但如果买方觉得被击败了,销售人员的胜利又有何用?所以要留点好处给对方,让他也有谈判赢了的感觉。

原则二:识别动机,学会识别对手谈判行为中的真假。

谈判行为是一项很复杂的人类交际行为,它伴随着谈判者的言语互动、行为互动和心理互动等多方面的、多维度的错综交往。谈判行为从某种意义上说可以看成是人类众多游戏中的一种,一种既严肃而又充满智趣的游戏行为。寻求合作的结果双方必须按一个互相均能接受的规则行事,这就要求谈判者应以一个真实身份出现在谈判行为的每一环节中,去赢得对方的信赖,继以把谈判活动完成下去。

但是由于谈判行为本身所具有的利己性、复杂性,加之游戏能允许的手段性,谈判者又很可能以假身份掩护自己、迷惑对手，取得胜利，这就使得本来就很复杂的谈判行为变得更加真真假假，真假相参，难以识别。

原则三：突破设限，主动认识谈判中的自我心理约束。

销售谈判过程是一个主观性非常强的行为交集，如何在谈判的过程中保持尽量的理性，需要突破自我设置的各项限制，也即人为设置的障碍。

障碍之一：没有调控好自己的情绪和态度；

障碍之二：对对方抱着消极的感情，即不信、敌意；

障碍之三：出于面子的心理需要，对妥协和必要的让步进行抵抗；

障碍之四：把交涉和谈判看成是一种"胜负"或"你死我活的战争"。

以上四种障碍能够被突破和解决，是谈判和交涉成功的关键；简言之，如果想突破谈判过程中的各项障碍，可以简单地尝试做到以下几点：

第一，控制你自身的情绪和态度，不为对方偏激的情绪所影响；

第二，让对方的情绪保持冷静，消除双方之间的不信任；

第三，多与对方寻找共同点；

第四，在交涉、谈判过程中，让对方保住面子；

第五，让对方理解"相互协调，相互合作"。

三、传统谈判观念到现代谈判观念的转变

（一）"立场争辩"式传统谈判观念

传统意义上，在买卖双方达成一笔买卖交易时，通常我们会看到，双方都会竭尽全力维护自己的报价。通常的谈判也最容易将谈判的焦点集中在价格上。例如，一位精明的卖主会把自己的产品讲得天花乱坠，尽量抬高自己产品的身价，报价要尽量高；而另一位出手不凡的买主也会在鸡蛋里挑骨头，从不同的角度指出产品的不足之处，从而将还价至少压低到对方出价的一半。

最后双方都会讲出无数条理由来支持自己的报价，最后谈判在无奈情况下成为僵局。如果不是僵局，那么通常是一方做出了一定的让步，或双方经过漫长的多个回合，各自都进行了让步，从而达成一个中间价。这样的谈判方式，我们在商务活动中是非常常见的。

上述谈判方式可以说是传统谈判观念的集中体现，我们在谈判学上称之为"立场争辩式谈判"。立场争辩式谈判的特点是，谈判每一方都在为自己的既定立场争辩，欲通过一系列的让步而达成协议。立场争辩式的谈判属于最普通的传统谈判方式。许多介绍的谈判技巧也都是从这个出发点来谈的。

然而，我们认为，如果在商业活动中，大家都遵循这样的谈判原则与技巧，往往会使谈判陷入一种误区。我们从实践中得到的教训却是，这种谈判方式有时会导致最后谈判双方不欢而散，甚至破坏了双方今后的进一步合作机会。

（二）"情感融合化"的现代谈判方式

现代谈判中，人们越来越意识到"情感表露"对谈判能产生重要影响。当然这并不仅仅局限于，我们期待谈判对手的感情泄露能有助于谈判的顺利进行。例如，你的谈判对手刚刚做了一笔漂亮的生意，或者摸彩中了头奖，使他在谈判中不禁喜形于色。对方高昂的情绪可能就使得谈判非常顺利，很快达成协议。

然而，你也会碰到个别不如意的对手，情绪低落，甚至对你可能大发雷霆。我们偶尔在

商店也会碰到,个别顾客冲着售货员就出售的货物质量或其他的原因而发生争执,大发脾气,售货员觉得不是自己的问题而往往试图解释,而客户却根本听不进去,不但要求退货,而且继续大吵大闹,有时甚至双方会发生激烈的口角。感情泄露在谈判中有时双方都难以抑制。个人的情绪还会有一定的传染性。有时处理不当,矛盾激化,就使谈判陷入不能自拔的境地。双方为了顾及"脸面"而彼此绝不做出任何让步。

结果双方之间很难再合作下去。因此,对待和把握谈判者的感情表露也是解决人的问题的一个重要方面。在商务交往中,人的情绪高低可以决定谈判的气氛,如何对待谈判者的情感表露,特别是处理好谈判者的低落的情绪,甚至是愤怒的情绪,对今后双方的进一步合作有深远的影响。有经验的谈判专家建议,处理谈判中的情感冲突,不能采取面对面的硬式方法。采取硬式的解决方法往往会使冲突升级,反而不利于谈判的继续进行。对待过激的情绪问题,我们不妨从以下三个方面来着手解决。

首先,关注和了解对方的情绪,也包括你自己的情绪;

其次,让对手的情绪得到发泄;

最后,学会使用象征性的体态语言缓解情感冲突。

销售人员角色倒转

——罗杰·道森访谈

世界享有盛誉的销售谈判大师罗杰·道森曾经说过:"过去销售人员的角色是经过明确界定的——把产品卖给用户或批发商。现在越来越多的销售人员发现他们的角色正在倒转。与其说他们是卖家,不如说是买方,这在搞批发的工业中是很常见的。但我相信也会蔓延到其他工业领域。大的食品公司,比如普罗科特和盖博、大众食品就因为这种理由雇佣我。他们想让我培训他们的销售人员如何同零售商谈判广告合作项目。"

以美国一个色拉汁生产厂做例子。开始的时候,业主可能只是为自己的餐桌做调味汁,他请来吃晚餐的客人觉得非常好吃,于是他给朋友做了一些。然后他又做了更多,作为圣诞节或者生日的礼物。人们都喜欢他的色拉汁,并鼓励他推向市场。

首先,他得跟人家谈占地费。店主说:"我的货架是要花钱的。如果你想让我们摆上你的色拉汁,你得给我们付 20 000 美元的柜台费。"他还发现,如果色拉汁卖不出去,他不仅要重新买回这些存货,而且还要支付零售商一笔"损失费",以补偿占用柜台的损失。

如果他要让商店给他的产品设个专柜,他就得跟人家谈判支付特别的损失费。他还发现,他还要跟店主谈判,补偿商店在报纸或印刷品上所做的广告费用。他还要花费比卖色拉汁更大的精力来谈判购买商店的柜台。

这是向零售商推销产品的销售人员角色倒转的典型例子,这种例子还有,比如超市、商店、专卖店。所以,销售人员的角色在新世纪将会发生剧烈的变化,成功的销售人员比以往更要有丰富的头脑,要更加多才多艺,要得到更好的培训。最为重要的,他必须是一个更出色的销售谈判高手。

第二节 销售谈判的准备

销售谈判的计划与准备阶段如此之重要,而大多数销售人员进行谈判时仍是仓促上阵,未能做充分的准备,使得谈判结果不能尽如人意。因此,在每一次销售谈判之前做好充分的计划与准备,是我们取得良好谈判结果的基石。

销售谈判的计划与准备阶段涉及以下几项内容。

一、确定谈判目标

(一)知道自己需要什么

如果没有事先考虑好自己应该从谈判中得到什么就开始进行谈判,那么谈判结束后:

(1)你可能会带着很多"礼物"离开;

(2)你可能会放弃有价值的项目代之以得到无价值的东西而告终。因此谈判结束时,对自己需要得到什么应该有一个明确的设想。

(二)知道自己为什么需要它

对你而言,得到的结果对你有什么用。弄清楚你想得到的东西的原因是什么,可能会有助于达到你隐蔽的目的。即使这些原因你未曾有意识地去考虑。

(三)如果没有实现自己的目标,将会发生什么事情

如果没有得到自己想要的结果,可能发生的最坏的事情是什么?自己如果能够接受,或者说当你明白会发生什么时,或许你能找到解决问题的其他方法。

(四)知道自己首要考虑的事

将自己在谈判当中想要得到的全部目标分解成若干组成部分,考虑一下:哪一部分首先考虑;哪一部分居其次;哪一部分最后才考虑。

(五)自己不能接受的是什么

在谈判中,也许有些条件是自己无论如何也不能接受的。如果谈判将迫使你超越出这些原则性的限度,也许你就不值得再花时间和精力继续谈下去了。

(六)知道自己的谈判界限

在谈判中,你能做得最有价值的事情之一就是弄清自己在谈判中的界限。这样你就可以知道,谈到什么时候你应终止谈判;什么时候可以说"是",什么时候可以说"不";什么时候态度必须强硬;什么时候,可以离开谈判桌结束谈判。也就是说,如果到了这个界限,你可以考虑自己应该去做什么了。

(七)为自己设定谈判的顶线目标、现实目标、底线目标

当你知道自己想要什么,不想要什么,什么对自己最重要时,你就可以开始为自己拟定谈判顶线、现实、底线目标。这些目标是你将希望达到的结果和拥有的活动范围具体化的一个方面。

(1)顶线目标是获得你真正想要的一切。在一个理想的状态下,你有可能实现它。

(2)现实目标是实际上你希望得到的结果,不同的谈判对象,其结果可能不同。

(3)底线目标是你的底线。当谈判达到这条界线时,你应该终止谈判,离开谈判桌。

(八)自己能做出什么让步

谈判充满讨价还价、妥协、让步。为了得到自己所想要的结果,就要做出一些让步。所以应考虑你准备做出什么让步来实现自己所希望的谈判结果,这时应该弄清:我必须拥有什么？什么东西我不准备做出任何让步？什么对我来说不重要？我有什么必须拿去作为交换条件而准备放弃的呢？

二、认真考虑对方的需要

谈判的准备工作不能仅仅考虑自己的要求和需要，同时也要考虑谈判的对方可能需要什么。这时需要你作一个换位思考，站在对方的位置上来考虑问题。

"如果你是对方，在谈判中你需要什么？"

"你为什么需要它？你需要得到这个结果背后的原因可能是什么？"

"什么问题对你来说最重要？你首要考虑的是什么？什么问题你不能做出丝毫让步？对你来说最糟糕的结果可能是什么？"

"你的顶线、现实、底线目标是什么？"

"你准备拿来交换的是什么？你可能会失去什么？你为了支持你的立场可能会提出哪些问题？"

"你是否有足够的事实数据或信息来支持你的立场与观点？"

虽然你不能准确地回答上述问题，但经过仔细考虑和推测这些问题，你就能更好地把握谈判的进程与方向。

三、评估相对实力和弱点

你可能做出的让步和你能够交易的项目取决于你在谈判中的实力和弱点。实力是指可以对对方的行动施加的支配力或影响力。

（一）实力具体表现形式

（1）你拥有做出正式决策的权力吗？（指决策权威）

（2）对讨论的问题你具有丰富的知识吗？（指专家权）

（3）对讨论的问题你是否有充裕的时间？

（4）你的决心与毅力。

（5）你是否做有充分的准备？

（6）你是否具有丰富的谈判经验？

（7）你是否拥有内部消息？

（8）你是否认识某个能影响谈判结果的人？

（9）你拥有使用某些制裁或施压的权力吗？

（二）在评估实力和弱点时应注意事项

（1）只有双方都认识它的存在并对它的使用程度持有相同看法时，支配力才发生作用。

（2）如果你比对方强大，而且双方都知道，那么你在谈判中利用一下这种优势，就会使对方意识到不对你的建议做出让步的后果。

（3）如果你比对方强大，对方不知道，那么你的支配力就不能发挥作用，如果你有弱点对方不知道，那么你就比你想象的强大。

（4）熟练的谈判者善于使用其支配力来影响和说服对方，而不是利用这种支配力来打败对方。

（5）经验丰富的谈判者在充分利用对方弱点之前会详思再三，意识到一起共事的必要性，这样会使对方都增加谈判信心。

(6) 谈判技巧不能代替谈判实力。谈判技巧只能带来一时的优势。

四、制定谈判策略

制定好你的全部战略是谈判准备工作的重要组成部分,其重点如下:
(1) 第一次会面时,我们应当提哪些问题?
(2) 对方可能会提哪些问题?我们应如何回答这些问题?
(3) 我们是否有足够的事实数据和信息来支持我方的立场?如果没有,应增加哪些信息?
(4) 我们应当采取什么样的谈判风格?
(5) 选择谈判地点、时间。
(6) 如何开局?
(7) 以前的谈判可能对这次谈判产生怎样的影响?
(8) 谈判所在地的习惯、风俗可能和怎样影响彼此?

五、团体间谈判的其他准备

(1) 由谁来主谈?
(2) 由谁来确认理解程度?
(3) 由谁来提问?提什么样的问题?
(4) 由谁来回答对方的问题?
(5) 由谁来缓和紧张气氛,表示对他人的关心?

谈判准备与"对弈"

高明的谈判是有一套规则的,就像下棋一样。谈判和下棋之间最大的区别是:在谈判中,对方不必懂得规则,对方会跟着你的屁股后头跑,从对方多次的表现中,我们知道他会做出怎样的反应。虽然不是次次如此,但大多数时候谈判成为一种科学而不只是一种艺术。

我们来做一个简单的练习来说明这种情况:

想一个介于1和10之间的数

用这个数乘以9

然后把这两个数加起来

减去5

把它变成字母表中的一个字母——A、B、C、D、E、F 等

然后想一个以这个字母开头的国家

拿出这个国家的第二个字母,想一个以这个字母开头的动物

现在告诉我:我是怎么知道你想的是丹麦(Denmark)的大象(Elephant)呢?

不管你住在什么地方,西北部还是东南部,你想的是丹麦的大象或麋鹿(Elk)。我是怎么知道的呢?

你精神不集中算错了数,根本就不是。我是怎么知道的呢?这并非因为我是个天才,而

是我跟无数个人做过这个练习,我知道必然的结果是什么,谈判也如此。对方会在你的掌握之中,被你牵着鼻子走。

如果你会下象棋你就知道,棋手管这招叫"策略出击"(也包含着一种冒险的成分)。开局策略让对弈按照你的意图发展,中期策略让对弈继续听你指挥,后期策略供你准备将死对方或达成谈判交易时使用。

(资料来源:搜了网 http://www.51sole.com/b2b/sides283519.html 有修改)

第三节 销售谈判的流程

销售谈判基本分为三个阶段,即计划与准备阶段、面谈阶段、后续收尾阶段。针对这三个阶段,我们用一般公司销售商品时,进行销售谈判情景再现的形式分别阐述。

一、销售谈判情景再现:接待客户

(一)商务经理接客户到访公司

商务经理是做前期铺垫的,从一开始与客户见面时,一定要把握好自身形象、语言的严谨和行为举止等各方面上的细节,体现出高素质人才和公司形象。铺垫的好坏决定着这笔单子的大小和难易度。所以要从细节入手,如在火车站接站时,打印出"××市×××先生××公司接站"字帖。

(二)引导客户就座,文员服务

客户进入公司时,文员应放下手上工作,起立致意问候"×××先生,您好!"。商务经理引导就座到指定位置后,文员应表现出真诚、自然、热情和对商务经理特别尊重。倒水后,并对商务经理说"×经理,×先生,有什么需要,请给我打声招呼。"然后回到自己的办公区域,认真工作,切忌乱走动。

二、销售谈判情景再现:多轮沟通(如图3-1所示)

(一)简单沟通:商务经理初步问候、简单沟通第一次离去

商务经理进入公司后,要营造出严肃的工作氛围,自身保持真诚、实在及严谨。第一次先真诚地问候客户路程上的辛劳,关心他是不是需要休息等事情。使其对公司有亲切感。以安排部门工作为借口离去,时间控制在三分钟左右。

(二)加深沟通:商务经理二次返回加深沟通离去

三分钟左右回来,在这次沟通中,主要是深入了解对方实力和初步判断对方的底牌。内容主要是询问对方,言简意赅地回答对方疑问为主。另外可以谈一些对方感兴趣的话题,加深感情,以利于下一步合作。中间注意细节,可以让部下拿一些文件来签字,表现出大气。快结束时以老客户打电话要资料等原因,并告诉客户联系一下销售总监,看他有没有时间。制造公司特别忙的气氛。时间控制在十五分钟左右。

(三)谈判缓冲:第三次返回请客户先看资料

备好资料,三分钟左右回来,请客户详细看资料,对以后运作市场有好处,并告诉客户老总大致什么时间到,自己还有工作要完成。离去时提醒文员给客户倒水。看资料时间二十分钟左右。期间前台电话不断,文员应注意客户反应。

(四)高层引入:介绍销售总监到位和回场

寒暄认识后,让商务经理陪一下,到×部门交代一下几分钟过来。制造较忙和特别重视

他的工作场景。

（五）高层沟通：销售总监与客户沟通

了解客户对产品的认知度和对市场的看法，当地市场情况，客户存在那些误区和顾虑，并打消他的顾虑，确定他的合作意向。

（六）时机锁定：销售总监洽谈项目

详细的具体条目的谈判，由谈判本人掌控。把握客户欲签约的时机，安排文员到财务去领取合同。

图3-1 销售谈判"多轮沟通"图

三、销售谈判情景再现：确定签约

（一）移位签约

安排文员和商务经理协助，与客户到会议室签约，文员和商务经理协助打开合同及准备签字笔等，进行签字。

（二）总经理审批合同

把签好的合同送交总经理审批，盖章生效，把握交定金或首付款的时间，文员督办客户交定金或汇首付货款，与财务部门协同办理货款事宜，财务部将合同编号存档。

（三）追款

合同生效后，由商务经理关注客户动态及联络感情，如有波动，请示销售总监。销售资金到账后，协调各部门落实合同其他条款。

有关谈判的一个寓言

从前，有一对老夫妻住在遥远的太平洋小岛上的一座破败的茅草屋里。有一天，龙卷风侵袭村子，毁掉了他们的房屋。因为他们又老又穷无法再把房子盖起来，老夫妻搬到女儿、女婿家同他们一起住。这种安排让这一家人很是不快，因为女儿的草房也不大，刚刚能容下她、她丈夫以及四个孩子，因而就不用说父母了。女儿来找村子里的智慧老人，她问道："我们怎么办呢？"

智慧老人慢慢地吸着烟斗，回答道："你有小鸡，不是吗？"

"对。"她回答："我们有十只鸡。"

"那你就把小鸡放进屋子里跟你一起住。"

"这方法太奇怪了！"女儿问到。

"照我说的去做！"智慧老人不容任何质疑。

对这个女儿来说这似乎很荒唐，但她接受了智慧老人的建议。这自然加剧了矛盾，情况越来越让人难以忍受。鸡毛到处乱飞，家人恶语相加。女儿又找到智慧老人那里。请求他再给出点主意。

"你们有猪,是不是?"智慧老人回答。

"对,我们有三只猪。"

"那你务必把猪也赶进屋子里。"

"这方法太荒诞了!"女儿问道。

"照我说的去做!"智慧老人还是不容任何质疑。

虽然女儿觉得简直荒唐至极。但怀疑智慧老人是不可能的,于是她把猪赶进了屋子。现在这日子真是没法过了:八口人,十只鸡,三头猪,挤在同一间狭小、吵闹的屋子里。她的丈夫抱怨自己根本听不清收音机新闻的广播。

第二天,女儿担心一家人的神智出问题,又来找智慧老人,进行最后一次绝望的请求。她叫道:"我们忍受不了了,告诉我该怎么办,我这就去办,但请你帮帮我。"

这次,智慧老人的回答很令人不解,但做起来并不难。"现在把鸡和猪都赶出去吧。"

她赶快把畜生们赶出了屋子,一家人以后的日子过得快快乐乐。

这个故事的道理是说,一笔好的交易通常都是在你扔掉一些东西以后才显得更好。

(资料来源:中国电池网 http://www.edianchi.com/new_view.asp? id=651 销售人员谈判训练全攻略,有修改)

第四节　销售谈判的技巧

一、销售谈判技巧——"听"的要诀

认识了听力障碍的几种情况,我们要想提高收听效果,就必须掌握"听"的要诀,想尽办法克服听力障碍。

(一)专心致志,集中精力地倾听

专心致志地倾听讲话者讲话,要求谈判人员在听对方讲话时,要特别聚精会神,同时,还要配以积极的态度去倾听。

为了专心致志,就要避免出现心不在焉"开小差"的现象发生。即使是自己已经熟知的话题,也不可充耳不闻,万万不可将注意力分散到研究对策问题上去,因为这样非常容易出现万一讲话者的内容为隐含意义时,我们没有领悟到或理解错误,造成事倍功半的效果。

精力集中地听,是倾听艺术的最基本、最重要的问题。据心理学家统计证明,一般人说话的速度为每分钟120～180个字,而听话及思维的速度,则大约要比说话的速度快4倍左右。因此,往往是说话者话还没有说完,听话者就大部分都能够理解了。这样一来,听者常常由于精力的富余而"开小差"。那么万一这时对方讲话的内容与我们理解的内容有偏差,或是传递了一个重要信息,这时真是聪明反被聪明误,后悔已是来不及了。

因此,我们必须注意时刻集中精力地倾听对方的讲话。用积极的态度去听,而不是消极的或是精神溜号去听,这样的倾听成功的可能性就比较大。注意在倾听时注视讲话者,主动地与讲话者进行目光接触,并做出相应的表情,以鼓励讲话者。比如可扬一下眼眉,或是微微一笑,或是赞同地点点头,抑或否定地摇摇头,也可不解地皱皱眉头等,这些动作配合,可帮助我们精力集中,帮助起到良好的收听效果。

需要特别注意的是,在商务谈判过程中,当对方的发言有时我们不太理解、甚至难以接受时,万万不可塞住自己的耳朵,表示出拒绝的态度,因为这样的做法对谈判非常不利。作

为一名商务谈判人员,应该养成有耐心地倾听对方讲话的习惯,这也是一个良好的谈判人员个人修养的标志。

（二）通过记笔记来达到集中精力

通常,人们即时记忆并保持的能力是有限的,为了弥补这一不足,应该在听讲时做大量的笔记。记笔记的好处在于:一方面,可以帮助自己回忆和记忆,而且也有助于在对方发言完毕之后,就某些问题向对方提出质询,同时,还可以帮助自己作充分的分析,理解对方讲话的确切含义与精神实质;另一方面,通过记笔记,给讲话者的印象是重视其讲话的内容,当停笔抬头望望讲话者时,又会对其产生一种鼓励的作用。

对于商务谈判这种信息量较大且较为重要的活动来讲,一定要动笔作记录,不可过于相信自己的记忆力。因为谈判过程中,人的思维在高速运转,大脑接受和处理大量的信息,加上谈判现场的气氛又很紧张,所以只有记忆是办不到的。实践证明,即使记忆力再好也只能记住一个大概内容,有的甚至忘得干干净净。因此,记笔记是不可少的,也是比较容易做到的用以清除倾听障碍的好方法。

（三）有鉴别地倾听对手发言

在专心倾听的基础上,为了达到良好的倾听效果,可以采取有鉴别的方法来倾听对手发言。通常情况下,人们说话时是边说边想,想到哪说到哪,有时表达一个意思要绕着弯子讲许多内容,从表面上听,根本谈不上什么重点突出,因此,听话者就需要在用心倾听的基础上,鉴别传递过来的信息的真伪,去粗取精、去伪存真,这样即可抓住重点,收到良好的倾听效果。

（四）克服先入为主的倾听做法

先入为主地倾听,往往会扭曲说话者的本意,忽视或拒绝与自己心愿不符的意见,这种做法实为不利。因为这种倾听者不是从谈话者的立场出发来分析对方的讲话,而是按照自己的主观框框来听取对方的谈话。其结果往往是听到的信息变形地反映到自己的脑中,导致本方接收信息不准确、判断失误,从而造成行为选择上的失误。所以必须克服先入为主的倾听做法,将讲话者的意思听全、听透。

（五）创造良好的谈判环境,使谈判双方能够愉快地交流

人们都有这样一种心理,即在自己所属的领域里交谈,无须分心于熟悉环境或适应环境;而在自己不熟悉的环境中交谈,则往往容易变得无所适从,导致正常情况下不该发生的错误。可见,有利于己方的谈判环境,能够增强自己的谈判地位和谈判实力。事实上,科学家的实验也证实了人在自己客厅里谈话,比在他人客厅里谈话更能说服对方这一观点。因此,对于一些关系重大的商务谈判工作,如果能够进行主场谈判是最为理想的,因为这种环境下会有利于己方谈判人员发挥出较好的谈判水平。如果不能争取到主场谈判,至少也应选择一个双方都不十分熟悉的中性场所,这样也可避免由于客场谈判给对方带来便利和给己方带来的不便。

（六）注意不要因轻视对方、抢话、急于反驳而放弃听

人们在轻视他人时,常常会自觉不自觉地表示在行为上。比如,对对方的存在不屑一顾或对对方的谈话充耳不闻等。在谈判中,这种轻视的做法百害而无一益。因为这不仅表现了自己的狭隘,更重要的是难以从对方的话中获得我们所需要的信息,比如判断对方真伪的信息、反驳对方的信息等。同时,轻视对方还可招致对方的敌意,甚至导致谈判关系破裂。

谈判中,抢话的现象也是经常发生的。抢话不仅会打乱别人的思路,也会耽误自己倾听对方的全部讲话内容。因为在抢话的同时,大脑的思维已经转移到如何抢话上去了。这里所指的抢话是急于纠正别人说话的错误,或用自己的观点取代别人的观点,是一种不尊重他人的行为。因此,抢话往往会阻塞双方的思路和感情交流的渠道,对创造良好的谈判气氛非常不利,对良好的收听更是不利。

另外,谈判人员有时也会出现在没有听完对方讲话的时候,就急于反驳对方某些观点,这样也会影响到收听效果。事实上,如果我们对对方的讲话听得越详尽、全面,反驳起来就越准确、有力。相反,如果对对方谈话的全部内容和动机尚未全面了解时,就急于反驳,不仅使自己显得浅薄,而且常常还会使己方在谈判中陷入被动,对自己十分不利。

不管是轻视对方,还是急于抢话和反驳,都会影响倾听效果,必须加以注意。

二、销售谈判技巧——"问"的要诀

为了获得良好的提问效果,需掌握以下发问要诀。

第一,应该预先准备好问题,最好是一些对方不能够迅速想出适当答案的问题,以期收到意想不到的效果。同时,预先有所准备也可预防对方反问。

有些有经验的谈判人员,往往是先提出一些看上去很一般,并且比较容易回答的问题,而这个问题恰恰是随后所要提出的比较重要的问题的前奏。这时,如果对方思想比较松懈,突然面对我们所提出的较为重要的问题,其结果往往是使对方措手不及,收到出其不意之效。因为,对方很可能在回答无关紧要的问题时即已暴露其思想,这时再让对方回答重要问题,对方只好按照原来的思路来回答问题,或许这个答案正是我们所需要的。

第二,在对方发言时,如果我们脑中闪现出疑问,千万不要中止倾听对方的谈话而急于提出问题,这时我们可先把问题记录下来,等待对方讲完后,有合适的时机再提出问题。

在倾听对方发言时,有时会出现马上就想反问的念头,切记这时不可急于提出自己的看法,因为这样做不但影响倾听对方下文,而且会暴露我方的意图,这样对方可能会马上调整其后边的讲话内容,从而使我们可能失去本应获取的信息。

第三,要避免提出那些可能会阻碍对方让步的问题,这些问题会明显影响谈判效果。

事实上,这类问题往往会给谈判的结局带来麻烦。提问时,不仅要考虑自己的退路,同时也要考虑对方的退路,要把握好时机和火候。

第四,如果对方的答案不够完善,甚至回避不答,这时不要强迫地问,而是要有耐心和毅力等待时机到来时再继续追问,这样做以示对对方的尊重,同时再继续回答己方问题也是对方的义务和责任,因为时机成熟时,对方也不会推卸。

第五,在适当的时候,我们可以将一个已经发生,并且答案也是我们知道的问题提出来,验证一下对方的诚实程度,以及其处理事务的态度。同时,这样做也可给对方一个暗示,即我们对整个交易的行情是了解的,有关对方的信息我们也是掌握很充分的。这样做可以帮助我们进行下一步的合作决策。

第六,即不要以法官的态度来询问对方,也不要问起问题来接连不断。

要知道像法官一样询问谈判对方,会造成对方的敌对与防范的心理和情绪。因为双方谈判绝不等同于法庭上的审问,需要双方心平气和地提出和回答问题;另外,重复连续地发问往往会导致对方的厌倦、乏味而不愿回答,有时即使回答也是马马虎虎,甚至会出现答非所问。

第七,提出问题后应闭口不言,专心致志地等待对方做出回答。

通常的做法是,当我们提出问题后,应闭口不言,如果这时对方也是沉默不语,则无形中给对方施加了一种压力。这时,我们保持沉默,由于问题是由我们提出,对方就必须以回答问题的方式打破沉默,或者说打破沉默的责任将由对方来承担。这种发问技巧必须掌握。

第八,要以诚恳的态度来提出问题。

当直接提出某一问题而对方或是不感兴趣,或是态度谨慎而不愿展开回答时,我们可以转换一个角度,并且用十分诚恳的态度来问对方,以此来激发对方回答的兴趣。实践证明,这样做会使对方乐于回答,也有利于谈判者彼此感情上沟通,有利于谈判的顺利进行。

第九,注意提出问题的句式应尽量简短。

在商务谈判过程中,提出问题的句式越短越好,而由问句引出的回答则是越长越好。因此,我们应尽量用简短的句式来向对方提问。因为当我们提问的话比对方回答的话还长时,我们就将处于被动的地位,显然这种提问是失败的。

综上几点技巧是基于谈判者之间的诚意与合作这一命题提出来的,旨在使谈判者更好地运用提问的艺术来发掘问题、获取信息、把握谈判的方向。

三、销售谈判技巧——"答"的要诀

通常,回答问题不仅应采取容易接受的方法,而且应当巧立新意,渲染己方观点,强化回答效果。谈判中的回答有其自身的特点,它不同于学术研究或知识考试中的回答,一般不以正确与否来论之。谈判中回答的要诀应该是:基于谈判效果的需要,准确把握住该说什么,不该说什么,以及应该怎样说。

为此,我们必须应该做到以下几点。

(一)回答问题之前,要给自己留有思考时间

商务谈判中所提出的问题,不同于同事之间的生活问话,必须经过慎重考虑后,才能回答。有人喜欢将生活中的习惯带到谈判桌上去,即对方提问的声音刚落,这边就急着马上回答问题,这种做法很不讲究。其实,在谈判过程中,绝不是回答问题的速度越快越好,因为它与竞赛抢答是性质截然不同的两回事。

人们通常有这样一种心理,就是如果对方问话与我方回答之间所空的时间越长,就会让对方感觉我们对此问题欠准备,或以为我们几乎被问住了;如果回答得很迅速,就显示出我们已有充分的准备,也显示了我方的实力。其实不然,谈判经验告诉我们,在对方提出问题之后,我们可通过点支香烟或喝一口茶,或调整一下自己坐的姿势和椅子,或整理一下桌子上的资料文件,或翻一翻笔记本来延缓时间,考虑一下对方的问题。这样做既显得很自然、得体,又可以让对方看得见,从而减轻和消除对方的上述那种心里感觉。

(二)把握对方提问的目的和动机,才能决定怎样回答

谈判者在谈判桌上提出问题的目的往往是多样的,动机也往往是复杂的。如果我们没有深思熟虑,弄清对方的动机,就按照常规来做出回答,结果往往是效果不佳。如果我们经过周密思考,准确判断对方的用意,便可做出一个独辟蹊径的、高水准的回答。比如,人们常常用这样一个实例来说明:建立在准确地把握对方提问动机和目的基础上的回答是精彩而绝妙的。艾伦·金斯伯格是美国著名的诗人,一次在宴会上,他向中国作家提出一个怪谜,并请中国作家回答。这个怪谜是:"把一只五斤重的鸡装进一个只能装一斤水的瓶子里,用什么办法把它拿出来?"中国作家回答道:"您怎么放进去的,我就会怎么拿出来。您凭嘴一

说就把鸡装进了瓶子,那么我就用语言这个工具再把鸡拿出来。"此可谓是绝妙回答的典范。谈判人员如果能在谈判桌上发挥出这种水平,就是比较出色的谈判人员。

(三)不要彻底地回答问题,因为有些问题不必回答

商务谈判中并非任何问题都要回答,要知道有些问题并不值得回答。

在商务谈判中,对方提出问题或是想了解己方的观点、立场和态度,或是想确认某些事情。对此,我们应视情况而定。对于应该让对方了解,或者需要表明我方态度的问题要认真回答,而对于那些可能会有损己方形象、泄密或一些无聊的问题,谈判者也不必为难,不予理睬是最好的回答。当然,用外交活动中的"无可奉告"一语来拒绝回答,也是回答这类问题的好办法。总之,我们答问题时可以自己将对方的问话范围缩小,或者对回答之前提加以修饰和说明,以缩小回答范围。

(四)逃避问题的方法是避正答偏,即顾左右而言他

有时,对方提出的某个问题我方可能很难直接从正面回答,但又不能以拒绝回答的方式来逃避问题。这时,谈判高手往往用避正答偏的办法来回答,即在回答这类问题时,故意避开问题的实质,而将话题引向歧路,借以破解对方的进攻。其实,这只是应付对方的一个好办法。比如,可跟对方讲一些与此问题既有关系又无关系的问题,东拉西扯,不着边际。说了一大堆话,看上去回答了问题,其实并没有回答,其中没有几句话是实质性的。经验丰富的谈判人员往往在谈判中运用这一方法。此法看上去似乎头脑糊涂、思维有问题,其实这种人高明得很,对方也拿这类人毫无办法。例如,一位西方记者曾经讥讽地问周恩来总理一个问题:"请问,中国人民银行有多少资金?"周总理深知对方是在讥笑中国的贫困,如果实话实讲,自然会使对方的计谋得逞,于是答道:"中国人民银行货币资金嘛,有十八元八角八分。中国银行发行面额为十元、五元、二元、一元、五角、二角、一角、五分、二分、一分的十种人民币,合计为十八元八角八分。"周总理巧妙地避开了对方的话锋,使对方无机可乘,被世界人民传为佳话。

(五)对于不知道的问题不要回答

参与谈判的所有与会者都不是全能全知的人。谈判中尽管我们准备得充分,也经常会遇到陌生难解的问题,这时,谈判者切不可为了维护自己的面子强作答复。因为这样不仅有可能损害自己利益,而且对自己的面子也是丝毫无补。有这样一个实例,我国某公司与美国外商谈判合资建厂事宜时,外商提出有关减免税收的请求。中方代表恰好对此不是很有研究,或者说是一知半解,可为了能够谈成,就盲目地答复了,结果使己方陷入十分被动的局面。经验和教育一再告诫我们:谈判者对不懂的问题,应坦率地告诉对方不能回答,或暂不回答,以避免付出不应付出的代价。

(六)所答非所问也是解围方法

有些问题可以通过答非所问来给自己解围。答非所问在知识考试或学术研究中是不能给分的,然而从谈判技巧的角度来研究,却是一种对不能不答的问题的一种行之有效的答复方法。

四、销售谈判技巧——"看"的要诀

(一)眼睛所传达的信息

"人的眼睛和舌头所说的话一样多,不需要词典,却能够从眼睛的语言中了解整个世界,这是它的好处。"这是爱默生关于眼睛的一段精辟论述。眼睛具有反映人们深层心理的能力,其动作、神情、状态是最明确的情感表现,因此眼睛被人们誉为"心灵的窗子"。眼睛所

达的信息主要包括以下几个方面。

(1) 根据目光凝视讲话者时间的长短来判断听者的心理感受。通常,与人交谈时,视线接触对方脸部的时间,正常情况下应占全部谈话时间的 30%~60%,超过这一平均值者,可认为对谈话者本人比对谈话内容更感兴趣。当然,有些人可能有自己的独特习惯,比如不愿凝视对方,而只是用心倾听,这应另当别论。

(2) 眨眼频率较高,有不同的含义。正常情况下,一般人每分钟眨眼 5~8 秒钟/次,每次眨眼一般不起过 1 秒钟。如果每分钟眨眼次数超过 5~8/次这个范围,一方面表示神情活跃,对某事物感兴趣;另一方面也表示个性怯懦或羞涩,因而不敢正眼直视对方,而做出不停眨眼的动作,但在谈判中,通常是指前者。从眨眼时间来看,如果超过 1 秒钟的时间,一方面表示厌烦,不感兴趣;另一方面也表示自己比对方优越,因而藐视对方而不屑一顾。

(3) 根本不看对方,而只听对方讲话,是试图掩饰什么的表现。据一位有经验的海关检查人员介绍,他在检查海关人员已填好的报送表时,还要再问一问:"还有什么东西要呈报没有?"这时,他的眼睛不是看着报关表,而是看着过关人员的眼睛,如果该人不敢正视他的眼睛,那么就表明该人在某些方面可能有情况,否则,可能没什么问题。

(4) 眼睛闪烁不定,则是一种反常的举动,常被认为是掩饰的一种手段,亦可是性格上不诚实的表现。人们有一个共同的特点,那就是做事虚伪或者当场撒谎的人,常常眼睛闪烁不定,以此来掩饰其内心的秘密。

(5) 眼睛瞳孔放大,炯炯有神而生辉,表示此人处于欢喜与兴奋状态;瞳孔缩小,神情呆滞、目光无神、愁眉紧锁,则表示此人处于消极、戒备或愤怒的状态。

实验证明,瞳孔所传达信息是无法用人的意志来控制的。有经验的企业家、政治家或职业赌徒,为了防止对方察觉到自己瞳孔的变化,往往喜欢佩戴有色眼镜。如果谈判桌上有人戴着有色眼镜,就应加以提防,因为他可能很有经验。

(6) 瞪大眼睛看着对方讲话的人,表示他对对方有很大的兴趣。

眼神传递的信息还有很多,人类眼睛所表达的思想,有些确实是只能意会而难以言传。这就要求谈判人员在实践中用心加以观察和思考,不断积累经验,争取把握种种眼睛的动作所传达的信息。

(二) 眉毛所传达的信息

通常,眉毛和眼睛的配合是密不可分的,二者的动作往往是共同表达一个含义,但是仅就眉毛而言,也能反映出人的许多情绪变化。

(1) 眉毛上耸,表示人们处于惊喜或惊恐状态。人们常用"喜上眉梢"来形容人的喜悦状态。

(2) 眉角下拉或倒竖,表示人们处于愤怒或气恼状态。人们常说"剑眉倒竖",即形容这种气愤的状态。

(3) 眉毛迅速地上下运动,表示亲切、同意或愉快。

(4) 紧皱眉头,则表示人们处于困窘、不愉快、不赞同的状态。

(5) 眉毛向上挑起,则表示询问或疑问。

眉毛所传达的动作语言是不容忽视的。人们常常认为没有眉毛的脸十分可怕,因为它给人一种毫无表情的感觉。

(三) 嘴的动作所传达的信息

人的嘴巴除了说话、吃喝和呼吸以外,还可以有许多动作,借以反映人的心理状态。

（1）紧紧地抿住嘴，往往表现出意志坚决。
（2）撅起嘴是不满意和准备攻击对方的表现。
（3）遭受失败时，人们往往咬嘴唇，这是一种自我惩罚的动作，有时也可解释为自我嘲解和内疚的心情。
（4）当听对方谈话时，如果听者嘴角稍稍向后拉或向上拉，则表示听者比较注意倾听。
（5）嘴角向下拉，则表示出不满和固执。

五、销售谈判技巧——"叙"的要诀

（一）叙述应注意具体而生动

为了使对方获得最佳的倾听效果，我们在叙述时应注意生动而具体。这样做可使对方集中精神，全神贯注地收听。

叙述时一定避免令人乏味的平铺直叙以及抽象的说教，要特别注意运用生动、活灵活现的生活用语，具体而形象地说明问题。有时为了达到生动而具体，也可以运用一些演讲者的艺术手法，声调抑扬顿挫，以此来吸引对方的注意，达到本方叙述的目的。

（二）叙述应主次分明、层次清楚

商务谈判中的叙述不同于日常生活中的闲叙，切忌语无伦次，没有主次、层次混乱，让人听后不知所云。为了能让对方方便记忆和倾听，应在叙述时符合听者的习惯，便于其接受；同时，分清叙述的主次及其层次，这样可使对方心情愉快地倾听我方的叙说，其效果应该是比较理想的。

（三）叙述应客观真实

商务谈判中叙述基本事实时，应本着客观真实的态度进行叙述。不要夸大事实真相，同时也不缩小事情本来实情，以使对方相信并信任我方。如果万一由于自己对事实真相加以修饰的行为被对方发现，哪怕是一点点破绽，也会大大降低本方的信誉，从而使本方的谈判实力大为削弱，再想重新调整，已是悔之无及。

（四）叙述的观点要准确

另外在叙述观点时，应力求准确无误，力戒含混不清，前后不一致，这样会给对方留有缺口，为其寻找破绽打下基础。

当然，谈判过程中观点有时可以依据谈判局势的发展需要而发展或改变，但在叙述的方法上，要能够令人信服。这就需要有经验的谈判人员来掌握时局，不管观点如何变化，都要以准确为原则。

六、销售谈判技巧——"辩"的要诀

（一）观点要明确，立场要坚定

商务谈判中的"辩"的目的，就是论证己方观点，反驳对方观点。辩论的过程就是通过摆事实，讲道理，以说明自己的观点和立场。为了能更清晰地论证自己的观点和立场的正确性及公正性，在辩论时要运用客观材料，以及所有能够支持己方论点的证据，以增强自己的辩论的效果，从而反驳对方的观点。

（二）辩路要敏捷、严密，逻辑性要强

商务谈判中辩论，往往是双方进行磋商时遇到难解的问题时才发生的，因此，一个优秀辩手，应该是头脑冷静、思维敏捷、讲辩严密且富有逻辑性的人，只有具有这种素质的人才能应付各种各样的困难,从而摆脱困境。任何一个成功的辩论,都具有辩路敏捷,逻辑性强的特点,为此,商务谈判人员应加强这方面的基本功的训练,培养自己的逻辑思维能力,以便在谈判中以不变应万变。特别是在谈判条件相当的情况下,谁能在相互辩驳过程中思路敏捷、严密,逻辑性强,谁就能在谈判中立于不败之地。这也就是谈判者能力强的表现。

(三)掌握大的原则,枝节不纠缠

在辩论过程中,要有战略眼光,掌握大的方向、大的前提,以及大的原则。在辩论过程中要洒脱,不在枝节问题上与对方纠缠不休,但在主要问题上一定要集中精力,把握主动。在反驳对方的错误观点时,要能够切中要害,做到有的放矢。同时要切记不可断章取义、强词夺理、恶语伤人,这些都是不健康的、应摒弃的辩论方法。

(四)态度要客观公正,措辞要准确犀利

文明的谈判准则要求:不论辩论双方如何针锋相对,争论多么激烈,谈判双方都必须以客观公正的态度,准确地措辞,切忌用侮辱诽谤、尖酸刻薄的语言进行人身攻击。如果某一方违背了这一准则,其结果只能是损害自己的形象,降低了己方的谈判质量和谈判实力,不会给谈判带来丝毫帮助,反而可能置谈判于破裂的边缘。

谈判中的"老虎钳"

谈判初始阶段的最后一个策略是老虎钳策略,这个策略可以用这样一句简单的话来表达:"你得再加点。"谈判高手是这样做的:买家已经听了你的报价和你的价格结构。他坚持说他跟目前的供应商合作很愉快。你充耳不闻,因为你知道你已成功地激起了他对你的产品的兴趣。最后,买家对你说:"我们同目前的卖方合作很愉快,但是我想多一家供应商的支持跟他们竞争也没有什么坏处。如果你们把价格降到每磅1.22元,我们就装一车。"

你用老虎钳策略进行回应。你平静地回答:"对不起,你们还是出个更合适的价儿吧。"

老练的买主自然会进行反驳:"我到底得高多少呢?"这样他就迫使你说出具体的数字。然而让你搞不明白的是,有多大的可能不老练的买主会做出让步?

你说完"你们还是出个更合适的价儿吧"之后,下一步该干什么呢?

就这么办,闭嘴!一言不发。买主可能会对你做出让步。销售谈判教练称其为沉默交易。你开出自己的价格,然后沉默。买主可能会表示同意,所以在你弄清他会不会接受你的建议之前就表态是很愚蠢的。

我曾经观察过两个都一言不发的销售人员。我们三个人坐在同一张圆形会议桌旁。坐在我右边的销售商想从我左边的销售商那里买一块地产。他开出自己的价格之后就不再说话,就像他们在培训学校学到的一样。我左边的那位一定想:"好小子!我就不相信,你想跟我搞沉默交易?看我怎么教训你一下,我也不说话。"

你看,面对两个意志强硬的人都威慑对方先开口的时候,我也不知道怎么打破冷场。屋子里一片死寂,除了那架老爷钟滴答作响。显然,他们都知道发生了什么情况,谁也不愿意向对方让步。我不知道他们怎么解决。

好像半个小时过去了,尽管可能只是5分钟,因为沉默让时间显得如此缓慢。最后,更老练的那位打破僵局,在便签上潦草地写了"决宁"两个字递给对方。然而他故意把"决定"

误写成"决宁",年轻一点的销售商看了看,说:"你写错了一个字。"于是他一开口说话就收不住了。(你认识不认识这样的销售商?他们一开口说话就收不住了。)他接着说道:"如果你不愿意接受我的价格,我愿意再涨 2000 美元。但一分也不能再多了。"他在没有搞清楚对方是不是接受之前就先改了自己的价格!

所以运用老虎钳技巧,高明的谈判对手对对方的意见或反应只回答说"对不起,你还是出个更合适的价儿吧",然后沉默。

(资料来源:马克态.商务谈判.上海:财经大学出版社,2004)

日本某公司向中国某公司购买电石,此时,是双方间交易的第五个年头,去年谈价时,日方压低中方 30 万美元/吨,今年又要压 20 美元/吨,即从 410 美元压到 390 美元/吨。据日方讲,他们已拿到多家报价,有 430 美元/吨,有 370 美元/吨,也有 390 美元/吨。据中方了解,370 美元/吨是个体户报的价,430 美元/吨是生产能力较小的工厂供的货,供货厂的厂长与中方公司的代表共 4 人组成了谈判小组,由中方公司代表为主谈。谈前,工厂厂长与中方公司代表达成了价格共同的意见,工厂可以在 390 美元/吨成交,因为工厂需订单连续生产。公司代表讲,对外不能说,价格水平我会掌握。公司代表又向其主管领导汇报,分析价格形势;主管领导认为价格不取最低,因为我们是大公司,讲质量,讲服务。谈判中可以灵活,但步子要小,若在 400 美元/吨以上拿下则可成交,拿不下时把价格定在 405~410 美元/吨之间,然后主管领导再出面谈,请工厂配合。

中方公司代表将此意见向工厂厂长转达,并达成共识和工厂厂长一起在谈判桌争取该条件。中方公司代表为主谈。经过交锋,价格仅降了 10 美元/吨,在 400 美元成交,比工厂厂长的成交价高了 10 美元/吨。工厂代表十分满意,日方也满意。

1. 怎么评价该谈判结果?
2. 该谈判中方在组织与主持上有何经验?

销售谈判实战训练

一、训练目的

1. 提升谈判实战技能,在对手相对强势的态势下,取得对方的理解和认同,实现双赢。
2. 提升业务团队的整体运作能力及整合资源能力,亲临感受商务谈判实战氛围。

二、训练要求

1. 根据班级小组创办的模拟公司,就一方代理销售另一方产品相关事宜进行谈判活动。

2. 全班中选出两组学生,每组 5 人,各组设一名首席谈判代表。
3. 利用课余时间,各组进行充分准备本方辩论赛的相关资料。
4. 任课教师作为主持人,谈判会为 30~40 分钟。
5. 找 5 名学生评委进行评分。

三、训练步骤
1. 辩论前将教室桌子重新摆放,达到能商务谈判要求即可。
2. 每组组长组织本组参赛流程、内容、开头与总结性发言。
3. 每组先各陈述自己观点,然后再进行双方辩论。
4. 规定时间限制,到辩论结束时间,每组组长做 2 分钟总结。

四、总结与评估
1. 由教师找 5 名学生做评委,给每组打分,满分 100 分。
2. 教师做总结评价。

思考与练习

一、思考题
1. 作为一个销售谈判的从业者而言,你认为销售谈判核心的要素有哪些?
2. 在销售谈判的准备工作过程中,如何评估对方的实力与弱点?
3. 简述销售谈判的流程,作为一个销售谈判的管理者,如何对流程做有效掌控?
4. 销售谈判的过程中,如何做到有效地倾听与交流?

二、实训报告
结合本章所学内容,组织团队成员开展销售谈判实训模拟,并完成实训报告。

第四章　销售促成技能

[学习目标]

学完本章,你应该达到:
1. 掌握销售促成与销售成交的概念,销售促成对销售人员的基本要求;
2. 掌握销售异议的处理方法;
3. 学会灵活运用常用的促成交易技巧。

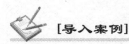

[导入案例]

直销员A给一位女士推荐新款护肤品

顾客:"这个牌子的护肤品以前没用过,市面上也没有卖的,也不知道效果到底好不好。"

直销员A:"是啊,选择适合自己皮肤的护肤品的确很重要,正好我们周末有个美容沙龙,大家一起聚聚,聊聊美容护肤方面的话题,相信你会感兴趣的。"

在周末的美容沙龙上,该女士看到参加聚会的女士们个个都打扮得高雅大方,这让她非常羡慕;聚会中聊到的关于护肤的知识也让她获益匪浅。会后,她兴奋地问:"她们都是用的这种护肤品吗?"

当女士提出这样的问题时,直销员A抓住机会促成了销售,该女士也成了他的一位忠实的客户。

思考问题

1. 什么是销售促成?
2. 本案例采用了什么促成交易技巧?

(资料来源:腾讯财经 http://finance.qq.com/a/20061008/000318_3.htm 有修改)

本章介绍了销售促成和销售成交的含义,销售促成人员应具备的基本素质,通过案例分析介绍销售促成的分类,还介绍了销售异议的含义和处理方法,最后介绍了常用的促成交易的技巧。

第一节　销售成交概述

一、销售促成的概念

销售促成也可称为促成销售,就是销售人员帮助和鼓励客户做出购买决定,并协助其完成购买手续的行为及过程。直截了当地说就是"缔结契约",也就是让客户表示"我买了"。

（一）销售促成对销售人员的基本要求

成功的销售人员到底应具备哪些优秀的个人素质呢？归纳起来,我们认为成功的销售人员应该具备以下11项最基本的特质。

1. 成功的销售人员应该具备的第一项素质：强烈的自信心

（1）提升内在的自信心和自我价值。即通过提高销售技巧、不断的成功来提升自信。

（2）转换观念。对曾经有过的错误和失败理解为成长的代价和收获,从观念上转换。同时,总结错误和失败带给自己的体验。

（3）把注意力放在正面的事情上。人们习惯把注意力放在不好的事情上,而事实上不是环境或遭遇决定了我们的人生,而是对其的态度决定的,正面的行为修正自然带来好的结果。

（4）良好的穿着会增强自信。得体的穿着是一种无言的说服力,坚信在自己的穿着上投资每一分钱都是值得的。

让自己成功的穿着可以是：

① 把自己打扮成专业销售人员的样子,而且是高级销售人员的样子；

② 在服装的选择上,要讲究色彩的搭配,深蓝色或深灰色的西装配白色或浅色衬衣,甚至可以模仿某个顶尖的而又是你非常欣赏的销售人员的样子；

③ 准备两双有档次的皮鞋以及一套擦鞋的工具,永远使你的鞋子保持完好光洁的状态；

④ 在面见顾客前,在镜子面前检查自己的头发是否梳理整齐,脸上是否干净；

⑤ 衣料和质地不要有太多的变化。

2. 成功的销售人员应该具备的第二项素质：勇敢

恐惧是一种内在的感觉产生的情绪反应。人类有两大恐惧：一是恐惧自己不够完美；二是恐惧自己不被别人接纳。

我们也可以用转换定义来克服恐惧。销售人员最恐惧的是被拒绝。我们可以对自己做个分析：

（1）被拒绝的定义是什么？什么事发生了才意味着被客户拒绝了？

（2）客户用怎样的语气对你说,你才感觉被拒绝？

（3）你的客户的面部表情怎样的时候,你才感觉被拒绝？

当被拒绝的时候,应进行转换情绪：试着把负面的情绪调整为正面、积极的认识,感激所有使你更坚强的人。所以,要善于创造,勇于冒险,不断克服恐惧心理,坚信勇者无敌。

3. 成功的销售人员应该具备的第三项素质：强烈的企图心

强烈的企图心就是对成功的强烈欲望,有了强烈的企图心才会有足够的决心。培养强烈企图心的方法可以是学习和成功者在一起。人生是一个不断成长的过程,我们这一生最重要的决定便是决定和谁在一起成长！

认真审视我们周围的朋友,你会发现,他们可以分为3类：

（1）他是你的镜子,与你很相似的,他是你渴望成就的人,他在协助你更了解你自己；

（2）他代表你生命中一个非常重要的人,你的情结可通过他转化；

（3）他代表你的潜意识,你最不喜欢的人,抗拒的人,他能帮助你全然的接受自己。

不管在人生的旅途中遇上了什么样的人,经历了怎样的事情,我们依然渴望成就自己,在这个过程中,我们需要刻意去寻找我们自己的成长队伍,能真正最快帮助我们成长的队伍有以下的基本特征:

(1) 个人的成就和境界很高;
(2) 是你模仿的对象;
(3) 他能看到你的潜能;
(4) 他关心你的成长;
(5) 他愿意协助你成长;
(6) 他对你的期望很高;
(7) 他会对你说老实话;
(8) 和他在一起你会感觉压力特别大。

成功的销售人员的欲望,许多来自于现实生活的刺激,是在外力的作用下产生的,而且往往不是正面的鼓励型的。刺激的发出者经常让承受者感到屈辱、痛苦。这种刺激经常在被刺激者心中激起一种强烈的愤懑、愤恨与反抗精神,从而使他们做出一些"超常规"的行动,焕发起"超常规"的能力。一些顶尖的销售人员在获得成功后往往会说:"我自己也没有想到自己竟然还有这两下子。"

成功的销售人员都有必胜的决心,都有强烈的成功欲望。

成功的欲望源自于对财富的渴望,对家庭的责任,对自我价值实现的追求,不满足是向上的车轮!

用心能做好任何事情!如果你不行,你就一定要!如果你一定要,你就一定行!

4. 对产品有十足的信心与知识

熟练掌握自己产品的知识。你的客户不会比你更相信你的产品。成功的销售人员都是他所在领域的专家,做好销售就一定要具备专业的知识。信心来自了解。我们要了解我们的行业,了解我们的公司,了解我们的产品。专业的知识,要用通俗的语言表达,才更能让客户接受。全面掌握竞争对手产品的知识:说服本身是一种信心的转移。

5. 注重个人成长,不断地学习和反省可以大幅度地减少犯错和缩短摸索时间

学习的最大好处就是:通过学习别人的经验和知识,可以大幅度地减少犯错和缩短摸索时间,使我们更快速地走向成功。

别人成功和失败的经验是我们最好的老师,成功本身是一种能力的表现,能力是需要培养的。成功的销售人员要养成注重学习和不断成长的好习惯。

销售是一个不断摸索的过程,销售人员难免在此过程中不断地犯错误。反省,就是认识错误、改正错误的前提。成功的销售人员总是能与他的客户有许多共识。这与销售人员本身的见识和知识分不开。有多大的见识和胆识,就有多大的格局。

顶尖的销售人员都是注重学习的高手,通过学习培养自己的能力,让学习成为自己的习惯,因为,成功本身是一种思考和行为习惯。

顶尖销售人员都是有目的地学习。正确的学习方法分为5个步骤:

(1) 初步了解;
(2) 重复是学习之母;
(3) 开始使用;
(4) 融会贯通;

(5) 再次加强。

6. 高度的热忱和服务心

顶尖的销售人员都把客户当成自己长期的终身朋友。关心客户需求，表现为随时随地地关心他们，提供给客户最好的产品和服务，保持长久的联系。知识不但是力量，更是企业创造财富的核心能力。成功的销售人员能看到客户背后的客户，能看到今天不是自己的客户，但并不代表明天不是，尊重别人不仅仅是一种美德，而是自身具有人格魅力的体现。

7. 非凡的亲和力，许多销售都建立在友谊的基础之上

销售人员销售的第一产品是销售人员自己，销售人员在销售服务和产品的时候，如何获得良好的第一印象，是至为关键的一步。这时候，你的人格魅力，你的信心，你的微笑，你的热情都必须全部调动起来，利用最初的几秒钟尽可能地打动客户，这就需要销售人员具备非凡的亲和力。

8. 对结果自我负责，100％对自己负责

成功的人不断找方法突破，失败的人不断找借口抱怨。要获得销售的成功，还得靠你自己。要为成功找方法，莫为失败找理由！在销售的过程中，难免会犯错。犯错误不可怕，可怕的是对犯错误的恐惧。答应等于完成，想到就要做到。一个勇于承担责任的人往往容易被别人接受，设想谁愿意跟一个文过饰非的人合作呢？成功的销售人员对结果自我负责，100％对自己负责。

9. 明确的目标和计划（远见）

成功的销售人员头脑里有目标，其他人则只有愿望。

成功的销售人员要提高自己的自我期望，而目标是自我期望的明确化。

成功的销售人员会为自己的成功下定义，明确一个成就的动机，明确达成目标的原因。

成功的销售人员要有长远目标、年度目标、季度目标、月目标，并且把明确的目标细分成当日的行动计划，根据事情的发展情况不断地调整自己的目标，并严格地按计划办事。

工作我们的计划，计划我们的工作。比如要达成目标你每天要完成多少拜访？你要完成多少销售额？你今天拜访了哪里？明天的拜访路线是哪里？每天，心里都应该清清楚楚。

10. 善用潜意识的力量

人的意识分为表意识、潜意识和超意识。潜意识是表面的外在形象，超意识是人内心深处的感受，只有来自超意识的决定才是人内心真正的决定。

成功的推销员都是敢于坚持自己梦想的人。

坚持梦想的方法就是不断地用具体的、可以激励自己的影像输入自己的视觉系统，用渴望成功的声音刺激自己的心灵，可以多看一些成功学、励志书籍，可以看一些成功者的传记，可以听一些销售与成功的讲座。

11. 优秀的心理品质

自制力是销售人员从失败中恢复的能力。对销售人员来说，当放下一个电话时就可能是一次失败。销售人员听到的"不"远远超过"是"。摆脱恐怖感和自卑感。很多时候销售人员都会遭到客户的拒绝，因而产生挫折感，有时甚至有害怕被侮辱的心理。因此，员工训练反复不断地实施，对确立销售人员的使命感有很大的作用。

（二）销售促成的时机

抓住适当的机会，促成交易及早实现。掌握成交的以下8个时机：

(1) 突然不再发问时；

(2) 话题集中在某一个商品上时；

(3) 不讲话而若有所思时；

(4) 不断点头时；

(5) 开始注意价钱时；

(6) 开始询问购买数量时(或使用寿命)时；

(7) 关心售后服务问题时；

(8) 不断反复问同一个问题时。

当时机到来,但顾客还未最后下决心,能不能马上行动,有赖于销售人员的说服、帮助。

(三) 销售促成的分类

销售促成分为分阶段促成、试用促成等方式。

1. 分阶段促成

运用心理学知识促成销售——从众心理。在促成阶段抓住以下两个促成要素。

(1) 环境影响：既然人们的消费行为要受环境的影响,那么在促成阶段尽可能地让顾客融入其中特定环境,让特定环境下的氛围影响顾客的购买决定。

(2) 抓住时机：促成销售需要趁热打铁,在顾客最心动的时刻抓住机会,否则,离开特定的环境或者受其因素的影响,顾客的心理就有可能发生变化。

一般地,当销售人员碰到一些有很多异议需要处理的客户,很难一下子谈成时,就可以根据事先了解的情况制订出计划。将顾客异议分阶段解决,以便于销售最后促成。

一位对直销看不上眼的房地产老板说:"做直销有房地产的利润高吗?"直销员B说:"当然比不上房地产了,但是像您这样事业有成的人,应该是不会拒绝使用高品质的直销产品的吧。"于是那位老板成了直销员的客户。之后,直销员B趁着自己的领导来指导工作的时候,又向那位老板提出邀请:"像您这样的成功人士,应该不会拒绝和其他成功人士一起交流吧?"经过领导人的沟通,老板开始对直销的看法有所改变。当团队举办大型聚会的时候,直销员B继续邀请:"像您这样的成功人士,应该不会拒绝培训和继续提升自己的机会吧?"在大型聚会上,那位老板终于认同了直销。

解析：直销员B之所以能够成功的推荐,其中一个原因就在于他巧妙地运用了分阶段促成的方式。在第一次交流的时候,对方没有认同直销,那个时候促成显然是不合时宜的,于是直销员B把促成动作进行了分解,分阶段地进行,通过使用产品和提供优质的服务先让对方认同产品和自己,接着借助上级领导的力量,最后借助会场的氛围和影响力,最终促成了对方的加入。

分阶段促成有两个要领：

(1) 目标分解：即将一个大的目标分解成为一个个能实现的小的促成目标,随着小的促成目标一个个的实现,大目标也就会自然促成了。

(2) 持续跟进：对于直销员而言,完成一个大客户的促成是一个相对较长的过程,在这个过程中需要直销员对客户进行持续的跟进。

2. 试用促成

（1）运用心理学知识促成销售——失落心理

直销员把作为实体的产品留给顾客试用一段时间以促成交易的方法。这是基于心理学的一种促成销售方法，一般的人们对未有过的东西不会觉得是一种损失，但当其拥有之后，一旦失去总会有一种失落感，甚至会产生缺了就不行的感觉。知晓顾客这种心理也能帮助直销员促成销售。

直销员C在给他的一个朋友介绍一款沐浴露，对方带着怀疑的态度问他："效果真的有你说的那么好吗？"直销员C说："这样吧，我这有小包装的试用装，你先拿去试用，如果觉得效果好了再来买好吗？"一段时间后，那位朋友主动找到直销员C购买了大瓶的沐浴露并且告诉他："效果真的非常好，我还要介绍其他朋友在你这购买。"就这样直销员C成功地开拓了一片市场。

解析：

直销员C采用了试用促成的方式获得了一位疑心较重顾客的信赖，这类顾客一般难以下定购买决心。运用此法能使这样的顾客充分感受到产品的好处和带来的利益，增强顾客对产品的信任感。一旦购买也不会产生后悔心理。

直销员采用试用促成有3个要领。

① 成本控制：虽然很多直销产品的试用产品都是小包装，但是也需要直销商花费一定的成本，并且不是所有的直销公司都有小包装的试用装，那么直销员在把自己的原装产品给顾客试用的时候就更需要注意成本的控制。

② 客户筛选：并非所有的顾客都适合采用试用促成的方式，这就需要直销员在确定是否采取这种促成方法之前先对客户进行筛选。一般而言，对于疑心较重的顾客比较适合采用这种促成方式。

③ 试用期间经常指导客户合理使用：由于不少直销公司的产品都有特殊的使用方法，这就要求在顾客试用产品期间直销员要经常地提示和指导客户采用正确的使用方法，才能真正体会到产品的功效。

（2）运用心理学知识促成销售——好奇心理

不少顾客对于构造奇特、款式新颖、来头神秘的商品有一种天生的好奇感，并希望能率先亲自试用，满足其求新求异的欲望，以增添消费的情趣。直销员如果很好地把握顾客的这种心理，也能很好地促成销售。

直销员小张非常兴奋地告诉他的朋友："我最近发现一种神奇的多功能清洁剂，不仅可以清洗地板，还可以洗菜、洗碗、洗衣服，甚至还可以用来刷牙！"他的朋友一听马上就产生了兴趣："是吗？真有这么神奇的产品？""要不，先买一瓶试试看。"直销员小张抓住机会就进行了促成。

解析：

在直销员和顾客接触的过程中，直销员要做的第一个工作就是要引起顾客的注意，让顾客对产品产生兴趣,才能进行下一步的产品说明和促成。该直销员就很好地利用了顾客的好奇心,让顾客对产品产生兴趣,从而顺利地促成了销售。

抓住顾客的好奇心进行促成有两个要领。

① 选择容易接受新鲜事物的顾客。容易接受新鲜事物的顾客更容易对产品产生好奇心,并做出购买决定。这类顾客通常都比较感性,只要当时觉得很满意,哪怕之前没有购买的计划也会购买,所以针对这类顾客采用好奇心促成的方式是比较合适的。

② 努力挖掘产品的卖点。最容易引起顾客的注意,让顾客产生兴趣的就是产品的卖点,然而有的直销产品的卖点,并不是表现得非常明显,这就需要直销员认真地体会产品,从而挖掘出产品的独特卖点,以便引起顾客的好奇心,从而促成销售。

(3) 运用心理学知识促成销售——逆反心理

逆反心理是指人们彼此之间为了维护自尊,而对对方的要求采取相反的态度和言行的一种心理状态。直销员有时候把握顾客的这种心态也能帮助促成。

一家大型超市,为了推出一种新型饮料而举行了一次"买三赠一"的促销活动,但是却乏人问津,根本没有多少人愿意尝试。后来,他们请教了营销专家后,重新策划了一次活动,他们说:"为了回馈广大客户的支持,现特将××饮料特价销售,每人限购两瓶。"这次,摆放这种饮料的货架差点儿被熙熙攘攘、正想尝试的客户挤倒,生意火得不得了,他们终于成功地让客户接受了这种新型饮料。

解析:

采取这种"限量版"的销售方式,吊起了很多顾客的胃口。"你限制我买我偏要多买",由于客户产生了这样一种逆反心理,你不卖给他,他偏偏要抢着买。逆反心理是人人都有的一种心理,是人的一种天性,如果你能够充分调动客户的逆反心理,让客户和你"对着干",你往往能够让客户购买你的产品。因此说,利用客户的逆反心理,是一个有效的销售策略。

(资料来源:中国猎课网,地址:http://www.51lieke.com/article/15128.html)

直销员在利用顾客的逆反心理进行促成的时候也有两个要领。

① 性格很要强的人:并非每个顾客都有很强的逆反心理,一般而言,那些性格倔强又觉得自己很有能力的人,通常最具有逆反心理,所以在和这类顾客交流的时候,利用他们的这种心理是很好的促成方法。

② 注意把握分寸:所谓过犹不及,人都有自尊,激发得当,能很好地激发对方的斗志,一旦过分就会伤害对方的自尊心,所以在采用逆反心理促成时一定要注意把握好分寸,不要招致对方反感。

(4) 运用心理学知识促成销售——匮乏心理

在销售商品过程中,严格控制销售量,人为地制造供不应求的紧张状态,利用顾客希望买到紧俏商品的心理来激发其强烈的购买欲。

一家直销专卖店的老板,为了吸引人气,他在小区开展了免费体验产品的活动,有一位大妈听说对自己的腰椎间盘突出有好处,于是每天都来使用保健仪器。几个月下来,大妈觉得产品效果确实不错,随着免费体验时间的结束,大妈就想买一台回家使用。由于这位大妈在整个小区都很有影响力,于是老板想让大妈为他的产品做一些广告宣传。于是他对大妈说:"大妈,您看,我们的产品最近非常紧俏,恐怕要等到下个星期才有货。"其实他的专卖店里面明明还有货,但是经他这样一说,大妈反而更想买这个仪器了。一个星期之后,大妈终于如愿以偿地买到了保健仪器,她高兴得逢人就讲她好不容易才买到了这种很紧俏的保健仪器。受她的影响,很多人都感到好奇,都跑到专卖店去咨询,专卖店的生意开始火红起来。

解析:

该专卖店利用了那位大妈的匮乏心理,人为地造成产品供不应求的紧俏状态,让大妈对于购买到该产品有一种很强烈的期待,而一旦愿望达成,就有很强的成就感和自豪感,从而愿意把自己的这种感觉和更多的人分享。而她的这种兴奋,又很容易激发周围其他朋友的好奇心,引起他们对这种产品的关注,由于有了很高的人气,专卖店的生意自然就很好了。

利用顾客的匮乏心理促成销售也有两个要领。

① 已经确定购买的顾客:只有已经确定要购买产品的人才会因为买不到产品而产生匮乏心理。如果对方都没有购买欲望,那么即使产品再紧俏,他们也会无动于衷。所以利用匮乏心态促成的顾客一定是已经做出购买决定的人。

② 影响力中心:满足一位顾客的匮乏心态,本来就为这位顾客创造了一种满足感,而人们通常都愿意和别人一起分享这种满足感,从而在客观上起到对产品的宣传和推广的作用,也就是我们经常所说的口碑营销。所以,直销员最好把这类顾客变成一个影响力中心,影响更多的人来消费产品。

二、销售成交

(一)销售成交的概念

所谓销售成交,是指客户接受销售人员所销售的商品或销售建议,表明成交意向并采取实际购买行动的行为过程。

销售成交的方式有两种:一是签订销售合同;二是现款现货交易。

(二)销售成交的分类

销售成交可以按时间先后分为成交试探和要求成交两个阶段。

成交试探是指在销售过程中销售人员采用提问、提出参考意见等方式,对顾客经过销售各阶段的工作后在完成交易上到达何种程度的试探,简而言之就是完成交易的时机到什么程度。

成交试探和要求成交的界定:试探成交是请顾客发表观点、意见,而要求成交则请顾客做出决定。

成交试探可作"要求成交"的前奏曲,经试探成交摸准顾客已有购买欲望后可转入要求成交。

（三）销售促成与销售成交的关系

销售促成先于销售成交,销售促成是销售成交的前提,销售成交是销售促成的结果和最终目的。没有销售促成就没有销售成交,必须为销售成交服务。

关于销售的笑话

你在晚会上看到一个漂亮的女生。你走到她面前,说:"我很有钱,嫁给我吧。"遭白眼。——直销。

你在晚会上看到一个漂亮的女生。你打听到她的电话号码。第二天,你打电话给她,说:"喂,你好。我昨晚在舞会上看到了你。我很有钱,嫁给我吧!"遭挂机——电话直销。

你在晚会上看到一个漂亮的女生。你走到她面前,说:"我很有钱,嫁给我吧。"她给了你一记响亮的耳光。——客户首次反馈。

你在晚会上看到一个漂亮的女生。你走到她面前,说:"我很有钱,嫁给我吧。"她的一个朋友突然走过来给了你一个左右开弓,说:"不要脸,还在骗人。"——没有掌握好直销的时机。

你在晚会上看到一个漂亮的女生。她的一个朋友在你的授意下对她说:"他很有钱。嫁给他吧,至少你应该考虑一下。"——推荐式营销(传销的一种)。

你在晚会上看到一个漂亮的女生。你站起身,整理了一下领带,走到她的面前,殷勤地给她递上饮料。晚会后,你帮她拎包,为她打开车门,主动送她回家。事后,多次联系,展示自己的品位与财富。某次,说:"顺便说一下,我很有钱,你愿意嫁给我吗?"。成功。——客户关系营销。

你在晚会上看到一个漂亮的女生。你走到她面前,说:"我很有钱,嫁给我吧。"这时,她友善地把她的男朋友介绍给了你。——市场调查缺失。

你在晚会上看到一个漂亮的女生。你走到她面前,说:"我很有钱,嫁给我吧。"她正在犹豫,另一个高大的家伙突然抢在了你的前头,说:"我更有钱,嫁给我吧。"她居然就跟着那家伙走了。——市场竞争。

你在晚会上看到一个漂亮的女生。你走到她面前,说:"我很有钱,嫁给我吧。"而另一个家伙突然抢在了她做决定前与她开始跳舞了,并边跳边说:"我更有钱,嫁给我吧。"漂亮的女生因想有更多的挑选机会而拒绝了他。——客户的成熟度是开拓市场的前提。

你在晚会上看到一个漂亮的女生。你买通晚会组织者,用喇叭广播到:"我们欢迎威尔士亲王殿下,有想嫁给她的请排队与他跳舞。"队排起来了。——宣传的效力。

晚会前,组织者在海报上写道:"威尔士亲王殿下到场,并与晚会上的三位女生跳舞,名额有限,购票后抽签决定。"票价翻番。——供需失衡导致涨价。

你在晚会上看到一个漂亮的女生。你走到她面前,说:"我很有钱,嫁给我吧。"遭白眼。你又走到另一个漂亮女生面前,说:"我很有钱,嫁给我吧。"被第二个女生的朋友揭露一贫如洗。遭举报。被逐出会场。——市场监管。

你在晚会上看到一个漂亮的女生。你走到她面前,还未来得及开口说话,你女友出现了。——开拓新市场的约束。

看！市场多样,方法与障碍颇多,效果各异。①

为了能有效地促成交易,销售人员需要正确认识销售异议并采取恰当的策略处理。然而,在销售实践中,不少的销售人员对潜在客户的异议表现出不理解,甚至认为潜在客户的异议无外乎就是拒绝合作的信号。不过,成功的销售人员对销售异议的认识却迥然不同,他们会认为销售异议是潜在客户对其所销售的产品或服务感兴趣的信号;成功的销售人员正视销售异议并理性地处理销售异议。那么,什么是销售异议呢?有哪些有效处理销售异议的策略方法呢?

第二节　销售异议处理

一、销售异议

所谓销售异议,是指潜在客户在销售人员与其接触、沟通、提案、谈判等过程中所表现出来的对销售人员的产品或服务的质疑、抵触或否定、拒绝等。例如,销售人员询问顾客的需求时,顾客隐藏了购买动机;销售人员在介绍产品时,顾客带着不以为然的表情等,这些都称为销售异议。在大多数情况下,销售异议是潜在客户推迟决策的缓兵之计。因此,对销售人员来说,以积极、开放、诚恳的合作心态来面对并处理潜在客户的异议,为后续的促成交易打下坚实的基础。

许多销售人员会认为处理销售异议是一件困难的事情。其实,异议不仅仅是销售工作中的一个障碍,同时也是一个积极的因素。作为一个专业的销售人员,一定要有这样一个心态:异议是销售的真正开始。如果客户连异议都没有就购买了产品,那销售人员的价值还怎么体现?实际上任何产品都有不足之处,都不可能完美,客户肯定会对它有一定的异议,这一点销售人员必须认同。

二、销售异议的属性

销售异议既有它的负面作用,亦有其正面作用,关键看我们如何处理。

(1)销售异议经常以阻碍销售继续进行下去的问题形式出现,而在完成销售前,销售人员必须对顾客所提出的异议做出恰当的反应。

(2)顾客提出异议并不一定代表其对交易不感兴趣,而可能仅仅是他提出问题的一种方式。

(3)顾客的真实异议就是顾客不愿意向我们购买的真正的原因。如我们介绍的产品不符合他们的需求,他们并不需要这些产品,或者他们确实无力支付等。

(4)顾客的虚假异议(借口)即顾客对我们介绍的产品有需求,但是因为价格、信心等原因而不愿意向我们购买。

三、销售异议类型及其处理技巧

销售异议的表现形式多种多样,不同的销售异议反映了潜在客户的不同关注点。因此,销售人员需要区分不同的类型,采取不同的应对措施与处理技巧。常见的销售异议类型及

---

① 资料来源:http://hi.baidu.com/lvxiufan/blog/item/5e80bf342cf040b4d1a2d35f.html。

其处理技巧如下。

（一）价格异议

许多销售人员认为价格异议是最棘手但又不得不面对的销售异议。事实上，价格异议迟早会在销售人员与潜在客户之间发生。因此，销售人员应该正确认识这个问题，尽早考虑应对措施。不过，销售人员不必对有关产品或服务的价格耿耿于怀。研究表明，大多数潜在客户同样会考虑产品或服务的其他特征，诸如质量、性能、售后服务、品牌等。因此，销售人员需要对潜在客户的关注点有深刻的了解，才能在遇到其提出价格异议时采取有针对性的措施。比如，潜在客户看重产品性能，那么销售人员可以通过强调产品性能来缓解或降低潜在客户对价格的异议，进而达到为自身争取更多的利益。通常情况下，当销售人员遇到潜在客户的价格异议时，可以有选择地采取如下一些应对措施。

1. 重价值、轻价格

销售人员通过强调产品或服务的特性、性能等不同之处来体现更高的附加价值。因为在很多时候，潜在客户的价格异议并非在于价格本身，而是在于他们对其产品或服务特性或性能的价值理解不全面。

2. 进行对比分析

销售人员应该尽可能清晰地向潜在客户宣传产品或服务所具有的特性并以具体的数字来说明。由于很少有产品是完全雷同的，因而确定本公司的产品优于低价竞争产品的特性并不复杂。销售人员可以采用定点超越方法或SWOT分析方法，对相同产品或替代产品做出全面的对比分析。让潜在客户明白当前产品或服务的价格是物有所值，并且还做到了物超所值。

3. 将价格进行分解

销售人员可以将产品或服务的总价格按照使用期限进行分解，通过分解到每年、每月甚至每天来看，潜在客户就会发现单位时间内负担的成本就非常之低。然后结合产品或服务的性能进行阐述，潜在客户就更容易接受当前的价格或者即使要求降价，降价幅度也会大大缩小。

（二）拖延异议

几乎所有销售人员都遭遇过潜在客户通过拖延来拒绝一笔业务。事实上，这是非常正常的事情，在很多情况下，潜在客户可能并不想直接回绝销售人员，于是便找出若干理由来拖延销售人员的要求尽早达成交易的提议。在这种时候，销售人员一定要认真检查潜在客户的拖延究竟是什么原因，是因为人员出差、离职、需求还未最终确定还是潜在客户实际上想要拒绝等，只有清楚地了解潜在客户的拖延异议，才能有针对性地采取应对措施。

（三）怀疑

潜在客户对产品或服务表示怀疑，说明他们对公司及其产品或服务还不是足够了解。处理这种异议会使潜在客户获得销售人员对产品或服务疑惑的澄清与承诺。销售人员的基本策略就是提供证明，比如产品说明书、技术手册、品质或使用保证书以及研究数据或报纸杂志的文章、证明文件、第三方的参考文件等资料。

（四）冷漠

当潜在客户对销售人员的方案表现冷漠时，最好的处理方法就是借助提问来引导潜在客户意识到潜在利益和内在价值的重要性。如果潜在客户向销售人员暗示他们对当前的供应商表示满意，那么销售人员可以使用下面几个策略来开启继续谈判的话题。

(1) 销售人员可以提一些开放式问题,比如请求潜在客户就其对目前供应商满意的原因发表意见或看法等。

(2) 销售人员可以鼓励潜在客户打破"供货垄断",向潜在客户指出"独家经营"的风险所在。

(3) 销售人员可以与潜在客户探讨竞争的积极意义。

(4) 销售人员可以寻找供货缝隙,即从竞争者短缺的产品开始入手,通过这种先小后大的策略,就可以用自己的独家专有产品作为敲门砖,打开潜在客户的需求之门,随着潜在客户满意度的提高而不断寻求新品的订货与数量的增加。

(五) 表面异议

研究发现,潜在客户表示异议常常只是避免自己被认为是容易争取的客户。另外,许多潜在客户的所谓异议常常带有炫耀的成分,精明的销售人员需要敏锐地意识到潜在客户的这种倾向并因势利导而获益。销售人员可以通过赞美他们来显示他们的聪明,这样,销售人员就更容易在提出尽早达成交易提议时获得这些潜在客户的认同。

(六) 自我异议

自我异议就是与顾客自身问题有关的异议。它包括以下几种。

1. 需求异议

需求异议即顾客自认为不需要销售人员所销售的产品,或是在顾客认为销售人员所销售的产品或服务对自己没用时提出的异议。

处理提示:这时不是宣传产品的好时机,你得先让顾客确信他的确需要这种产品或服务。

2. 权利异议

权利异议即顾客以无权决定购买为由而提出异议。例如,某顾客在购买中突然告诉销售人员说他要回去问一问老婆的意见。

处理提示:这时要鼓励他购买这款产品以给他的老婆一个惊喜,暗示他在家有权力和地位。

3. 财力异议

财力异议即顾客以钱不够为由提出的一种异议。

处理提示:这种异议通常是谢绝销售人员推荐的借口,处理时要弄清顾客的表达是真话还是托词,并且区别对待。

四、产生异议的原因

销售产品或服务是销售人员与顾客之间的共同事情,当顾客对销售过程产生异议时,双方都有原因。

(一) 顾客方面的原因

(1) 拒绝改变;

(2) 没有意愿;

(3) 无法满足需要;

(4) 预算不足;

(5) 借口、推托;

(6) 抱有隐藏式的异议。

(二) 销售人员方面的原因
(1) 无法赢得顾客的好感；
(2) 做了夸大其词的陈述；
(3) 使用过多的专业术语；
(4) 事实不正确；
(5) 不当的沟通；
(6) 演示失败；
(7) 语气过于生硬。

五、处理异议的方法

当顾客产生异议时,销售人员应对不同的顾客采取不同的异议处理方法。

(一) 忽视法

在销售中顾客提出的一些反对意见,但他并不是真的想要获得解决时,这些意见和眼前的交易扯不上直接的关系。

处理方法：销售人员只需面带微笑地同意他就好了。

(二) 补偿法

在与顾客销售沟通中,顾客往往在就要购买的商品上发表一下自己的意见,一则表明自己的眼光,二则找一些问题以便讨价还价。

处理方法：肯定顾客的见解,同时告知顾客尚不知的一些优点,同时向其表达目前的促销条件,这样就可以满足顾客的心理需求。

(三) 顺应法

部分顾客在购买时往往采取先发制人的方法,口气咄咄逼人,如果对其观点提出反驳往往造成异议扩大。

处理方法：此时应该顺应顾客的说法,并进一步剖析其原因。例如,顾客说："这种镜片好贵呵!"销售人员回答："是挺贵的,因为钻晶智洁膜是目前最好的镀膜,所以……"

(四) 询问法

销售人员在没有确认顾客反对意见的重点和程度前,直接回答顾客的反对意见,往往会引出更多的异议。

处理方法：不要急着去处理顾客的反对意见,通过询问为什么使顾客回答提出反对意见的理由和内心的想法,同时再次检视顾客提出的反对意见是否妥当。例如,顾客说："这种眼镜不灵!"销售人员回答："先生,您觉得它哪儿不好?"……

(五) 针锋相对法

有时顾客由于听信其他误导传闻,对你所在公司的技术、服务和诚信有怀疑时,是比较严重的销售危机,因为销售的前提是信任。

处理方法：销售人员此时必须针锋相对地反驳其怀疑的观点,同时通过正确的资料等来佐证己方的说法。

(六) 以退为进法

有时顾客的异议较多,如果销售人员多次正面反驳顾客,会使顾客恼羞成怒,进而引起顾客的反感。

处理方法：销售人员应该养成"是的……如果……"这种表达意见的习惯,用"是的"同意顾客的部分意见,用"如果"表达在另外一种状况是否更好。这是一种以退为进、反守为攻的处理异议的方法。

巧妙解释价格异议——先紧后松法

销售人员在确定了顾客的购买欲望后,面对顾客压价的要求,先要以坚定的口气,心平气和地向顾客解释不降价的理由,然后根据顾客的态度逐渐改变还价策略。

案例如下。

地点:合肥步行街×××手机卖场。

顾客:"这款手机你究竟什么价格能卖?"

销售人员:"大哥,真的很抱歉,×××手机一向规定不打折扣的,因为我们的产品在质量上是从不打折的,所以也很难在价格上打折的,如果这样做,很容易影响我们的品牌和我们的卖场在你们心目中的地位。"

顾客:"我刚从大钟楼手机批发市场看过价格过来,那里老板讲如果我真的购买能2600元卖给我,同样的品牌,同样的型号,你们却贵了500多元呢?"

销售人员:"其实,买东西大家都是希望买一个放心、舒心、顺心,手机市场里也不能排除个别不法个体老板把旧机翻新或者用水货来坑骗消费者,损害厂家品牌形象,为自己牟取私利。像向您这么有身份的人,愿意在那种地方购买手机吗?"

顾客:"话也不能这么讲,五星那里价格也比这里便宜!人家可是全国连锁性家电卖场。"

销售人员:"大哥,看得出你是有备而来的啊!大哥,你知道吗,我们为什么在价格方面比五星贵50元吗?"

"因为,我们的赠品是1G的卡,而他们是512兆的卡,这两种卡价格相差将近100元,总的算来我们还是比他们更便宜,但我不知道那边的销售人员这点可给你讲清楚了?"

顾客:"是吗?"

销售人员:"大哥,看得出来你是诚心想买这款机子,在价格方面我做不了主,你等下,我打电话给我们领导看看他的意见,争取一下?"

在导购员终于在从领导那里争取到便宜50元情况下,让顾客高高兴兴地成交了。

从这个例子中,我们看出销售人员先从抓住品牌、卖场的声誉和赠品分析上做文章,咬定价格方面不能降低,让对方感觉这位导购的真诚和值得信任,然后借助领导的权力便宜了50元,给顾客一个购买的台阶和理由。

总之,销售人员在销售实战中,要根据顾客对价格要求的松紧程度,以及顾客面对价格的态度,灵活调整自己解决顾客价格异议的办法,争取做到事半功倍。

(资料来源:http://management.mainone.com/ceo/2007-08/112704.htm)

第三节 促成交易技巧

我们不妨先来听听马克·吐温的亲身经历:"一个礼拜天,当我去教堂做礼拜时,恰逢一个传教士哀怜地讲述一个非洲传教士的苦难生活。当他说了五分钟后,我立刻决定捐款五十美元;但是在他讲了十分钟后,我改变决定——捐二十五美元就好了;直至这位传教士讲了半小时后,我决定捐五美元以表心意;最后,当他讲了一个小时,拿起钵子向听众哀求捐助并走到我跟前时,我却反而从钵子里偷走了两美元。"

马克·吐温的做法似乎有些滑稽。但是,毋庸置疑,语言能够征服人心,也会招来反感,语言的技巧不在于长度,而在于精度,在于掌握对方心理的程度。销售语言也是一样。

话,人人会说,但要真正把话说到点子上,说得恰如其分、恰到好处却不是一件容易的事情。同样,作为销售人员,销售产品除了需要良好的产品品质做基础外,更要掌握开疆拓土的攻心语言,要做到晓之以理、动之以情、诱之以利、胁之以灾。所以,一名成功的销售人员,必定会有自己独特的经典销售话术。销售话术虽然不能统领销售的全部,但是却在很大程度上影响着销售人员与客户沟通的效果,决定着销售的成败,其中蕴藏了销售的核心智慧。它是伟大而富有创意的沟通技巧,是保证销售之路畅通无阻的必备工具。促成交易的技巧如下。

一、假定成交法

假定成交法是指假定客户已经接受了销售建议而展开实质性问话的一种成交方法。这种方法的实质是人为提高成交谈判的起点。此技巧使用得当,可起到事半功倍的效果。

甲公司销售代表与乙公司代表进行销售谈判,双方开局谈得较融洽,甲公司销售代表可以适时地提出:"您看什么时候把货给您送去?"若此时乙公司代表对这句话的表情没有不愿之感,可以进一步试探性地问:"您想要大包装,还是小包装?"或者直接说:"这是订货单,请您在××地方签个字。"

当准顾客一再出现购买信号,却又犹豫不决拿不定主意时,可采用"二选其一"的技巧。譬如,销售人员可对准顾客说:"请问您要那部浅灰色的车还是银白色的车呢?"或是说:"请问是星期二还是星期三送到您府上?"此种"二选其一"的问话技巧,只要准顾客选中一个,其实就是你帮他拿主意,下决心购买了。

二、异议探讨法

异议探讨法是指在销售人员提出成交请求后对还在犹豫不决的客户采取的一种异议排除法。一般情况下,处理成交阶段的异议不能再用销售异议的处理办法与提示语言,这时,通过异议探讨,有针对性地解除客户疑问便有了用武之地,解除疑问法的提问模式多为诱导型的。

甲乙双方已商谈成功,就在快签约时,乙方这时犹豫不决,甲方在此时不能放弃成交的良机,可以揣测乙方心理,对乙方的不确定予以答复。如"您不能做出决定是因为××吧?"一旦了解了乙方的疑虑所在,就可以进行有针对性地解答了。这种成交技巧一般来说较为奏效,解除疑问法适用于成交阶段的以下客户:

价格异议,如"如果再便宜点就好了。"

时间异议,如"我还要再考虑考虑。"

服务异议,如"万一运行中出了毛病可就惨了。"

权力异议,如"我自己做不了主,还得请示一下"等。

解除疑问法要与其他方法配合使用,即利用该法探寻与排除异议,然后利用其他方法促成交易。使用解除疑问法应正确分析客户异议,有目的地进行提问,有针对性地进行解答。

三、避重就轻法

避重就轻成交法是指根据客户的心理活动规律,首先在次要问题上达成一致意见,进而促成交易的成交法。

日本丰田汽车公司想占领美国市场,与美国某汽产公司进行联营,二者在谈判中,日本一方就是采用了避重就轻成交法,在次要问题上做文章,一旦达成一致意见,再主攻重点的价格问题。

避重就轻成交法在以下几种情况非常适用:
(1) 交易量比较大或大规模的交易;
(2) 客户不愿意直接涉及的购买决策;
(3) 次要问题在整个购买决定中占有很重要作用的时候;
(4) 其他无法直接促成的交易。

使用此方法可以有效地分担成交风险,即使客户对某一细节问题提出否定看法,也不会影响整体的成交。

四、直接发问法

直接发问法是指在适当时机直接向客户提出成交的成交法,是一种最简单、最基本的技巧。采取直接发问法可以有效地促使客户做出购买反应,达成交易;可以节省销售的时间,提高销售效率;可以充分利用各种成交机会,有效地促成交易;可以直接发挥灵活、机动的方法消除客户的心理疑虑。以下几种情况可采用此技巧:
(1) 比较熟悉的老客户;
(2) 客户通过语言或身体发出了成交信号;
(3) 客户在听完销售建议后未发表异议且无发表异议意向;
(4) 客户对销售品产生好感,已有购买意向,但不愿提议成交;
(5) 销售人员处理客户重大异议后。

直接发问法的使用也有一定的局限性:一方面,因语言过于直接外露,容易引起部分客户的反感,导致客户拒绝交易;另一方面,由于其使用条件是以销售人员的主观判断为标准的,一旦把握失控,就会使客户认为在给他施加压力,导致客户无意识地抵制交易。

五、帮助准顾客挑选

许多准顾客即使有意购买,也不喜欢迅速签下订单,他总要东挑西拣,在产品颜色、规格、式样、交货日期上不停地打转。这时,聪明的销售人员就要改变策略,暂时不谈订单的问题,转而热情地帮对方挑选颜色、规格、式样、交货日期等,一旦上述问题解决,你的订单也就落实了。

六、利用"怕买不到"的心理

人们常对越是得不到、买不到的东西,越想得到它、买到它。销售人员可利用这种"怕买不到"的心理来促成订单。譬如说,销售人员可对准顾客说:"这种产品只剩最后一个了,短期内不再进货,你不买就没有了。"或说:"今天是优惠价的截止日,请把握良机,明天你就买不到这种折扣价了。"

七、先买一点试用看看

准顾客想要买你的产品,可又对产品没有信心时,可建议对方先买一点试用看看。只要他对产品有信心,虽然刚开始订单数量有限,然而对方试用满意之后,就可能给你大订单了。这一"试用看看"的技巧也可帮准顾客下决心购买。

八、欲擒故纵

有些准顾客天生优柔寡断,他虽然对产品有兴趣,可是拖拖拉拉,迟迟不作决定。这时,销售人员不妨故意收拾东西,做出要离开的样子。这种假装告辞的举动,有时会促使对方下决心。

九、反问式的回答

所谓反问式的回答,就是当准顾客问到某种产品,不巧正好没有时,就得运用反问来促成订单。举例来说,准顾客问:"你们有银白色的电冰箱吗?"这时,销售人员不可回答没有,而应该反问道:"抱歉!我们没有生产,不过我们有白色、棕色、粉红色的,在这几种颜色里,您比较喜欢哪一种呢?"

十、快刀斩乱麻

在尝试上述几种技巧后,都不能打动对方时,你就得使出杀手锏,快刀斩乱麻,直接要求准顾客签订单。譬如,取出笔放在他手上,然后直截了当地对他说:"如果您想××的话,就快签字吧!"

十一、拜师学艺,态度谦虚

在销售人员费尽口舌,使出浑身解数都无效,眼看这笔生意做不成时,不妨试试这个方法。譬如说:"××经理,虽然我知道我们的产品绝对适合您,可我的能力太差了,无法说服您,我认输了。不过,在告辞之前,请您指出我的不足,让我有一个改进的机会好吗?"像这种谦卑的话语,不但很容易满足对方的虚荣心,而且会消除彼此之间的对抗情绪。他会一边指点你,一边鼓励销售人员,为了给销售人员打气,有时会给销售人员一张意料之外的订单。

十二、典型故事成交法

在促成之前,先讲个故事,在故事结尾时,巧妙进行促成。日本保险业有一个叫柴田和子的家庭主妇,从1978年第一次登上日本保险业"冠军"后,连续16年蝉联"日本第一",她之所以能取得如此好的业绩,与她会讲故事的本领分不开。针对父母在给孩子买保险时,总是犹豫不决的情况,她总会讲一个"输血"的故事:

"有一个爸爸,有一次驾车到海边去度假,回家的时候,不幸发生了车祸。当这个爸爸被送往医院进行急救时,却一时找不到相同型号的血液,这时,爸爸的儿子勇敢地站出来,将自己的血液输给了爸爸。"

过了大约一个小时,爸爸醒了,儿子却心事重重。旁边的人都问那个儿子为什么不开心,儿子却小声地说:"我什么时候会死。"原来,儿子在输血前以为一个人如果将血输出去,自己就会死掉,他在作决定前已经想好了用自己的生命来换取爸爸的生命。

"您看,做儿子的可以为了我们做父母的牺牲自己的生命,难道我们做父母的为了儿子的将来买一份保险,您都还要犹豫吗?"

十三、对比成交法

把两个不同时间、不同地点、不同前提条件下的合作方式同时列举出来,进行对比,最后选择一个对对方更加有利的条件进行促成。

"××经理,我们这次公开课收费标准是这样的:在本月15号之前,并同时有超过5人一起报名的可以享受8折优惠,即每人只需1600元。15号之后报名没有优惠,即每人2000元。今天是13号,您现在就报名的话,还可以享受优惠。请问贵公司派几位过来,我马上就给您登记。"

"这段时间正值五一劳动节,我们公司推出了一系列优惠活动,您刚才看中的这几件上衣,在平时都得要好几百元,您看现在只要不到100元,就可以买到了,您看要几件呢?"

最厉害的销售

一个乡下来的小伙子去应聘城里"世界最大"的"应有尽有"百货公司的销售人员。

老板问他:"你以前做过销售人员吗?"

他回答说:"我以前是村里挨家挨户推销的小贩子。"老板喜欢他的机灵:"你明天可以来上班了。等下班的时候,我会来看一下。"

一天的光阴对这个乡下来的穷小子来说太长了,而且还有些难熬。但是年轻人还是熬到了5点,差不多该下班了。老板真的来了,问他说:"你今天做了几单买卖?""一单。"年轻人回答说。"只有一单?"老板很吃惊地说:"我们这儿的售货员一天基本上可以完成20~30单生意呢。你卖了多少钱?""300 000美元。"年轻人回答道。"你怎么卖到那么多钱的?"目瞪口呆,半晌才回过神来的老板问道。"是这样的。"乡下来的年轻人说:"一个男士进来买东西,我先卖给他一个小号的鱼钩,然后中号的鱼钩,最后大号的鱼钩。接着,我卖给他小号的钓鱼线,中号的钓鱼线,最后是大号的钓鱼线。我问他上哪儿钓鱼,他说海边。我建议他买条船,所以我带他到卖船的专柜,卖给他长20米有两个发动机的纵帆船。然后他说他的大众牌汽车可能拖不动这么大的船。我于是带他去汽车销售区,卖给他一辆丰田新款豪华型'巡洋舰'。"老板后退两步,几乎难以置信地问道:"一个顾客仅仅来买个鱼钩,你就能卖给他这么多东西?""不是的。"乡下来的年轻售货员回答道:"他是来给他妻子买卫生棉的。我就告诉他'你的周末算是毁了,干吗不去钓鱼呢?'"

(资料来源:http://xiaohua.zol.com.cn/detail11/10600.html)

唯诚唯真　水到渠成

案例背景

郑州某动物药业有限公司业务员崔某开拓豫北地区的业务,在工作一度陷入僵局时不急不躁,用心与客户交往,发现客户需求并及时予以满足,不断实施友情战略,构筑人际关系网。很多客户终于被这种诚意打动,业务量也随之攀升。

案例经过

在开拓新乡市场时,某客户事务很繁忙,崔某一直没有机会与他做深入的交流,但他仍经常拜访该客户。他发现客户家中的电脑经常遭受病毒袭击,而客户的工作生活又离不开电脑,这使客户特别恼火。崔某利用自己学过的计算机知识,杀掉了电脑上的病毒,赢得了客户的感激和信任。该客户就深入了解了崔某的产品,并开始与其合作。

在开拓焦作市场时,一天崔某到乡下考察市场,回来时已是晚上七点多,回县城的公交车已经停开了。这时恰好遇到一辆开往县城的面包车,崔某就搭乘这辆车回了县城。事后,崔某很感激车主,就专程前往致谢,并通过车主认识了其内弟——某规模养猪场老板。以后崔某就经常到老板的猪场去考察,该猪场存栏500多头母猪,由于规模较大,使用兽药原粉更方便有效,也更划算。崔某尝试向猪场技术员推销兽药原粉,但因提成问题难以协调而未果。崔某知道拿下这家猪场并非易事,宜从长计议,就没有急于向猪场老板提业务的事。而是经常到猪场去和老板谈论养猪方面的问题,有时一起出去玩,但从来不谈业务。玩了几次以后,老板忍不住问崔某:"你是兽药公司的业务员,为什么从来不跟我谈业务?"崔某说:"我来找你是为了与你做朋友,朋友之间只能有纯正的友谊和相互之间无私的帮助,如果友情掺杂着商业动机,那就不是纯正的友谊了。"老板听了很感动,开始主动了解崔某的产品,并开始试用。后来经过不断的努力,这个老板逐渐发展为崔某的重要客户。

就这样,崔某不断实施友情战略,在豫北市场的业务范围不断扩大,业务量也不断攀升,由原来的每月几万元提升到十几万元。

思考问题

1. 崔某为什么会成功?
2. 通过该案例你的收获是什么?

(资料来源:成功营销网 http://www.tem.com.cn/Html/20090601/124384623919683.shtml 有修改)

实务项目训练

销售促成实战训练

一、训练目的

1. 让学生体会如何分析了解顾客。
2. 让学生学会打动顾客并销售成功。

二、训练要求

1. 全班学生选拔六名学生作为销售人员,由教师或班长邀请教师或其他班级学生十名扮演顾客。
2. 预先告之准备销售某个产品(如书、有使用价值的旧物品、学习卡等)。

3. 说服你的顾客购买你的产品、服务或听从你的意见。

4. 找五名学生在课堂表演,其他的学生作为评委进行评分。

三、训练步骤

1. 首先提前一周左右让学生做好充分的准备。

2. 利用一次课时间,每个销售人员现场展示销售促成的全部过程。

3. 班级其他同学现场观看,找出五名学生作为评委给每个销售人员打分,并对其表现做出评价。

4. 顾客扮演者也要给销售人员扮演者打分做出评价。

四、总结与评估

1. 着重从销售促成的真实性和技巧性方面,由学生评委给六名销售人员扮演者打分,占 30%,顾客打分占 40%,教师打分占 30%,满分 100 分。

2. 教师做总体评价。

思考与练习

一、思考题

销售人员的基本素质与促成技巧孰轻孰重?

二、分析题

猫和鱼的故事

销售领域内有一个著名的故事——猫和鱼的故事。我们看看下面这四张图。

图 4-1 猫饿想吃了

图 4-1:一只猫非常饿了,想大吃一顿。这时销售人员推过来一摞钱,但是这只猫没有任何反应——这一摞钱只是一个属性(Feature)。

图 4-2 猫饿想吃鱼

图 4-2：猫躺在地下非常饿了，销售人员过来说："猫先生，我这儿有一摞钱，可以买很多鱼。"买鱼就是这些钱的作用（Advantage）。但是猫仍然没有反应。

图 4-3 销售人员对猫说这摞钱能买很多鱼

图 4-3：猫非常饿了，想大吃一顿。销售人员过来说："猫先生请看，我这儿有一摞钱，能买很多鱼，你就可以大吃一顿了。"话刚说完，这只猫就飞快地扑向了这摞钱——这个时候就是一个完整的 FAB 的顺序。

图 4-4 猫吃饱后什么也不想了

图 4-4：猫吃饱喝足了，需求也就变了——它不想再吃东西了，而是想见它的女朋友了。那么销售人员说："猫先生，我这儿有一摞钱。"猫肯定没有反应。销售人员又说："这些钱能买很多鱼，你可以大吃一顿。"但是猫仍然没有反应。原因很简单，它的需求变了。

思考问题

该故事说明了什么销售技巧?

提示:

销售人员在推荐产品的时候,只有按 FAB 法则介绍产品,才能有效地打动客户。即详细介绍所销售的产品如何满足客户的需求,如何给客户带来利益的技巧。它有助于更好地展示产品。(FAB 法则:F 即 Feature,在销售时把它理解成一种特点或属性,即一种产品能看得到、摸得着的东西,这也是一个产品最容易让客户相信的一点;A 即 Advantage,就是这种属性将会给客户带来的作用或优势;B 即 Benefit,是指作用或者优势会给客户带来的利益。)

第二部分

销售管理实务篇

第五章　销售计划管理

[学习目标]

学完本章,你应该达到:
1. 掌握销售计划的基本概念和内容;
2. 了解销售预测的概念和方法;
3. 掌握销售目标的制定方法;
4. 了解销售配额的制定;
5. 掌握销售预算的相关方法和重要性,并会制订销售计划。

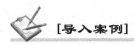

[导入案例]

销售经理的难题

比亚迪汽车——比亚迪股份的直属子公司。2003年,比亚迪正式收购陕西秦川汽车有限责任公司,组建比亚迪汽车,进入汽车制造与销售领域,开始了民族自主品牌汽车的发展征程。比亚迪汽车坚持自主研发、自主品牌、自主发展的发展模式,以"造世界水平的好车"为产品目标,以"打造民族的世界级汽车品牌"为产业目标,立志振兴民族汽车产业。2006年,比亚迪集团实现销售收入129亿元,同比增长101%;汽车产业取得骄人业绩,主力车型F3实现销售63 153辆,同比增长472%,实现销售收入近50亿元。F3还实现出口5000余辆,产品覆盖16个国家和地区。

2007年以来,比亚迪F3月销连续突破万辆。从2006年5月基本完成上市,再到2007年6月18日第10万辆下线,比亚迪F3仅仅用了14个月的时间就跨过了中级轿车生存的第二门槛;而从2007年6月到2008年6月,比亚迪F3用12个月的时间,再创造了产销10万辆的奇迹,为自主品牌之最,成为"速度之王"。

近年来,国内汽车市场竞争激烈,接近年关,对于比亚迪来说,新的一年竞争也会更加激烈,如何做好销售计划,对于比亚迪的销售经理来说是个复杂的过程。

(资料来源:比亚迪官方网站.有删改)

第一节　销售计划概述

一、销售计划定义和基本内容

在现代企业当中,销售部门是一个企业的核心部门,每年年末企业的管理者们最关心的是下一年的销售计划。销售计划可以说是企业的生存和发展的重要战略。

对于现代企业的经营来说,销售计划是各项计划的基础,而销售管理的过程就是销售计划的制订、执行和控制、评价的过程。许多企业的销售管理存在问题,往往也是因为没有科学地制订销售计划。例如,有的企业销售目标不是建立在市场调研的基础上,也没有考虑企业的资源,而是领导坐在办公室一拍脑袋就制定出来了;也有的企业销售计划混乱,没有充分考虑企业发展目标,人员配置和客户需求,使得销售计划流于形式;大部分的企业销售计划只是一个具体的数字,没有控制和管理的措施,销售计划形同虚设。

销售计划中必须包括整个详尽的商品销售量及销售金额才算完整。除了公司的经营方针和经营目标需要详细的商品销售计划外,其他如未来发展计划、利润计划、损益计划、资产负债计划等计划及其实行,都需要以销售计划为基础。

销售计划是根据企业历史经营和销售记录以及已经签订的销售合同,并综合考虑企业的发展战略和当前的市场行情制订的,针对各部门和员工的关于未来时间的销售指标(包括数量或金额)。企业根据该计划来规划相应的生产作业计划、采购计划、财务规划以及相应的其他计划。因此销售计划的定义就是企业为了获得销售收入而进行的科学销售管理过程。计划是企业为实现未来经营目标而做出的一系列活动的预先安排和筹划,计划是管理的重要职能,也是人类活动有目的、高效率的基础。因此销售计划的重要性在于以下几点。

1. 销售计划是企业实现经营目标和获取利润的基础。

对于企业来说,实现预期的销售目标,是企业利润链的保证,因此销售计划就显得尤为重要。凡事预则立,不预则废。一个良好的计划是企业良好经营的开始。

2. 销售计划是企业销售人员取得良好业绩的前提。

在企业当中,销售人员的工作业绩考核的标准,就是销售人员的销售业绩。制订合理的销售计划既可以保证销售人员的工作积极性,也可以合理地考核销售人员的工作绩效。

3. 销售计划是企业取得竞争优势的重要保证。

企业之间的竞争,衡量标准就是企业最终的销售利润。因此,如何能够根据企业的目标制订良好的销售计划,对企业来说,是保证在市场上竞争的基础,能够和其他企业在市场上进行市场占有率的竞争。销售计划过大和过小对企业的竞争来说都是不利的。

二、销售计划的分类和编制原则

(一)销售计划的分类

销售计划根据不同的内容和制订需要可以分为以下几种:销售计划从时间长短来分,可以分为月度销售计划、季度销售计划、年度销售计划等;销售计划从范围大小来分,可以分为企业总体销售计划、分公司(部门)销售计划。

(二)销售计划的编制原则

销售计划的编订应该符合 SMART 原则。

具体(Specific):销售计划必须是清晰和具体的,不能模棱两可,对于管理者来说必须明确销售计划的每一个细节,这样才能实现销售目标。

量化(Measurable):企业管理者应知道销售计划进行的过程,并且何时达到销售的目标,那么每一步的销售计划必须是可以测量的,并对出现的偏差进行校正,以达到销售计划的科学性。

挑战性(Ambitious):销售计划应该是挑战性的、进取的,具有挑战性的销售计划可以激发销售人员的热情,鼓舞员工的士气,有利于销售目标的达成。

可行性(Realistic):销售计划必须是可行的,使用可以利用的时间与资源。一个有效的销售计划应该是可以控制和执行的,充分利用企业的资源,不额外增加企业的成本。

完成期限(Timed):销售计划必须有目标达成的期限,这样才能够控制整个销售计划和计划的执行人员,达到相应的目标。

三、销售计划的内容

企业的销售计划应该是详细和完整的战略制定细化的过程,计划的内容应该包括销售渠道的各个环节,也应该把责任具体落实到每个销售人员。一个详细的销售计划应该包括以下内容:

(1) 商品计划,也就是制造什么产品?
(2) 渠道计划,也就是通过何种渠道销售产品?
(3) 成本计划,也就是需要花费多少资金?
(4) 销售单位组织计划,也就是谁来销售?
(5) 销售总额计划,也就是销售到哪里?比重如何?
(6) 促销计划,也就是如何销售?

一个完整的销售计划制订应该遵循一定的程序,这样制订的计划才能够科学合理。销售计划的制订步骤如下:

(1) 分析市场或预测市场需求,以掌握整个业界的动态;然后再根据整个业界的预测值,进行本企业的销售预测。

(2) 根据各部门主管以及第一线负责人所提供的销售额进行判断,再决定下年度的销售收入目标额。

(3) 再进一步分配每一位销售人员的销售定额,以便迅速顺利地完成销售收入目标。

(4) 在细分销售收入目标额后,再按月份分配,拟定每个月份的目标额。然后,再依此销售目标细拟实施计划,并成立相应的销售组织和做出合适的人事安排。

(5) 再参考销售收入目标额、销售分配、销售费用估计额,编制销售预算。

最后形成一个完整的销售计划书。每个环节都是连接在一起的,忽略任何一个环节都会造成销售计划的缺失,这样的销售计划就会失去指导意义。

企业的销售计划每年都会有很大程度的变化,这是因为市场竞争激烈,变化莫测,因此在每年制订销售计划时,应该对整体的市场经营环境重新进行调查和评估,并认真评价企业自身的优势和劣势,以确保销售计划的科学性。影响销售计划制订的因素主要有两大类:外部因素和内部因素。外部因素主要包括经济环境、社会环境、法律和政治环境以及自然环境和科学技术环境。内部因素主要包括企业的战略目标、企业文化、企业的财务环境、生产和研发能力、组织结构等因素。

第二节 销售预测

销售预测是公司进行各项决策的基础。几乎每个公司的年度报告都包括对下一年度的销售预测。即使是一个非常小的公司,没有什么正规的销售预测程序,但它的决策仍然是建立在对未来的某种预测之上的。

一、销售预测的内涵

(一) 销售预测的定义

销售预测是指未来特定时间内,对整个产品或特定产品的销售数量与销售金额的估计。销售预测是公司进行短期计划、中期计划、长期计划的起点。从短期来说,销售计划是确定企业生产计划的基础,为满足客户的订单,必须保持的生产计划的底线。这意味着需要相应的原料、半成品、零部件、生产工具以及人员配置。另一方面,储存大量的半成品和成品会使成本增加,因为这需要资金的投入。如果出现失衡状态,就可能导致解雇人员或亏损。企业的决策者经常要预测现金的回流,以便支付账单。销售经理要分配销售定额给销售人员或区域主管们。这些都是以销售预测为基础的。从长远来说,公司根据销售预测来确定设备的购置、人员的招聘和培训、资金的筹措等问题。也就是说,销售预测是企业把市场的不确定性转化为企业运作的具体目标和计划的工具。影响销售预测的因素很多,如公司的营销策略、竞争对手的反应、分销渠道的结构、法律限制、成本和行业总需求等。任何销售计划必须反映这些因素的影响。

(二) 相关术语

1. 市场潜力

市场潜力是指在某一特定时期和特定条件下,某一市场对某一产品的购买量的最乐观估计。市场销售潜力是市场需求潜力的一部分,在市场需求潜力既定的条件下,企业的市场销售潜力取决于市场占有率的高低,即:

市场销售潜力＝市场需求潜力×市场占有率

市场销售潜力不是实际销售额(量),而是一种可能的预期销售额(量)。企业对市场销售潜力的测定与研究,有利于企业的经营管理决策和资源的合理分配,帮助确定产品目标和经营战略,以及在新产品评价和有效处理一系列营销决策问题上有着重要的作用。

2. 销售潜力

销售潜力是指企业期望在特定区域内取得的在行业预计总销售额中所占的比重。例如,某品牌啤酒今年取得全国将近1.8亿桶啤酒消费的40%,那么有理由相信该品牌啤酒下一年的销售潜力接近于40%。在谈论企业的销售潜力时候,我们必须详细到产品、市场和时间时期。市场销售潜力不等于企业销售潜力。企业销售潜力是企业在一定期间内能够合理地分享目标市场份额的现实可能性,主要受以下因素影响:

(1) 产品的市场适应程度;

(2) 同类产品的竞争程度,企业的产品与该市场现有产品相比是否具有优势;

(3) 消费者的购买的意愿和能力;

(4) 市场进入壁垒的强度。

二、销售预测的方法

销售预测需要科学严谨的数据,因此在对企业进行销售预测时应该结合企业自身的情况和各种预测方法的优缺点,尽量采用合适的方法和尽可能多样化的方法来验证企业的预测结果。目前,企业应用的销售预测方法主要有以下两类。

第一类是定量分析预测。也叫统计预测法,是指根据企业已经掌握的比较完整的二手统计资料，运用统计和数学模型近似地进行分析和预测。具体来说，定量分析是依据统计数据，建立数学模型，并用数学模型计算出分析对象的各项指标及其数值的一种方法。定量分析的方法有以下方式：市场实验法；时间序列分析法；线性回归分析法；趋势外推法；模拟分析法等。

第二类是定性分析预测。定性分析则是主要凭预测者的直觉、经验，以及凭预测对象过去和现在的延续状况及最新的信息资料，对预测对象的性质、特点、发展变化规律做出判断的一种方法。定性分析方法包括顾客购买意向调查、管理者估计、专家意见法、销售人员意见法等。

必须指出，两种预测方法对数据收集的要求虽然有高有低，但并不能就此把定性分析与定量分析截然划分开来。事实上，科学的定性分析方法同样要采用数学工具进行计算，而定量分析则必须建立在定性预测基础上，二者相辅相成，定性是定量的依据，定量是定性的具体化，二者结合起来灵活运用才能取得最佳效果。

不同的预测方法各有其不同的特点与性能，但是都具有一个共同之处，即它们一般都是通过比较对照来分析问题和说明问题的。正是通过对各种指标的比较或不同时期同一指标的对照才反映出销售数量的正确性、销售预算的多少、销售控制科学与否等，才能为鉴别、下判断提供确凿有据的信息。

三、销售预测的程序

了解销售预测的过程有助于销售经理全面分析销售预测因素，从而得出客观合理的预测值。销售预测的一般程序如下。

（一）环境分析

企业所面临的宏观经济环境和微观经营环境是企业进行销售预测首先要考虑的因素。在分析企业环境时，SWOT 分析可以作为环境分析的一种很好的方法。公司面临的环境包括外部环境和内部环境，在确定企业销售潜力时主要考虑的是外部环境。决定行业面临的机会与威胁的主要是宏观环境因素，这些因素包括以下几种。

（1）经济发展因素，主要包括国家 GDP 增长速度，国家宏观经济调控方向，居民年收入水平等。

（2）政治法律因素，主要包括国家经济法律对行业的影响，以及国家政策扶持行业和区域以及影响外贸出口企业的国家外交政策等。

（3）社会文化因素，主要包括居民的消费习惯的变化、居民的人口年龄层次和职业以及居民信仰和居民家庭结构变化等因素。

（4）科学技术因素，主要是目前行业的科技发展前景以及整个国家科技发展水平。

（二）市场潜力预测

一个合理准确的市场潜力预测是全部预测工作的起点。市场潜力指一定时间和地域内，某类产品的可能最大的销售量。如果企业对市场潜力的预测偏差太大的话，那么随后的销售潜力、销售定额的预测都是不可靠的。

许多企业的战略失误就源于市场潜力预测的失误。比如，在美国 21 世纪早期，行业预计到 2008 年个人电脑会达到 2700 万～2800 万台。基于这种预测，2000—2002 年，有近 70 种新型电脑进入美国市场。但是，到 2007 年年底，只有 1500 万台个人电脑的销售量。因此，许多 PC 制造商不是放弃市场就是破产。

一般来说,不准确的预测不是由于定量预测技术的不可靠,而是由于基本前提的错误。这种前提是过去影响需求的环境因素会持续下去。当经济条件发生变化时,过去的趋势会变为很差的预测方法。

另一个常见的错误是对替代品的忽视。比如,办公通信产品的市场需求在于办公人员的总人数和他们的个体需求。但是,某种办公系统的市场潜力却决定于其相对于替代品的价格和附加利益。同样,一种新产品可能取代以前完全拥有这个市场的产品。如电子计算机很快取代计算尺和机械式计算器。在销售预测中有些方法可以认识替代品。比如,如果产品是工业产品,就可以从顾客那里得到替代品的信息。销售人员可以询问他们可能考虑的替代品或需求的变化。对于消费产品,不同类型的市场调研有助于发现消费市场的变化。相关行业的专家的看法和出版物都有助于发现潜在的威胁。

(三)确定目标市场

在行业市场潜力预测的基础上,企业管理层可以制定出企业的长期目标,也就是SWOT分析中的优势与劣势分析。通过对企业内部条件的分析得出本企业的优势与劣势,而销售部门要做的就是把这些长期目标细化为具体的短期目标。目标必须是定时的、量化的和可实现的,它可以衡量并转化为具体的计划加以实施、管理和控制,它是跟踪业绩和进度的标尺。销售部门所追求的目标有利润率、销售增长额、市场份额提高、和声誉等。

(四)销售潜力预测

市场潜力预测和确定目标市场的基础上,要确定具体企业的销售潜力,可以从企业内部拥有的资源入手,在本企业的目标市场范围内,将本企业的优势与劣势转化为量化的销售预测。

了解销售预测的程序并不能保证销售预测结果的准确性,但是对整个过程的了解有助于销售经理评价销售计划是否科学,同时要保证销售结果的准确性,销售部门的领导和高层领导应该对结果进行反复的验证,力求结果的准确和合理。

第三节 销售目标与配额

一、销售目标的内容

销售目标是在营销目标的基础上确定的,销售目标又可以按地区、人员、时间段来分成各个子目标,在设定这些目标时,必须结合公司的销售策略。在此基础上调整产品及确定销售额,使目标具有可行性、挑战性和激励性。

二、销售目标的制定方法

确定企业的销售目标是一个复杂的过程,和销售预测的相同之处在于,销售目标也是企业预期要达到的结果,因此这一结果是否准确和科学,就会影响企业的正常经营。如果销售目标小于实际企业销售结果,就无法保证企业的经营目的;如果销售目标大于销售结果,会造成企业库存积压,提高企业的存货成本,也会挫伤企业员工的积极性。因此一个合理的目标对企业来讲非常重要。目前,制定销售目标的方法主要有以下几类。

(一)根据企业的市场占有率确定销售目标

市场占有率是公司销售额占行业总销售额(需求量)的比率,其计算公式如下:

市场占有率=本公司销售收入/行业总销售收入×100%

使用这个方法,首先要通过需求预测求出整个行业的销售收入,其计算公式如下:
下年度的销售收入目标值＝下年度行业总销售收入×市场占有率目标值

(二)根据公司的战略规划确定销售目标

企业在不同经营阶段都会有不同的销售目标,如企业在扩大市场占有率阶段,企业的销售目标制定就会数目较大;企业处在产品调整阶段或者战略调整阶段,销售目标相对比较保守。企业在制定销售目标时必须充分考虑企业的战略规划。

(三)根据公司销售增长率确定销售目标

销售增长率,是今年销售实绩与去年实绩的比率,其计算公式如下:
销售增长率＝今年销售实绩/去年销售实绩×100%

决定销售增长率极为简易,例如最高层管理者下达指标:明年的销售收入额需达今年的120%。此时就不需任何计算了,使用上述的数值即可。

但若想求算精密的增长率,就须从过去几年的增长率着手,是利用趋势分析推定下年度的增长率,再求出平均增长率。此时所用的平均增长率并非以"期数"(年数)去除"增长率",因为每年的销售收入是以几何级数增加的,其平均成长率的计算公式如下:

$$平均增长率 = \sqrt[n]{\frac{今年销售实绩}{基年销售实绩}} \times 100\%$$

n 值的求法:以基年(基准年)为 0,然后计算当年等于基年的第 n 年,如果是第 3 年,则 n 为 3。

有时,是以"经济增长率"或"行业增长率"来代表销售增长率,但无论采用什么方法,均需运用下列公式求算销货收入的目标值:
下年度的销售收入＝今年销售实绩×成长率

(四)根据顾客的购买能力确定销售目标

顾客的购买能力受各种经济形势的影响,而且顾客的购买能力也决定了企业的销售目标。在经济形势繁荣时期,顾客购买能力相对较强,企业的销售目标容易达到;反之,在经济不景气的事情,顾客购买能力下降,企业的销售目标制定应该更加客观,否则容易失败。

三、销售配额的内容

(一)销售配额的定义

销售配额又称为销售量定额,是销售经理希望销售单位和个人在未来一定时期内应完成的销售量。销售量配额便于销售单位和个人理解自己的任务。

销售经理设置销售配额时必须预测各个销售区域的销售量。销售经理预测销售量是基于对现有市场状况的分析,需要研究以下因素:

(1)区域内总体市场状况;
(2)竞争者地位;
(3)现有市场占有率;
(4)市场涵盖的范围(一般取决于该市场业务员的主观评价);
(5)该地区过去的业绩;
(6)新产品推出的效果、价格调整及预期的经济条件。

对以上因素进行分析后,再来设定区域个人销售目标配额。

（二）销售配额的类型

现在，按照企业的实际经营情况分类，企业常用的销售配额通常有四种类型，即销售量配额、财务配额、销售活动配额和综合配额。

1. 销售量配额

销售量配额是销售人员在一定时间内完成的产品销售数量，对于一些单品生产型的服装和鞋帽类企业，如只生产销售羽绒服、毛衫、大衣等某类服装，销售量配额是最常用、也很重要的配额，企业总是希望卖掉尽可能多的服装，不仅可以增加市场占有率，还可以保证生产线的连续和提升生产能力。

2. 财务配额

企业更重视利润而不是更多的销售量。财务配额有助于改变销售人员不顾利润而尽可能多推销的自然倾向。如果销售人员在盈利少、容易卖的产品上花费太多的时间和精力，就会大大降低企业的营利能力。例如，销售人员往往乐于把精力花在易销售的产品和老客户身上，但是这些产品和客户往往利润率很低，而费用与那些难销的产品或新客户却是一样的。因此，财务配额可以激励销售人员开发更有效益的客户，销售更有效益的产品。这其中包括三项。

第一，费用配额。

提高利润率的关键因素在于对销售费用的控制。费用配额总是与销售量配额一起使用，其目的是用来控制销售人员的费用水平。费用配额通常被表示为销售量的百分数。在设置费用配额时一定要注意：一方面，设置费用配额是为了控制过多的费用，而销售人员往往高估他们的费用；另一方面，销售经理必须保证销售人员有足够的资源来有效地配合客户的需要。如果一个销售人员每月有2000元的销售费用预算，则应尽量用在销售活动中。如果他的花费少于这个数并不一定是好现象，或许为节省费用耽误了工作。因此，费用的控制应该是适度的。销售经理通常希望通过经济手段激励销售人员控制费用。费用配额和销售配额一样紧紧地与薪金计划联结起来，销售津贴可以付给那些费用水平保持稳定的销售人员。

用销量额百分比设置销售费用配额也存在一些问题。费用并不总是随销售量的改变而改变的。根据顾客终身价值理论，忠诚的客户能为企业带来更多的长期价值的同时，还能降低企业的营销费用。因而那些聪明的销售人员更善于维护老客户，并提升其客户忠诚度。在这种情况下，销售人员的营销费用自然会下降。开发新客户的成本又常常很高，成功的几率相应低很多。因而，用销量额百分比方法来设置销售费用配额在一定程度上会妨碍开发新客户，迫使销售人员的将过多是注意力放在老顾客身上。

第二，毛利配额。

企业的产品多，实现的利润不同，可以采用毛利配额。有时，企业用这些指标来替代销售配额，强调利润、毛利额的重要性。设置毛利配额，可以使销售人员集中精力提高毛利。然而毛利是很难控制的，通常销售人员不负责产品定价，无法控制生产成本，在这种情况下，销售人员无法完全对销售毛利负责。有些企业对销售人员公开生产费用信息，并用一定的手段让销售人员随时了解费用状况，从而能够灵活掌握与顾客议价时的价格策略。

第三，利润配额。

很多销售经理认为利润配额是体现目标的最好形式。利润等于毛利减费用，利润配额与管理的基本目标直接相连。这种方法能够强化销售人员的成本概念，这里的成本概念有两层含义:一是产品的生产成本,以免销售人员为了达到一定的销售量而不计成本地给予客户折扣等;二是营销成本,有利于培养销售人员筛选潜力客户的意识。

利润配额也有一些缺点,销售人员无法控制影响利润的因素,因此无法完全对自己的业绩负责。以利润为指标评价销售人员的工作是不公平的,合理地计算销售人员产生的净利润是非常困难的。销售人员的净利润取决于所出售的产品、每种产品的毛利、出售这些产品所花费的费用,这些因素使得利润配额的管理很困难,需要大量资料,而且要取得这些资料需要大量的时间,在这种情况下,业绩的控制很困难。

3. 销售活动配额

用于指导销售人员从事非直接产品销售性的销售活动的指标。典型的销售活动包括客户拜访、潜在客户的挖掘、企业品牌及产品的宣传、产品的介绍和其他促销工作、为客户或消费者提供服务和建议、进行市场调研、书写销售报告等。如果对这些销售活动不设配额指标,销售人员可能会忽视企业将来的发展,而仅仅只关心当前利益。例如,只乐于将精力花在熟悉的客户身上而忽略了利润可能更大的潜在客户的挖掘上;或只注重当前销售收入,而不重视客户的开发等。所以,企业有必要设置销售活动配额来考评销售人员业绩。但是,这类指标的考核,在一定程度上带有主观性,有些企业以销售人员拜访客户的时间、次数为量化指标。

4. 综合配额

综合配额是对销售量配额、财务配额、活动配额进行综合而得出的配额。设定综合配额时,要根据各配额的重要性赋予不同的权数,然后进行相加得出一个总数。如果销售人员所得分数高于这个总数,就说明完成了销售目标。综合配额以多项指标为基础,因而更为合理。所以,注重科学管理的企业很重视这个指标,并对各指标的权重进行研究,以求获得较为合理的综合指标。

(三)销售配额的重要性

销售配额是销售经理计划销售工作的最有力的措施之一,有助于销售经理规划每个计划期的销售量及利润,安排销售人员的行动。销售配额可以作为一把尺子来衡量销售人员、销售小组或整个销售区域完成任务的状况,如果运用得当,它可以有力地激励每个销售人员更好地完成任务。总之,销售配额的设置有利于销售经理及销售人员有效地计划、控制、激励销售活动,以达成整个企业的销售目标。

四、销售配额的分配

销售配额的分配涉及企业的销售目标的实现,对于销售经理和销售人员来讲,完成预定的销售额度是企业对其工作业绩的考核标准之一,因此在分配销售配额时,企业的管理者应该综合销售部门的能力和企业的经营战略,制定科学合理的销售配额。企业分配销售配额的方法有以下几类。

(一)销售配额的分配方法

1. 产品类别分配法

产品类别分配法是指根据销售人员销售的产品类别来分配目标销售额。采用这种方法的前提条件是:培养尽可能多的忠诚客户。因为,如果消费者经常改变消费需求,变换所消费的产品,就很难判断某种商品的消费者大体上有多少人,商品类别分配法也就是去了意义。所以,必须进行市场调查,及时准确地了解消费者需求的变动情况,从而采取一系列措施来满足消费者的需求,创造一大批铁杆品牌忠诚者。这样,商品类别分配法也就有据可依了。

2. 地域分配法

地域分配法是指根据销售人员所在地域的大小与顾客的购买能力来分配目标销售额。这种方法的优点在于可以对区域市场进行充分的挖掘,使产品在当地市场的占有率逐渐提高,因此,比较容易为销售人员所接受。其缺点在于很难判断某地区所需商品的实际数量以及该地区潜在的消费能力。所以,在分配目标销售额时,必须考虑各个地区的经济发展水平、人口数量、生活水平、消费习惯等因素。

3. 部门分配法

部门分配法是指以某一销售部门为目标来分配目标销售额。这种方法的优点在于强调销售部门的团结合作,能够利用销售部门的整体力量来实现目标销售额;缺点在于过于重视销售部门目标达成,却忽视了销售人员个人的存在。因此,当企业将目标销售额分配到各个销售部门时,应该考虑这个销售部门所辖地区的特性,例如,销售区域的大小、市场的成长性、竞争对手的情况、潜在顾客的多寡等。

4. 销售人员分配法

销售人员分配法是指根据销售人员能力的大小来分配目标销售额。这样做有利于激励能力高的销售人员继续努力,鼓励能力比较低的销售人员提高其销售能力。但是,也容易使销售人员队伍产生等级之分,使能力高的销售人员产生自满情绪,使能力不够的销售人员产生自卑感,从而产生内部矛盾。

5. 客户分配法

客户分配法是指根据销售人员所面对的顾客的特点和数量的多少来分配目标销售额。这种方法充分体现了"以客户为导向"的思想,可以使销售人员把重点放在客户身上,有利于客户的深度开发和忠诚客户的培育。但是,该方法会使销售人员为了业绩而只注重老客户的维护,忽视新客户和准客户的开发。

6. 月度分配法

月度分配法是指将年度目标销售额平均分配到一年的 12 个月或 4 个季度中。月度分配法的缺点在于忽略了销售人员所在地区的大小以及顾客的多寡,而只注重目标销售额的完成,从而无法调动销售人员的积极性。但按月分配的优点在于简单易行,容易操作,目前有许多企业还是比较乐于采取这种方法。如果能将月度分配法与商品类别分配法、地区分配法和客户分配法结合起来,效果会更好一些。

总之,在实际操作中,以上这些方法尽量不要单独使用,应该将两个或两个以上的方法结合起来使用,可以扬长避短、优势互补。

(二)销售配额确定程序

销售经理最为复杂的工作就是销售配额的确定,如果不能清晰地把握每个销售区域的销售情况和销售人员的个人情况,销售配额往往无法准确制定,因此销售经理在确定销售配额时应该综合考虑各方面的情况,进行准确的配额。具体程序如下:首先要确定配额的类型,依据配额类型的不同确定相关配额,然后要确定配额的基准,逐一制定任务标准,最后根据销售人员所在区域情况进行调整。

好的销售配额体系应该体现公平可行的原则,这样才有利于销售单位和销售人员有激情和有目标地实现销售业绩,同时销售配额也要与其他的各种销售活动的配额同时明确,才能使销售计划顺利进行,最后销售经理应该灵活掌握各种情况的变化,既有利于销售人员完成工作,也有利于销售经理了解销售人员的活动。

第四节 销售预算管理

一、销售预算的内容

销售预算一般是企业生产经营全面预算的编制起点,生产、材料采购、存货费用等方面的预算,都要以销售预算为基础。销售预算把费用与销售目标的实现联系起来。销售预算是一个财务计划,它包括完成销售计划的每一个目标所需要的费用,以保证企业销售利润的实现。销售预算是在销售预测完成之后才进行的,销售目标被分解为多个层次的子目标,一旦这些子目标确定后,其相应的销售费用也被确定下来。预算的编制包括销售预算的编制过程和销售预算的编制方法。

(一)销售预算的编制过程
(1)根据销售目标确定销售工作范围。
(2)确定固定成本与变动成本。
(3)进行量本利分析。

盈亏平衡点(BEP)是量本利分析法中最重要的概念。它指为了使收入能够弥补成本(包括固定成本和变动成本)的最低销售量,其计算公式如下:

$$BEP=FC/(P-VC)$$

式中,BEP 为盈亏平衡点;FC 为总固定成本;P 为单位产品售价;VC 为单位产品的变动成本。

(4)根据利润目标分析价格和费用的变化;
(5)提交最后预算给企业最高管理层;
(6)用销售预算来控制销售工作。

(二)确定销售预算的方法

1. 销售百分比法

用这种方法预算时,常见两种做法:一种是用上年本企业总的销售费用占销售总额的百分比,再结合下一年的销售总额预测下年度的销售预算;另一种是把最近几年费用的销售百分比进行加权平均,其结果作为预算年度的销售预算。销售百分比法简单易行,但往往忽视了企业的长期目标,不利于开拓新的市场,比较适合于销售市场比较成熟的企业,同时,这种方法不利于企业吸纳新的销售人才,因为这种方法促使销售经理只注重短期目标,而忽视企业对具有长期意义的人的培养。

2. 标杆法

标杆法也称同等竞争法,是以行业内主要竞争对手的销售费用为基础来确定自己的销售预算。用这种方法必须对行业及竞争对手有充分的了解,做到这点需要及时得到大量的行业及竞争对手的资料,但通常情况下,得到的资料是反映以往年度的市场及竞争状况,用这种方法分配销售预算,有时不能达到同等竞争的目的。

3. 边际收益法

这里的边际收益指每增加一名销售人员所获得的效益。由于销售潜力是有限的,随着销售人员的增加,其收益会越来越少,而每个销售人员的费用是大致不变的,因此,存在一个点,再增加一个销售人员,其收益和费用接近,再增加销售人员,费用反而比收益要大,边际收益法要求销售人员的边际收益大于零。边际收益法也有一个很大的缺点,在销售水平、竞争状况和市场其他因素变化的情况下,确定销售人员的边际收益是很困难的。

4. 零基预算法

这种方法假定在一个预算期内每一项活动都从零开始。这种预算不以历史为基础修修改改,而是在年初重新审查每项活动对实现组织目标的意义和效果,并在成本—效益分析的基础上,重新排出各项管理活动的优先次序,并据此决定资金和其他资源的分配。

5. 目标任务法

依据企业确定整体的销售目标,把为完成销售目标所必须进行的工作费用一一计算出来,它们的和作为企业销售费用的总预算。

6. 投入产出法

投入产出法就是把一系列部门内部在一定时期内投入产出收入(购买)来源与产出(销售)去向排成一张纵横交叉的投入产出表格,根据此表建立数学模型,计算消耗系数,并据以进行经济分析和预测的方法。在销售预算过程中也可以运用数学模型来计算企业的预算。

二、建立销售预算的控制体系

预算控制在很大程度上就是财务控制,它具有全面控制的约束力。销售预算就是将企业销售过程中各种销售管理活动贯穿于表格形式中,通过预算报表反映企业销售计划执行状况,便于管理者及时了解销售量、成本、利润、资金利用率、投资回收率等各种指标消涨情况,也有利于企业管理者监控销售计划的完成情况。常用的预算控制有两种方式:费用专控目标体系和定额管理。

(一)费用专控目标体系

费用专控目标体系是由企业单项费用指标和无程序性的随机费用指标组成的目标体系,专项控制的主要内容有单位成本、材料燃料消耗、水电消耗、办公费、差旅费、医药费、大修理费、生产生活设施维修费、易耗品购置费、储备资金周转天数等。这些专项控制费用量大、面广、随机性强,在预算中很难进行有效控制,因此需要采用专控目标体系方法,强化管理。

其中,销售费用主要包括销售人员和管理人员工资、佣金、奖金、办公费、交通费、招待费、差旅费、培训费、产品样品费、销售辅助工具费、其他费用(社会安全保障和医疗保险等)。销售管理人员要对上述费用加强监督与管理。

(二)定额管理

定额是企业及职工从事生产活动时,在人力、物力、财力利用方面应遵守的标准。销售定额管理是为了以尽可能少的销售费用,完成尽可能多的销售工作量,提高销售工作效率,从而提高企业经济效益。以下是关于定额管理的几个重要指标。

1. 销售收入定额预算

销售收入定额预算主要是在预测和计划销售数量与制定销售价格的基础上编制,其计算公式如下:

$$销售收入 = \sum(价格 \times 数量)$$

$$销售净额 = 销售收入 - 销售退回与折让$$

2. 销售成本预算

$$销售成本 = 每单位产品的生产成本(或单位商品的购入成本) \times 销售数量$$

3. 销售毛利预算

销售毛利＝销售收入－销售成本

4. 营业费用预算

营业费用是指企业在销售产品、自制半成品和工业性劳务等过程中发生的各项费用以及专设销售机构的各项经费。具体内容包括包装费、运输费、装卸费、保险费、展览费、广告费、租赁费,另外专设销售机构的费用包括职工工资、福利费、差旅费、办公费、折旧费、修理费、物料耗费和其他经费。

5. 营业净利润预算

营业净利润＝销售毛利－营业费用＝(销售收入－销售成本)－营业费用

(注：以上内容请查阅《财务管理》相关教材,在本书中不做详细阐述)

一个销售经理的任务

对于一个企业而言,进入11月份,一个财年即将结束,为了来年有一个好的收成,企业都开始着手新的年度规划,因为只有"增收"才是企业生存与发展的关键;自然营销规划就成为新财年年度规划的关键所在,而销售目标分解则是这一规划的核心所在。

11月1日早上8：18,李凡准时收到了公司分解下来的销售目标,正在看着报表,李凡接到了来自华北大区安林的电话,大呼公司不考虑实际,竟然将自己来年的销售目标比今年1—10月份的月均销售额提高到了50%以上;真是没有天理,而华南区的目标又比自己减少了接近1/3,真是做得越好领导越压量!

安林唠叨了半天,直到李凡给安林说了一句"你忘了我们都是做什么的了",安林的一肚子气话才算讲完,最后以一句"谁让我们是做销售的呢"挂机。

谁让我们是做销售的呢？

销售人员天生要对销售目标负责,这是作为一个职业人所应具备的基本素养,因为我们要对结果负责！否则公司养这帮人干什么？

李凡根据今年1—10月份的月均销售数据将公司下达给自己的1.8亿销售目标大致地划分到辖区内的9个区域经理的身上;然后又根据各辖区的消费能力、客户状况,以及各个客户的历史销售状况进行了任务的细分,使得这些任务可以很好地落实到每个客户身上！

客户的状况是市场销售的核心要素之一,客户的能力及配合状况与区域营销团队的战斗力直接构成了区域市场销售提升的主导因素！李凡根据自己自上而下的任务分解,再结合客户、区域营销团队、市场提升空间等几个因素,调整了各客户的任务量;最终通过客户任务量的调整,构成了各区域经理的最终目标销售任务！

自从从事销售管理工作以来,李凡一直主张在目标任务的分解上保持公平、公正、透明的原则,所以他每次进行目标任务分解时都会召开区域经理会议,组织大家对他分解的销售目标进行讨论、修正！

果然,当李凡宣读完分解的销售目标以后,皖北区、苏南区与上海区的区域经理就开始大叫任务压力大,上海区的范天首先发话："老板,我先说两句,我不是抱怨,但是我要陈述我这边市场的一个实际情况……这样的情况下我的目标增长竟然是今年实际销售的51%！"

范天讲完,李凡在投影机上打出了华东市场2010年的整体销售目标以及今年1—10月份的实际销售状况,让范天用计算器算一下,华东市场 2010 年的整体增长是多少!

在一旁本跃跃欲试,准备发言的苏南区域经理马上安静了下来!坐在旁边的浙中区域经理还是有话要说:"我知道我们这边的市场基础相对好一些,但是领导一直要求我们增长不大合适,领导可以考虑一下我们的万人消费量,这在华东区中基本上已经是最高的了,而且超过了其他区域很多,我们希望在今年的任务制定中领导能够给我们适当减减压!"

这个时候,苏南、胶东的区域经理也开始发话了,因为大家突然找到了一个看似非常合理的减压借口!李凡突然冒出一句:"我想问一下我们全国的人口是多少;如果一个人消费我们 2 元钱,我们全国市场的销售额是多少?"市场的发展是由很多因素决定的,李凡的话暂时平息了各个区域经理的骚动!

这时候他适时地拿出了自己任务分解的杀手锏!"各位,我们可以摆理由、说问题,但是我希望大家都考虑到各区域的实际情况,同时要考虑华东区整体销售目标的分解,华东区的销售目标不能变,因为我认为这是我们华东区作为全国重点市场应当承担的必然压力,否则要我们在座的各位干什么;但是反过来说,各区域的目标可以调整,否则我一个人说了就算,那就不需要开这个任务分解碰头会了,直接将销售目标进行下发了。所以,这就要求大家在给自己消减目标任务的同时,一定要给出增量的区域及增量额度,必须要将自己削减的目标有效地分解下去。"

下面,大家开始窃窃私语,李凡看出来还是有些人对这次的目标任务分解有异议,但是又不好意思说将降低下来的目标分解到哪个区域去!于是李凡拿出了准备好的目标区域分解表发给大家;同时将 9 个辖区内各个客户 1—10 月份的销售达成、人口数字、万人消费量以及 2010 年的规划目标打在了投影仪上,让大家作为一个决策者为华东 9 个区域做任务分解,要求总分解目标 1.8 亿;任务分解表为不记名分解;分解后统一上交,打乱顺序填表分析!这样来综合参考一下大家的意见进行讨论!要求每个人都必须填报!

这时,一直坐在前边不说话的皖中区域经理克茵说话了:"老板,给我增加 150 万吧,我不填报了,可以吗?"

"鉴于克茵的态度,他可以不用填报目标任务分解表,至于是否给他增加任务,我们要看我们最终的投票与讨论结果!"李凡适时地做出了回应!

投票任务分解汇总表很快由内勤汇总出来了,李凡审视了一下 8 位区域经理的整体任务划分,相对都比较客观,就没有采取"去头、去尾"的措施,同时将自己的任务分解也作为一个意见,与下面 8 位区域经理的分解意见进行相加,直接采取了平均值,然后直接打到投影上进行公布!

最终的数字上下略有调整,这是一个正常的现象,因为谁都不能保证李凡的任务分解就绝对的客观;但是有意思的是根据大家的意见,克茵负责的皖中区域的任务并未做出任何调整!

区域任务分解最终敲定了下来,李凡开始要求各区域经理将自己辖区的任务分解到辖区的客户中去;虽然针对每个区域的任务制定进行了充分的考虑,但是大家发现将实际的销售任务分解到各个客户的时候还是面临了很多的问题,因为有些客户明显不大稳定,完成今年的目标压力就很大,再按照大区分解下来的增长幅度给其加压,压力更大;同时有些客户,今年本身就是存在问题,是明年要淘汰优化掉的客户;有部分任务确实无法分解下去!

在任务分解后,李凡给大家做了一场销售任务分解的培训课,课程内容设置包括以下几个方面。

1. 稳定中求发展:增量是必需的,但是不切实接的增量必然会导致终端销售积极性的下降,所以我们要在充分挖掘市场潜力的前提下制定目标,确保大家通过自身的努力可以实现目标的销售达成!

2. 鞭打快牛:这是确保市场稳定提升的关键,每个区域都有核心客户与核心销售人员,这些客户与市场人员是我们推动销售提升的关键,我们要给这些客户与人员适当加压;当然同时也要给予更多的资源倾斜与销售激励;因为只有存在进取意愿才更容易得到增长!

3. 民主与统一:在销售目标的制定与分解的过程中,我们要考虑大多数人、尤其是实际执行人的意见,这样才能够保证制定出来的销售目标的客观性;但是在适当的时候,也要采取专制手段,因为民主仅仅是一种手段,统一才是目标;必须保证整体销售目标的有效分解与达成!

4. 不换思想就换人:目标的分解与落实的过程,也是考核市场人员与客户的有效手段,市场运作质量差,又不能提出有效整改措施的,我们必须请其离开,我们不能因为某个客户或者某个人影响到整个市场与企业品牌的发展!

5. 老实人不吃亏:在目标的分解过程中,我们要保证不能对那些叫得急的人就减压力、增费用投入;要始终保持"扶优扶强"的策略,对那些能够作出贡献的区域给予重点的资源倾斜,同时对于那些不提要求的区域也要考虑其实际情况,不能盲目压量!保证老实人不吃亏!

最后李凡用一句话对今天的销售目标分解会做出了总结:作为一个职业经理人、一个营销人,我们需要对目标负责、我们要具备解决问题的能力、我们要有推动目标落实的责任心,否则,我们这些人就失去了自己存在的价值!

> **思考问题**
>
> 1. 李凡在进行销售任务分配的过程当中遇到了哪些困难,是如何解决的?
> 2. 该公司销售配额采取了什么办法?
> 3. 一个销售经理的任务是什么?①

销售计划的制订过程

一、训练目的

1. 搜集一家公司的历年销售数据,根据该公司的销售业绩,考虑行业的总体环境,为该公司制订明年的销售计划。

2. 训练学生的实际操作能力,深入理解在制订销售计划过程当中遇到的难题。

二、训练要求

1. 全班分为若干小组,每组五人,各组成立一家销售公司。
2. 利用课余时间,各组充分准备相关资料。
3. 任课教师作为审核人,审核各组销售计划的制作情况。

---

① 资料来源:中国营销网有删改 http://www.emkt.com.cn/article/441/44145-2.html 有修改。

4. 组织学生书写报告,找五名学生评委进行评分。

三、训练步骤

1. 报告前将教室桌子重新摆放,方便开展报告活动。
2. 每组组长组织本组报告流程、内容、开头与总结性发言。
3. 每组先各陈述自己观点,然后其他小组进行质问。
4. 其他小组提出自己不同意见,报告小组要给出自己的理由。

四、总结与评估

1. 由教师找五名学生做评委,给每组打分,满分100分。
2. 教师做总结评价。

 思考与练习

1. 销售计划管理的重要性是什么?
2. 制订销售计划需要考虑哪些因素?
3. 销售计划的内容包括哪几方面?
4. 销售配额包括哪些方面?
5. 销售预算的控制体系是什么?

第六章　销售区域管理

[学习目标]

学完本章,你应该达到:
1. 理解什么是销售区域;
2. 掌握销售区域设计的基本方法;
3. 掌握销售潜力的计算方法;
4. 了解区域市场进入的几种方式;
5. 理解和掌握销售路线的设计方法;
6. 理解和掌握窜货管理的几种措施。

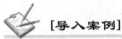[导入案例]

TCL——赢家之道

"得中原者,得天下。"古时,历代军事纷争,大都以逐鹿中原定胜负,中原地区人口众多,市场容量巨大,众多厂商纷纷把竞争的目标定位在中原市场。TCL集团公司在对中原区域市场发展远景进行初步预测的基础上,决定成立TCL郑州公司。郑州公司于1995年4月13日开业,主要营销TCL王牌彩电,当年,在不足8个月的时间里,不仅使原来鲜为中原人所知晓的王牌彩电家喻户晓,在中原大地卷起"TCL旋风",而且实现销售额7000万元、回款6300万元,超额完成TCL集团公司下达的3500万元的回款任务。2006年上半年虽然受到"长虹降价风波"、"康佳降价风波"、"高路华低价抢占市场"的巨大影响,但仍实现销售额7100万元,回款7100万元。从无市场到有市场,从小市场到大市场,从个体市场到区域市场,从巨型企业知名品牌的市场占有份额中夺得较大份额,不能不说是个奇迹。

一、TCL集团郑州公司的发展轨迹

沿着TCL郑州公司发展的脉络,深入其经营管理之中,可以体会到这家公司的精神:追求卓越,不断创新。这种精神是在特定的环境中生长、在永不停息的创业过程中形成的。

(一)孕育期(1995年2月中旬—1995年4月上旬)

TCL集团实施"有计划的市场推广"战略,在空间分布上,把全国统一市场划分为若干实现企业发展目标的目标市场;在时序安排上,则分层次、分主从、有计划地拓展市场,逐渐在全国建立市场网络,最终达到快速占领市场的目的。1995年2月中旬以前,TCL集团先后在西安、武汉、淄博、南京、北京等重要城市相继设立营销机构,对于举足轻重的中原市场则围而不进,形成了周边渗透的进攻态势。

(二)降生期(1995年4月中旬—1995年5月中旬)

"投机"才有利可得,"钻营"方能取得成功。面对中原彩电市场相对饱和、洋货咄咄逼

人、市场已瓜分完毕之态势,TCL郑州公司只有投消费者需求结构变化之机,投市场空当之机,投市场开发潜力之机,钻空档以扬长,补结构差以避短,破缺口而深入,寻夹缝求生存。抱定这样的信念,1995年4月13日,TCL郑州公司宣告成立。

(三) 成长期(1995年5月中旬—2006年1月)

良好的开端是事业成功的一半。TCL郑州公司没有止步不前,而是乘胜追击,迅速推进,由中心城市彩电市场引爆中原区域彩电市场。建立并完善区域市场营销组织,是TCL郑州公司在中原区域市场成长的基础。

(四) 规范期(2006年元月—1997年7月)

TCL郑州公司1995年度销售额突破7000万元,回款6300万元,超额完成集团公司下达的3500万元的回款任务。为此,集团公司授予TCL郑州公司1995年度集团公司先进单位称号,杜健君获集团公司优秀厂长经理金牌。

在荣誉与成绩面前,TCL人更要追求卓越,他们要把TCL人一年多来成功地开拓区域市场的经验,分析、综合成管理模式。为此,他们请专家为公司完善管理体制,极为理智地实现了从创业期向规范期的转化。

二、立足现实,着眼未来——动态的市场观

市场意味着什么,一个营销公司应该以什么样的观念去开拓区域市场、亚区域市场,是TCL郑州公司营销人员反复研究的一个问题,也是他们营销成功的一个关键。

(一) 大市场观念

TCL郑州公司在开拓中原市场之初,并不急于四面出击,而是抢占中心城市,进而引爆周边城市。也不对所有消费者、所有市场面面俱到,而是把容易争取的消费者和具有影响力的市场先行攻克,同时把市场的空间区域化,选定整个市场中的某一个细分市场、某些消费群,然后集中销售力量形成优势,拿下一个又一个亚区域市场,赢得一群又一群消费者。

(二) 市场是资金在各经济主体间的动态运动

TCL郑州公司从创建之日起,就大力开展以营销为中心的企业外交,推行利益共享与分利原则,真心实意交朋友,诚实公道做买卖,迅速建立与扩大营销网络,正是基于对市场是资金在各经济主体间的动态运动的深刻理解。

(三) 市场是一个开放而动态的系统

市场容量和本企业产品在市场中所占的份额、消费的需求是在变化的,一个营销公司要随时随地接受挑战,开拓新的市场。营销人员就是要充分发挥市场的交换功能,直接反馈市场信息,建议企业生产适当的产品,并选择适当的时机和适当的销售地点,以适当的价格,通过适当的信息传递、销售渠道的选择和促销手段的运用,卖给适当的消费者,在化解市场的种种矛盾之中,实现了产品潜在效用向实际效用的转化,扩展了市场,增加了企业产品的销售量。

(四) 着眼于未来,树立长期的市场观念

TCL郑州公司的营销者认为,提高市场占有率,本质上是人心的争夺,争夺人心要从长计议。为了把货币从消费者的口袋中吸引出来,装进企业的金库,在营销中必须着眼于未来,树立长期的市场观念。他们强调品牌诉求,实施以"1%挽救"行动达到消费者100%满意的售后服务,把TCL金牌铸在消费者心中。TCL郑州公司的营销人员决不会为短期利益而出卖未来。

三、着眼于人,以人为中心——人本管理的特色

在现代管理思想中,管理中最重要的因素是对人的管理,所以要研究人、尊重人、关心人、满足人的需要,以调动人的积极性,创造一种能使下级充分发挥力量的工作环境,在此基础上指导人们工作。TCL 郑州公司有一支特别能战斗的队伍。

（一）一切着眼于人

在与 TCL 人的访谈中,杜健君经理认为:一位经理拥有的最重要的资源就是人。在一位经理的周围必须有一群优秀的人才,除此之外,其他都可用钱去买或租借。他认为:"我的成就很少是我单枪匹马干出来的,而是我能把一队人和谐地组织起来共同努力的结果。"

（二）推己及人的"爱人"之心,"仁者,爱人"

TCL 郑州公司"爱人"之心,还体现在对人的理解与尊重之中。事物的精神实质是通过细节体现出来的。杜健君经理不使用"工人"、"雇员"、"打工仔"之类的词语,而是用"TCL 人"、"员工"、"同仁"来进行表述。也许,这只是一种自然地流露,但它表现了管理者对公司所有人员的关心和重视。

（三）举贤任能、择人任势的聚才之策

TCL 郑州公司在发展过程中,创造性地继承举贤任能、择人任势的中国文化传统,吸收国外成功企业开发人力资源的经验,融会贯通,确立了自己的人才观念和用人机制,如:按照公开、平等、竞争、择优原则对员工实行聘任合同制,保证"能者上、庸者下"方针切实得以实施;员工本地化;外引能人。

四、洞察力、组合力、抗争力——管理者的品格

敏锐的洞察力。TCL 人能审时度势,敏锐地发现、吸收和推出最新观念,他们在营销中适应消费者的现实需求,及时发掘潜在需求,提前创造未来需求。

超人的组合力。李东生总裁曾说:"一个企业家最重要的并不在他本人能做几件事,而在于他如何能用好人去做适合他做的事。"

强烈的抗争力。TCL 管理者的抗争不但表现在中原市场开拓中不断争取主动权和领先权,而且在个别竞争对手恶意中伤 TCL"小马拉大车"时,他们也是勇于接受挑战,争取公平竞争环境和平等权利。

五、扬优补劣 止于至善

TCL 集团郑州公司虽然起步不算太长,但却为 TCL 集团创造了可圈可点的辉煌业绩,积累了区域市场推广与管理的宝贵经验。企业存亡在于市场,市场决胜在于效率、在于质量。市场是变化多端的,市场是不断流动的。优势、胜势并非天生注定,弱势、败势同样可以转化。一切以时间、地点、条件的变化而变化。熟谙商海水性,创造有利于自己的条件,有效地动员和利用各种资源,就有可能适应并驾驭不断变化的市场形势。

（资料来源:芮新国.《区域市场谋略》.机械工业出版社,2007 年 6 月,有删改）

> **思考问题**
>
> 1. TCL 为何选择中原市场作为区域市场开发的重点?
> 2. TCL 在区域市场开发上的主要成功之处在哪儿?

从导入案例我们可以看到，TCL十分重视区域市场，通过在中原区域市场的实践，不仅使TCL成功地进入了市场，而且磨炼了一支强有力的销售队伍，为开发全国市场打下了坚实的基础。应当看到，任何企业的销售一定是在具体的区域去实施，区域市场是一个独立的销售单位，可大可小，企业销售目标是通过一个个具体的区域市场的销售目标去实现的，每个销售区域都包括了一套完整的销售系统，有其相对的完整性和独立性。因此，如何规划和安排销售区域，如何开发和进入销售区域，如何管理和治理销售区域，是任何一个以市场为核心的企业必须要思考和解决的问题。本章结合国内外一些企业在销售区域管理的实践，不仅从理论上，而且从实践的视角去分析和介绍销售区域管理中的基本概念、方法和技能。

第一节　销售区域概述

销售区域是一个统称的概念，也称区域市场或销售辖区，是指在一段给定的时间，分配给销售人员、销售机构或经销商的现实及潜在顾客的总和。本节重点介绍销售区域的特点、销售区域的作用以及销售区域划分的方法。

一、销售区域的特点

销售区域有两个特点，一个是整体性，另一个是局部性。

整体性体现在企业拓展市场过程中为了把握市场容量、产品特性、技术发展趋势、竞争状况等全局性问题，从全局出发，制订整体营销方案并分配和落实到每个销售区域。

局部性体现在企业把握全局的同时进一步了解不同区域市场的差异性，包括总量差异、需求差异、产品差异、竞争差异等局部性问题，以便企业有针对性地制订区域市场拓展方案。

例如，华北市场，从全国的角度看，河北省可以作为一个区域市场，与全国其他城市相比较，在经济发展、消费水平等方面存在较大的差异性。但是，如果以河北省作为一个对象，再去观察河北省的一些城市，会发现各城市之间也存在经济发展、个人收入及消费水平等方面的差异性，比如石家庄与邯郸、保定、廊坊等城市相比较，显然有较大的差异。因此，在对市场进行销售区域的规划和布局时，应当考虑它的"整体性"与"局部性"，因为区域是一个相对概念。

二、销售区域的作用

销售区域的规划和设计如何，直接关系销售队伍的士气、顾客服务的能力及销售业绩的评价与控制等销售工作的方方面面。因此，应当认真做好销售区域的设计和布局，根据企业自身的资源情况和发展战略，制定出销售区域设计的标准，然后，按照此标准去设计和布局销售区域。一个科学的、合理的销售区域的设计对企业实现其经营目标和销售目标起到非常重要的作用，主要体现在覆盖目标市场、激励销售团队、增进客户关系、降低销售成本、评估销售业绩五个方面。

（一）覆盖目标市场

由于目标市场的每一个销售区域都由专人负责，不会出现被忽略或被遗忘的销售"死角"。另外，科学合理的销售区域规划设计可以促使销售人员提高工作效率，为企业带来更多销售机会。销售人员会致力于开发自己的市场，不必担心会出现"自己栽树，他人乘凉"的局面。每位销售人员对特定的销售区域负责，可以更好地了解每个客户的需要。大多数客户也愿意与固定的销售人员建立长期往来，而不喜欢每次与不同的销售人员打交道，因为那样相互间难以建立起了解与信任。这也意味着,区域设计应该具有长远眼光,销售人员的安排应相对稳定,防止销售人员的短期行为。

(二)激励销售团队

销售区域设计对销售团队的利益有极大影响。销售区域设计的合理与否,直接关系销售人员的个人销售任务与收入,不合理的销售区域设计会造成销售人员之间的销售任务和销售收入巨大的悬殊,从而影响销售队伍的士气。销售人员是销售辖区的业务经理,他们负责保持和增加销售量。销售人员的任务是明确的,他们知道顾客位于何处以及每隔多久去访问他们,还知道预期的业绩目标,这会唤起销售人员的责任感。

(三)增进客户关系

销售人员对客户定期访问会增进客户关系。对客户而言,销售人员就是代表企业,与某企业的销售人员打交道就是与该企业打交道。客户购买该企业的产品往往不是由于对该企业或该企业产品的偏爱,而是基于对这位销售人员的信任。销售人员一旦与客户之间建立起长期合作与信任的关系,企业也就留住了该客户。当顾客接受定期访问时,公司的信誉和销售额有望提高。

(四)降低销售成本

因为每一个销售区域由指定的销售人员负责,就可以避免不同销售人员对客户的重复访问。销售人员可以细心设计访问路线,尽量减少和合理利用旅行及等待的时间,从而降低销售成本。

(五)评估销售业绩

按地理标准设计的销售区域,使得按地区收集销售数据比较容易。将本企业不同地区的销售额与市场销售总额相对比,可以评价每个销售人员的个人业绩。同时,销售区域的制定便于成本分析和成本控制。

三、销售区域划分的方法

从表面上看,销售区域划分比较简单,但真正做好销售区域划分,需要做大量认真细致的工作。通常来看,销售区域划分有以下几种方法,包括按地理位置划分、按行业划分、按产品划分和按客户划分等。

(一)按地理位置划分

按地理位置划分是销售区域设计中应用的最普通的方法,它是根据有形的位置(路或河流)或无形的位置(邮政编码或地区的界线)范围来划分不同销售区域的边界。

(二)按行业划分

按行业划分在工业品类的产品销售中比较常见。销售区域的划分不是根据它们的地区位置,而是根据它们所从事的业务类型。例如,有些公司按照银行、证券、电信、教育、医疗、制造等行业特征划分销售区域,在这些公司中,将负责这类客户销售业务的销售人员称为行业销售。

(三)按产品划分

按产品划分通常是企业产品的技术性、专业性比较强,或者产品的种类比较多,产品的销售与产品的技术支持和服务关系比较密切时所采用的方法。例如,一些企业专门设定某一产品的销售及技术支持团队以及负责该产品的品牌及市场营销的产品经理。

（四）按客户划分

按客户划分是企业将其目标市场按客户的属性进行分类，不同的销售人员负责不同类型的客户。客户分类的方式有很多，例如，有些企业是按照客户的规模分类，有些是按客户的重要性分类，等等。

虽然销售区域有不同的划分方法，但在实际销售管理过程中，按地理界限划分的比较多。一些小企业在发展初期，无须设计销售区域来控制销售人员的活动，随着企业规模发展壮大和市场的扩张，采用销售区域管理方式的优势就越来越突出。有的企业发展到相当规模，产品技术先进、结构复杂，它可能会采取按产品划分或按客户类别划分其销售区域，但仍然有必要按地理界限来设计销售区域。

实现低成本销售的十招

面对目前竞争日趋激烈的市场，面对"零利润"甚至是"负利润"的经营状况，如何实现低成本销售，减少不必要的费用开支是每个企业都在认真思索的问题。一些成功的企业从销售工作中总结了一些经验，值得参考。

一、处理好投入与效益的关系：资金重组，好钢用在刀刃上。有些企业在开拓市场时，往往首先想到的是花钱做广告，但在广告铺天盖地的情形下，究竟有多少人在看你的广告？其结果有多大收益？尤其是在财力不足的时候，这个问题必须认真考虑，尽量减少不必要的和收效不大的支出，把有限的资金用在更有实效的事情上。

二、代理商的选择与网络嫁接：代理商的选择不易饥不择食，别人淘汰的你又拿来当宝贝。企业选择代理商一要看其实力，二要看其信誉，三要看其网络。有资金实力才有市场操作能力；有信誉才能保证与企业同甘苦，按照市场规律操作市场；有网络才是做大、做强的根本保障。使自己的产品借助商家的网络通路进入终端消费。网络嫁接有两层含义：一是把商家的网络变成自己的网络；二是要培训这种网络力，真正使网络发挥作用。

三、主辅结合、产品销售新举措：面对当前激烈的市场竞争，企业应制订一整套产品作战配合方案，充分挖掘自己产品的市场潜力。

四、选择市场制高点进行产品展示：在主推市场选择重要场合、重要地点让产品与消费者见面，扩大产品影响面，在这些地方展现产品也是最为节约、效果颇好的一种广告方法。

五、开展多样化的免费品尝活动：作为一种新产品如何被消费者接受呢，最好的方法莫过于寻找时机、抓住时机开展多样化的免费品尝或试用活动，一方面能够吸引顾客，一方面也会留住忠实的消费者坚持使用自己的产品。同时免费品尝或试用也是为本产品大打广告的最好方式。

六、多样化的礼品促销与激励：向购买者提供奖励和回报不仅能够加深消费者对产品的认知度，还能增强对企业的好感，最终成为忠实消费者。目前有许多企业都在尝试用礼品促销的方式吸引消费者，但更多的促销礼品不能落到消费者手里，而是流落在代理商手里或者酒店小姐手中。如何规范礼品促销是每个企业迫在眉睫的问题，必须出台相应的礼品促销办法，加大市场监管力度，使消费者真正得到实惠。

七、寻找免费营销渠道和机会：如今社会上一些活动赞助费用越来越高，回报率也越来越低。企业的有效销售出路就是要寻求费用低廉或免费扬名的渠道和机会,另一种方式就是企业制造某个"事件"(当然是好事件,对企业有益的事件)或借助某个有关"事件"制造新闻,以求得在当地媒体打免费新闻广告,如周年大庆、新产品上市、参与政府举办的公益活动等。

八、敢于市场创新,以奇制胜:面对市场敢想敢为敢于创新,超常的思维、超常的做法,会带来超常的利润。应学着打破千篇一律的做法,借鉴其他行业的营销手段,学习国外的营销经验,运用新奇特的点子,使用别人不曾用的方法决不失为一条迈向成功的捷径,市场贵在创新,贵在以奇制胜。

九、提供实惠的产品和包装:有些企业依靠自身实力开发多品种、高质量、精包装系列产品,企图以新、奇、特迅速占有市场,但如果在经济不景气的情况下,这一时尚做法就很难奏效。要知道产品的中高档消费市场通常不会很高,开发高档品种不仅要花费相当的费用,而且在产品推广时也会耗资巨大。要相信平凡就是美丽、简单就是实惠,这对日常生活中精打细算的广大消费者非常重要。

十、加强业务沟通,强化售后服务:加强厂商间的业务沟通,强化业务人员对市场的服务意识和服务水平是实现低成本销售的最佳手段。对商家实行小批量、及时发货和周全服务,不但能够堵死竞争者的路数,而且能够及时获得市场信息,及时应对、及时决策,为企业抢占市场获取良机。

(资料来源:新浪乐居BBS:http://biz.bbs.house.sina.com.cn/thread-5502281-1.html)

第二节 销售区域设计

销售区域设计的目的是使企业合理使用资源,同时又最大限度地覆盖市场。其中,销售人员是企业最昂贵并且也是最重要的资源,因此,销售区域设计的另一个重要目的就是使每个销售人员的能力都得到充分的发挥,使目标区域内的销售人员都有一个公平的市场潜力和工作量,每个销售人员有足够的销售潜力并取得合理的销售收入。不平等的区域设计会造成销售人员的不满,产生许多内部矛盾。当然,要做到完全的公平是不可能的,但是,如果企业能够听听销售人员的意见,向他们解释区域设计的考虑和想法,这可以使区域设计更加合理,也可以消除部分销售人员的不满情绪。销售区域的设计不仅是企业的事情,同时也是销售人员的事情。

一、分析销售人员的工作量

销售区域设计必须考虑销售人员的工作量,做到尽可能地涵盖目标区域市场。在分析销售人员工作量的过程中,有两点需要特别关注:一个是从销售人员的角度看,哪些因素影响到销售人员工作量;另一个是从企业管理的角度看,哪些因素需要纳入销售人员工作量的计算和考虑中。本教材侧重在零售业中的销售行为,因而,销售量的计算和考虑都要从一位负责零售终端的销售人员的日常工作出发。

(一)影响销售人员工作量的主要问题

影响销售人员工作量有许多因素,例如,与客户电话沟通、拜访客户、安排发货、检验货物、处理客户订单中出现的问题,等等。但是,在销售区域设计中,分析影响销售人员工作量主要是从访问客户的角度考虑,因为这项工作占了销售人员工作时间的比例较大。影响销售人员工作量的主要问题有:

(1) 在该销售区域有多少客户需要访问；
(2) 平均访问多少个客户，才可以接受一个订单；
(3) 为涵盖整个区域，一年内客户访问的总次数是多少；
(4) 访问一个客户的平均时间是多少；
(5) 每天花在非销售活动上的时间是多少；
(6) 花在客户访问旅途的时间是多少。

（二）决定销售人员工作量必须考虑的因素

除了考虑销售人员个人工作量的因素外，企业应当从大局出发，从全局考虑，通过综合平衡，计算出科学合理的销售人员工作量。从企业的角度，应当考虑的问题包括：销售人员的工作性质、产品的特性、市场的发展阶段、企业市场覆盖的强度、市场竞争的状况以及企业自身的资金和能力等因素。

1. 销售工作的性质

销售工作的性质影响销售人员访问的形式，例如，仅负责销售的人员比那些既负责销售又负责寻找潜在客户的销售人员进行销售访问的次数要多，因此，它们的销售区域往往比较大。

2. 产品特性

不同的产品赋予销售访问形式不同的意义，如工业资料供给商通常拥有很多客户，他们通常会进行销售访问，而一些大型设备供给商的销售访问就要少一些。

3. 市场开拓阶段

企业进入一个新的市场时，市场还未充分开拓，在消费者还不是很多的情况下，设计较大的销售区域，以保证足够的销售潜力，满足销售人员的销售任务需要。

4. 市场涵盖的强度

如果分销商的数量较多，为了避免本企业的销售人员与分销商出现直接竞争，应当避免销售人员所直接负责的销售区域与分销商负责的销售区域相重复。另外，为了体现企业的销售人员的能力，要求销售人员所负责的销售区域的市场占有率比较高，因而，此时的销售区域应当相对较小，使销售人员有足够的精力和时间做好客户服务工作，做到精耕细作。

5. 市场竞争

一方面，当一家企业决定与另一家企业竞争，通常采取减少销售区域、增加每个销售区域的销售人员数量、增加销售人员对客户访问的频率和对客户的访问时间的办法。另一方面，如果竞争加剧，企业将采取有选择性的竞争，销售人员只访问某几个关键客户。

6. 企业的实际情况

企业的实际情况主要包括企业所生产、销售的产品的品种、类型、销售渠道和销售方式等。

以上这些因素都会影响销售人员的时间分配。一旦这些因素确定下来，就可以具体计算销售人员工作量，从而确定销售人员的数量。

二、制定销售区域目标

销售目标的制定使每个销售区域和销售人员都有可以考核的指标。以销售目标来考核销售区域和销售人员的效率，以确保企业的整体经营目标的实现。

（一）确定销售区域目标的原则

销售区域的目标是区域销售团队奋斗的方向，是企业评估销售区域业绩的参考标准。销售区域目标的制定一定要科学、合理，应当遵循一些基本原则。

第一个原则就是要公平。尽可能使每个销售区域的销售潜力比较接近，使销售人员的工作量大致相同，避免出现苦乐不均的情况。

第二个原则就是要具体化。销售目标的制定尽量要量化，要明确和具体，避免一些含糊不清的目标。

第三个原则就是可行性。这就要求目标的制定应当科学合理，具有可操作性，并且使销售人员通过一定的努力能够完成，而不是高不可攀，从而导致销售人员失去信心。

第四个原则就是激励性。目标的制定不仅是为了完成任务，还有一个重要的特性，就是激励作用。

（二）销售区域的具体目标

销售区域的目标包括量化的目标和非量化的指标，主要包括了以下五项销售目标。

1. 市场开发目标

销售团队一定要有市场开发能力，能够通过区域销售团队的努力，将一个不成熟的市场开发成一个成熟的、不断产生销售收入的市场环境。

2. 销售业绩目标

合理的销售区域的设计为科学合理地评估销售人员的业绩提供了一定的条件。由于在相对较小的销售区域内，收集市场及客户的信息比较容易而且完整，对区域的市场状况、潜力等可以有比较清楚的认识，因此对销售人员的销售预算分配更加合理、可行，对销售人员的业绩的评估就会更客观和公正，对日常销售工作中存在问题的改进也会更加有的放矢。

3. 市场责任目标

合理的销售区域的设置使销售人员负责有限的区域市场和客户，这样可以明确销售人员的市场职责，有助于加强企业对市场的控制能力，促使销售人员集中精力管理好自己的市场，防止竞争对手侵入。

4. 客户管理目标

客户管理是销售区域管理的一项重要工作，客户管理目标主要有以下四个：新客户发展目标；老客户维系目标；客户满意度目标；客户利润目标。

5. 费用控制目标

费用的控制有助于销售人员规范销售活动，减少销售的偶然性，防止销售量大起大落，有助于避免销售人员由于客户太多、工作量太大而只关心大客户，忽视有潜力的中小客户。

三、设计销售区域的方法

设计销售区域通常有两种方法，即自上而下的方法和自下而上的方法。自下而上的方法是由小的地理单位合并为大的地理区域，而自上而下的方法是把整个市场分隔为若干个小的销售区域。

（一）自下而上的方法

自下而上的方法是从分析目标客户的情况出发，计算所需销售资源，从而形成一个完善的销售区域体系。

1. 分析目标客户的情况

确定客户及潜在客户的位置、数量、规模、购买力等，然后进行销售潜力预测。

2. 对客户分类

依据客户不同的需要和特点，对客户进行分类，并采用不同的销售策略。一般采用的方法是客户ABC分析法，如：

（1）A客户（即大客户），销售额或销售量都比较大，并且是企业销售输入的重要来源，对企业的销售业绩影响较大。

（2）B客户（即中客户），销售额或销售量处于中等规模，对企业的销售业绩有一定的影响。

（3）C客户（即小客户），销售额或销售量比较小，对企业的销售业绩影响不大。

3. 计算客户访问的工作量

设计合理的客户访问形式，主要考虑销售人员在一年内销售访问的次数和每位客户的访问频率。依据访问的数量和频率，计算出销售人员对客户访问的工作量。

例如，有一家公司对其客户访问制定了比较细的规则，规定大客户需要1个月访问1次，中客户需要2个月访问1次，小客户需要4个月访问1次（参见表6-1）。并且，该公司还规定了对每类客户访问的时间、费用等方面的要求。如果一个销售人员所负责的销售区域有5个大客户、12个中客户和21个小客户，则该销售人员一年的客户访问次数为：$5 \times 12 + 12 \times 6 + 21 \times 3 = 195$（次）。

由客户访问次数可以计算出所需销售人员数量。假设某公司在某销售区域有100个A级客户，150个B级客户，A级每年需36次业务拜访，B级需12次拜访，又假设平均每个销售人员每年可以完成50次客户访问，由此可以计算出该公司在此销售区域所需要的销售人员数量：

该销售区域的工作负荷为：$(100 \times 36) + (150 \times 12) = 5400$（次/年）

该销售区域所需销售人员：$5400 / 50 = 108$（人）

表6-1　×××公司客户访问规划表

客户类别	大客户	中客户	小客户
年访问次数	12	6	3
每次访问时间			
每次访问费用			
……			

当然，这种只按照客户访问次数的计算来确定销售人员数量的方法太简单了一些，没有考虑每类客户访问所需要的时间、费用、成本及成交情况等诸多因素。

4. 划定销售区域界线

合并足够的小销售区域以保证每个区域有足够销售潜力。设计销售区域不可能完全公平，一些企业实行的是让最好的销售人员分配到最好的销售区域，但一些企业却让一些经验丰富的销售去开发新市场，这些都各有利弊。企业依据不同区域的销售潜力调整销售配额和佣金水平，以激励销售人员完成区域销售目标。

（二）自上而下的方法

自上而下的方法是按照企业的销售总额和销售总量来分解，确定出所需的销售区域。

例如,某企业计划在东北销售其产品,销售额为 4000 万元,按照市场调查的情况来看,在黑龙江计划销售 1500 万元,在辽宁销售 1500 万元,在吉林销售 1000 万元,如果按照每名销售人员年销售 100 万元计算,在黑龙江和辽宁各需要 15 名销售人员,在吉林需要 10 名销售人员。因而,在东北设定三个销售区域,即黑龙江、辽宁和吉林。

该方法要求企业首先估计出销售总额(量),然后再分解为销售人员配额。

自上而下的方法一般包括四个步骤:

第一步,确定企业总的销售额(量);

第二步,确定每个销售人员的平均销售额(量);

第三步,确定销售区域的数量,总销售额(量)除以销售人员的平均销售额(量)就可以得到销售区域的数量;

第四步,按照销售人员都具有平等销售潜力的原则,划分销售区域。

四、区域市场布局

区域市场不是孤立的,是整体市场的一部分。企业从整体市场思考的角度出发,设计区域市场的规模、位置以及区域市场与区域市场之间的联系,从而形成一个"整体一盘棋"的区域市场格局。市场布局的方式有许多,其指导思想是利用大城市带动中小城市,利用各种交通条件(公路、铁路、水路等)建立一个四通八达的销售网络。在实践中,一些企业采用了三种市场布局方式,即"市场分级"方式、"点-面"结合方式,以及"点-线"结合方式,在此做一介绍。

(一) 市场分级方式

将某一区域市场分成若干块相互关联的"亚区域市场",每个"亚区域市场"再分成若干个相互呼应的"子区域市场",各"子区域市场"可以相互连接成线。目的是梳理市场脉络,突出重点、抓住关键、带动全局。

例如,华东市场可分为三大亚区域市场。

(1) 长江三角洲亚区域市场(呈扇形分布)

市场线:镇江—常州—无锡—苏州(铁路沿线);扬州—靖江—张家港—南通(公路沿线)。

(2) 杭嘉湖亚区域市场(呈三角形分布)

市场线:杭州—嘉兴—湖州(公路沿线)。

(3) 长江下游亚区域市场(呈条带形布局)

市场线:安庆—马鞍山—铜陵—芜湖(长江干流沿岸)。

又例如,华北市场可按京津两地为中心向周边辐射,形成京津一线的区域市场,也可以将京津唐三地联系起来,形成京津唐为核心的大三角地带区域市场。

(二) "点-面"结合方式

"亚区域市场"的布点尽量以某个中心城市为中心,保证物流一日内可达客户的距离为半径的辐射状、同心圆状、扇形或三角形等区域市场形状。

例如,湖北市场的亚区域市场可以荆沙为中心,北连荆门,南接湘北,东抵仙桃、潜江,西至宜昌,形成辐射状市场格局,或形成宜昌、荆沙、荆门与仙桃、天门、潜江相连接的辐射状市场格局,从而形成一大一小呼应的两个三角形的市场格局。

(三)"点-线"结合方式

以中心城市之间的铁路、公路、水路、航空等为主线,将交通枢纽城市贯穿成线,形成纵横交织的网络格局。

例如,西南地区以重庆、成都、昆明、贵阳四个中心城市为核心,以成渝铁路、成昆铁路、及这四城市之间的公路和航空网络,形成西南地区的区域市场格局。

其实,没有一个统一的市场布局方式,企业应当按照自己的经营条件和战略,参考本教材中介绍的一些基本思路,做出适合业务需要的销售区域布局。

多次被榨取过的市场怎么做?

市场在什么条件下会被榨取?通过什么形式榨取?榨取市场的标准与目的又是什么?我们通过案例来分析处理市场问题。

"榨取"这个词在市场营销中的理解是,同一地方被不同商家多次用不同的方式让消费者消费,导致消费者手中现有的部分流动资金被套空,市场由此消费能力下降,也给后续上市的商家带来许多困难,于是绞尽脑汁、挖地三尺般地市场炒作,使原有的、正常的市场变得有些畸形,于是后来者也随波逐流,市场因此变得"千军万马任逍遥,全然不知为了啥"。

我国的华东华南市场称为医药保健品的"圣地",有多少产品虔诚地祈祷,又有多少产品满怀希望而来失落而归,归根到底是市场的能量没有积蓄够,被早到者刮走了,也就是被早到者榨取了。

商家对市场的榨取通常有以下几种比较明显的方式:

一、采用掠夺式操作

掠夺式操作模式较早的产品以三株口服液与红桃K为代表,后以脑白金为代表,其强化产品视角终端的效果,榨取的面积范围大而广,影响力极大。

二、采用差异化终端

差异化终端占有就是同一产品的品种从不同角度全部出齐,以万基洋参为代表,榨取不同年龄的消费者,可为老少一网打尽。

三、采用全程式服务

采用全程式服务的具有代表性的产品要数大连的珍奥核酸,其专营化销售的全程式榨取表现得淋漓尽致。

四、采用重复利用式

重复利用的产品在不断涌现,市场上能够发现并且较快榨取的有各大名校研制出的产品,如北大富硒康、清华紫光,在第一代产品消失后,马上通过新产品跟紧。

五、采用广告垄断式

采用广告垄断的模式榨取主要集中在地级市场以下,在不同时段进行广告控制,从而达到地域之间的覆盖。

这个市场到底怎么做才有效益、有规模?找出市场的突破口就变得十分重要。

为此,在现有的市场环境下,特别要提醒那些中小企业,生存是硬道理!发展才有可能!主要仍是以人来做文章,通过以下要点进行深入分析。

（一）销售要紧紧围绕中心终端逐步展开；

（二）销售要围绕社区中心逐步展开；

（三）销售要围绕终端消费者逐步展开；

（四）销售要围绕服务中心逐步展开；

（五）销售要围绕广告覆盖范围逐步展开；

（六）销售要围绕费用成本范围逐步展开；

（七）销售要围绕产品功能逐步展开；

（八）销售要围绕员工小组量化标准逐步展开；

（九）销售要围绕市场特点逐步分解展开；

（十）销售要围绕长线计划投入细化展开。

反过来讲，市场被榨取说明市场非常热，榨取本身就说明市场剩余价值的丰富，这样的市场做好了，将大大加速其他市场的发展。

做市场，通归于对市场的全面了解，被榨取过的市场尤其如此，要从细微处入手，当今市场流行的推广活动当属此范畴，中小企业或新上市企业不妨在户外集中力量进行推广。

（资料来源：业务员网，http://www.yewuyuan.com，有删节）

第三节　销售区域开发

完成了对销售区域的设计，接下来的一项重要工作就是对销售区域进行开发。当企业决定要进入一个新的市场，需要做大量的工作。进入市场需要有策略、有计划和有步骤，这样才能以较低的成本、较快的时间进入市场并取得较大的收益。

一、区域市场开发的意义和误区

所谓区域市场开发，简单地说就是"有计划的市场推广"。因为区域市场是一个相对概念，企业在市场推广过程中处理好局部与整体的关系是很重要的。国外许多企业在产销观念上也经历了几次转变：从以产定销到以销定产，再到产销结合，强调销售、生产的计划性和前瞻性。

（一）区域市场开发的意义

市场经济的实质是竞争经济，作为市场主体的企业，要想在强手如林的市场稳健发展，必须建立明确而稳定的区域市场。企业可以在有限的空间内创造局部优势，赢得较大市场份额，从而有效抵御竞争攻势，保存并壮大自己，这是企业竞争取胜的一把利器。

（二）区域市场开发的误区

区域市场开发过程中，经常出现一些认识上和操作上的错误，也称区域市场开发的误区。以下八种情况是在区域市场开发过程中比较常见的误区。

1. 没有根据地就大势扩张

企业在未建立起赖以生存的根据地，即没有明确而稳定的区域市场的情况下就去大规模拓展市场。其开拓活动既无明晰的思路、策略，又无具体可行的措施、办法，随意性、盲目性很强。就像一些销售人员描述的那样，玩"蜻蜓点水"式的"游击战"，即哪儿能销就往哪儿销，能销多少销多少；或者玩"撒胡椒粉"式的"全击战"，即广泛撒网，遍地播种，力求"广种厚收"。这些做法或许能在某种程度上实现一定量的销售额，但其弊端是显而易见的：第一，没有明确的区域市场目标，无异于大海上行船没有航向，难以实现企业的各项经营指标；第二,没有稳定的市场根据地,缺乏强有力的市场依托,难以形成竞争优势。这些都是一种急功近利或贪大求全的非理性营销行为,对企业的中长期发展极为有害。

2. 将市场做成"夹生饭"

"夹生饭"是指饭正做到半生不熟时却没有了火源。具体到开拓市场上,是指盲目进入一个市场,在未做市场调研的情况下就大量销售产品,一旦市场有变,企业欲进无力,欲退不能,陷于困境,不得已放弃已经开发起来的市场。这样的市场再重新开发往往需要付出更高的代价。

例如,一个饮料产品,在南方某一城市取得一些销售业绩,在其渠道管理能力还不具备的条件下,贸然向湖南和福建等地区扩张,由于渠道管理经验不足,并且对当地的消费情况也不甚了解,半年多也未能立住脚,许多经销商都不愿销售该饮料,担心风险大,这时该饮料生产商才意识到湖南、福建等城市与他们原先所生产经营的城市之间在许多方面都存在差异性。

3. 没有明确的区域市场目标

明确区域市场目标是企业开拓区域市场成败的关键。一些企业在进入一个新市场时,没有明确的销售目标,不清楚消费者在哪儿、人们的购买力有多强、企业每个月能够卖出多少产品、需要多少销售人员、需要多少面积的库存等。

4. 没有具体的销售计划

销售计划是指导企业销售人员的行动指南。例如,什么时候放货和铺货,采用什么促销方式,销售多少产品,利润目标是多少,等等。有些企业进入一个市场时没有具体的销售计划,销售情况好的时候,销售合同猛增,出现大量的缺货,但在销售情况不好的时候,造成大量的库存积压。

5. 区域市场之间缺乏联系和支持

设计区域销售市场,其作用是便于管理,要形成相互间的协同作战能力。但有些企业把区域销售市场看做是一种形式,各个区域市场之间各自为战,缺乏相互之间的联系和支持。这不仅不能实现企业的整体战略,而且很容易被竞争者各个击破。

6. 未选择合适的时机和方式就进入市场

市场的进入应当是有计划的,在一些基本条件具备的情况下进入,不仅成本低,而且也容易取得收效。例如,在通过一段时间的广告宣传后,以及建立起必要的销售渠道和库存设施后进入市场,在较短时间就可以取得较好的销售业绩。

7. 缺乏营销策略和指导思想

企业在进入一个市场时,应当在营销策略的支持下开展销售活动,因为处在不同生命周期的产品所采取的营销策略和销售策略是不相同的。例如,企业是带着新产品进入一个新市场,对产品的宣传力度应当比较大,促销的成本也比较高;如果企业所销售的产品是市场上早就知道并且许多消费者正在使用的产品,对产品的介绍就应当比较少,但对企业本身的介绍就成为重点,突出该企业与其他企业在销售这类产品上的优势。

8. 未能巩固与维护区域市场

企业在进入一个市场时,就应当考虑接下来如何巩固和维护自己在该区域市场的竞争优势,不仅包括品牌,而且也包括整个销售网络和服务网络。例如,一些企业在做了较大投资的情况下进入一个市场,通过一年多的时间,也建立了一定规模的销售渠道和服务网络,这时,忘记了巩固自己的阵地,被竞争者从背后击一掌,争取走了许多销售渠道成员,造成企业销售渠道的瓦解或削弱。

二、进入区域市场的方式

在进入一个区域市场前,除了要做市场的调查研究,另外一项工作就是要确定进入市场的方式。当然,进入方式的选择有多种,但如何选择一个适合的方式,确实要仔细分析和考虑。

通过对一些企业进入市场的方式总结,有六种比较常见的方式,有人将其归纳为"六势"进入法,也就是市场的"势"与企业的"势"作为其考虑对象,即造势、攻势、强势、弱势、顺势、逆势六种,每一种进入方式都是一种策略的体现。下面就对这六种进入市场的方式做一介绍。

(一)"造势"进入市场

"造势"进入市场是充分利用媒体、公关、价格、渠道、广告等营销手段,在极短的时间内,在市场制造出较大的影响力,使目标市场的消费者很快知道并认识企业及其产品。例如,"娃哈哈"集团在其新品牌"非常可乐"上市之际,利用当年世界杯足球赛期间的高密度广告大造其势,一度形成"未见可乐,先闻其声"的浩荡景象,从而一举占领国产可乐市场。

(二)"攻势"进入市场

"攻势"进入市场是以对市场竞争者采用正面竞争的策略,以压倒一切的姿态,直接攻击竞争者,从而进入市场。

例如,1989年台湾向岛外开放洋酒市场,一时间,世界五大洋酒品牌与数不清的小品牌纷纷涌入台湾地区市场。台湾地区市场顿时酒雾弥漫,好不热闹。而美国的菲利普·莫里斯公司凭借其雄厚的财力和渠道优势,先经过一阵"造势"(在市场开放前,岛内报纸每天都在讨论洋酒的可能排名及市场接受速度)后,以雷霆万钧的攻势,在行销整体策略运用之下,除了运用公关手段促使媒体刊登对其有利的新闻报道外,在零售点也大量张贴海报、放置陈列架,以攻击性做法率先占有渠道各据点,激发顾客的购买动机。以秋风扫落叶般的攻势造成"雷声大雨点也大"的强大声势,使其一举夺取台湾地区洋酒市场第一的宝座。这一连串行销活动就是"攻势"的做法。

采用攻势策略要求企业具有较雄厚的实力,有能力承受竞争者的各种反击,并且在进入市场后,能够掌握和把控市场,否则,即使进入市场,也会被竞争者打垮。

(三)"强势"进入市场

"强势"进入市场通常是一些强势企业或强势品牌进入市场所采取的策略。由于企业的实力及品牌的知名度等因素,企业在这些区域市场本来就具有相当规模的潜在消费者,因而,不担心进入市场后是否能够生存的问题。

"强势"进入市场时,成功运用组织管理能力与资源而产生非同凡响的市场效果。例如,日本丰田汽车公司自从在法国生产并销售小型轿车后,曾对西欧汽车制造业造成前所未有的震撼。素有"销售的丰田"美誉的丰田汽车公司在巴黎至朗斯的路旁及许多小城的街道,都设有其白底红线的销售据点,突出的 CIS 设计,处处表现出营销上的强势风格,在整体规模优势支持下以万船齐发的方式,成功进入了当地市场。当时出现丰田汽车火爆的销售场面,丰田的一款新车必须在订货四个月后才能取到车,这就是"强势"进入策略所创造的令人吃惊的气势。

(四)"弱势"进入市场

"弱势"进入市场主要适用于弱势企业或弱势品牌。弱势企业或弱势品牌并不等于无能力,只是他们在资源和实力上无法与那些实力雄厚的企业相抗衡,但是,他们也有自己的优点,他们可以集中自己的资源和优势,在市场上的某一点发力,逐步扩大市场范围。

例如,20世纪60年代,台湾婴儿奶粉市场是外来品牌的天下,"味全"是弱势品牌,无法与外国品牌正面竞争。"味全"便从地区市场切入,选择彰化县的员林镇为突破口,集中火力在医院的妇产科、小儿科和食品店上,利用集中于一点的力量,努力培养良好的客情关系。攻下员林市场后,又以同样的方式攻下了田红、溪湖,三点刚好形成三角形位置,二点连成线,三线成一面。之后又攻下和美、彰化市等地,如此一次又一次地以点攻掠的方式,建立起市场的区域基础。

(五)"顺势"进入市场

"顺势"进入市场的方式有许多,企业可以顺市场热点的势,也可以顺消费者的某种消费热情的势。如果是顺消费热情的势,那么当消费者普遍欢迎某种产品或品牌时,表示该产品或品牌有较大的潜在市场需求。此时,企业可以顺应这种趋势,适时调配资源,以极低的成本就可以进入市场。

"顺势"可以看成"借势",善于借势而为的企业往往只需极低的成本即可获得较高的市场份额,这也是企业进入新市场最有效的办法。但在"顺势"进入时,如果资源调配不当(如品质太差、服务不好或价格昂贵等),则常常会引起消费者的抱怨或反应,从而使企业失势。例如,20世纪90年代,国内某彩电厂家就曾在"顺势"的情况下因品质问题而遭济南十二家商场联合抵制,该企业的形象也因此受到影响。

(六)"逆势"进入市场

"逆势"即反市场某种消费势头而行之,以"逆势"方式进入市场的风险比较大,对其经营管理者有较高的要求,即他们对市场有较强的洞察力和对市场的敏感性。通常,这些逆市场之道而行之成功的人士,观察到市场的某种经营方式或消费模式存在一些不足之处,如果采取相反的方式可能会有所收益。

例如,对于渠道的开拓,传统的方式由上往下逐步拓展,即批发商—中间商—零售店。但最新的渠道开发方式,却反其道而行,即在设定新的渠道之前,事先做周密的调查,明确界定目标顾客,再选择目标顾客最合适的渠道,按零售商—中间商—批发商的顺序逐级而上,如此即能掌握整个市场的真实情况。这种相反方向开拓渠道的方式就是逆市场之道而行之。当企业要进入一个新市场,如果能够成功地运用"逆势"进入,往往会收到意想不到的效果。当然,一定要仔细思考后再行动,因为,此种方式风险较大。

总之,市场进入的方式有许多,没有一种万能的方式供所有企业去遵循。企业要根据自身的资源和管理情况以及市场的情况,选择一种成本较低但效益显著的方式,这是上策。

雅马哈误入竞争

建立于19世纪末的日本雅马哈公司,经过七十多年的奋斗,已经在乐器行业处于绝对领先的地位。随着公司实力的增强,开始谋求向多元化方向发展。于是雅马哈公司毅然将眼光投注于摩托车的生产。由于在音乐产品的营销方面取得了成功,雅马哈公司就将其成功经验运用到摩托车产品的营销上。并在参加一系列商业比赛中取得了优秀成绩,雅马哈摩托车在世界范围内赢得了很好的声誉。当其在市场上取得不俗成绩的时候,开始向本田公司——摩托车行业的王者发起挑战。本田公司依仗其雄厚的实力在传媒和销售领域向雅马哈公司发起了反攻。本田公司将其汽车产品与摩托车产品的利润综合考虑,通过汽车的盈利弥补摩托车价格下调后的损失,只有摩托车产品的雅马哈公司自叹弗如。另一方面本田公司加快了产品的更新换代,吸引了大批的年轻消费者,这在雅马哈公司更是不可想象的。相比之下相形见绌,雅马哈摩托车市场占有率急剧下降,企业亏损严重,至此历时十八个月的摩托车大战宣告结束。

雅马哈公司在实力增强的情况下,谋求向多元化方向发展,并且取得了很大的成绩,雅马哈摩托车正是以其快速、便捷、优质的信誉赢得了广大市场。然而,在没有真正了解竞争对手的情况下,便贸然发起挑战,最终结果雅马哈承受不住本田强有力的反击而招致失败。

(资料来源:中国营销传播网)

第四节 销售区域管理

销售区域中的管理可以说是千头万绪,但其中有几项是比较重要的工作,如果将这几项工作做好了,企业在该销售区域的销售目标就能够实现,具体介绍如下。

一、销售区域配额管理

要做好销售区域的配额管理,首先就应当对该销售区域的销售情况有所预测,即在对市场做了比较科学和合理的调查研究的基础上去确定区域以及每个销售人员的销售配额,即销售指标。

(一)销售区域预测

销售预测是指估计未来特定时间内,整个产品或特定产品在某个区域市场的销售数量与销售金额。区域市场的销售预测是在充分考虑未来各种影响因素的基础上,结合企业及区域的实际销售业绩,通过一定的分析方法提出切实可行的销售目标。

1. 销售预测应考虑的因素

销售预测主要以过去的销售业绩为核心。但在决定销售定额之前,必须考虑内部环境、外部环境的各种因素的影响。

(1)内部环境因素

企业的内部环境因素主要包括营销活动政策、销售政策、销售人员、企业的生产经营状况。

(2)外部因素

企业外部因素主要包括市场需求、经济数据、同业竞争、团体消费情况等。

2. 销售预测的过程

销售预测的过程主要包括确定销售目标、初步预测、依据内外部因素调整预测、比较预测和目标、检查和评价等阶段。

3. 销售预测的方法

销售预测的方法比较多,有统计方法,也有凭知觉或经验的方法。一般区域市场销售预测,多数是以已有产品的短期预测为主题。已有产品的短期预测是指以现有的市场为对象,对从过去到现在、以至于未来可持续销售下去的产品而言,所以,该预测资料大多以过去的业绩为依据。

(1) 根据专家意见的推测法

此方法又称专家意见交换法,是依据市场专家们的意见和看法,对市场的情况做出一定的评估。这种预测方法确实可以充分发挥专家的丰富经验和敏锐直觉,从而弥补了统计资料不足的遗憾。

(2) 根据销售人员意见的推测法

此方法是先让每个参与预测的销售人员对下一年度的销售最高值、最可能的值、最低值分别进行预测,算出一个概率值,然后再根据不同人员的概率值求出平均预测值。

(3) 根据客户意见的推测法

此方法是通过征询客户对某种产品的未来需求情况,可以从一个侧面了解该产品的市场需求情况。当然,这过程存在一些不太准确的情况,例如,客户还未能了解到新产品的利益所在,没有打算购买,但通过了营销人员对新产品的详细介绍,客户发现了新产品的应用场合,就可能产生购买需求。

(4) 时间序列分析法

在分析销售业绩时,通常都将销售业绩按照年度、季度、月份的次序进行排列,以观察其轨迹。分析产品的销量随时间变化的动向,从而来预测未来该产品销量的一种方法。时间数列分析法是销售预测中较具代表性的方法,一般的销售预测法大多是指时间数列预测法。此方法比较简单,企业通过对过去所销售的数据做一统计,就能做出预测。

(5) 相关分析

各种产品之间其实存在着直接或间接的因果关系,例如,住房销售的增加,一定带来室内装修材料及家电、家具等商品销售量的增加。相关分析法正是通过统计寻求一种产品的销量及影响该产品销量的某个变量之间的关系,并借此预测未来的方法,例如,汽车与轮胎销量之间的关系。

(二) 销售区域定额

销售区域定额是企业规定销售人员在未来一定时期内应完成的销售量。因为销售定额关系每个销售人员个人的收入与绩效,因此,销售定额安排得是否合理会直接影响销售人员的工作态度和工作的积极性。

1. 如何决定销售定额基数

很多企业在设置销售定额时往往基于过去的经验,还有一些企业简单地以销售预测为基数。如果企业预测的结果是提高6%的销售量,则对每一位销售人员都分配6%的销售增长。这种方法虽然简单、费用低、易管理、易理解,但是它忽略了地域状况及销售人员个人之间的能力差别。如有的新销售区域尽管销售量小,但其销售增长率要比一些已成熟的销售区域的销售增长率大得多,因此新的销售区域提高6%的销售量是很容易完成的,而成熟区域要提高6%的销售量则是很困难的。

使用这种方法隐含着这样的假设:以前设置的销售定额是完全合理的。但实际上,以前的定额可能过高或过低。用这种方法设置销售定额可能影响销售人员的士气,销售人员会认为这样的定额不公平、不合理,甚至会采取推迟订单的方式将其放到下一个销售期。

另外,在制定销售定额时一定要考虑区域的销售潜力。销售潜力可以反应企业销售额的成长机会,但销售潜力的预测费用高、时间长并且具有较强的主观性。

2. 销售定额制定的方法

销售定额制定的方法有许多,在实践中,有两种方法采用得比较多,因为这两种方法比较简单,第一种方法是目标市场占有率法,第二种是销售构成比法。

(1) 目标市场占有率法

目标市场占有率法的计算具步骤如下。

第一步:确定各地区市场需求构成比、目标市场占有率、公司整体市场占有率(如20%)。

第二步:计算不同地区的市场构成比与占有率的乘积。

第三步:把计算出的加权平均目标市场占有率(如20.5%)作为分母与整体目标市场占有率相比,并计算定额指数:

当后者大于或等于前者时,则以后者的结果(如20.5%)作为分母计算定额指数;

如甲地区的定额指数=12.5÷20.5=61%,当后者所求结果小于前者的结果,则只调整所差的那一部分:

如前者的目标市场占有率为20%,后者的各乘积之和为19.8%,其差为0.2%(所谓调整差异,即将相当于0.2%的市场占有率摊到某几个地区上去,使其平衡)。假定分摊给甲、乙地区各0.1%,然后与它们的需求构成比来除,即为甲、乙地区目标市场占有率的调整值。

甲产品目标市场/占有率的调整值=由差异所分摊到的百分比(0.1%)/甲地区的需求构成比(50%)=0.2%

乙产品目标市场/占有率的调整值=由差异所分摊到的百分比(0.1%)/乙地区的需求构成比(30%)=0.33%

最后,甲产品目标市场占有率为25.2%,乙产品的市场占有率为20.3%,以调整后的相乘积来求定额指数。

定额指数求出后,就可以此为分解基准,把目标销售额或销售量按不同地区进行分解,如表6-2所示。

例:目标销售额为1000万元,则:

甲地区目标销售额=1000×61%=610(万元)

表6-2 目标市场占有率

地区	市场需求构成比 A	目标市场占有率 B	区域实际占有率 C(A×B)	企业实际占有率 D	区域定额指数 E(C/D)
甲	50%	25%	12.50%	20.50%	61%
乙	30%	20%	6.00%	20.50%	29%
丙	20%	10%	2.00%	20.50%	10%
合计	100%	55%	55.00%		100%

(2) 销售构成比法

销售构成比法是根据各地区几年来销售构成的变化趋势来推测下一年度各地区的销售构成比并以此作为定额指数,将目标销售额分解到每个地区的一种分配方法(如表6-3所示)。它是企业实际常用的方法。这种方法尽管考虑了过去的变化趋势,但还是有很大的主观性。因此,运用此方法要求有一定的实际经验,以提高其准确度。

表 6-3 销售构成比

地区	销售构成比（%）					销售构成比趋势（%）
	2007 年	2008 年	2009 年	2010 年	2011 年	2012 年
甲	30	31	29	30	28	29
乙	50	45	40	35	30	24
丙	20	24	31	35	42	47
合计	100	100	100	100	100	100

若 2012 年的目标销售额为 1000 万元，则：

① 甲地区的目标销售额为 290 万元；

② 乙地区的目标销售额为 240 万元；

③ 丙地区的目标销售额为 470 万元。

二、销售区域时间管理

销售区域的时间管理主要涉及销售区域内销售人员的时间管理，重点放在销售人员在客户访问过程中，如何设计一个较科学合理的客户访问路线。其实，销售人员的时间管理不仅局限在客户访问上，本教材重点针对的是零售业的销售人员的时间管理。

（一）销售人员工作的时间特性

销售人员大部分工作在企业外面进行，外勤工作时间占绝大部分。如果销售人员能合理安排好外勤工作时间，提高其利用效率，将会大大提高销售绩效。

一项研究认为，销售人员花费在交通及等待顾客的时间平均占 32％，用于整理书面资料、开会以及打电话的时间平均占 24％，用在礼节性访问的时间占 5％，实际和顾客面对面洽谈的时间只有 39％。如果销售人员能把和顾客洽谈的时间比例从 39％提高到 52％，则销售潜力就可提高 1/3。因而销售人员要注意节省非洽谈时间，充分利用洽谈时间，做好时间规划。

（二）销售区域时间规划的原则

销售区域时间规划的原则是"确保重点，照顾一般"，根据"二八法则"安排时间和精力。

"二八法则"的含义是指销售人员要以 80％的时间和精力去对付 20％的重点推销对象（A 类顾客），以 20％的时间和精力去对付 80％的次要推销对象（B 类和 C 类顾客）。做好访问计划是销售人员提高时间利用效率的有效方法。销售人员要根据顾客资料编排拜访计划表，选择拜访对象，制订每日、周、月的访问计划，设计拜访路线，合理安排访问日程和行程。日程安排是确定访问客户的固定时间，行程安排是设计在销售辖区内工作时的旅行路线。

（三）合理安排客户访问路线

路线销售是指每天或每月按照一定区域对客户进行访问，以便完成每天或每月所定的销售目标。销售路线安排得好坏，直接关系销售人员的效率和成本。在路线的安排上，尽量避免交叉的路线出现，以下一些方式可供参考。

1. 根据营销地图事先规划出商圈或区域范围

（1）根据行政区域。

（2）根据地理、自然环境。

（3）根据交通设施。

(4) 根据推销的效率。
2. 建立区域内每位客户的基本档案资料
(1) 通过调查方式。
(2) 通过销售人员客户开发建立起客户资料。
(3) 通过竞争品牌或相关品牌的客户资料。
(4) 通过前任销售人员留下的资料。
3. 整理区域内客户的资料
(1) 客户行业种类。
(2) 客户位置。
(3) 同一访问路线的客户数量。
(4) 访问客户的周期。
(四) 销售路线访问的形式

通常,销售人员花在旅行上的时间很多,据统计,大约1/4的时间用在旅行上。客户访问路线的设计实际上是一个时间分配问题,其目的是使销售人员的旅途时间更加有效率,少走一些"冤枉路"。常见的销售路线包括以下几种。

(1) 直线式:采用这种形式,销售人员从公司出发,沿途拜访所有顾客,然后按原路或其他路线直接返回公司。

(2) 跳跃式:采用这种形式,销售人员从公司最远的顾客开始访问,然后在回公司的途中对客户进行访问,下一次访问可以从相反的方向进行。

(3) 循环式:采用这种形式,销售人员从公司开始,按圆周形式访问一圈,结束访问时正好回到公司。销售人员可以设计规模不同的圆圈路线。

(4) 三叶式:采用这种形式,与循环式相似,只是把销售区域细分成一系列叶片形式,销售人员每次访问一个叶片区域。

(5) 区域式:区域式不是真正的路线设计技术,而是时间管理技术,可以避免重复访问,以节约时间。

三、销售区域的竞争策略

区域市场的竞争因素比较复杂,没有一个具体的竞争方式可以适用于所有的企业,但是,还是有一些基本的竞争策略可以借鉴和参考。

(一) 设定竞争目标

在设定竞争目标之前,要对所负责的地区的现实情况有所了解,包括在该区域市场的市场占有率,企业的知名度,谁是主要的竞争对手,谁是次要的竞争对手,哪些竞争者可以团结,从而形成更加强大的"统一战线",增强企业在市场的竞争力。比较忌讳的是不分青红皂白,眉毛胡子一把抓,看到谁都是竞争对手,这样必定在市场上"树敌"过多。

(二) 做好市场区隔

要做到多区域市场的精耕细作,必须在已经细分的区域市场内再进一步细分,也就是许多人所谈的市场区隔,只有对市场做了更加精细的区隔,区域市场的销售目标性和目的性就更强,使一些原先差别较大的消费群体分别形成一个个消费需求更加相近的群体,区域市场的工作就比较容易见到成效了。例如,在区域市场中对某一收入水平相当的消费者又进一步按照他们购买商品的时间、地点和方式,对其进行区隔,其针对性更强,效果更好。

（三）使用销售地图

销售地图能够以直观的方式向企业表明区域市场的竞争态势，例如，通过不同色彩的标注，使区域销售人员了解自己经营场所的位置、竞争者的经营场所的位置等，以便更好地了解竞争者的情况。

使用销售地图时，可把人口（消费人口与劳动人口）、地区面积、人口密度等信息都写上去。以县市来看时，如汽车拥有数、电话装设数，其他信息也应尽可能地搜集。

（四）价格是最后一种竞争选择

价格不是竞争的唯一手段，从某种意义上说，可能是最后利用的一种手段和策略，因为，影响客户购买的因素有很多，企业应当尽量避免采用价格竞争的手段与竞争者来争取客户。在实际销售工作中，一些缺乏销售经验和技能的销售人员通常采用低价方式去争取客户或赢得订单，但最终即使是获胜，企业盈利非常少，甚至造成企业的亏本。以价格以外的要素来竞争，会为企业争取更多的利润空间。

四、销售区域窜货管理

窜货又称倒货、冲货，就是产品不正常的越区销售。这是一种中间商为获取非正常利润，蓄意向自己辖区以外的市场倾销产品的恶意行为。窜货使得商品在各销售区域之间无序流动，从而使企业对各个区域的销售策略失去控制，扰乱企业整个经销网络的价格体系，甚至引发价格战，严重危及企业的经销网络。无论采用直销还是间接销售方式，都可能出现窜货。

（一）窜货的形式

窜货形式多种多样，经销商、分公司甚至企业的销售总部都可能在利益的驱动下窜货。窜货有以下几种表现形式。

1. 同一销售区域市场内的窜货

同一销售区域市场内的窜货主要是总经销商下辖的二级批发商所为。在某一销售区域内，总经销商下辖的二级批发商将所经销的商品卖到别的二级批发商分销的地区，以获得更多的销售量和利润。在同一销售区域市场内，采取窜货的方式有降价、提供折扣和赠品、搭售紧俏商品等。

2. 不同销售区域市场之间的窜货

由于各个销售区域之间市场发育不均衡，甲地的需求比乙地的需求旺，乙地经销商为了完成销售份额，常将货以低价转给甲地区，而厂家从各区域销售报表上根本发现不了问题。最后，这种行为不但扰乱市场价格，而且乙地市场的问题会被虚假繁荣所掩盖，甚至企业可能会最终失去乙地市场。

3. 企业销售总部窜货

企业总部销售人员违反地域配额政策，随意调配货源使区域供货平衡被打乱，造成窜货；各个销售分公司为了完成销售任务，有的分公司将货卖给兄弟分公司，导致价格混乱，市场失控。

从窜货的性质来看，有良性窜货和恶意窜货。

1. 良性窜货的表现

良性窜货的主要表现形式是在价格上没有发生大的波动，窜货只是产品销售区域的窜动,没有价格的大幅波动。在良性窜货中,又有以下两种表现形式。

(1) 跨区窜货。虽然出现窜货,但窜货的经销商并不知情。A区的货物进入了B区销售,但是它是通过A区的二级批发商或者零售商进入了B区,而A区经销商尚不知情,或者A区和B区的二级批发商有业务往来,因此发生的窜货。

(2) 产品进入空白市场。A区经销商的产品虽然进入B区销售,但B区没有经销商,市场上没有企业的产品销售。这类窜货,一般不会造成恶劣的影响。

2. 恶意窜货的表现

恶意窜货是指经销商有意识地进行产品的跨区销售,而且有意识地降低价格,从而扰乱了市场。

例如,A区域经销商明明知道B区域有经销商存在,但仍然以低于B区经销商给二级批发商的供货价供给B区的二级批发商或者零售商,这种窜货是恶意的。

另外,除了本企业的批发商外,竞争对手的经销商为了打击本企业的产品,也可能从本企业的二级批发商或零售商手里购买产品,实行降价销售的行为。

(二) 窜货的危害性

许多销售人员都知道出现窜货的情况不好,对企业和对市场都有相当的危害,那么,窜货的危害性具体表现在哪里呢？总结起来,主要表现在以下五个方面:

(1) 价格混乱造成经销商的利益受损,最终可能导致该经销商和企业分道扬镳,另寻其他产品销售;

(2) 窜货情况若处理不当,会降低企业在市场上的威信,使其他经销商产生不满,甚至会效仿,甚至采取过激的报复行为,造成更多市场混乱;

(3) 窜货所带来的价格混乱会伤害消费者的利益,由于消费者的不信任将直接影响该产品在市场上的销量;

(4) 窜货严重伤害企业的形象和品牌价值,价格的经常变动会使消费者对企业和品牌产生怀疑;

(5) 被窜货区域的窜货往往导致整个经营价格"穿底",利润透明化会使企业越来越难掌控市场,难以制定渠道和销售政策。

(三) 窜货的原因

1. 价格体系混乱

目前许多企业在产品定价上仍用老一套的"三级批发制"来定价,即总经销价(出厂价)一批、二批、三批价,最后加个建议零售价。这样从总经销到终端,有巨大的价格空间。

2. "年终返利"的诱惑

厂家与经销商签订年度目标时,往往根据销量,累进确定年终返利折扣比例。导致一些中间商以做量为根本,只赚取年终返利,不择手段向外倒货。这在酒水类产品中极常见。

3. 厂家制定的销售任务过高

不少厂家给经销商下达过高的销售任务,当本地市场无法消化这些量时,经销商便产生越区销售的念头。

4. 销售人员受利益驱使鼓动经销商违规

销售人员收入与销售业绩挂钩,他们为使自己多拿奖金,不顾企业销售政策,鼓动经销商违规操作,向其他地区发货。

（四）解决窜货的措施

窜货的危害是巨大的，它可能导致市场价格混乱，假冒伪劣商品充斥，使得中间商和消费者对品牌失去信心，损害企业形象，导致区域市场的崩溃，所以有人甚至称窜货为"营销杀手"。要解决这个问题，可以从以下十个方面着手，即组织架构、经销商识别码、经销商销售区域划分、供货限制、返利限制、销售支持限制、经销商团队、窜货处罚标准、窜货处理程序、签订《经销商市场秩序管理公约》。

1. 组织架构

成立一个专门处理窜货的部门——督察部，既便于销售部集中精力做好销售工作，又提高了快速处理市场违规事件的速度。例如，"娃哈哈"掌门人宗庆厚谋划市场最头痛的问题之一就是各区域市场之间的窜货问题，为此，娃哈哈成立了一个专门的机构，巡回全国，专门查处窜货的经销商，其处罚之严为业界少有。

2. 经销商识别码

经销商识别码可以帮助企业辨别商品是由哪个经销商经手和发送，在商品包装上打上经销商识别码能有效、公平、迅速、准确处理窜货的情况。同时，为了减轻生产的压力，经销商识别码主要是标示在畅销产品上。经销商识别码的编制很简单，一是用数据编制法，一个经销商一个编号，还可以用颜色来区分，一个经销商一种颜色。

3. 经销商销售区域划分

确定销售区域是判断经销商是否发生窜货的依据。确定《经销商产品经销合同》中所规定的销售区域，是判断经销商是否发生窜货的依据。

4. 供货限制

对于名牌产品来说，制订较高的销售计划，并不一定是提高销量的好办法。企业根据经销商销售区域的实际销售量，采用限制供货的方式，使其产品真正能在本区域消化。

5. 返利限制

返利的最好形式是采用月返利，而返利时间最好是月结季返，这样，对经销商来说，既对完成每月销售计划有压力，又由于没有对经销商实现真正返利，经销商不敢随意把返利打到价格上去，能较好地控制市场价格。同时，如经销商违规后，罚金还可从经销商的返利中直接扣除，给经销商造成很大的心理压力，不敢轻举妄动。在给经销商的返利中，再辅之以年返利，这样，在防窜货系统的建设中，返利限制措施对防窜货会起到积极的配合作用。

6. 销售支持限制

采用现款现货和银行贷款的方式对防窜货会起到积极的配合作用。为刺激经销商的销售，企业会采取多种方法来支持经销商。其中，采用账期和铺底的方式，都很容易引起市场价格混乱，所以，企业最好不要采用这两种办法。

7. 经销商团队

为了把分散的经销商组织起来，就必须建立经销商团队，并把他们的经济利益捆绑在一起，强迫他们有一个集体的观念。在现有的销售网络中，网络成员与成员之间，经销商与经销商之间没有了行政管理关系，只有经济利益关系，那就应该充分利用这一关系来有效地管理和监控他们。经销商团队市场秩序奖金，就是把经销商的部分利益捆绑在一起，按月发放。

8. 窜货处罚标准

制定窜货处罚标准，可以明确告诉经销商窜货的后果。对窜货的处罚主要有以下几种方法。

(1) 根据窜货数量的不同,制定不同的处罚标准,累积递进直至解除合同。

(2) 按窜货次数进行处理。根据窜货次数的不同,制定不同的处罚标准,累积递进直至解除合同。

(3) 按窜货范围进行处理。属于同一批次(同一生产日期)的产品,只要在另外一个区域的零售店或批发市场,发现有窜货的产品,不论窜货数量多少,均进行处罚。

9. 窜货处理程序

窜货的处理应当有一套规范的程序,避免在处理窜货过程中的一些矛盾和纠纷。例如,企业可以参考以下窜货处理程序:

(1) 督察部成员在市场巡访时发现窜货产品,或经销商提供窜货信息;

(2) 督察员到窜货现场,详细记录窜货的信息;

(3) 督察员通知窜货经销商窜货情况及扣罚通知;

(4) 督察员通知内勤组(或财务部),窜货罚金在经销商佣金中扣罚;

(5) 督察员通知内勤组(或财务部),取消该经销商团队所有成员的"经销商团队市场秩序奖金";

(6) 全国或全区域通告。通过快讯等形式,将对窜货的经销商的处罚信息向全国或全区域经销商公布,以便经销商及时了解市场秩序管理情况,同时,对其他经销商起到警示作用。

10. 签订《经销商市场秩序管理公约》

在与经销商签订经销合同时,最好就"先小人,后君子",请经销商本人承诺,如果出现窜货,接受企业的处罚。为规范市场秩序,应当让经销商们了解窜货的后果,建立对违规经销商的处理依据,最好是要求经销商本人承诺并接受企业的处罚,这样,督察部成员在处理市场违规实践时,才有处罚依据。

二维条形码窜货解决方案

造假和窜货是现代企业在生产和流通环节最为关心的两个问题。中选科技针对产品出库、流通到经销渠道的各个环节设计出成熟的解决方案,利用二维码识别、移动通信等技术对编码进行销售区域、真伪等信息加载。同时通过移动通信的技术手段,通过追踪产品编码监控产品的流通环节,避免了窜货伪品等现象的发生,便于企业进行管理、提高消费满意度并树立企业品牌。

解决方案

这种解决方案主要借助手机条码识别技术、移动通信技术,在产品出库、流通到经销渠道各个环节中,对编码进行销售区域、真假等信息加载,并通过移动通信的技术手段,追踪产品上的编码,监控产品的流通环节,对窜货伪品现象进行实时监控。

防伪防窜货原理如图 6-1 所示。

使用说明:

1. 稽查人员登录软件系统后可以对经销商经销的商品稽查,并且将稽查结果直接提交到服务器端。可以根据软件识读的结果确认稽查的商品是否为假冒伪劣商品。

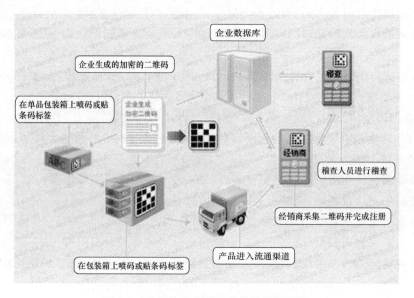

图 6-1　防伪防窜货原理系统拓扑示意图

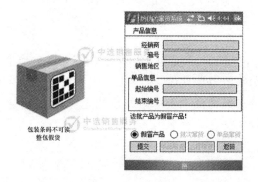

图 6-2　整包假货信息填写界面示意图

2. 如果所识读的批次条码与销售商品信息一致，可以对该批产品的单品信息进行单品识读。识读的条码为非单品条码，该单品为假冒产品；识读单品与批次条码所包含的信息不符，该产品为单品窜货。

图 6-3　防伪窜货系统产品信息界面示意图

3. 如果批次条码信息与服务器端数据不符，服务器端将返回相应的结果，如产品的箱号检查不正确的情况，软件界面则显示该产品为批次窜货产品。

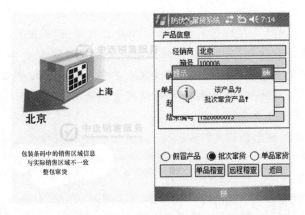

图 6-4 防伪防窜货系统批次窜货产品信息界面示意图

4. 稽查人员在稽查过程中如果发现有任何假冒伪劣产品或窜货等情况可以即时地向企业服务器端提交，企业可以及时了解并做出响应。

（资料来源：中国营销传播网，有删改）

"一个基地"上演全国攻略——百威启动营利模式

百威实际上只有武汉一个生产基地，年销售能力约 10 万吨左右，一个地地道道的中型啤酒厂的规模。在保鲜度要求极高的中高档啤酒领域，一个中型啤酒厂用一个生产基地支撑全国性的营销网络，百威的成功似乎耐人寻味。

随着 2002 年世界杯足球赛渐入佳境，程业仁乐得合不拢嘴，这位安海斯·布希公司主要负责中国啤酒业务的大中国区董事、总经理称，自己来公司这么多年，还没有见过百威啤酒在这样短时间内有如此大的销量，程业仁说，世界杯给啤酒商带来兴奋点，在百威啤酒来到中国经过 8 年漫长等待之后，市场的味道变得好极了。2001 年百威啤酒在中国首次实现了盈利，2002 年仅凭借世界杯，百威也能实现可观的盈利。程业仁拿出公司 2001 年的相关数据说，安海斯·布希公司在中国拥有 1500 名员工，年工资总额达 700 万美元，上缴国家及省地税金额高达 1200 多万美元，在武汉市纳税大户中排名第七。程业仁说，与上缴税金相比，也许公司 2001 年的盈利还难以启齿，但这是百威来到中国后首次盈利，同时这也是外国啤酒品牌在中国纷纷落败之际百威的首次盈利，这对安海斯·布希公司来说，意义的确不一般。

一、"一个基地"上演全国攻略

按照啤酒业的一些定律分析，百威当今的产业布局与它的定位似乎有一些难以克服的矛盾。与在美国大众化的百威不同，中国的百威目前只能定位于高档啤酒，而且目前它最大的消费市场也在沿海的上海、南京、青岛、杭州、广州等消费能力强的大中城市，但它的生产基地却落在了华中地区的武汉。与其他商品很不一样的是，啤酒有一个"就近销售原则"，主要基于两个原因：一是就近销售可以节约大笔运输成本，瓶瓶罐罐的啤酒如果运输距离太远，豆腐也会弄成肉价钱；二是啤酒最重要的就是要保持"新鲜度"，如果存放时间稍微长一点，啤酒的口感和品质将大打折扣。这也是许多年来中国啤酒市场格局一直以地方诸侯割据为重要特征，鲜有全国性品牌的最直接原因。但是当记者问"百威近期有没有在沿海主要销售市场投资生产基地的计划"时，程业仁的回答是：按照现在投资啤酒厂的投入规模，百威不可能马上投资新的生产基地。也就是说，百威在中国的整体攻略必须要以武汉生产基地为唯一的"根据地"。程业仁说，把生产基地设在武汉是有好处的，产品可以顺江而下，直达上海，而在中国内河水运是最便宜的。

记者又问："时间问题怎么解决？水运便宜，但运输时间相对也是很长的。而且不只是去上海，去到国内任何一个除武汉外的中心消费市场，时间成本和运输成本都不低。"程业仁说："百威的确受到这样的制约，但在市场还不允许百威再投资其他基地的条件下，百威也就只能从品质管理、销售管理上努力了。首先在生产的整个过程中注重每一个细节，从选料到酿制、包装及发送层层把关。"程业仁说，当然生产领域的品质管理只是克服困难的最基本的工作，而在整个运输、储存、销售过程中，百威是花了相当大的力气的。百威武汉国际啤酒有限公司目前还投资经营着三个下属仓库，投资下属仓库的主要目的是百威要自己掌控储存环节，产品到岸后什么时间入库，什么时间出库，仓库的温度是多少，怎样才能减少产品库存和在渠道上的时间，怎样才能将产品最快捷地送到零售终端，自己有了仓库就方便很多。而在销售领域，百威始终坚持在有市场基础的地区销售，在经销商实力不够、当地运输、仓储条件不够的地区，百威采取"不介入"的政策，同时严格要求经销商也不要介入，这样就可以很大程度上避免品质问题给百威带来的负面影响。

二、乱中求胜还是一步一个脚印

记者问程业仁："怎么看待中国中高档啤酒市场？又怎么看待百威在中国的发展？"程业仁只是微笑着说："乱。"程业仁说，当初百威来中国，看中的是中国啤酒市场的巨大潜力，目前中国是世界最大的啤酒消费市场，但没有料到如此大的市场却如此乱。随着中国经济发展，居民消费水平和层次的日渐提高，中高档啤酒的市场空间越来越大。而大部分啤酒企业长期在中低档啤酒市场竞争；在目前低档啤酒市场无利可图的情况下，又开始把主要精力放到中高档市场。一些国产品牌如青岛、燕京、金星、珠江与一些本土化了的国外品牌如百威、蓝带、嘉士伯等在中国中高档啤酒市场上的竞争越来越激烈。目前中高档酒店和宾馆、大型超市、高档娱乐场所是中高档啤酒的主要争夺的销售终端，这些终端相对于低档啤酒终端来说数量极为有限。过多的竞争品牌和相对有限的终端市场导致了激烈的竞争，厂家就不断以比竞争对手更加优惠的条件争夺终端，终端也借机不断提高门槛，引发了越来越严重的恶性竞争。

首先，终端销售权买断现象日益增多，企业给予终端更加优惠的价格和额外条件，在规定的时间内，终端保证只销售酒类企业提供的指定产品。这种排他性的营销方式虽然非常有效，但是争议很大。其次，正因为如此，企业越来越难以承受终端的苛刻要求。企业如果不从，终端就会绝然而去。目前终端除了向企业提出不断降低价格的要求之外，还向企业索要越来越多的其他费用，如进店费、新品上架费、促销人员管理费、假日销售赞助费、广告载体发布费、酒店开瓶费、产品质量补偿费以及全年根据供货金额提供返利等，五花八门，不一而足，企业不得不接受；越来越多的企业为了争夺相对有限的终端资源，展开了非理性的营销投入，在广告费、促销费投入上开始了血拼。

实际上,说到"终端销售权买断"现象,归根到底,这笔账可能还得算到百威自己的头上,百威在1995年收购武汉的中德啤酒厂之后,向武汉的大小餐馆赠送桌布和酒杯、餐具并提供一些优惠,条件就是接受者不得经营其他品牌的啤酒。百威因此得以在武汉以及全国市场站住脚跟,但随后其他品牌纷纷仿效,现在已经成为中高档啤酒市场混乱的根源之一。

程业仁说,当时的情况与现在有很大的不同,在起步阶段,在很少品牌采用"终端销售权买断"方式时,百威采用该方式是一次销售领域的创新,帮助百威走过了最重要的起步阶段,但现在百威已经越过这个阶段了,他考虑的是如何突破现今中国啤酒市场的混乱局面。

记者问程业仁:百威在美国是一个大众化的品牌,为什么到中国却不能做到大众化?程业仁说,中国市场和美国市场有很大的不同,在美国市场,百威是一个大众化品牌,同时消费者也认同它是一个高品质的品牌;而在中国,消费者认为,大众化的产品必定是品质较低的廉价产品。在美国市场,不同档次的啤酒销售价格相差不过一两倍,而在中国这个价格差可以达到10倍。当然,百威在中国不会永远以高价位高品质的面目出现,等到市场成熟后,百威将会重新回到大众化的形象,当然是高品质高格调的大众化,可能像可口可乐一样。

思考问题

1. 百威是如何克服地理上的困难而做到一个基地供全国市场?
2. 什么是终端销售买断权?

(资料来源:《广州商报·赢周刊》,2002-07-10,作者:凌浩)

分析与讨论

1. 在进行销售区域设计时,如何考虑销售与产品生产之间的供销关系?
2. 在产品销售的不同阶段,如何维持与经销商们的利益关系?

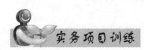
实务项目训练

目标企业的销售区域分析报告

一、训练目的

训练目的:培养学生应用知识的能力、查找资料的能力和团队合作的能力。
训练内容:目标企业的销售区域设置情况分析。

二、训练要求

1. 在学习本章时,成立目标企业销售区域分析小组。
2. 利用课余时间,以小组为单位,选择一个目标企业,画出该企业在全国的销售区域分布图,并选择1~2个销售区域,分析其销售组织结构、职责及销售考核要求。
3. 学习完本章后,每个小组推荐2~3名同学向全班同学介绍以上内容,时间是5分钟。
4. 全班同学向上讲台做"目标企业销售区域分析"介绍的同学提问,时间是3分钟。

三、训练步骤

1. 每个小组推荐一位小组长。

2. 每个小组的同学要明确各自的任务,小组长每天要检查本小组同学信息的收集和整理情况,下次上课时向任课教师汇报。

3. 在本章学习任务完成后,每个小组推荐2～3名同学上讲台向全班同学介绍"目标企业的销售区域分布及组织机构设置情况"分析报告,时间是5分钟。介绍结束后,班上其他同学向其提问,时间是3分钟。

4. 每个小组完成对目标企业的分析报告后,向任课教师递交一份打印或电子版的分析报告。

四、总结与评估

1. 全体同学都可以对每个小组的介绍和报告发表自己的意见。

2. 任课教师对目标企业销售区域分布情况报告做一点评。

思考与练习

一、思考题

1. 什么是销售区域?
2. 企业设定销售区域有何意义?
3. 销售区域设计中应当考虑些什么问题?
4. 销售区域开发的方式有哪些?应当注意哪些问题?
5. 销售区域管理的重点是什么?如何做好销售区域的管理工作?

二、实训报告

本章学习结束后,以小组的形式,对目标企业的销售区域设定做出调查和分析,完成一份目标企业销售区域分析报告。

第七章　销售人员管理

[学习目标]

学完本章,你应该达到:
1. 了解合格销售人员所具备的素质;
2. 掌握销售人员招聘流程与技巧;
3. 掌握销售人员培训流程,学会选择培训方法;
4. 掌握销售人员激励、考核的方法;
5. 了解销售人员薪酬设计方案,能够进行薪酬设计。

[导入案例]

大明公司销售人员怎么了?

　　大明科技是一家有30余人的小公司,从事办公自动化用品销售,公司原有业务销售人员15人。和其他一些公司一样,大明科技也采用了基本工资加业务提成的薪酬模式,老板对员工也挺和善,员工之间也能够和睦相处,但令人费解的是跳槽现象却时有发生。很多本来销售业绩做得很好的销售人员说走就走了,公司人员的频繁流动使得销售业绩下滑;另外发现有些销售人员还在其他公司兼职,身在曹营心在汉,原本三天办完的事现在要五天,老板为此愁眉不展。大明公司的销售人员能力和背景参差不齐,和众多的公司一样,这里也存在20/80现象,20%的销售人员的业绩占到公司销售部门业务总额的80%,而跳槽的却正是这20%的销售主力。一时之间该公司成为人才市场招聘会的座上常客,很多销售计划因人员的流动而搁浅或被迫中断,大明的发展势头受到了公司内因的遏制。这种现象在很多中小企业可能都发生过,销售人员走马观花,招聘成了企业的日常工作。然而新招聘的销售人员仍然是来一批走一批,很少有人超过半年的,令人摸不着头脑。但症结究竟在哪里呢?是分配制度不合理,还是另有原因?

> **思考问题**
>
> 1. 大明公司的销售管理遇到了哪些问题?
> 2. 如果你是公司的销售经理,将会采取哪些措施改进目前的状况?

(资料来源:世界经理人,http://oxford.icxo.com/htmlnews/2006/12/07/977398_0.htm 有删改)

销售人员是企业与顾客之间的桥梁,优秀的销售人员能识别和解决顾客的问题,建立与顾客的良好关系。销售队伍建设与管理是销售经理的主要职责之一。特别是企业发展到一定阶段,销售人员如何选拔、培训、考核与激励成为销售经理最为重要而紧迫的任务。销售经理能否卓有成效地开展工作,最终取决于销售人员的素质和能力。一个好的销售经理应该知道如何激发销售人员的潜在能力,而不是简单地控制销售人员的行动。本章主要介绍包括销售人员规模设计、销售人员招聘与选拔、销售人员培训与激励、销售人员业绩考核等内容。

第一节 销售人员规模设计

销售人员规模是指为了达到一定的销售目标所需销售人员的数量。销售人员规模设计是销售人员管理的关键步骤,销售人员是全公司最具生产性,但也是最昂贵的资产之一,销售人员的增加或减少直接影响企业的销售量和销售成本。通过对销售人员规模进行有效设计,明确企业销售人员现有数量与未来需求,将使招聘工作有的放矢,避免承担不必要的额外成本,提高销售部门的销售业绩。

企业决定招聘多少销售人员一般从以下两个因素考虑:一个是公司的业务量增长状况,随着公司业务量的增长需要补充销售人员;另一个是销售人员流动率,销售人员的流动率直接影响着企业销售人员需要补充的数量。销售人员的数量与销售量和成本有着密切的关系。销售人员增加,同时带来销售量和成本的增加。力求在这两方面寻求平衡并不容易,但很重要,因为这决定了企业的销售利润水平。下面介绍几种常用的销售人员数量确定方法。

一、销售额法

销售额法是指企业根据预期销售额的大小来确定销售人员数量的一种方法。使用这种方法确定销售人员数量时,首先要确定每位销售人员平均每年的销售额,并预测每年企业的销售总额,然后计算所需的销售人员数量,其计算公式是:

销售人员数量=企业年销售总额/个人的年平均销售额

比如说某企业预计可实现 100 万元销售额,销售人员平均销售额为 10 万元/年,依公式可知,下年度大约需要 10 名销售人员。

应用此方法,关键问题是如何合理制定每人每年的平均销售额指标。这一指标的确定,可根据企业销售人员前几年的工作情况,再考虑市场环境的变化对销售工作的影响。但需要注意的是,新增加的销售人员往往开始并不一定能像老销售人员那样工作卓有成效。

二、工作负荷量法

工作负荷法是根据销售人员需要完成的工作量的大小来确定销售人员数量的方法。这种方法的应用步骤如下。

(1) 确定总工作量。首先将所有的顾客进行分类,然后再确定每类顾客每年需要进行访问的次数。根据顾客的分类和每类顾客每年的访问次数,即可知道企业每年应进行的总访问次数,根据总访问次数即可确定企业销售人员的总工作量。

(2) 确定每位销售人员的年工作负荷。根据不同顾客的分布情况、每访问一个顾客需要花费的时间等因素,确定每位销售人员每年的平均访问次数,以此为每位销售人员的年工作负荷。

(3) 确定销售人员数量。企业每年销售人员的总工作量除以每位销售人员的年工作负荷，即为企业所需的销售人员数量，其计算公式是：

企业所需的销售人员数量＝(第 i 类顾客的数量乘以第 i 类顾客每年的平均访问次数的和)/每位销售人员每年的平均访问次数

例如，某企业共有各种客户 1200 个，这些客户可分为三类，其中第一类客户有 200 个，每年需进行 24 次访问，第二类客户有 400 个，每年需进行 18 次访问，第三类客户有 600 个，每年需进行 12 次访问。如果每位销售人员每年的平均访问次数为 300 次，该企业共需销售人员多少名？根据公式：

$$S=(200×24+400×18+600×12)/300=64(名)$$

即该企业需要 64 名销售人员。

企业每年人员销售的总工作量，也可根据每类顾客访问一次所需的时间，将总访问次数折算成总访问时间，然后再根据每位销售人员每年可用于访问的时间，最后算出所需的销售人员数量。

三、边际利润法

边际利润法是根据销售人员创造的边际利润决定销售人员数量的一种方法。使用这种方法决定销售人员的数量时，只要增加销售人员后增加的利润大于零，就应该增加销售人员的数量。这种方法的应用过程如下：

(1) 建立销售人员的数量变化与销售额变化之间的关系；
(2) 建立销售人员数量变化与成本变化之间的关系；
(3) 计算有不同数量销售人员时的边际利润额(销售额增加额－成本增加额)。

这样，大于零的最小的边际利润额所对应的销售人员的数量即为最佳销售人员数量。

例如，某企业的销售人员数量的变化与销售额、成本的变化关系如下，试决定该企业的最佳销售人员数量(如表 7-1 所示)。

表 7-1　某企业的销售人员数量的变化与销售额、成本的变化关系表

销售人员数量的变化/人	销售额变化/元	成本变化/元	边际利润额/元
50—51	16000	14000	2000
51—52	13000	12000	1000
52—53	11000	10800	200
53—54	9500	9600	－100

由表 7-1 中计算可知，最佳销售人员数量为 53 人。

第二节　销售人员招募与选拔

确定了企业所需的销售人员数量，企业需根据实际工作需要展开招聘工作。销售人员招聘是销售管理工作中非常重要的一个环节，企业招聘销售人员依据销售人员胜任素质。

一、销售人员胜任素质

胜任素质(Competency)是在特定企业的环境中，在具体的工作岗位上，做出优秀业绩

(Superior Performance)需要的知识、技能、行为、个性、品质、态度和价值观等个体特征。

20世纪50年代初,哈佛大学教授戴维·麦克里兰(David McClelland)博士应邀帮助美国国务院设计一种能够有效地预测实际工作业绩的人员选拔方法。他提出了胜任素质方法。该方法认为:员工个体所具有的胜任特征有很多,但企业所需要的不一定是员工所有的胜任特征,企业要运用胜任特征模型分析法提炼出能够对员工的工作有较强预测性的胜任特征,即员工最佳胜任特征能力。

胜任力模型的建立要依据素质的冰山模型,图7-1是著名的能力冰山模型。

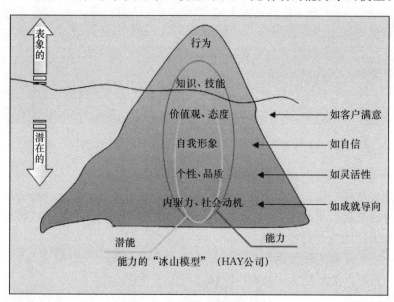

图7-1 能力的"冰山"模型

根据以上内容,可从以下三个方面着手建立销售人员胜任素质模型:态度、技能和知识,即ASK模型。

态度——Attitude。思想决定行动。积极的心态可以衍生出自信、勤奋、努力、敬业和认真这些成功所必需的因素。态度方面具体的工作要求还包括:职业化精神、团队合作、客户服务意识、危机意识、自我激励、压力管理等。

技能——Skill。基本销售技能主要包括:销售前的准备技巧、销售礼仪、接近客户的技巧、询问与倾听、产品展示和说明、处理客户异议的技巧等。专业销售技能包括人际沟通技能、演讲、谈判技能等。更高一层的技能包括渠道管理、大客户销售管理、区域销售管理技能等。

知识——Knowledge。行业的知识、专业知识、竞争对手知识、客户的知识,这些外在的知识必须掌握。公司产品及服务介绍、销售宣传资料的使用、公司成长史、公司文化和价值观、公司组织结构、办事流程、薪酬福利及考勤制度、人事、行政、财务等各种规章制度等这些内在的知识更不能少。

从重要性来看,态度(Attitude)是成功的支点,在三者之中是最重要的,"态度决定一切",有了积极的态度,就会主动学习知识、提高技能。

传统的销售人员选聘模式一般比较注重应聘者的知识、技能、经验等外在特征,却忽略了动机、态度等深层次的特征,往往不能保证应聘者的胜任力。企业建立了销售人员胜任素质模型,就可以基于胜任素质特征来设置测试流程,帮助企业找到具有优秀特质的销售人员,既避免了由于销售人员选聘失误所带来的风险和损失,也减少了企业的培训支出。

例如,某公司通过对销售岗位进行研究,并参考外部相关单位构建能力素质模型,得出该公司销售人员的能力模型如图7-2所示。

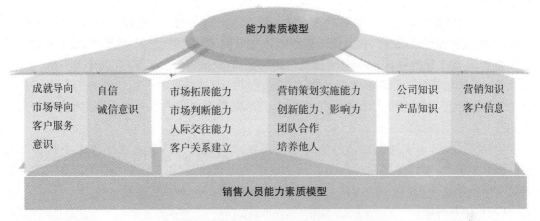

图 7-2 某公司销售人员能力素质模型

(资料来源:http://www.huadong.cn/html/news/201008/1347.html 发布者:lixuefeng 发布日期:2010-08-17)

二、选择招募渠道

销售人员招聘是从选择招募渠道开始的。招募渠道多种多样,根据销售人员来源不同,销售人员的招募可分为两大类:内部招募和外部招募。两种方式各有其优点和缺点,在实际招募工作中应当灵活运用,具体如表7-2所示。

表 7-2 内、外部招募优、缺点比较

内部招募	外部招募
优点: 组织对候选人的能力有清晰的认识 候选人了解工作要求和组织 奖励高绩效,有利于鼓舞员工士气 组织仅仅需要在基本水平上雇佣 更低的成本	优点: 更大的候选人蓄水池 会把新的技能和想法带入组织 比培训内部员工成本低 降低徇私的可能性 激励老员工保持竞争力,发展技能
缺点: 会导致"近亲繁殖"状态 会导致为了提升的"政治性行为" 需要有效的培训和评估系统 可能会因操作不公导致内部矛盾	缺点: 增加与招募和甄选相关的难度和风险 需要更长的培训和适应阶段 内部的员工可能感到自己被忽视 新的候选人可能并不适合企业文化 增加搜寻成本等

(资料来源:(Australian)Mater Human Resources Guide 2002,P.198,the global law firm)

研究表明:内部招募与外部招募的结合会产生最佳的结果。具体结合力度取决于组织战略、职位类别以及组织在劳动力市场上的相对位置等因素。

（一）内部招募

内部招募就是由企业内部职员自行申请销售职位或者通过晋升与工作轮换选择合适的销售人员。这种方式主要是挖掘企业内部其他部门比较有潜力的人才，发挥他们的最大作用。通常，很多大企业会采用这种方法，因为这些公司的规模较大，人才较多。内部招募主要分为以下几种。

（1）非销售部门招聘。考虑从调研、策划、设计、生产、财务、人力等部门挑选人员是挖掘内部潜力、让人才各得其用的有效途径。企业可以短时间、低费用地获得熟悉产品、企业、顾客、竞争对手、行业状况的候选人，但其可能缺乏销售技巧，并倾向形成帮派，造成管理困难。

（2）工作轮换。工作轮换是指在现有销售人员之间进行不涉及职位晋升的平级工作轮换。工作轮换可以让销售人员多个角度了解企业，熟悉企业多个方面的业务，为他们日后的晋升和发展打下良好的基础。

（3）晋升。公司中地位较高的销售职位的候选人往往是从企业内部员工中招募产生的。据有关资料统计，美国通用汽车对从企业内部进行招募的方法深信不疑。76%的美国企业采用内部选拔为主的政策，其主要原因是内部晋升的招募方式比较合理。

（二）外部招募

外部招募就是根据企业的需要，以公开的形式通过事先制定的标准来考核应聘者并录用合格者。主要有以下几种形式。

1. 广告招聘

广告招聘是利用各种宣传媒介发布企业招聘信息的一种方法。常用于发布招聘信息的媒介有电视、报纸、电台、杂志、互联网络等，它们各有其特点，在选择时，企业可根据自身的条件加以确定。招聘广告最明显的优势是传达范围广。但候选人来源、数量不稳定，广告内容单调，广告位置不醒目，且费用逐步上涨。应聘者的平均素质参差不齐，增加了选拔的成本。

2. 内部职员推荐

员工举荐又叫熟人介绍，这是一种常见的招聘方式。根据调查研究，在所有外部招聘方法中，员工举荐的有效性名列第一位。这主要是因为员工对空缺的岗位和应聘者这两方面情况都比较熟悉。同时，举荐会涉及举荐人的名望，所以员工总是举荐高质量的求职者。百事、七喜公司40%的新员工是通过举荐的渠道聘用的。

3. 人才交流中心

通过各大城市举办的人才招聘会进行招聘，这是一种比较传统的招聘方式。这种途径的优点是时间短、见效快。但对于多数企业而言，它的有效性较低。因此，参加招聘会一定要精心准备，并选择参加对招聘职位有价值的会议。

4. 校园招聘

许多企业将高等院校或中等专业技术学校作为获取销售人员候选人的一种渠道。这是企业录入新员工最常用的一种方法，大学生受过良好的教育，整体素质较高，可塑性强，这种方式为企业的长期发展提供了储备人才。校园招聘方式有招聘张贴、召开招聘会、毕业实习、学校推荐等。无论采取何种形式，企业都要给学生以尊重，无论学生是否被录用都应该有反馈。

5. 猎头公司

猎头公司是专门为企业招募高级人才提供渠道的机构，他们专业性很强，并且信息网路发达,掌握了人才市场上大量的信息。由这类公司推荐的人才一般是具有丰富经验和优异业绩的销售人员或是销售主管。这种招聘方式比较隐蔽,但其成本较高。企业在选择猎头公司时应慎重,尽量选择行业声誉好、信誉度高的公司,并对专门负责招募的猎头公司人员进行资格审查。

6. 网络招聘

网络招聘具有速度快、效率高、成本低、费用省、覆盖面广、招聘方式灵活等优势。但该渠道虚假信息多,信息处理难度大。

7. 其他

从竞争对手销售团队中招募销售人员是招募销售人员的另一途径,但这种方式风险较大。从竞争对手那里挖取销售人才会招致竞争对手同样手段的报复行动,甚至可能引起法律纠纷。企业也可以从客户、非竞争同行、其他行业,甚至供应商那里获取销售职位的候选人,不过企业要权衡风险和收益。

三、销售人员的选拔

招募是为了发现销售人才和鼓励应聘者的一种程序,选拔则是从众多的应聘者中挑出最适合企业的优秀人才的一种程序。作为销售经理和人力资源部门,要从大量的申请者中挑选合乎理想的申请人,需要一套选拔的程序与技巧,否则挑到的必然是一些不理想的人选,并且会浪费宝贵的时间和精力。

(一)销售人员选拔程序

销售人员优良与否直接关系业务的兴衰成败。所以应当精心设计招聘销售人员的程序,一般来说,选拔程序包括:简历筛选—面试(一面、二面)—面试的评估—测试—资信调查—录用决策几个步骤。

1. 简历筛选

简历筛选一般考虑以下几个方面:

(1)年龄、性别、学历、专业、户口所在地等。

看这些基本信息控制在20秒内,不符合要求的应该迅速排除。工作经验着重寻找简历中与招聘岗位工作职责有相似性的经历。这个过程也需要控制在30秒之内。

(2)工作经历的时间

这方面主要考察时间的延续性、工作内容的连贯性以及每一份工作时间的长短。

一般会希望应聘者在一个工作或者一个行业达到2年以上,特别是技术和销售,没有一年半载的沉淀,要充分地了解行业情况、掌握行业信息、熟悉行业规则是比较困难的。

2. 面试

面试是一种最普遍,也是最重要的选拔测评方法。它通过与应聘者面对面的观察、交流等双向沟通方式,了解应聘者的素质、能力与求职动机。

面试的作用有以下几点:

(1)核实申请表上的资料,询问相关情况;

(2)使应聘者加深对企业和应聘职位的了解;

(3)通过应聘者的表现,判断其未来实际工作的效果;

(4)可以听取应聘者对将来工作的设想。

面试的类别有初试、复试。面试的方法有结构化面试、非结构化面试、小组面试、压力面试和情景面试等多种形式,具体内容后续介绍。

3. 面试的评估

在对应聘者面试结束后,企业必须对面试结果做出明确的评估,以便决定应聘者是被淘汰还是继续进入下一阶段的挑选。评估方法一般是制定简明扼要的"面试评估表",对每位应聘者就表格中的评估项目加以评分,最后做出全面的评定。下面给出某公司销售人员选拔过程的面试评估表(如表 7-3 所示),以供参考。

表 7-3 应聘者面试评估表

应聘职位		应聘职位	
面试人		面试日期	
评估项目	评分:1~10	评语	
学历			
工作经验			
市场及行业知识			
产品知识			
沟通能力			
交际能力			
工作热情和积极性			
判断能力			
思想成熟度			
衣着、外表			
谈吐、举止			
个人前途的认知和计划			
个人兴趣及爱好			
总得分		是否推荐	是/否

4. 测试

测试是评价销售人员素质的有效工具。通过测试可以更为全面地反映销售人员素质特征,特别是对于冰山以下潜在素质进行判断。测试包括专业知识的测验、智力测试、态度测试和个性测试等。为了客观公正、量化地测试应聘者,通常采用面试+心理测试+情景模拟的方式进行,有时还要包括书面测试。

5. 资信调查

在测验环节通过之后,下一步就是对应聘者所提供的材料进行审核,以确认资料的真实性。调查的主要内容包括核实工作经历、询问候选人有关的个人品性、信用等情况。调查可采用拜访被咨询者、电话联系或信函查核方式。调查是选拔的重要环节,不可忽视。

6. 录用

在上述环节都完成之后,可以通知合格的应聘者来企业或指定的医院进行体检。这也是很重要的一个环节。销售工作是一项很艰苦的工作,如果身体健康状况不佳,有可能不能完成对客户应有的拜访量等工作。体检还可以确保企业不承担对所聘员工前期健康状况的补偿。对于体检合格者,企业与他们签订相关协议或者合同,正式聘用为企业的员工。

名企独特的招聘方式

微软：由比尔·盖茨创办的微软公司可谓赫赫有名。微软公司选聘人才的方式灵活多样，其中在用户中检索人才是其一大特色。微软公司的网站上，每月都有12 000多个用户登录，这些用户登录主要是检索资料。微软编有一个专用程序，负责统计出用户所使用的关键词，从统计结果分析出此人是否具有较高的计算机技能，然后再根据分析结果列出初选的招聘对象。

汇丰银行：汇丰银行在招聘人才时，常用的一种方式是要求应聘者在规定的时间内去整理资料。凡不接受此项工作或者整理工作完成得不理想的人员均不录用。汇丰银行希望通过资料整理这种工作来考察该人员是否能够分清资料的轻重缓急、处理业务的条理性以及是否具备吃苦耐劳和脚踏实地的作风。

英特尔：与一些国内企业避讳"任人唯亲"不同，通过员工推荐是英特尔公司招聘人才的渠道之一。这种招聘人才的优点在于，现有的员工既对英特尔公司很熟悉，又对自己要推荐的朋友比较了解，因此，根据这种了解，员工在推荐某人时将会先判断其是否适合英特尔公司。实践证明，这种在深入了解基础上推荐的人才比通过仓促的面试获得的人才要可靠得多。对于为公司推荐优秀人才的员工，英特尔公司还会发给其"荐才奖"。

IBM：IBM公司在招聘人才时，有一道必答题，即请应聘者谈谈自己的缺点。IBM公司认为一个自称没有缺点或者不敢于承认缺点的人是不值得信赖的。因此，对不说自己缺点，一味美化自己的应聘者，IBM公司将会毫不留情地拒之门外。

联合利华：近年来，联合利华公司开创了在实习生中招聘人才的特色方式。主要是启动夏令营计划，在全国范围内选拔优秀的学生，邀请他们利用暑假到企业参观实习，让其提前接受企业的文化理念，熟悉企业的工作环境。如果双方满意，毕业时将正式签约。

（资料来源：新工作人才网 http://www.xgzrc.com）

（二）面试的类型

面试的方法很重要，面试方法的不同会影响面试评价的准确性和客观性。常用的方法有以下几种。

1. 结构化面试

结构化面试指依预先确定的程序和题目进行的，过程结构严密、层次分明、评价维度确定，招聘方根据事先拟好的谈话提纲逐项向应聘者提问，应聘者针对问题进行回答的面试。这种方法可以有效避免考官经验、知识结构的不足，应用较为广泛。

2. 非结构化面试

非结构化面试指在面试中所提的问题，以及谈话时所采用的方式都是招聘方自由决定，谈话层次交错，具有很大偶然性的面试方式。这对富有经验的考官是有效简便的方法，一般企业面试采用结构化面试与非机构化面试相结合进行。

3. 行为事件访谈

行为事件访谈是通过一个人过去的行为来预测其将来的行为,通过对应聘者过去的行为进行全方位的了解,预测应聘者能否适合新的岗位。这是一种考察销售人员素质的行之有效的方法,通常适合于有销售经验的应聘者。

行为描述式问题举例:

请你告诉我,你昨天的工作情况;请你由一踏入办公室开始,说到你启程回家为止,其中包括所有你曾参与的事项。

请你谈一谈,你上一次遇上不能做好工作的员工的情况。那是什么时候,他做不好什么工作,你如何处理,你怎样对他说,他又怎样回答?

请你告诉我,你与上司争论工作最激烈那一次的情况。当时争论些什么,他说了些什么,你如何回答,你最后怎样处理?

请你说说,你最不喜欢的同事,他是怎样工作的。

4. 压力面试

这样的面试里,考官会提出一系列直率(甚至不礼貌)的问题,让求职者明显感到压力的存在,甚至陷入较为尴尬的境地。目的是考察应聘者将如何对工作上承受的压力做出反应。例如:一位销售代表的求职者在自我描述中提到他在过去的两年里,从事了四项工作,考官可抓住这一问题,反问他频繁的工作变换反映了他的不负责任和不成熟的行为。面对这样的问题,应聘者若能平静而清晰地回答,则说明他承受压力的能力较强;若应聘者表现出愤怒和不信任,就可以认为其在压力环境下承受能力较弱。

名企招聘难题

● 有12个球,一个球的重量与其他球不同。用一个双盘天平量三次,你如何测出哪个球不一样,它是重还是轻?(麦肯锡公司)芝加哥有多少理发师?(麦肯锡公司)

● 为什么下水道口的盖子是圆的?(微软公司)

● 你在有三个开关的房间,每个开关控制隔壁房间的一盏灯。你必须测出哪个开关控制哪盏灯。你只能打开两个开关,可以进一次另一个房间。(波士顿咨询公司)

5. 情景面试

情景面试是比较流行的面试方法之一。在情景性面试中,面试题目主要是一些情景性的问题,即给定一个情景,看应聘者在特定的情景中是如何反应的。情景面试有角色扮演、公文处理、无领导小组讨论等多种形式。

情景面试问题举例:

假如你遇到这样一种情况:你的产品和服务的确是某公司需要的,但是那个公司内部很多人士强烈要求购买质量差一些但价格便宜的同种产品。客户征求你的意见,你该怎样说?

测测你的招聘潜质

你对以下的观点看法如何?
(1 极不同意,2 不同意,3 一般,4 同意,5 极其同意)
1. 优秀的销售人员走到哪里都是很能干的
2. 优秀的销售人员基本上都是能说会道
3. 在销售行业中过去的经验特别重要
4. 只要努力,每个员工都能做好任何事
5. 销售人员的发展和提高重在弥补弱点
6. 上级对每一个销售人员应该一视同仁
7. 优秀业绩最重要的是要按照标准方法操作
8. 受教育程度决定了一个人的内在和外在气质
9. 销售人员的热情和信心决定了销售的成功
10. 良好的社会关系可以推断销售的成功可能

结论:
41—50 分　　完全没有感觉　　31—40 分　　有些基础常识
21—30 分　　很有选人天赋　　10—20 分　　专家级招聘官

第三节　销售人员的培训

一、销售人员培训的基本流程

销售人员的培训一般包括培训需求分析、培训计划制订、实施计划和效果考评四个部分,如图 7-3 所示。

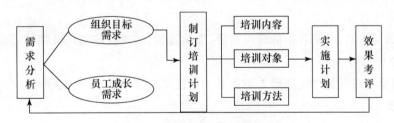

图 7-3　销售人员培训基本流程

二、培训需求分析

培训分析一般从组织、工作、人员三个方面去探求。

(一)组织分析

一个良好的培训课程必须符合企业发展战略和组织目标。设计培训方案时,首先要从检查是否与组织的大方向一致,符合组织的发展要求。

(二)工作分析

销售人员的工作目标是尽可能地实现销售,为企业创造收入。但不同阶段,销售人员的工作侧重点是不一样的,只有充分分析销售人员当前的工作状况,才能设计出适合其工作需求的培训计划。

(三)人员分析

不同销售人员的能力是不一样的,其素质及接受新知识的程度也是不一样的。只有了解所有销售人员的状况以及未来需要达到的目标,所制订的培训计划才是实用的和能产生价值的。

收集培训信息的途径可采用:对销售人员发放调查问卷;对顾客发放调查问卷;采访销售人员;销售会议期间进行测试;销售现场进行观察;对销售额、利润和销售活动报告进行分析等多种方式。

三、制订培训计划

在对销售人员进行了培训需求分析后,销售经理应拟订一份培训计划书,计划内容包括以下几个方面。

1. 受训人员

2. 培训目标

总的来说,培训目的包括:发掘销售人员的潜能;增加销售人员对企业的信任;训练销售人员工作的方法;改善销售人员工作的态度;提高销售人员工作的情绪;奠定销售人员合作的基础等。以上为培训的基本目标,具体目标视每次培训的具体内容确定。

3. 培训内容

针对一线销售人员的培训一般应集中在以下几方面。

(1)知识的学习

所要学习的知识包括产品知识,即本企业及竞争对手产品线、品牌、产品属性、用途等;业界知识,如行业知识、消费者行为分析等;企业历史、规模、政策等知识。

(2)销售技巧

一般包括销售能力(销售中的聆听技能、表达技能、时间管理等)、谈判技巧等。

(3)人格的培养

诚实、热情与爽直是现代销售人员所必须具备的人格特质,否则就没有生存的空间。

(4)心态

人格与心态是销售人员素质冰山模型的隐性素质,对销售业绩预期有重要影响,企业应当予以充分重视。

4. 培训机构及讲师的确定

一般来说,销售人员培训师资有三种主要来源:企业的专职培训人员;正规的销售机构人员;企业的外部培训专家。企业应根据实际需要确定讲师来源。选择外部讲师应着重考察:市场及销售经验;教学方法和技巧;适当的人格特质;沟通的能力;富有弹性和灵活性。

5. 培训时间地点

在对销售人员进行培训时,销售经理必须注意：培训地点可以根据具体情况进行选择,最好相对封闭一些;培训时间要合理安排,一般不要占用拜访客户的黄金时间,而且连续培训最好不超过两天,否则学员太疲乏;培训气氛不要过于紧张,也不要过于松散,应针对培训内容把握好培训气氛的松紧程度。

四、培训实施

要保证销售培训计划的顺利实施,主要做好以下四方面的工作。

(1) 保证人员的落实。既要保证日常管理人员、外聘的培训专家、师资人员、受训人员的落实。

(2) 保证经费的落实。销售人员的培训需要付出一定的费用,主要包括人员的住宿、吃饭、培训资料、交通费用、场地租赁费等。

(3) 保证时间的落实。培训往往需要集中在一段时间内进行,这就要求销售人员保证这个时间内不受其他因素的干扰。

(4) 销售人员的训练应按照循序渐进的原则,有计划、分阶段地进行,注重理论与实践的结合。

五、效果的考评

销售培训工作效果的考评是培训工作必不可少的环节。通过对销售人员培训效果的考评,一方面可以对参加培训的销售人员的表现做出一个综合性的评价,另一方面可以发现培训工作中存在的问题,在以后工作中加以纠正。培训效果的考评主要可以从反应、学习效果、行为和结果四个方面进行。

(一) 反应

反应指的是接受培训的人员对培训课程的喜爱和满意程度,可以通过课程意见表来了解学员对课程内容、教学方法、语言表达等方面的感受。

(二) 学习效果

学习效果指接受培训的人员将所学的知识和技能应用到工作上的程度,一般通过绩效评估表衡量学员的学习效果。

(三) 行为

行为指的是接受培训的人员将所学的知识和技能应用到工作上的程度,一般通过绩效评估表或观察法进行测试。

(四) 结果

结果评价主要是检查销售培训之后个人或组织销售业绩的改善情况。结果评价最能综合性地反映培训效果。

培训评估可以通过培训评估考核表完成,如表7-4所示。

表 7-4　销售培训管理考核表

岗位_____　　　　　　　　　　　　　　　　学员姓名_____

项目	内容	评价标准	分值	实际得分	考核人
培训计划	内部培训计划按期实施	未实施的,每期培训扣2分,可以倒扣分	10		
培训过程控制	参训学员人数符合要求	学员人数与规定人数相差1人/次扣2分,可以倒扣分	5		
	参训岗位资格符合要求	未经批准而学员与规定要求不符合的扣2分	5		
	培训纪律遵守	手机铃声影响他人,课堂接听电话,随意走动,睡觉,看无关书籍报纸,随意讲话等影响课堂纪律行为每项扣2分	10		
	培训问卷等各类信息及时反馈	不及时反馈每次扣2分,不反馈每次扣4分	10		
培训效果评估	培训互动主动参与	拒绝回答问题,拒绝配合课堂活动等相关情况每次扣2分,可以倒扣分	5		
	培训考核成绩合格	优秀:15分,良好:10分,合格5分,不及格0分	15		
	培训后制订业务改善计划并及时上报	未制订扣5分,未及时上报扣2分,不上报扣4分	10		
	改善计划落实执行	未落实扣15分,已落实的根据执行情况扣10分以内	20		
培训内化	培训后及时转训	未转训扣10分,已转训的根据转训情况扣8分以内	10		
总分			100		

小故事

一群火鸡请老鹰去给他们做飞行方面的培训,老鹰在台上激情澎湃地讲授其低飞高飞的经验技巧,火鸡们试着在屋顶和树枝上飞上飞下,整个培训现场热闹非凡。几天后培训结束了,火鸡们在火鸡王的带领下一脚高一脚低地踏上了回家的路程,老鹰也拿着厚厚的一把钞票飞回了自己的地盘。突然间,火鸡王想到了一个问题:为什么不能像老鹰一样飞回去呢?

思考问题

这个故事反映出在企业培训中存在的什么问题?

六、培训种类

（一）入职培训

销售人员入职时对其进行的培训内容包括对于企业概况、理念、组织、文化、模式、流程等理念方面的培训,适合采用讲授法、视听法(如播放企业光盘)、自学法(如阅读《员工手册》)等基本方法。而对于行为培训,则适宜采取拓展训练、魔鬼训练以及互动游戏法,让新员工在态度上、行为上更快适应企业。

(二)上岗培训

在入职培训后,销售人员还要接受上岗培训。上岗培训主要是产品常识、岗位职责、专业技能(如推销、谈判、交际等)等方面的培训。对于这几方面的培训,最适合采用演示法、角色扮演法、模拟训练法,有利于实现岗位技能速成,尽快进入岗位工作状态。

(三)管理培训

对于销售人员开展管理培训,企业可能是出于几种目的:一是晋级性培训,销售人员在升职前培训;二是普及性培训,对于销售人员普及管理知识。对于销售管理培训,最恰当的办法就是案例分析法、研讨法。同时,还有一种岗位培训法,即到即将到任的岗位去实习,通过实习充实管理知识、提升管理技能。

(四)专项培训

专项培训又称主题性培训,具有明确而鲜明的培训主题以及极强的培训动机。对于主题性培训,大型活动培训法最为实用,如组织销售人员参加体育竞技活动、参观旅游活动、文化娱乐活动、参加高峰会及大型论坛等。

(五)在职培训

宝洁公司认为"在职培训是最好的培训",其实西门子也有类似的观点:在世界性竞争日益激烈的市场上,在革新颇具灵活性和长期性的商务活动中,人是最主要的力量,知识和技术必须不断更新换代,才能跟上商业环境以及新兴技术的发展步伐。对于销售人员的在职培训方法很多,诸如销售人员自修、请专家到企业开展内训、在线培训等。

惠普中国公司的销售培训

在惠普中国公司,对销售人员的培训有两方面的含义,一方面是长期性质的解决方案,它就像是一个路径图,告诉销售人员在什么时间应该具备哪些能力、掌握哪些知识。这是一个较长时间的积累过程,可能需要2~3年或3~4年,最终水到渠成地完成量变到质变的飞跃。另一方面指近期解决方案,在时间紧、任务重的压力下,通过上一门培训课或者组织集训班,进行针对性较强的培训。惠普认为,解决方案的两个方面是缺一不可的。

一、集训班运用三种手段

在组织销售集训班的过程中,惠普有以下三种实施方案。

1. 拿来。当发现合适的专业培训机构时,惠普会把专家请进来。当然,目前这种可以直接"拿来"的课程并不多,而且多限于知识传递类型的课程。

2. 调整。培训公司能提供的培训内容并不都符合要求时,惠普会按照业务部门的要求把内容进行改编。如果培训公司的课程内容很好,但讲课的老师不令人满意,惠普就派自己的销售经理出去听课,获得此课的授权讲课资格,然后回来自主授课。

3. 自编。销售人员培训最大的挑战是找不到合适的解决方案,此时惠普采取自己执笔主编教材的办法。挑选几位最出色的销售人员和经理,采访他们,让他们谈是什么素质使他们成功的,然后把他们的采访记录整理成文件,交给管理层审核、修改后作为培训教材。

二、集训班之魂——角色扮演

有些培训之所以没有带来预期的效果——行为的改变,原因之一就是培训中理论甚多,实践太少。为了增强培训效果,惠普专门为集训班编写了一个系列角色扮演脚本。以惠普业务部门优秀的销售人员的成功案例为蓝本,针对IT行业和惠普的产品编写充满实战性的练习教案。要求销售人员在每天晚上下课后,分成4~6人一组,用当天所学的技巧,真实地演练客户拜访,现学现卖,从而加速行为的改变。由于集训班是把3~5门销售课程放在一起,而每天的角色扮演,犹如一条线索把这些根本不相关的培训课串在一起,起到了画龙点睛的作用,因此,角色扮演被称为集训班之魂。

根据脚本,集训班需要若干人扮演客户或合作伙伴的角色,公司里众多优秀的销售经理就是现成的宝库,他们有非常丰富的客户经验,能把各种场合下、各种性格、各种态度的客户演得活灵活现,让销售人员用所学的知识、技巧和态度来应付、处理和引导客户。因此,惠普把销售经理称为集训班之源。

由于邀请的经理多数就是参加培训的销售人员的直接老板,也有上一级经理,他们在扮演角色时不仅可以直接向他们的员工介绍自己的经验,为员工做现场指导,同时还可以观察本部门的员工在集训班的学习表现。

三、集训班之镜——多面点评

每次角色扮演之后,还要花很多时间来做点评。惠普认为,这是一个非常重要的、获取全面反馈信息的难得机会。点评一般围绕职业销售人员在一般销售场合下应做到的动作、应具有的素质和心态展开。

点评会是多角度、多方面的。培训讲师的点评会强调课堂理论在角色扮演中的得与失,销售经理则专门点评在销售过程中需要经验积累的常识。成人学习最有效的方式之一是从同事身上学习,所以惠普的集训班还很重视来自学员之间的点评。点评在集训班中的作用是为学员提供一个多面镜,让他们清楚地看到自己在销售中的优势与劣势,因此称之为集训班之镜。

(资料来源:点亮网 http://www.dianliang.com/manage/200510/manage_15893.html 有修改)

第四节 销售人员的激励

组织行为学认为,激励是一种精神力量或状态,起加强、激发和推动作用,并指导和引导行为指向目标。激励过程的基本模式如图7-4所示。

图 7-4 激励过程的基本模式

激励模式的过程可概括为需要决定动机、动机引起行为、行为指向目标。激励力一般包括强度、持久度和选择方向三个维度。强度是指销售人员在某一给定任务上的努力程度;持久度指销售人员持续努力的时间;选择方向是指销售人员为完成工作相关任务所选择的特定行动。例如,某一销售人员可以决定集中精力于某一特殊的顾客(选择方向),他可以提高拜访该顾客的次数(强度)直到他得到第一份订单(持久度)。

一、销售人员激励的必要性

企业中的任何成员都需要激励,销售人员更是如此。销售工作的特性、销售人员的个性特征以及企业和市场环境的变化使得对销售人员的激励更为必要,具体原因如下。

(一)销售工作的性质决定了销售人员需要更多的激励

销售人员常常离家在外独立工作,工作时间长短不定,并经常遇到挫折。他们经常远离亲人,极易产生孤独感;销售工作竞争性强,销售人员面临着咄咄逼人的竞争对手,容易产生一定的心理压力。因此,销售工作的特殊性质要求销售人员不断地受到激励,才会保持旺盛的工作热情。

(二)销售人员的个性使得组织对销售人员的激励面临很大的难题

每个销售人员都有自己的目标、难题以及长处和短处,每个销售人员对同一激励可能有不同的反应。销售经理必须制定一个既符合整体需要又适应不同个体需要的,具有弹性的激励组合。

(三)销售人员的个人家庭问题会影响工作效率

销售人员由于常年外出,不能很好地照顾家庭,会出现很多的家庭问题。比如不能照顾家人,长期不归家也容易导致婚姻不和谐,引起家庭矛盾危机等。家庭问题会使销售人员不能集中全身心的力量投入到销售工作之中,使得销售效率降低,这也需要销售经理运用科学的方法和手段激励销售人员达到最佳工作水平。

此外,任何工作都有生理周期,即工作热情随工作时间而改变,销售人员工作更是如此,销售人员工作周期如图7-5及表7-5所示。

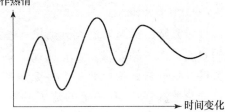

图7-5 销售人员工作热情变化曲线

表7-5 销售人员各阶段分析

阶段	从业时间	特点	通常的期望
Ⅰ	一年之内	销售人员刚开始从事销售工作,热情迅速高涨。但没有任何工作经验,缺乏物质基础	迅速掌握销售技能,在工作上迅速取得成绩和得到认可
Ⅱ	一至三年	工作热情仍在上升,但速度相对变缓。逐步积累了一定的工作经验,开始获得物质回报	进一步扩大销售业绩,拥有稳定的工作和收入
Ⅲ	三至五年	工作热情达到顶峰,并能相对保持,有时也会有所下降。已有大量的工作经验,并取得了相当的物质回报	保持销售的持续性,得到升级或升职
Ⅳ	五年以上	工作热情逐渐下降,并保持在一定的程度上。拥有丰富的工作经验,物质回报也达到了较好的程度	得到升职和认同感及成就感

激励的作用

关于激励的重要性,哈佛大学的戈森塔尔教授曾做过一个有名的实验:他让加州某中学校长从学校随机抽出3位老师和100名学生,然后,请该校长把3位老师叫到办公室并告诉他们是学校里最好的三位老师,校长告诉他们,学校挑选了100个尖子学生组成了3个班级并分别交由他们执教,一年后,这3个班级果然成为全校最优秀的3个班级。后来,这3位老师才知道,他们3位和那100名学生其实只是学校随机挑选出来的样本而已。

二、销售人员激励的方法

企业要正确地对销售人员实施激励,除了有必要的理论指导之外,还必须根据销售人员所面对的客观情况及销售人员自身的特点采取不同的激励方式,销售经理只有通过有效的、科学的激励方法,才能引导、激发销售人员蕴藏的巨大潜力,获得最佳的工作绩效。根据国内外许多学者的总结和企业实践,对销售人员进行激励的方式主要有以下几种。

(一)目标激励

目标激励是指为销售人员确定一些拟达到的销售目标,并根据目标的完成情况来激励销售人员的一种方式。企业应设立的目标可以有销售定额、毛利额、访问客户数、新客户数等。目标激励的好处在于将企业的目标转化为销售人员自觉的行动,使他们体会到自己的价值和责任,有一定的成就感和满足感。一般来说,制定销售定额是企业的普遍做法。

销售经理在制定销售定额时要注意到销售人员的个体差异,考虑他们以往的销售业绩、所在地区的销售潜力、销售人员的潜力及对奖励的反应等多种因素。一般来说,优秀的销售人员对于科学合理的销售定额将会做出积极的反应,特别是当年终的薪酬水平是按销售业绩做出适当调整时他们受到的激励作用更大。

(二)物质激励

物质激励是指对做出优异成绩的销售人员给予奖金、奖品和额外薪酬等实际利益,以此来调动销售人员积极性的激励方式。物质激励往往与目标激励联系起来使用,一定的目标与一定的激励挂钩。物质激励是最基本的激励手段,并且在各种激励方式中对销售人员的激励作用是最直接、最强烈的。因为工资、奖金、住房等可以满足人们最基本的物质需求;同时,收入水平的提高、物质条件的改善也可以影响销售人员的社会地位、社会交往,满足其学习、文化娱乐等精神方面的需要。

思考问题

金钱是最有效的激励因子吗?为什么?

(三) 精神激励

精神激励是指对作出优异成绩的销售人员给予表扬、颁发奖状、授予称号、发放象征荣誉的奖品和奖章等,以此来激励销售人员继续努力工作。IBM公司副总裁巴克罗杰斯曾说:"几乎任何一件可以提高自尊心的事情都会起积极作用……"。企业管理的实践表明,物质激励必须同精神激励相结合。精神激励相对于物质激励是较为高层次的激励。当销售人员的物质需求被满足之后,精神方面的需要就变为主导需求,此时精神激励是促使销售人员上进最为有效的手段。精神激励对那些学历程度较高的年轻销售人员更为有效。

(四) 工作激励

工作本身带给员工的乐趣和成就感对员工的激励作用更大。日本著名企业家稻山嘉宽说过,"工作的薪酬就是工作本身",这句话深刻地道出了工作的完整性、丰富化这种内在激励的无比重要性。当前企业员工在解决了温饱的问题以后,他们更加关注的是工作本身是否具有吸引力——工作内容是否有挑战性,是否能显示成就感,是否能发挥个人潜力,是否能够实现自我价值。

在进行工作激励时首先应该了解每个销售人员的兴趣、专长和工作能力,然后再将任务合理地分配给他们。其次,在职务设计中,应该尽可能考虑工作的多样性、完整性和独立性,建立通畅的反馈机制,使员工及时了解工作的结果,不断完善自身的行为,形成高质量的工作绩效和高度的工作满足感,培养员工的忠诚度。

(五) 培训激励

如今销售人员面对的是一个市场变化迅速、商品更新换代快的时代,随着时间的推移,销售人员的销售能力下降,知识结构逐渐老化。因此,企业应该重视对销售人员的培训,建立一套完整的培训体系。这样不仅能够满足销售人员求知、求发展的需要,更新其知识结构,而且,这样会使销售人员在激烈的竞争压力之余感受到企业的关心与爱护,从而在精神上激励他们,使他们始终保持高昂的斗志。

(六) 企业文化激励

企业文化的激励作用是指企业文化本身所具有的通过各组成要素来激发员工动机与潜在能力的作用,它属于精神激励的范畴。具体地说,企业文化能够满足员工的精神需要,调动员工的精神力量,使他们产生归属感、自尊感和成就感,从而充分发挥他们的巨大潜力。对销售人员的文化激励就是创造共有的价值观与归属感,培养销售人员对企业的忠诚度。

(七) 环境激励

环境激励是指企业创造一个良好的工作氛围,使销售人员能够心情愉快地开展工作。环境激励可通过以下方式:

(1) 美化工作环境,消除不利于健康的因素;

(2) 培养一种融洽的人际关系,尊重优秀员工,使销售人员在一种和谐的氛围中工作;

(3) 定期地召开销售和一些非正式会议,为销售人员提供一个社交的场所,增加他们与公司领导交谈的机会,为他们提供在更大范围内结交朋友、交流感情的机会;

(4) 企业各级领导者重视对销售人员的激励,尊重、关心和信任他们,在精神方面经常给予鼓励。

（八）销售竞赛

销售竞赛可以激励销售人员付出比平常更大的努力去积极工作，销售经理常用这种方法。采用这种方法时竞赛的奖励面应适度，如果只有少数人能得到奖或几乎每个人都能得奖，就会失去激励的作用。销售竞赛的日期最好不要预先通知，否则一些销售人员会把一些销售推迟到销售竞赛的初期进行。

大地之光公司的销售竞赛

大地之光清洁产品公司生产并销售家庭地板清洁产品，公司有很多产品分销渠道，从小杂货店、便利店到巨大的廉价商场。销售经理文斯·科尔曼要求区域销售经理鲍勃·赫曼一起协助他完成第四季度特定的销售任务，以达到年终目标。赫曼认为销售竞赛将是一个用来促进这一区域第四季度销售的最佳的方法。

赫曼所在的区域拥有100名推销人员，其中大约20%是女性。这个区域被划分成5个区，每个区有20名推销人员。为了避免推销人员之间的互相竞争，在竞争期间销售积分最高的推销人员将获得"优胜者"的称号并获得一次棒球露营旅行。大多数推销人员认为，他们可以增加销售额，不论是通过向当前的客户更多地推销还是寻找新的客户。一些推销人员要求客户提前购买，另外一些推销人员则要求客户订购比平常多的产品，否则取消其应得的激励。为了获得新客户，一些推销人员与那些信用很差的客户打交道，因为就算顾客没有支付能力，在比赛结束之前是不会表现出来的。

大约在比赛进行到1/3的时候，第三区的一名推销人员丹·泰特将获得一个新的大客户，这意味着他的销售额将大大增加。第三区的其他推销人员对比赛失去了热情。

当比赛就要结束时，赫曼注意到，销售并没有增长到他想象的那么多。此外女性推销人员并没有显著的销售增长。赫曼开始考虑，到底是哪出了错。

（资料来源：智库网 http://wiki.mbalib.com/wiki 有删改）

思考问题

1. 你认为该公司销售竞赛失败的原因是什么？
2. 如果你是公司的销售经理，将会如何设计本次竞赛？

除了以上激励方式以外，企业还可以使用强化激励。强化激励法有两种方式：一是正强化，对销售人员的成绩及时给予肯定和奖赏；一是负强化，对不积极工作的销售人员给予否定和惩罚。通过奖勤罚懒促使销售人员取得更好的销售业绩。对于那些销售业绩突出的销售人员还可以实行股权激励的措施，即允许销售人员将其提成和奖励转为其在公司的股份，可以享受公司年终的股份分红，有对企业的经营提出自己的意见和建议的权利，使其真正成为企业的主人，这样可以更大地激发他们的工作热情。

第五节 销售人员的业绩考评

业绩考评是一种正式的员工评估制度,是用过去制定的标准来衡量工作绩效以及将业绩结果反馈给员工的过程。销售人员的业绩考评是销售管理的一个重要环节,销售人员的业绩考评对于调动销售人员的积极性、规范销售管理、实现企业销售目标具有十分重要的作用。

一、业绩考评的程序

销售人员的业绩考评工作应按照一定的程序进行,一般包括五个步骤:收集考评资料、建立业绩考评标准、选择考评方法、实施业绩考评、反馈考评结果,如图7-6所示。

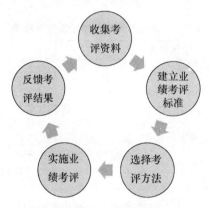

图7-6 销售人员业绩考评程序

二、收集考评数据和资料

在进行销售人员业绩考评时,对销售人员的资料、信息收集一定要全面和充分。资料的来源主要有销售人员的销售报告、销售情况记录、客户的投诉和意见、公司内其他职员的意见等。其中,最重要的来源是销售报告,这是考评销售人员的主要依据。

(一)销售人员的销售报告

销售报告是最重要的资料来源,可分为销售活动计划报告和销售活动业绩报告两类。

销售活动计划报告包括地区年度市场销售计划和日常工作计划。年度市场销售计划作为考核总体依据。日常工作计划包括计划进行的访问和巡回路线。

销售活动业绩报告主要提供已完成的工作业绩,如销售情况报告、费用开支报告、新业务的报告、当地市场状况的报告等。

(二)企业销售记录

企业内的有关销售记录、顾客记录、区域的销售记录、销售费用的支出等,都是评估的宝贵资料。通过销售发票、客户订单、会计记录等可以得到许多关于销售人员的销售数量、毛利、平均订单规模等信息。顾客的销售记录则可以用来评估为客户服务的销售人员的销售情况。

(三)顾客意见

评估销售人员应该听取顾客的意见。有些销售人员业绩虽然很好,但在顾客服务方面做得并不理想,特别是在商品供不应求的时候。一般来说,收集顾客意见的途径有两方面:一是顾客的信件和投诉;另一个是定期进行顾客调查。

(四)企业内部职员意见

这一资料的来源主要来自企业内部其他有关人员的意见,比如销售经理、销售经理、其他销售人员或其他人员的意见。这些资料可以提供一些有关销售人员的合作态度和人际关系技能方面的信息。

三、建立业绩考评标准

销售人员业绩考评的标准包括定量标准和定性标准。一般来说,定量考评的标准能够最有效地用以考评销售人员的业绩,定性考评标准则主要用于考评销售人员的工作能力。定性考评有利于解释定量考评的结果。常用的考评标准如表7-6所示。

表7-6 销售人员定量和定性考评标准

定量标准			定性标准
投入指标	产出指标	比率指标	
1. 销售访问 ● 访问次数 ● 日平均访问次数 2. 工作时间 ● 工作天数 ● 销售时间与非销售时间 3. 直接销售费用 4. 非销售活动 ● 广告展示 ● 写给潜在顾客的信件 ● 打给潜在顾客的电话 ● 与经销商、分销商会见的次数 ● 接受顾客抱怨的次数	1. 销售量 ● 销售额 ● 销售产品的数量 2. 销售量所占比率 ● 定额 ● 市场份额 3. 按产品和顾客划分的毛利 4. 订单 ● 订单数量 ● 评价订单规模 ● 撤销的订单数量 5. 顾客 ● 现有的顾客数量 ● 新开发的顾客数量 ● 流失的顾客数量	1. 费用比率 ● 销售费用比率=费用/销售额 ● 每次访问的平均费用=费用/访问次数 2. 客户开发与服务比率 ● 客户渗透率=购货顾客数/所有潜在顾客 ● 新客户转化率=新顾客数/顾客总数 ● 流失顾客的比率=未购货的老顾客/顾客总数 ● 顾客平均规模=销售额/顾客总数 3. 订单比率 ● 订单平均规模=销售额/订单总数 ● 订单取消比率=被取消的订单数/订单总数 4. 访问比率 ● 每天访问次数=访问次数/工作天数 ● 顾客平均访问次数=访问次数/顾客总数 ● 击中率=订单总数/访问总数	1. 个人努力 ● 时间管理 ● 拜访的规划和准备 ● 处理顾客不满和成交的能力 ● 销售陈述的质量 2. 知识 ● 产品知识 ● 企业和企业政策 ● 竞争者的产品和战略信息 ● 顾客知识 3. 顾客关系 4. 个人形象和健康 5. 个性和态度 ● 自信心 ● 责任感 ● 逻辑分析能力 ● 决策能力 ● 合作精神

(一)定量指标

定量指标是销售组织对销售人员工作业绩量方面的期望与要求。一般来说,用预先制定的定量指标进行考评更加客观、直接。定量指标主要可归为三类:投入指标、产出指标与比率指标。

1. 投入指标

投入指标考察的销售人员付出的努力,而不是这些努力所导致的结果。投入指标容易控制和改进。

（1）客户访问次数

访问次数在一定程度上与销售业绩成正比，也可以反映销售人员工作的勤奋程度。

（2）工作时间和时间分配

这两个指标能够直接用来考评销售人员与客户联系的程度。通过工作时间和时间分配考察，可以判断该销售人员的工作效率。

（3）销售费用

销售费用指标反映的是销售人员进行销售工作时在财务上的耗费。这个指标可用于衡量每次访问的成本等。

（4）非销售活动

从长期来看，决定销售人员工作业绩的因素不只是销售人员与客户的直接接触，还应该包括一些非直接的努力。因此，企业有必要对销售人员的非销售活动加以考核。此类指标主要有拨打销售电话的次数、向企业提出的合理销售建议的次数等。一些宣传性工作也属于此类考核范围，比如举办促销或广告展示会的次数、召开经销商会议的次数等。

2. 产出指标

产出指标是考评销售人员业绩最为重要的指标。从销售统计资料即可以获得此类数据。

（1）销售量

销售量是绩效考评的主要指标，是销售工作重要的产出指标。销售量考核依据销售定额。销售定额的制定应考虑不同地区、产品、顾客群的具体情况。

（2）订单数量和规模

一般来说，订单数目的多少可以反映销售成功与否。订单规模的大小，通常更能反映出销售人员的工作能力、销售技巧及效率。如果每份订单的规模都比较少，说明销售人员可能时间管理不合理，将大量时间用于访问小客户上，而忽视了大客户。

（3）客户数量

客户数量指标可以用来反映销售人员驾驭自己的销售区域的能力。现有客户数量反映了销售人员已控制市场的大小；新客户数量反映了销售人员开发新市场的力度和成效。客户流失数量可以用来考评销售人员在保持顾客忠诚度方面所做的努力和产生的效果。

3. 比率指标

常用的比率指标有以下几种。

（1）销售目标完成率

$$销售目标完成率 = 实际销售额/销售定额 \times 100\%$$

（2）销售费用比率

$$销售费用比率 = 实际销售费用/实际销售额 \times 100\%$$

销售人员发生的费用一般包括：出差费用、业务费用、薪酬等。

（3）日均拜访客户数

$$日均拜访客户数 = 拜访客户总数/工作总天数 \times 100\%$$

日均拜访客户数反映了销售人员工作的努力程度，通常与其工作业绩成正比。

（4）货款回收率

$$货款回收率 = 已收货款/销售额 \times 100\%$$

通过此指标的评估，可以督促销售人员尽早收回货款，减少应收账款和坏账的比率，增加企业的现金流。

（二）定性指标

在建立定量考评指标时，也要建立定性指标，因为这类指标有时更反映销售人员工作的主动性、销售技巧以及个性特征等。定性指标考评的关键在于降低其主观性。定性指标一般包括以下几点。

(1) 销售技巧指标，包括展示产品的技能、倾听技巧、客服客户异议、达成交易等。
(2) 销售区域管理指标，包括销售访问计划、费用控制、销售记录、收集客户信息等。
(3) 客户与企业关系指标，包括对与客户、同事以及企业关系的处理。
(4) 个人特点指标，包括合作精神、工作态度、人际关系、个性、能力等。

绩效目标制定的 SMART 原则

制定目标以后，主管应按照以下原则来衡量目标是否有效。

一、目标是具体的(Specific)，即明确做什么，达到什么结果。

二、目标是可衡量的(Measurable)，绩效目标最好能用数据或事实来表示，如果太抽象而无法衡量，就无法对目标进行控制。

三、目标是可达到的(Attainable)，绩效目标是在部门或员工个人的控制范围内，而且是通过部门或个人之努力可以达成的。

四、目标是与公司和部门目标高度相关的(Relevant)，体现出目标从上到下的传递性。

五、目标是以时间为基础的(Time-based)，在一定的时间限制内。

以上是衡量目标的 SMART 原则，符合上述原则的目标就是一个有效的目标。否则，绩效目标不明确，就会因不同的解释而造成误导，使考核工作的效果大打折扣。

无效目标举例：

一、负责货款回收工作。（请问：具体吗？）

二、提高交货准时率。（请问具体吗？有时间限制吗？量化了吗？）

如何改进？

应用 SMART 原则对上述目标进行改进举例：

一、在 6 月 30 日前，全面完成对华东区的货款回收工作（货款回收率 100%）。

二、在 2012 年，把货款回收周期从 1997 年的平均 100 天降低到平均 60 天。

三、2012 年第三季度交货准时率比第二季度提高 2%。

四、选择业绩考评方法

销售人员绩效考评主要有以下几种方法。

（一）横向比较法

横向比较法是把各位销售人员的销售业绩进行比较和排队的方法。这里不仅要对销售人员完成的销售额进行对比，而且还应考虑到销售人员的销售成本、销售利润、顾客对其服务的满意程度等。

（二）纵向分析法

纵向分析法是将同一销售人员的现在和过去的工作业绩进行比较，包括对销售额、毛利、销售费用、新增顾客数、流失顾客数、每个顾客平均销售额、每个顾客平均毛利等数量指标进行分析的方法。

（三）图尺度考核法

图尺度考核法是企业最常用的绩效考核方法之一。这种方法将考核的各个项目都赋予考核尺度，将每项考核因素划分出不同的等级考核标准，然后根据每个销售人员的表现按标准评分，并可对不同的考核因素按重要程度给予不同的权数，最后核算出总的得分（如表7-7所示）。

表7-7　销售人员绩效考核表

销售人员：　　　　　　　　　　　　　　　　　　　　　　　　　　总分：

等级 项目	90分以上	80—89分	70—79分	60—69分	59分以下	记分	权数(%)	评分
工作业绩	超额完成工作任务，贡献比别人多得多，工作无懈可击	工作成绩超过一般人所能达到的水平	工作成绩符合要求，基本能如期完成	工作成果大致符合要求，但存在拖延现象	一般不能完成所要求的工作任务，缺点较多			
工作能力	具有高超的工作技能，开发新客户能力强，经常有创造性的点子	具有较强的工作技能，能主动开发新客户，时常有建设性的意见	具有完成分内工作的能力，开发新客户有一定效果，偶尔有创见	工作技能一般，许多加指点，开发新客户需要支援，很少有创见	工作技能不能应付日常作业，开发新客户几乎不能，谈不上有创造力			
工作态度	积极性很高，责任感强，能与同事同舟共济，协调性好	态度积极，能负起责任，能与上司、同事协调好	日常工作决不拖延，对交办的工作能欣然接受，不会与同事发生无意义的摩擦	对难度大的工作积极性不高，责任感一般，表面上能与同事相处	缺乏积极性，责任感不强，工作需要不断地监督，协调能力差			

（四）BARS系统法

BARS（Behaviorally Anchored Rating Scale，行为的尺度）系统法是指以行为作为基础的分级法。BARS系统以行为为评价尺度，评价尺度上的每一个判断点，都可以由与工作有关的具体实际行为来说明。BARS体系认为各种影响销售业绩的因素的影响力是不同的，考评的关键就是找出主要影响因素。BARS体系的逻辑是：首先确定那些对销售成功起关键作用的行为；然后，恰当地描述这些行为，并给予一个分值（0—10分）；在此基础上再对销售业绩进行考评。表7-8是一个用BARS法来衡量销售人员时间管理的例子。

表 7-8 用 BARS 法考评时间管理

时间管理绩效描述	行为评价标准
非常高：能非常好地进行时间管理	10 能很好地安排时间,能够按时完成和提交报告,按计划面谈 9 8 能很好地安排时间,提交报告很少迟到,并经常按计划进行面谈 7
中等水平：能达到时间管理的一般水平	6 大量工作按计划去做,许多报告能按时提交,有时也能按计划进行面谈 5 4 没有在重要的顾客身上花足够的时间,很少及时提交报告,很少按计划进行面谈
很差：不能使用时间管理原则	3 2 在低利润的客户身上花过多的时间,很少及时提交报告,很少按计划面谈 1 0 没有将客户进行等级划分,提交报告总是迟到,从不按计划面谈

BARS 法具有评分法和图标尺度法没有的优点：① 在实施过程中有多人参加,降低了考评结果的主观性;② 当人们参与考评工作时,人们会愿意接受考评工作的结果;③ 它详细地描述了特定的销售工作的有关行为。当然,BARS 考评体系也存在不足之处,比如它的开发成本比较高。

(五) 360 度考核法

360 度考核法就是由直接上级、其他部门上级、同事、下级和顾客对销售人员进行多层次、多维度的评价。这种方法避免了传统方法仅仅从一个人的角度考核所带来的主观性、片面性,使得考评结果更加全面和公正。360 度考评体系如图 7-7 所示。

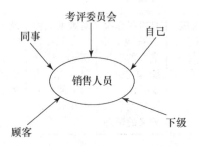

图 7-7　360 度考评体系示意图

360 度考评体系具有如下特点：

(1) 360 度考评的结果来自于与销售人员工作有接触的任何的参与者,从不同的角度给予的评价会弥补单方面评价带来的片面性,使考评结果更加全面和真实。

(2) 这种考核方法由于操作较为烦琐,评价容易主观,不太适宜中国目前的情况。在外国企业中也多用此种方法用于员工培训发展,较少用于业绩评定。

(六) 关键绩效指标考核法(KPI)

关键绩效指标考核是通过对销售人员工作绩效特征的分析,提炼出最能代表绩效的若干关键绩效指标,并以此为基础进行绩效考核。确定一些关键绩效指标十分重要,它们必须与企业的目标产出之间建立紧密的结合,并强调那些在吸引、扩张和保留客户方面最有效的做法。

五、实施绩效考评

实施绩效考评是绩效考评的具体实施环节,即对销售人员在某一绩效周期内的销售业绩与工作表现进行考评,将前面几个步骤中所涉及的指标、方法运用到考评工作中,比较他们实际绩效与考评指标所应达到的标准,得出销售人员绩效考评的结果。这一阶段存在的最大问题是考评人难以避免的个人主观情感与偏见。

六、考评结果的反馈

销售人员的绩效考评结束后,销售经理应就考评结果与销售人员进行绩效改进面谈与辅导,给予客观评价,并分析绩效优秀或不佳的原因、寻求解决方案、制订改进计划和下一个绩效周期的目标。

绩效考评之后,对被考评人进行考评依据反馈是很重要的,因为进行绩效考评的一个主要目的就是改进绩效。所以销售经理和销售人员应根据反馈结果安排绩效改进计划。

第六节　销售人员的薪酬制度

销售人员薪酬的选择和确立是销售队伍建设的关键内容。销售薪酬是一种激励,而受到激励的销售人员会更加积极、努力地做好销售工作,会促进销售业绩的提升,从而有利于企业目标的实现。因此,设计和实施一套科学、有效的销售薪酬制度是非常重要的。

一、销售人员薪酬的含义

销售人员的薪酬是指销售人员通过在某组织中从事销售工作而取得的利益回报,包括工资、佣金、津贴、福利及保险和奖金。具体如下。

(一) 基础工资

基础工资是根据销售人员的销售技能、工作的复杂程度、责任大小以及劳动强度为依据,按员工完成定额任务的实际劳动消耗而计付的工资。它是相对稳定的薪酬部分,也是销售薪酬的基础,它在销售人员的总薪酬中所占的比例根据企业、职位、时期的不同而不同。

(二) 津贴

津贴是工资的政策性补充部分,也是为了补偿和鼓励员工在恶劣的工作环境下的劳动而计付的薪资或对交通、通信等付出的补偿。例如,给予高级销售职称人员的职称津贴、岗位津贴、地区补贴、出差补贴等。

(三) 绩效工资

绩效工资又称佣金或销售提成,它是根据销售人员的销售业绩给予的薪酬,是销售人员销售薪酬的主体,它的作用在于鼓励员工不断提升工作效率和工作质量。

(四) 福利

福利通常指销售人员能享受的、与其贡献关系不大的利益,是作为基础工资补充的一系列措施和实物的总和,如企业的体育文化设施、医疗保健、优惠住房、带薪休假等。福利一般是根据国家政策给予的。

(五) 奖金

奖金是根据销售人员的工作业绩或企业经济效益的好坏发放的奖励,如超额奖、节约奖、销售竞赛奖、年终综合奖等。

（六）保险

保险指企业在销售人员受到意外伤害或失去劳动能力以及失业时为其提供的一种补助，例如工商保险、医疗保险、失业保险等。

另外，销售人员的薪酬不仅限于经济方面的，还包括精神的、自我发展方面的回报，如参加培训、获得职位的晋升等。

二、销售人员薪酬的类型

（一）纯薪金制度

无论销售人员的销货额多少，均可于一定的工作时间之内获得一种定额的薪酬，即一般所谓的计时制。适用于企业在稳定市场比开拓市场更重要的时候。

该种制度的优点是：易于了解，计算简单；销售人员收入有保障，使他们更有安全感。该制度的缺点是：缺乏激励作用，不断继续增加成果，在高效率的销售人员中导致销售业绩的回落；收入与发展不对等，低效率时销售人员的工资多；高效率的时候工资少。

（二）纯佣金制度

此项薪酬制度是与一定期间的销售工作成果或数量直接有关的，即按一定比率给予佣金。适用于企业的产品刚上市，需要迅速开拓市场，雇佣的销售人员为开拓性时采用，或销售人员为"销售型"时采用。该种形式的佣金支付比率可以是固定的，也可以是累进的（即销量越大，佣金比率越高，比率也可以递减，即销量达到一定程度，佣金比率开始减少）。佣金比率也应顾及产品、顾客、地区特性、订单大小、毛利额、业务状况的变动等。

该制度的优点是：可以最大的激发销售人员的工作热情；销售人员容易使自己的销售期望、努力与收入挂钩，可以获得高收入，而且没有上限；不占用公司的资源（预付除外），减少公司风险和控制销售费用。该制度的缺点是：销售人员对公司的忠诚度很差；销售人员会由于未来收入的不确定性而焦虑；销售人员的收入受业务周期影响；增加了管理方面的困难。

（三）薪金加佣金制度

薪金加佣金制度是以单位销货或总销货金额的较少百分率作佣金，每月连同薪金支付，或年终结束时累积支付。该种制度弥补了纯薪金制度和纯佣金制度的不足，是一种广泛使用的方案。在企业的产品已进入成长期，销售较为稳定时，可考虑使用此种薪酬制度。

该制度的优点是可以使公司获得最大销售量而不损害客户服务，同时为销售队伍提供安全保障，并激励他们取得最大的销售业绩。其缺点是佣金太少，激励效果不大。

> **思考问题**
>
> 高底薪低提成还是低底薪高提成取决于哪些因素？

（四）薪金加奖金制度

运用此项制度，销售人员除了可以按时收到一定薪金外，还可获得较多的奖金。有助于实现长期销售目标。可以激励销售人员建立特定的客户群组合，或销售特殊的资本支出量高的商品种类。当企业的产品已进入成熟期，市场需要维护和管理时，企业所雇佣的销售人员多为管理型人员时可以考虑采用这种薪酬制度。

该制度的优点是可以鼓励销售人员兼做若干涉及销售管理的工作,缺点是不重视销售额的多少。与提成相比,奖金具有更大的灵活性。

思考问题

奖金与提成的不同之处?

(五)薪金加佣金再加奖金制度

此项薪酬制度是兼顾了上述三种方法的优点,以薪金维持稳定,给销售人员安全感,利用佣金及奖金激发其增加工作成效。该制度融合了上述三种方法的优点,在企业产品进入成长期、成熟期、销售人员为"开拓型"或"管理型"时均可考虑采用这类薪酬制度。

该制度的优点是收入稳定,管理方面也能有效地控制销售人员,缺点是实行此制度的企业薪酬支付成本较高,管理费用加大。

(六)特别奖励制度

特别奖励制度是规定薪酬以外的奖励,即额外给予的奖励。此项额外奖励分为物质奖励和非物质奖励两种。物质奖励包括直接增加薪水或佣金或间接的福利(如假期加薪、保险制度、退休金制度等)。非物质奖励方式很多,如通过销售竞赛给予销售人员一定的荣誉奖励,颁发奖章或纪念品等。该制度的优点是鼓励作用更为广泛有力,常常可以促进滞销产品的销售;缺点是奖励标准基础不确定,容易使销售人员感到不公平。

某公司经营部销售人员销售奖金方案

为提高销售人员的积极性,真正做到奖优罚劣,增强公司考核和奖励的透明性,确实体现公司"为员工创造机会"的企业宗旨,特制订销售人员奖金方案如下:

一、奖金基数的确定

(1)单项销售人员的奖金基数为 X 元/月,每增加一项产品奖金基数增加 15%。

(2)业务主管的奖金基数为 Y 元/月。

二、考核时间:以每季度为一考核周期。

三、奖励分数的确定

TV:60分;空调:15分;白电:15分;AV:10分。

(1)例如,一名销售人员负责的产品为:TV、空调、白电,并且 TV 完成80%,空调完成90%,白电完成100%。则其季度的奖励分数 $=80\times 60/90+90\times 15/90+100\times 15/90=84.93$ 分。奖金金额为 $X\times(1+15\%+15\%)\times 84.93/100=1.1041\ X$ 元。

(2)再如,只负责 AV 单项产品的销售人员,任务完成率为90%,则其本季度的奖励分数 $=90\times 10/10=90$ 分,该月奖金金额为 $X\times 90/100=0.9\ X$ 元。

(3)对于某单项产品完成率最高只计算至150%。

四、奖惩规定

(1)如果综合销售人员的总分数低于60分,则取消其本季度奖金;如果高于60分,则公司按比例发放奖金(其中 TV 任务完成率低于80%高于60%,则奖金基数×彩电完成率)。任务完成得分最高计算至120分。

(2) 单项销售人员的任务完成得分低于80分的,取消其本季度奖金。

(3) 销售人员得分在50分以下,则扣除其本季度基本工资的30%。

(4) 对于季度完成优秀的销售人员,如得分高于120分或某单项产品业绩优秀者,公司将给予一定的奖励,奖励以红包形式体现。

(5) 对于虽然完成任务,但出现重大操作问题的,如:窜货、库存结构不合理、应收账款过大等情况,公司将视具体情况减少或取消其奖金。

(资料来源:百度文库,有修改)

三、销售薪酬的组合模式

以上介绍的六种薪酬形式,其中薪金+佣金+奖金的组合制度是一种最为理想的薪酬组合模式。但具体执行过程中,是实行高底薪低提成、奖金还是低底薪高提成、奖金的方式因不同企业或企业的不同时期而有所不同。

(一)高薪金与低奖励组合模式

适合于实力较强的企业或具有明显垄断优势的企业。这样的企业通常建立了比较良好的企业文化,并为销售人员提供了良好的福利和各项保证,销售人员具有强烈的归属感和荣誉感。由于企业的性质和销售岗位的特点,销售人员的岗位薪水通常高于其他行业或企业,从而使销售人员在社会公平的比较中获得明显的优越感。正因为如此,即使企业所提供的额外奖励幅度较小(通常20%~50%),该薪酬方式亦能具有较大的激励作用。

(二)高薪金与高奖励组合模式

这种薪酬模式适合于快速发展的企业。由于其迅速成长的特性,需要不断加强对销售队伍的刺激力度,以扩大对市场的占有和击败竞争对手。同时,处于发展中的企业又必须加强对销售人员的行为控制,以确保企业战略的实现。实行这种薪酬模式的企业具有较大的凝聚力和团结作战的能力,要求销售人员具有较高的文化素质,能准确理解公司的战略意图。该薪酬模式除了其岗位工资高于其他行业或企业外,其额外奖励的幅度通常大于岗位工资的50%,甚至数倍。

(三)底薪金与高奖励组合模式

这种薪酬模式具有准企业佣金制的性质,销售人员的薪水不仅低于其他行业或企业,也可能低于公司其他岗位的职工。这些薪水主要用于正常的生活费用,甚至仅仅相当于部分促销补贴。但在奖励幅度上比较大,可以达到其销售1%~5%。该薪酬模式通常适合处于夕阳时期的企业或产品,有助于企业收回应有收益,或减少可能的损失。在市场竞争比较激烈、企业具有一定优势而管理力量较为薄弱的情况下,也可以采用这种模式。

(四)底薪金与低奖励的组合方式

实行这种薪酬方式的企业,经营状况一般不太好,或者正处于企业创业的艰苦时期。尽管从社会比较的角度来看,这种薪酬方式处于劣势,但由于该薪酬方式很可能依据企业的实际确定,因而如果做好宣传说明工作,也会得到销售人员的谅解。需要说明的是:企业实行这种薪酬方式的时间不宜太久,在条件改观时要适时调整,否则会使销售人员失去耐心而离开企业。

四、销售人员薪酬制度的实施与考察

(一)预先测试计划

一旦销售管理层暂时确定了薪酬方案,下一步就要预先测试整个计划。这包括确定如

果计划在过去几年里已经执行,它又将怎样运作;管理层可以估计的公司成本和销售人员的收入会怎样。

(二)薪酬制度的实施

通常,一经选定了某一薪酬制度,便应向全体销售人员详细说明,并确保他们明白,以避免产生误解。凡薪酬中有固定薪金的,必须先行规定各销售人员的薪金高低,其高低标准应尽量依据企业所制定的一半薪酬制度,不可有歧视或不公平的地方。

(三)薪酬制度的考察

考察薪酬制度的目的是检验经过试行的制度或固有的制度是否有效。任何新制定或修正的薪酬制度经过一年或一定支付期间试行后,该制度所产生的效果如何,必须详细加以分析与考察,以确定是否可以正式实施或有无修正调整的必要。考察的标准包括以下几个方面:

(1)销售人员的绩效如何。薪酬制度不同,销售人员的绩效自然有显著的差异。

(2)预算、销售费用比率及毛利情况。将拟定薪酬制度时的预计数字与实际发生值加以比较。

(3)对顾客的影响。如果薪酬制度不是很合理,常常会出现销售人员怠慢顾客的现象。

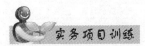

金钱是销售人员最有效的激励因子吗?

一、训练目的

1. 正方观点:金钱是销售人员最有效的激励因子。
2. 反方观点:金钱是有效的激励因子,但可能不是最有效的。

二、训练要求

1. 全班中选出两组学生(正方与反正),每组5人,各组设一名辩论组长。
2. 利用课余时间,各组充分准备本方辩论赛的相关资料。
3. 任课教师作为主持人,辩论会为30~40分钟。
4. 找5名学生评委进行评分。

三、训练步骤

1. 辩论前将教室桌子重新摆放,达到能辩论要求即可。
2. 每组组长组织本组参赛流程、内容、开头与总结性发言。
3. 每组先各陈述自己观点,然后再进行双方辩论。
4. 规定时间限制,到辩论结束时间,每组组长做2分钟总结。

四、总结与评估

1. 由教师找5名学生做评委,给每组打分,满分100分。
2. 教师做总结评价。

一、思考题

1. 如何进行销售人员规模设计？
2. 销售人员选拔主要是看重什么？
3. 如何有效地对销售人员进行培训？
4. 如何正确考评销售人员的业绩？
5. 如何制定有效的销售人员激励机制？

二、实训报告

学习完本章后，走访企业或查阅资料，写一份销售人员的有效激励因素调查报告。

第八章　销售渠道管理

[学习目标]

学完本章,你应该达到:
1. 知道销售渠道管理人员的岗位和职责,实际工作中能起草相关岗位规范;
2. 掌握销售渠道相关业务术语;
3. 熟悉销售渠道中间商的种类;
4. 掌握渠道建设原则和关键因素;
5. 掌握销售合同的基本要素,会起草各种销售合同;
6. 掌握销售渠道管理的基本知识,能够在渠道管理中应用。

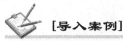[导入案例]

燕京啤酒的崛起

北京的燕京啤酒已经是百姓餐桌上熟悉的品牌,在创业初期,它只是北京顺义的一个乡镇企业。如何站稳脚跟,开拓市场,燕京啤酒走了一条别的企业从未走过的道路。建厂的时候,北京的啤酒大王是白牌的北京啤酒和历史悠久的五星啤酒,而这两家的产品是通过国家的主渠道来经销的,在市场上供不应求。燕京啤酒积极发掘并培养自己的分销渠道。从个体户开始做分销,这在当时是一件很被啤酒行业所不齿并有风险的举措,然而正是这些个体的批发大户擎起了燕京啤酒的大好江山。迅速占领了北京市场,也正是这个牢固的基础,经过发展,燕京啤酒一跃成为中国啤酒的知名品牌,至今走在同行前列。

分销渠道的选择是食品和饮料产品行业销售过程的一个大的问题,如何减少中间环节并有效地将产品以最快、最优、最简洁的方式推到市场上一直是企业关注的问题,燕京啤酒勇于实践和创新,开拓新的通路,积极寻找,着力培养自己的分销渠道,该企业的销售模式为自己也为一个行业树立了一个典型,发展到今天,成为民族产业中一支重要力量。

> **思考问题**
>
> 如果您是某公司的销售经理,如何让您公司的产品走进千家万户?

(资料来源:道客巴巴网 http://www.doc88.com/p-65621886967.html 有修改)

销售渠道也称产品分销渠道、分配渠道或配销通路(以下均以"销售渠道"称谓),即指将产品从制造者手中转至消费者手中所经过的各中间商连接起来形成的通道。现在,社会分工越来越细,制造商由于人力、物力和财力所限,难以完成从商品制造到送达最终消费者手中的一系列工作,企业往往把产品的销售工作交给一些中间商去做,这些中间商就构成了企业销售产品的通路。

销售渠道的选择是企业管理部门所面临的最重要决策之一,如何建立良好的销售渠道是企业渠道管理人员的基本职责,选取哪类中间商是渠道建设中不可回避的问题,如何签订互惠互利的销售合同是企业销售人员和管理者的必备技能,销售渠道管理是企业将产品通过中间环节顺利推向目标客户的关键,本章将学习上述相关知识。

第一节 企业渠道管理人员的岗位和职责

企业设置渠道管理人员岗位有利于销售渠道建设工作的顺利开展,销售渠道策略规范并有效地落实,使渠道信息能及时回馈,因此配备相应的人员,并明确其职责尤为重要。现将企业的渠道经理岗位职责基本内容描述如下(每个企业根据具体情况可能有更详细的内容)。

一、渠道经理岗位职责

(一)渠道经理岗位

岗位名称:渠道经理。

直接上级:营销总监。

直接下级:区域主管或专员。

(二)渠道经理岗位工作内容

(1) 分析市场状况,正确做出市场销售预测。

(2) 拟定年度渠道销售规划,分解目标,报批并督导实施。

(3) 拟定年度预算,分解、报批并督导实施。

(4) 根据中期及年度计划建立并完善销售渠道。

(5) 根据渠道发展规划合理进行人员配备。

(6) 汇总市场信息,提交产品改善(解决方案优化)或产品开发(解决方案设计)建议。

(7) 洞察、预测渠道危机,及时提出改善意见。

(8) 把握重点客户,控制80%以上的产品销售(项目应用)动态。

(9) 关注所辖人员的思想动态,及时沟通解决。

(10) 根据销售预算进行过程控制,降低销售费用。

(11) 参与重大销售谈判和签订合同。

(12) 组织建立、健全客户档案。

(13) 指导、巡视、监督、检查所属下级的各项工作。

(14) 向直接下级授权并布置工作。

(15) 定期向直接上级述职。

(16) 定期听取直接下级述职并对其做出工作评定。

(17) 根据工作需要调配直接下级的工作岗位。

(18) 负责本部门主管级人员任用的提名。

(19) 负责制定本部门的工作程序和规章制度,报批后实行。

(20) 制定直接下级的岗位描述并界定直接下级的工作。

(21) 受理直接下级呈报的合理化建议并按照程序处理。
(22) 负责主管工作程序的培训、执行、检查。
(23) 填写直接下级过失单和奖励单,根据权限按照程序执行。
(24) 及时对下级工作中的争议做出裁决。
(25) 每周定期组织例会,并参加有关销售业务会议。

(三) 领导责任

(1) 对部门工作目标的完成负责。
(2) 对销售渠道建设的合理性、健康性负责。
(3) 对确保经销商的信誉负责。
(4) 对确保货款及时回笼负责。
(5) 对销售指标制定和分解的合理性负责。
(6) 对本部门给公司造成的影响负责。
(7) 对所属下级的纪律行为、工作秩序、整体精神面貌负责。
(8) 对预算开支的合理支配负责。
(9) 对工作流程的正确执行负责。
(10) 对负责监督、检查的规章制度的实施情况负责。
(11) 对所掌管的公司秘密的安全负责。

(四) 主要权力

(1) 有对本部门所属员工及各项业务工作的管理权。
(2) 有向营销总监报告的权力。
(3) 对筛选客户有建议权。
(4) 对重大促销活动有现场指挥权。
(5) 有对直接下级岗位调配的建议权和任用的提名权。
(6) 对所属下级的工作有监督、检查权。
(7) 对所属下级的工作争议有裁决权。
(8) 对直接下级有奖惩的建议权。
(9) 对所属下级的管理水平、业务水平和业绩有考核权。
(10) 对限额资金有支配权。
(11) 有代表本公司(或本部门)与政府相关部门和有关社会团体联络的权力。
(12) 一定范围内的客诉赔偿权。
(13) 一定范围内的经销商授信额度权。
(14) 一定范围内的退货处理权。
(15) 一定范围内的销售折让权。

二、渠道专员(或区域主管)岗位职责

(一) 渠道专员或区域主管岗位

直接上级:渠道营销经理。

直接下级:地区业务代表。

(二) 本职工作内容

主要负责联络客户,销售产品,完成销售及回款目标,具体工作内容如下:

(1) 传达上级指示。
(2) 制定本地区区域销售规划,经报批后执行,完成渠道销售目标。
(3) 向直接下级授权,布置工作任务。
(4) 巡视、监督、检查下级员工各项工作。
(5) 收集市场信息,及时上报主管。
(6) 与各级中间商保持密切的联系。
(7) 及时对下级工作中的争议做出裁决。
(8) 参加本地区开展的促销活动。
(9) 建立和汇总中间商及重要终端客户的信息档案。
(10) 制定业务代表的岗位描述,并界定好业务代表工作。
(11) 关心下属的思想、工作、生活,调动业务代表的工作积极性。
(12) 定期听取业务代表述职,并做出工作评定;填写过失单或奖励单,报上级审批。
(13) 根据工作需要调配下级员工的工作岗位,报上级批准后实施,并转人力资源部门备案。
(14) 定期向直接上级述职。

(三) 领导责任

(1) 对本地区工作计划的完成负责。
(2) 对完成下达的销售指标负责。
(3) 对保持辖区内的价格稳定负责。
(4) 对客户档案的齐全负责。
(5) 对与中间商保持良好的关系负责。
(6) 对督促中间商保持本公司产品的市场占有率负责。
(7) 对所属业务代表的纪律行为及整体精神面貌负责。
(8) 对本地区对公司造成的影响负责。
(9) 对本地区工作流程的正确执行负责。
(10) 对本地区负责监督检查的规章制度的实施情况负责。
(11) 对本地区所掌管的公司的秘密的安全负责。

(四) 主要权力

(1) 有对本地区所属员工和各项业务工作的指挥权。
(2) 有向上级报告的权力。
(3) 有对下级岗位调配的建议权。
(4) 对下级员工的工作有监督检查权。
(5) 对下级员工的工作争议有裁决权。
(6) 对下级员工有奖惩的建议权。
(7) 对下级员工的水平有考核权。
(8) 行使上一级领导授予的其他权力。

(9) 有对辖区内客户提供发货的权力。
(10) 一定范围内的销售折让权。
(11) 辖区内的调货权。
(12) 一定范围内的客诉赔偿权。
(13) 一定范围内的退货处理权。

某软件有限公司渠道经理招聘广告

优秀的您,是否在期待一个广阔而优越的发展平台、以实现自身价值?现在,我公司能为您提供职业发展所需要的一切!期盼着您的加盟!

本次招募岗位:渠道经理。渠道经理是公司的业务骨干,在软件企业中,72%的总裁、高级经理都有营销工作背景。在本公司组织体系中,渠道经理一直处于焦点地位。由于本公司已具备较高的市场地位和高速成长的能力,渠道业务的发展前景非常广阔,同时为销售团队提供了非常好的销售激励政策,因此,我们的销售团队始终属于高收入人群。优秀的您,难道不希望成为收入丰厚、引人注目的群体中的一员吗?

岗位职责:

1. 完成所辖区域渠道伙伴发展与招募,形成合理的渠道布局和市场覆盖,管理市场秩序;

2. 建立样板客户、策划渠道市场活动、宣传渠道品牌;

3. 指导渠道伙伴规划营销业务,并辅导开展销售业务,帮扶伙伴快速成长;

4. 完成辖区内渠道回款任务,负责销售收入的达成。

岗位要求:

1. 专科以上学历,市场营销类、工商管理类、计算机类专业优先;

2. 具有1—3年的软件渠道销售经验,有中小企业管理软件行业经验者优先;

3. 具有较强的渠道开拓及合作伙伴管理能力;

4. 具有较强的沟通、协调、演讲能力,积极、乐观、务实,能够适应工作压力,喜欢挑战性工作,执行力强,有自信和激情;

5. 了解小企业经营发展,有创业经历者优先。

(资料来源:592招聘网站 http://show.job592.com/detail)

第二节 如何建立销售渠道

销售渠道的建立关系企业生存、发展与壮大,一个理想的销售渠道,是一个能适应不断变化的市场环境的销售渠道;是一个能以最低总成本传递重要的消费者信息,最大限度地令顾客满意的销售渠道;是一个能帮助企业以最低的销售成本满足预期销售目标的销售渠道;是一个能帮助企业实现预期目标的销售渠道。要建立理想的销售渠道,就要求销售渠道的设计者在设计销售渠道之前,首先应该对企业自身所处的营销环境、销售渠道建设的需求、竞争者销售渠道的优劣势以及消费者的基本服务需求均要有清楚的认识。

一、环境分析

(一)市场环境分析

企业销售渠道建立,首先要了解企业营销环境现状,在对其进行透彻分析的基础上,设计符合自己营销环境的渠道结构或者形式。

1. 本企业销售渠道现状分析

对企业销售渠道现状分析,需要对企业以前的销售渠道有一个详细的了解,包括以下内容:企业在这以前进入新市场的步骤以及各个步骤之间的逻辑关系;公司与外部各个组织之间是否有严格的分工以及分工情况如何;从渠道成本、折扣、收益、边际利润等方面来考察企业现有渠道系统的经济性;企业现有销售渠道的弊端及其原因分析。

2. 周围企业营销环境现状分析

企业的外部营销环境对企业的营销决策有着重要的影响作用。考察企业营销环境主要从企业外部的宏观经济、技术环境和消费者行为等环境要素对销售渠道结构的影响入手。具体而言,要对行业集中程度、宏观经济指数、政治和法律环境、当前和未来的技术状况、经济管理体制、市场进入障碍、竞争者行为、最终客户状况(忠诚度、地理分布等)、产品所处的市场生命周期阶段、市场密度与市场秩序等状况有一个系统的分析和评价。

(二)竞争者营销渠道的优劣分析

俗话说:"知己知彼,百战不殆。"在竞争日益激烈的市场上,任何想在市场上立于不败之地的企业都必须对它的竞争对手有相当程度的了解。具体到渠道设计,渠道设计者在设计自己的营销渠道的时候,除了要对自己的营销现状了解之外,还要仔细分析竞争对手的营销状况。分析竞争对手的营销状况,主要是分析竞争者的营销策略和渠道策略。比如,竞争者是如何维持自己的市场份额的;竞争者是如何运用营销策略的;竞争者的营销渠道状况怎么样;竞争者的营销状况又如何,等等。除此之外,企业还要对竞争者的生产能力、销售力量、营销目标、企业发展目标进行仔细的分析,以完善自己的营销渠道设计。

(三)目标市场分析

在一个既定的目标市场范围内,由于预测的目标、对象、期限不同,预测所采用的分析方法、资料和数据收集的要求也就不同。因此,在进行市场预测时,首先要明确预测的目标,也就是说,要明确预测应该要达到什么样的要求、解决什么样的问题,预测的对象、范围、时间等都要加以明确。之后,便进入拟订预测计划的环节。预测计划是预测目标的具体化,具体地规定了预测的精度要求、工作日程、参加人员及分工等。在达到明确的市场预测以后,还必须要对目标市场进行细分。所谓目标市场细分,就是以市场为导向,按消费者需求、动机及购买行为等的差异,依据一定标准将整体市场划分为若干个子市场的方法。目标市场细分为我们指明了可行的目标市场,下一步要做的就是在这样的环境下做出取舍,找到属于自己的目标市场。但是,无论是目标市场细分、目标市场选择,还是目标市场预测,最终都应该落实到目标市场定位上,通过定位,将对市场的认知、选择与经营计划结合起来,如此,我们所有的分析工作才具有了实际意义。

(四)消费者需求分析

企业煞费苦心地构建自己的销售渠道,从根本上说就是为了将自己的产品或者服务卖出去。也就是说,销售渠道的设计不能离开企业的营销目标,而企业的营销目标又是建立在顾客服务需求基础之上的,因此,销售渠道的设计必须以顾客的需求为核心。渠道的设计者应该有这样一个理念:顾客是销售渠道的终极成员,也是销售渠道的最重要的成员,因此,企业在进行渠道设计的过程中要充分考虑顾客的服务需求。消费者服务需求分析主要需弄清以下几个方面的问题:

(1)目标市场上的消费者想要购买什么?

(2)目标市场上的消费者为什么要购买某种产品或者服务?

(3)目标市场上的消费者一般在什么地方购买他们需要的产品或者服务?

(4)目标市场上的消费者在购买产品或者服务的时候会考虑哪些问题?

(5)目标市场上的消费者主要通过哪些方式购买他们需要的产品或者服务?

弄清楚这些问题以后,也就解决了销售渠道设计过程中的第一大难题。渠道设计者在考察消费者的这些服务需求的时候,要结合渠道所能够提供的服务来考察。渠道能提供哪些便利服务呢?

1. 批量

批量指销售渠道中为一个消费者的一次购买行为提供的商品数量。例如,普通百姓喜欢到大型的超级市场购买日常生活用品,而小工商户则喜欢到仓储商店成批地购买。因此,根据日常购买与批量购买的差异,厂家就应该设计不同的销售渠道,销售商品数量的起点越低,它所提供的服务水平越高,反之则提供的服务水平越低。

2. 出行距离

出行距离是指顾客从家里或办公地点到商品售卖地的距离。一般来说,顾客喜欢在离家不远的场所完成购买行为,而不喜欢跑出老远。但是,不同的商品,人们所能接受的出行距离是不同的,渠道网点的密度越大,顾客购物的出行距离越短,反之则越长。

市场分散程度较高,可以减少消费者在运输和购买商品时花费的时间和费用,提高服务产出。

3. 等待时间

消费者通过某个渠道收到货物的平均时间被称为等待时间。比如,我们在邮寄信件时喜欢反应速度比较快的快递公司:普通邮件比航空邮件慢,航空邮件又比特快专递或隔日邮件慢。如果想赢得消费者,企业必须提高服务水平。也就是说,销售渠道交货的速度与收入回报的水平成正比。

4. 选择范围

销售渠道提供给顾客的商品的种类、款式、数量等都属于选择的范围。一般来说,在购买商品时,顾客喜欢有较大的选择余地。从某一种角度看,销售渠道提供的商品品种越多,其服务水平越高。

5. 售后服务

售后服务指的是售出商品后为顾客提供的各种附加服务,包括信贷、送货、安装、维修等。为了增加消费者的满意程度,市场销售渠道设计者必须了解目标顾客需要的服务水平,以便提供更多更好的服务,这也就意味着渠道开支的增大和消费者所支付价格的上升。但是,不少企业还是坚持提供高水平服务。

6. 销售渠道设计的需求分析

销售渠道设计通常包含两种情况:一种情况是指企业设计全新的渠道结构;另一种情况是指企业对已有的渠道结构进行再设计。销售渠道设计需求分析是指企业要建立一个新的销售渠道还是要在原来的销售渠道上进行变革以适应新的形势的过程。

一般来说,以下几种情况需要设计新的销售渠道:
(1) 刚刚建立一个新企业;
(2) 合并或兼并的过程中产生一个新企业;
(3) 企业进军一个全新的市场的时候。

在这三种情况下,企业都会为自己构建一个新的销售渠道以适应企业发展战略。在以下几种情况下,企业将会做出对原有营销渠道进行适当调整的决策。

(1) 企业内部因素发生变化。在这种情况下,原有的销售渠道已经不能适应新的情况,企业就有必要对原有的营销渠道做出相应的调整。比如,当企业的发展战略发生变化的时候,原有渠道不能满足企业新的发展要求,企业就有必要对原有的销售渠道进行相应调整;当企业开发新产品的时候,原有的销售渠道不能满足新产品的销售要求,企业就有必要对原有的销售渠道做出相应调整;根据其他新的突发情况,需要调整营销渠道,等等。

(2) 企业外部环境发生变化。这种情况可以分以下几个方面。

① 企业为了适应中间商的改变而对现有销售渠道进行相应调整。在从制造商那里取得产品后,有些分销商把这些产品打上自己的标志,使消费者不能了解到制造商的一些信息,这时,制造商就可以再去寻找其他一些更能积极推广本产品的新分销商。在这种情况下,我们要注意区分渠道结构再设计和渠道成员再选择的差异。如果调整只涉及某些同类性质的渠道成员的更换,说明这只是渠道成员的再选择;如果一旦涉及渠道等级、渠道成员的类型的改变,就属于渠道设计问题了。

② 企业遇到渠道方面的冲突或面临渠道中其他问题的挑战而对已有的销售渠道进行调整。例如,在某些情况下,制造商与分销商的矛盾冲突可能会很激烈,这时候就必须改变渠道模式才能解决这些矛盾;一旦制造商失去了分销商的支持,也需要设计一个全新的渠道;制造商和分销商都与中间商沟通困难,在这种情况下,市场营销者也需要重新考虑设计渠道。

③ 商业经营业态变化,需要企业对原有的销售渠道进行调整。商业经营业态的不断变化使企业必须考虑选择更有效的分销商类型。比如,大卖场在一些城市中蓬勃发展起来的同时,百货零售业态相对萎缩,这时候,企业就必须考虑调整渠道结构,尤其像食品、日用消费品等行业的渠道结构的变化非常快。

④ 企业外部大环境发生变化,需要企业对原有的营销渠道做出调整。环境的改变可能是有关经济、社会文化、竞争格局、技术进步或法律规定等方面的改变。这些外部环境发生变化后,如果不对原有的营销渠道进行调整,往往会跟不上形势,就会使将来质量极高的商品滞销。

二、销售渠道建设原则

销售渠道建设的原则直接影响着企业营销的成败。一般销售渠道的建设原则主要有以下几个方面。

(一) 流动高效原则

产品从厂家到终端,在销售渠道流动的时间要尽可能的短。高效的销售渠道应以消费者需求为导向,将产品尽快地通过尽可能短的路线,以尽可能优惠的价格投放到消费者方便购买的地点。

（二）重点覆盖原则

销售渠道拓展模式应该满足产品对终端的集中覆盖。随着市场环境的变化及整体市场的不断细分，消费者购物偏好在变化，他们要求购买更便捷，更物有所值，或更有选择余地。因此渠道要适应厂商对市场份额及覆盖范围的要求。在这种情况下，制造商应该深入考察目标市场的变化，分析原有渠道的覆盖能力，审时度势，对渠道结构做相应调整，勇于尝试新渠道。

当原有渠道不适应市场变化时，可以逐步建立起有主有次的多渠道体系，主要有以下几种做法。

（1）向不同的渠道输送不同的品牌或产品系列。如有的公司为了改变过去依赖专业经销商的局面，它开发了一种低价位品牌作为其拳头产品的补充，通过大型百货店、连锁店销售。

（2）集中力量于厂商确定的核心渠道上，争取最大优势，在对原渠道进行整顿或收缩的同时，有选择地建立新渠道。比如，航空公司、酒店的主渠道是旅行社，但在竞争日益激烈的情况下，有的航空公司开始尝试通过在线电子系统来销售机票或开展电话预约服务来建立新渠道。

（3）在现有渠道内部挖掘，建立专业化渠道。在现有的渠道中选择几个专业性强的子渠道，把这些子渠道重新组合成专业化渠道，以发现并满足新的客户需求，服务于新的细分市场。比如，有些电脑公司从原有经销商中选出几个最好的来销售本公司的新型产品，这样就能更好地为消费者提供专业服务。

在选择销售渠道模式时，企业不仅要考虑加快速度、降低费用，而且还要考虑及时准确送达的商品能不能销售出去，目标市场是否能被较高的市场占有率覆盖。如果考虑这些，就不要一味地强调降低营销成本，这样可能导致销售量下降、市场覆盖率不足。成本要在规模效应和速度效应的基础上降低。在选择分销渠道模式的时候，应该尽量避免扩张过度、分布范围过宽、过广，以免造成沟通和服务的困难，导致无法控制和管理目标市场。

（三）稳定可控原则

渠道拓展模式应该是简单的，便于渠道维护、管理的。企业的销售渠道模式一经确定，便需要花费大量的人力、物力、财力去建立和巩固，整个过程往往是复杂而缓慢的。所以，企业一般不会轻易更换渠道成员，营销也不会轻易转换渠道模式。只有保持渠道的相对稳定，才能提高渠道的经济效益。调整时应综合考虑各个因素的协调，使渠道始终都在可控的范围内保持基本的稳定状态。

（四）高性价比原则

新的渠道模式应是投资成本更低，但如果它不适合达成必要的销售目标，那它就是不经济不适用的；而一个传统分销渠道即使是投资成本非常高，如果它能达成数倍的销售目标，也是合理的渠道选择。

（五）接近消费者的原则

接近消费者就是和消费者面对面，即抓住终端。所以，销售渠道始终要跟着消费者走，消费者在哪里，销售渠道的触须就应当伸到哪里，这是销售渠道设计的基本原则。远离消费者的营销渠道是不切实际的，不可能给企业带来效益。麦当劳、肯德基的销售渠道设计就应用了接近消费者原则。宜家在中国的成功也说明了这一原则的重要性。

（六）注重层次性的原则

一个企业完整的销售渠道可以分多层次。划分渠道层次的标准：一是代理业务的种类，是否代理其他相关的业务；二是代理业务的规模、数量和业绩；三是是否具有售后服务功能。

例如,联通代理商渠道,联通代理商渠道包括联合营业厅、专营店、一级代理和普通代理等几个层次。划分渠道层次的标准:一是代理联通业务的种类,是否代理其他电信运营商的业务(主要是移动业务);二是代理业务(主要是移动业务)的规模、数量和业绩;三是是否具有服务功能。联合营业厅,是联通与代理商共同建设的营业厅,代理联通的所有业务,可以办理130入网、过户、交费等业务,是联通与代理商合作最紧密的代理商,具有一定的服务功能。专营店原则上只代理联通的业务,而对一级代理和普通代理的划分主要是从协议上代理商包销联通卡的数量来规定的。从代理佣金上来说,合作营业厅和专营店是同一水平,一级代理商其次,普通代理最低。

(七)合作共赢的原则

在企业建立分销渠道过程中,要把中间商视为合作伙伴,共存共荣,合作共赢。企业看中中间商的是他们的区域网络和经营实力,而中间商选择企业则是看到了企业产品将给自己带来利润和市场空间,两者只有携手共进,才能使双方都健康成长并逐步壮大。

(八)精细化管理的原则

随着市场覆盖面的扩大,需要对销售渠道精细化管理,如果缺乏管理,销售渠道出现危机是必然的。在竞争越来越激烈的今天,保证网络的正常运转和健康发展是非常重要的。所有的管理工作必须做到定点、定时、定人、定路线、定效益,推行精细化、个性化服务,及时准确地反馈市场信息,全面监控市场的动向。

三、渠道建设的关键因素

在设计市场渠道的过程中,市场因素成了渠道建设的关键所在。市场因素主要有以下几点。

(一)市场规模

市场规模即市场容量,是指一个特定市场供应品的购买人数。一个市场中的客户数量决定着市场规模,从渠道建设的角度来看,独立客户的数量越多,市场规模就越大。常见的市场规模是消费者市场中潜在消费者的实际数量或工业市场中潜在企业的实际数量。如果市场较大,则很有可能需要使用中间商,反之,企业就会尽可能避免使用中间商。

(二)市场区域

市场区域指市场的地理规模、位置,与生产商或制造商间的距离。从渠道设计的角度来看,有关市场区域的基本任务是建立一种渠道结构,使这种渠道结构能更有效地覆盖目标市场,并向这些市场迅速有效地供货。如果制造商与其市场间的距离越远,使用中间商的成本比使用直销方式的成本低的可能性就越大。

(三)市场行为

由谁购买、如何购买、何时购买、在何处购买构成了市场行为。每一种购买行为都会对渠道结构产生重要影响。现在消费者们越来越喜欢在家购物,所以企业可以取消批发商和零售商,而采用直销或网络销售。

(四)市场密度

每一单位区域内购买单位的数量决定了市场密度。在大多数情况下,市场密度越低,分销的难度就越大,在产品流动方面尤其如此。因此,市场密度越低,使用中间商的可能性就越大;相反,则应尽可能不使用中间商。

四、渠道建设的程序

渠道建设是一项系统的、复杂的工程,各个企业在进行销售渠道的设计和规划时会采取不同的措施,但是从本质上来讲,销售渠道的设计基本遵循以下程序。

(一) 制定营销目标

无论是开发新的销售渠道还是对现有的销售渠道进行调整,渠道设计者都会以营销目标为出发点。没有明确的营销目标,渠道设计的目的及意义就荡然无存。对每一个企业来讲,设立明确的营销目标具有非同寻常的意义。那么,什么样的营销目标才是符合企业自身情况的合理的分营销目标呢?这就要看它是否与企业其他营销组合的战略目标相一致以及是否与企业的策略和整体目标相一致。

为了使营销目标与公司整体目标很好地保持一致,渠道设计者必须要完成以下几项工作:

(1) 熟悉其他营销组合领域的目标、策略及公司其他相关目标、策略;

(2) 制定营销目标,并明确地表达出来;

(3) 检查所制定的营销目标是否与公司其他整体目标、策略相一致。

在这个过程中,为了使渠道目标的执行者能够准确无误地了解销售在整合营销目标中的作用,渠道设计者要把营销目标具体地描述出来。例如,有人曾这样描绘 IBM 公司最初的个人电脑营销目标:"让美国的任一潜在购买者驱车就能看到有零售商展示 IBM 的个人电脑。"随后,IBM 公司又把它的营销目标拓展为"无论消费者在哪儿,都能直接获得产品",决定使用邮寄订购这一渠道。也就是说,要想制定出适合自己企业发展的销售渠道,渠道设计者必须使制定的营销组合与其他方面的目标不冲突,与公司总体目标和策略不冲突,否则将达不到预期的效果。

(二) 设定销售渠道目标

营销目标是企业总体发展战略的一个重要方面,企业要有步骤、有目的地完成企业的总体发展战略,必须制定明确的营销目标。而销售渠道的设计就是要帮助企业完成、实现营销目标,所以说,为了实现营销目标及总体目标,企业会制定相应的销售渠道,而制定什么样渠道才能更有利于企业完成营销目标及企业总体发展战略呢?这就涉及企业制定销售渠道目标的问题。

一般来说,销售渠道的目标表现在以下几个方面。

1. 提高市场的覆盖率

市场覆盖率有三种程度可供选择,即选择分销、密集分销和独家分销。这三种分销方式在后边会做介绍。在制定市场覆盖目标时,最关键的因素是考虑企业的战略定位。当某种产品看起来很适合既定的市场覆盖目标,而实际却有差距或正好相反时,如果企业再根据这种假象来做出判断,那么就会造成渠道设计目标的错误。

2. 提高渠道的灵活性

渠道灵活性指渠道结构易于变化的程度,这对新产品的市场尤为重要。20 世纪 70 年代后期和 80 年代初期,由于选择销售渠道有很大的不确定性,美国电脑市场一度陷入迷茫:制造商是自己组建销售队伍,还是借助于大型商场或专业电脑商店,或由自己建立销售点呢?营销最终的细分市场是企业还是家庭呢?这些不确定的问题使渠道目标的设定很难把握。但是,从那段时间里走出来的企业却都具有了迅速调整渠道的能力。

3. 提高渠道的控制度

渠道控制度是企业需要保持对销售行为进行控制的程度。为了实现企业的经营目标，制造商必须想方设法使中间商更努力地推销商品和提高服务质量；而中间商则希望通过控制制造商来保证供货和产品质量及供货价格的降低。在这种情况下，制造商和中间商就需要找出一条适合双方的分销渠道。例如，独家分销是控制销售行为最理想的方法。渠道控制度和市场覆盖率往往是相互关联的。

此外，销售渠道的目标还有：增强渠道的便利度、增强渠道的经济性、扩大品牌知名度、增强渠道的顺畅度、对市场进行开拓等。

总而言之，销售渠道设计的目标就是确保设计的渠道结构能产生适合市场定位的市场覆盖率，并确保制造商对渠道的适度控制和具有一定的灵活性，便于调整和更换，从而实现营销目标。企业选择合适的渠道模式，能够提高流通的效率，不断降低流通过程中的费用。

另外，渠道设计还必须适应大环境，当经济不景气时，生产者总是要求以最经济的方法将其产品推入市场，这就意味着利用较短的渠道，取消一些非根本性的服务。除经济环境外，政治、法律法规、科技环境的影响也非常深远。

豪马克公司的渠道设计目标调整

世界上最大的贺卡公司豪马克公司，1993年的销售额达到了34亿美元，净利润为2亿美元。同年，豪马克公司最大的竞争对手——美国盖亭公司，销售额也达到了17亿美元，净利润为11.2亿美元。从1990年起，豪马克的市场占有率已从45%降至42%；而且利润额趋于停滞和后退。经过分析，发现导致这种结果的原因很多。在经销豪马克牌贺卡的10 000家卡片商店中，9800家是独立的，也就是说，豪马克公司真正拥有的商店只有200家。豪马克将产品分销给Walgneen和Oscoo连锁店，但却一直拒绝与沃尔玛合作。考虑到折扣店、超市、零售连锁店和其他零售形式日益增长的重要性，豪马克也对其营销渠道策略进行了重新评估。1975年，有一半的美国人在卡片专卖店购买卡片。但随着科技的发展，各种电子贺卡不断出现，多家竞争对手也相继出现，使豪马克贺卡的市场占有率越来越低。豪马克如果要改变渠道策略也存在着风险，豪马克的主要竞争对手并不通过专业的贺卡店销售产品，而是转向新兴的折扣商店和超级市场。在这种情况下，豪马克公司打算求助于大众推销商来维持现有的销售额和利润，但又不想放弃在专业卡片店的优势，于是，各种渠道策略方面的风险便出现了。

豪马克公司最初的销售渠道设计符合顾客在卡片专卖店购买其产品的需要，因而获得了成功，但随着目标顾客的购买习惯发生变化，豪马克也不得不改变销售渠道设计的目标，以更好地服务于顾客，从而扩大销售，赢得利润。

由此可见，销售渠道目标的设定是销售渠道设计的关键环节。渠道目标体现了设计者营销渠道设计的意图。设计者要时刻注意应该设计出什么样的销售渠道。只有把这个问题弄清楚了，渠道设计者才能更好更快地制订出完善的销售渠道计划。

（资料来源：中国市场情报中心 http://www.ccidreport.com/market/article/content/402/200206/16809.html 有修改）

联想公司的渠道设计

初期,联想电脑一部分走直销,但当利润下降规模效应形成以后,联想与其代理商之间的矛盾越来越明朗化了。联想为了解决这个问题,决定彻底放弃直销,建起一条与国际模式相似的渠道。这种渠道模式是目前我国 PC 业一种主流的渠道模式。渠道在发展过程中,联想集团为适应市场竞争的规模化需要,及时推出了"大联想"渠道策略,即在与代理伙伴相互融合的基础上,进一步加强一体化建设,不仅将代理商纳入自己的销售服务体系,而且将其纳入培训体系,强调作为厂商的联想集团与代理商及其他合作伙伴共同发展、共同成长。这种大市场与渠道的模式,将保证渠道随时的、无限制的扩张力,同时也确保了渠道的畅通。

从以上的例子我们可以看出,渠道设计者在设计渠道之前,应该考虑制造商、经销商在渠道中应该各自承担什么样的职责,由谁来担当渠道领袖管理渠道。只有明确了各成员的权责,分销网络中各个阶段、各个环节、各个流程的费用才能合理化。

4. 确定销售渠道的备选方案

在确定了明确的营销目标和渠道目标之后,渠道设计者便要开发渠道结构了,这时,三个方面的因素需要加以考虑:渠道级数;各等级的密度;各等级的渠道成员类型。要解决这三个方面的问题,还需要解决两个问题,即确定中间商的类型和确定中间商的数目。

第一,确定中间商的类型。

为了充分满足最终客户的需要,制造商会选择符合产品销售的中间商。可别小看了选择中间商这一环节,这一环节对企业来讲至关重要,商品经营企业或者制造商一时的疏忽就有可能造成永远无法挽回的损失。例如,某企业生产出了一种非常适合零售的小商品,在选择中间商的时候,企业没有考虑周全,而是把别的中间商作为主要的销售渠道,那么,这个企业就很可能因为这个小错误而失去大部分市场。在选择中间商的时候,企业是站在相对主动的地位上的,如果企业能分析清楚各方面的情况,多数都会做出正确的选择。此外,企业还可以选择各种各样的渠道推出自己的产品。

例如,一家生产汽车配件产品的公司,在选择分销渠道时,可以选择以下几种方案:(1) 直接零售;(2) 汽车经销商;(3) 汽车部件零售商;(4) 到停车场直销;(5) 邮购。

此外,制造商还可以寻求更富有创新意义的销售渠道。在做出任何选择之前,企业要对各方面的因素进行评估,否则不可能做出很好的计划。比如,制造商选中的销售渠道因为成本太高或者其他困难而不能利用时,如果另辟蹊径,可能会取得意想不到的效果。有时候,制造商为了降低渠道风险,可以采用多重分销渠道进入同一目标市场,但这种做法极易引起中间商的抱怨与不满,造成渠道冲突。

第二,确定中间商的数目。

销售渠道的宽度是由销售渠道的每一层次选择使用多少中间商决定的。制造商选择的中间商越多,则商品在目标市场上的覆盖面就越广,分销的密集度就越高。销售渠道中中间商数目的多少主要取决于三种分销形式。

(1) 选择性分销。制造商在一定的地域范围内根据中间商的能力、条件来选择少量中

177

间商分销自己的商品。选择性分销可以使生产企业与中间商建立起良好的互利合作关系,使商品获得适度的市场覆盖面、较多的渠道控制和较少的费用。在选用这种分销时,企业一般要将中间商与产品的特点结合起来。通常情况下,选购品、特殊品和工业用品主要采取这种分销形式。采取差别化战略的企业适合采用选择分销。例如,高档化妆品和名牌服饰通常会在一个地区内选择几家大商场进行销售;知名大企业会选择优秀的销售商,以维护自己的品牌形象,有针对性地抓住目标消费者。

(2) 密集性分销。密集性分销是指在尽可能多的地点销售产品,采取渠道密集性分销时应注意选择好的销售地点。这种分销方式能否实现取决于中间商是否愿意进货。当企业采用成本领先战略并假设目标细分市场所需是低价格和购买方便时,密集分销是较合适的方式。一般来说,普通的中间商会觉得小企业实力弱、知名度不高,不愿意购买小企业生产的新产品,所以,采取密集性分销的企业需要做好宣传和促销工作,像香烟、口香糖、饮料等日常用品大多采取这种分销方式;电视机生产厂家为降低成本,迎合大众市场,会在全国各地遍设销售点进行销售,也是采用了这种分销方式。

(3) 独家分销。独家分销是指制造商在某一地区或范围内只委托一家中间商对其商品进行分销,这家中间商便成了此商品的独家经销或独家代理。独家经销商获得制造商独家经营的特权,同时不得经销与制造商的商品有竞争的商品。采用这种排他性分销方式可以使厂家减少交易对象,减少流动资金的占用,降低整体营销费用,并且能将售后服务做得更好。对中间商来说,这种分销方式也颇具吸引力,不仅在该地区是独家经营,而且还可以享受生产厂家促销投入带来的好处。当企业采用集中化战略时,一般应该实施独家分销,尤其是在企业迫切希望加强产品形象或非常需要零售商支持时。例如,新型汽车、名牌服饰、家电及重要器械的销售适合采用这种分销方式,便利产品、日常必需品和许多工业用品则不宜采用。

5. 渠道设计方案评估

企业所选择的营销渠道,在长度、宽度、广度和系统各方面都要有利于分销目标的实现。所以,从众多的渠道中选择一条或几条合适的渠道要比列出备选方案复杂、困难得多,这就需要企业对备选渠道方案进行评估。在评估营销渠道时,企业要考虑所选渠道的长度、宽度、广度和系统等是否有利于分销目标的实现。

如何从这几个方案中选取一个最能实现该公司长期目标的渠道方案呢?其实这也不难,只要对每一个备选方案从可控性、经济性和适应性三个方面加以评估就可以了。

(1) 控制性标准。中间商是个独立的企业,使用中间商意味着制造商对产品的分销失去了部分或全部的控制,从而使制造商在营销的投入力度和根据市场竞争而采取的对抗性行为方面受到影响。中间商的目标是实现利润最大化,但制造商不可能对中间商做过多的干涉,尤其是在具体业务方面。所以,在选择分销渠道的时候,一定要注意控制性标准,使制造商不至于对中间商有所束缚。

(2) 经济性标准。无论渠道方案是优是劣,都将产生不同水平的销售量和费用成本,而销售量和费用成本是评估分销渠道最重要的一个因素。从这一标准出发,首先,要评估不同渠道方案的预期销售量的大小。有些企业在进入一个新的市场时,由于对该市场不太熟悉,不敢轻易大量投入营销费用,而是先让中间商试探性销售,当市场明朗、渠销售量增加时,企业便组建自己的分销渠道。由于是自己的企业,自身利益与企业利益更为密切,同时对本企业产品也比较熟悉,其销售人员工作起来可能比较尽心,此外,一些顾客也喜欢直接与制造商打交道,觉得直销的商品让人放心。不过,也有一些大企业一开始就注意研究市场,建立起知名度,打开销售局面,然后再由代理商或经销商分销。

其次,还要对不同销售方案的成本进行评估。一般来说,代理商的固定费用比企业自己的销售机构要低。随着销售业务量的增加,企业给代理商的佣金也会随着增加。当销售量较小时,可由代理商销售,当销售量较大时,由企业自己的销售队伍销售就比较合适。

(3) 适应性标准。制造商与渠道成员建立间接渠道时,双方一般要签订为期几年的合同。合同必须履行是一项基本的诚信原则,在合同的约束下,制造商与中间商都没有足够的自由,这样的关系就缺乏弹性。但是,从经济性和可控制性来考虑,长期合作的渠道具有更大的优越性。

6. 选择合适的渠道结构

渠道设计者需要从切实可行的渠道结构中选出相对最优的渠道结构。但是,从严格意义上讲,选择最佳的渠道结构是不可能的。一方面是由于管理部门不可能知道所有可能的渠道结构,另一方面,就算渠道设计者能够明确地说明所有可能的渠道结构,计算所有渠道结构的确切利润的方法也是不存在的,但渠道设计者还是可以通过一些手段或方法来估算和比较备选的渠道结构,然后从中选择相对优势的渠道结构的。

具体来讲,在确定销售渠道结构的时候要考虑以下几个因素。

(1) 产品特性

渠道设计者首先要考虑企业产品特性,才能根据这一特性来制定渠道结构。时尚产品应该尽可能缩短分销的时间,尽早上柜以免错过流行季节;价值昂贵而又复杂的产品,一般不通过中间商销售,直接由企业自销。例如,大型计算机是需要根据顾客要求做解释和应用分析的产品,企业培养销售人员或销售工程师可以很好地为计算机购买者提供信息服务;易腐产品应该尽可能采取短渠道,以免重复搬运和耽误时间而造成产品变质;体积笨拙沉重的产品,如水泥、矿石等应该减少运输距离和重复搬运的次数;对非标准化的产品则最好由企业销售代表直接销售,以便于安装与指导使用;需要安装调试的产品或者要维持长期售后服务的产品,一般应由公司直销或独家经销商来销售;而日常生活用品一般要采取较长的分销渠道,以方便消费者购买。渠道设计者在制定渠道结构时还必须考虑产品的生命周期。处于介绍期的新产品,企业要不惜花费大量资金,组成推销队伍直接向消费者出售产品,只有采取这种强有力的手段才能尽快打开销路,若情况许可,也可以考虑利用原有的分销渠道。在成长期,企业开始把占据市场份额作为经营目标,最有效的办法通常是尽可能地使用更多的渠道。在这一阶段,企业应该研究每一种既得的渠道,并决定产品是否可以通过该渠道销售。成长期过后,产品进入成熟期,这一阶段,产品会受到来自各方面的竞争、市场压力和来自替代产品的冲击。这时候,企业可以降低间接渠道成员的数量和激励继续销售商品的伙伴,以此来增加产品的销量。同时,企业还可以降低成本渠道。到了衰退期,产品利润和销售量都在下降,对还在销售这种产品的间接渠道成员来说越来越没有吸引力,这时,企业可以寻找低成本的直接营销渠道。

(2) 制造商特性及能力

制造商特性及制造商的目标、资源和能力也会影响到分销渠道的选择。制造商掌握的资源多少决定了分销职能哪些可以由自己执行,哪些可以交给分经销商来完成。制造商的规模决定了产品的市场规模以及它所要求的经销商能力的大小。此外,制造商的产品组合也会影响到分销渠道的模式。产品组合越向横向发展,制造商向顾客直接销售的能力就越大;产品组合越向纵深发展,享有独家经营权或者可选择的经销商就越可能从中获取更多的好处;产品组合越连贯,分销渠道的类似性也越大。某一制造商如果采取长而宽的分销渠道策略,就必须要增加产品销售的市场覆盖面,提高市场分销渠道的密度。如果某一制造商采取直接渠道、自行销售,建立自己的分销网络,那么这个制造商很可能是具备了丰富的营销知识和经验,有足够的资金作为保证,这样它才能对分销渠道拥有较强的控制力,加强售后服务,提高企业的声誉。

7. 选择渠道成员

销售渠道管理者从众多的相同类型的成员中选出适合该企业渠道结构的能帮助完成企业营销目标的营销伙伴,这一过程便是选择渠道成员。

选择渠道成员是渠道设计过程中相当重要的一环。渠道设计者在选择渠道成员的时候,一定要先弄明白自己的渠道结构和营销目标。如果渠道的结构是突出选择性营销,渠道管理者就应该仔细审查潜在的营销成员的有关情况,包括经销商的成立时间、偿付能力、经营的其他产品、信誉和合作态度等,然后再做出相应选择。如果渠道的结构是突出密集性营销,渠道管理者一般可以根据其是否具有合理的盈利能力来选择中间商。如果渠道结构属于其他类型,便要进行更多类型的选择。

除了以上各部分外,渠道设计者还应注意:渠道成员选择是一个双向选择的过程,在选择渠道成员的时候,既要站在制造商的角度来看选择的过程和选择的标准,也要站在渠道成员的角度来看影响选择行为的因素,这样,才能使制造商和渠道成员互惠互利。

选择渠道成员的几种常见途径。

(1) 内部挖掘渠道成员

企业可以从自有的经验丰富的销售队伍中获得丰富的潜在渠道成员名单。

(2) 外部寻找渠道成员

① 调查顾客

制造商可以对顾客进行正式和非正式的市场调查来获得潜在中间商的信息。市场调查方法很多,如问卷调查、随机访谈、重点顾客代表访谈等,对中间商做出直率的表达。

② 广告招商

企业可以通过自身网站、电视等多媒体,特别是报纸、杂志等多种途径进行招商广告宣传,进行潜在渠道成员的招选。

③ 开新闻发布会

制造商在新产品上市前,可以举办新闻发布会,邀请新闻单位记者、行业专家、重要客户以及部分潜在中间商进行产品、营销模式、渠道政策等宣传,然后在媒体上进行信息发布,让更多的人知道企业在做什么,会起到造势招商效果。

④ 参加商品交易会

制造商可以参加商品交易会或博览会,与同行业的众多潜在渠道成员聚集在一起。这种方式特别适合小型制造商,如消费品制造商生产经营玩具礼品、五金和运动产品等,在交易会上可以面对面地与对其产品感兴趣的批发商和零售商进行交流。这类交易会是小型制造商获得潜在成员最有效的方法。

⑤ 行业协会、商会及其出版物推介

现在,很多行业都有自己的行业协会,有的行业协会还拥有定期的专业出版物、本行业的企业名录等。这些机构及其出版物都是获得潜在中间商信息的重要来源。

例如,生产电子产品方面的企业可以通过查找《计算机世界》或《中国计算机报》以获得许多计算机或其他行业代理商的信息。

⑥ 利用网络资源

在信息技术高速发展的今天,网络为企业获得潜在渠道成员的信息提供了更为便捷的方式,很多传统途径可以转化为电子方式。对于那些拥有自己的网站或企业内部网、外部网的公司来说,在内外网上发广告或接受代理经销商征询,不但费用低廉而且方便易行,还便于建立数据库,供企业长期使用。

第三节 渠道中间商种类介绍

在销售渠道中,中间商是指在制造商与消费者之间"商品交换专门媒介"的经济组织或个人。其中,中间商可以按照不同的标准进行分类,按照中间商是否拥有商品所有权,可将其划分为经销商和代理商;按照销售对象的不同,中间商分为批发商和零售商。现把零售商、批发商、分销商、经销商、代理商和加盟分别做如下介绍。

一、零售商

(一)零售商的含义

零售商(Retailer)是指将商品直接销售给最终消费者的中间商,是相对于生产者和批发商而言,处于商品流通的最终阶段。零售商的基本任务是直接为最终消费者服务,它的职能包括购、销、调、存、加工、拆零、分包、传递信息、提供销售服务等。在地点、时间与服务方面,方便消费者购买,它又是联系生产企业、批发商与消费者的桥梁,在分销途径中具有重要作用。

零售商是分销渠道的最终环节。面对个人消费者市场,是分销渠道系统的终端,直接联结消费者,完成产品最终实现价值的任务。零售商业对整个国民经济的发展起着重大的作用。零售商业种类繁多、经营方式变化快,构成了多样的、动态的零售分销系统。

(二)零售商具体形式

1. 零售商店

(1)百货商店,指综合各类商品品种的零售商店,其特点是:

① 商品种类齐全;

② 客流量大;

③ 资金雄厚,人才齐全;

④ 重视商誉和企业形象;

⑤ 注重购物环境和商品陈列。

(2)专业商店,指专门经营某一类商品或某一类商品中的某一品牌的商店,突出"专",其特点是:

① 品种齐全;

② 经营富有特色、个性;

③ 专业性强。

(3)超级市场,是以主、副食及家庭日用商品为主要经营范围,实行敞开式售货,顾客自我服务的零售商店,其特点是:

① 实行自我服务和一次性集中结算的售货方式;

② 薄利多销,商品周转快;
③ 商品包装规格化,条码化,明码标价,并要注有商品的质量和重量。

(4) 便利商店,指接近居民生活区的小型商店,其营业时间长,以经营方便品、应急品等周转快的商品为主,并提供优质服务。如饮料、食品、日用杂品、报纸杂志、快递服务等。商品品种有限,价格较高,但因方便,仍受到消费者欢迎。

(5) 折扣商店,指以低价、薄利多销的方式销售商品的商店,其特点是:
① 设在租金便宜但交通繁忙的地段;
② 经营商品品种齐全,多为知名度高的品牌;
③ 设施投入少,尽量降低费用。
④ 实行自助式售货,提供服务很少。

(6) 仓储商店,是20世纪90年代后期才在我国出现的一种折扣商店,其特点是:
① 位于郊区低租金地区;
② 建筑物装修简单,货仓面积很大,一般不低于1万平方米;
③ 以零售的方式运作批发,又称量贩商店;
④ 通常采取会员制销售来锁定顾客。

2. 无店铺零售

(1) 上门推销。企业销售人员直接上门,挨门挨户逐个推销。雅芳公司就是这种销售方式的典范。

(2) 电话电视销售。这是一种比较新颖的无店铺零售形式。其特点是利用电话、电视作为沟通工具,向顾客传递商品信息,顾客通过电话直接订货,卖方送货上门,整个交易过程简单、迅速、方便。

(3) 自动售货。利用自动售货机销售商品。第二次世界大战以来,自动售货已被大量运用在多种商品上,如香烟、糖果、报纸、饮料、化妆品等。

(4) 购货证服务。主要服务于学校、医院、政府机构等大单位特定用户。零售商凭购物证给该组织成员一定的价格折扣。

3. 联合零售

(1) 批发联号,是中小零售商自愿参加批发商的联号,联号成员以契约作联结,明确双方的权利和义务。批发商获得了忠实客户,零售商按比例在批发联号内进货,保证了供货渠道。

(2) 零售商合作社,主要是由一群独立的零售商按照自愿、互利互惠原则成立的,以统一采购和联合促销为目的的联合组织。

(3) 消费合作社,这是由社区居民自愿出资成立的零售组织,实行民主管理。这种商店按低价供应社员商品,或制定一定价格,社员按购物额分红。

(4) 商店集团,这是零售业的组织规模化形式,没有固定的模式。它是在一个控股公司的控制下包括各行业的若干商店,通常采用多角化经营。

4. 零售新业态

(1) 连锁商业,指众多的、分散的、经营同类商品或服务的零售企业,在核心企业(连锁总部)的领导下,以经济利益为连接纽带,统一领导,实行集中采购和分散销售,通过规范化经营管理,实现规模经济效益的现代流通组织形式。

(2) 连锁超市,是连锁商业形式和超级市场业态两者的有机结合。它是我国现代零售业主流,在发展中进一步细分和完善。如大型综合连锁超市(GMS),主要经营大众商品,其中70%是百货,30%是食品。又如仓储式会员店连锁超市,以零售方式运作批发,采用会员制。

(3) 特许经营,是一种根据合同进行的商业活动,体现互利合作关系。一般是由特许授予人(简称特许人)按照合同要求,约束条件给予被授予人(简称受许人,亦称加盟者)的一种权利,允许受许人使用特许人已开发出的企业象征(如商标、商号)和经营技术、诀窍及其他工业产权。特许经营分为:

① 商品商标型特许经营;

② 经营模式特许经营;

③ 转换特许经营。

(4) 商业街,指由经营同类的或异类的商品的多家独立零售商店集合在一个地区,形成的零售商店集中区,也有集购物、休闲、娱乐综合功能的商业街。

(5) 购物中心,指由零售商店及其相应设施组成的商店群体,作为一个整体进行开发和管理,通常包括一个或多个大的核心商店,并有许多小的商店环绕其中,有庞大的停车场设施,顾客购物来去方便。购物中心占地面积大,一般在十几万平方米。其主要特征是容纳了众多各种类型的商店、餐饮店、美容、娱乐、健身、休闲,功能齐全,是一种超巨型的商业零售模式。

(三) 零售行业的特征

1. 终端服务

零售商面对的终端顾客每次购买数量小,要求商品档次、花色品种齐全,提供购买与消费的方便服务。零售经营者为此通常要多品种小批量进货,以加快销售过程,提高资金的周转率。这就形成了零售商少量多次进货、低库存和重视现场促销服务的经营特点。

2. 业态多元

为解决顾客需求多样、快速变化与零售经营规模效益之间的矛盾,适应不同消费者群体需要,零售业的经营方式(即零售业态)呈现多元化特点。如商店有百货商店、超级市场、专业商店、连锁商店、折扣商店、便利店和杂货店等各具特色的多种业态,而且还在不断创新。

3. 销售地域范围小

与批发销售不同,零售商的顾客主要是营业点附近的居民和流动人口。因此,零售经营地点的选择(零售选点)就成为决定经营成败的一个关键。这是零售商经营的重要特点。

4. 竞争激烈

与其他行业相比,零售业者之间的竞争显得更为直接、剧烈,手法也更加多样。如为了适应顾客的随意性购买及零售市场竞争,零售商千方百计地装饰销售现场及周边环境,加强商店整体设计和形象宣传;为了吸引并留住顾客,零售商不断强化特色定位,纷纷对商店位置、营业时间、商品结构、服务项目、广告宣传、促销手段等各种因素,进行综合战略策划,实施差异化营销。

二、批发商

(一) 批发商的含义

批发商是指向生产企业购进产品,然后转售给零售商、产业用户或各种非营利组织,不直接服务于个人消费者的商业机构,位于商品流通的中间环节。批发商是相对于零售商来说的,零售商就是只卖一个或两个产品,而批发商是卖大量的产品。

批发商就是批量采购上一级供应商(如工厂/代理/经销)的货,然后再批量卖给下一级需求者(如零售商)的经济实体。

(二) 批发商显著特点

批发商区别于零售商的最主要标志是一端联结生产商,另一端联结零售商。

(1) 拥有大量的货物。

(2) 只大量的出售,不提供零售业务。

(3) 出售的物品的价格会比市面上的买的低。

(三) 批发商的作用

(1) 销售更具效果。批发商销售力量使生产商能够以较小的成本接触更多的中小客户。由于批发商接触面比较广,常常比生产商更多得到买方的信任。

(2) 有效集散产品。批发商通过广泛地接触不同的生产商,可以高效率地采购、配置多种产品;迅速把产品供应给零售商和生产企业,提高顾客的采购效率。

(3) 产品储存保证。批发商备有相当数量的库存,减少了生产商和零售商的仓储成本与风险。

(4) 提供运输保证。由于批发商备有充分的库存,可以迅速发货,并提供相关的运输服务保证。

(5) 帮助资金融通。可以为顾客提供便利的财务条件,如准许赊账,还可以为供应商提供供货等方面的资金保证。

(6) 承担市场风险。批发商购进产品后,承担了经济风险。如生产供求和价格变动带来的风险,产品运输和保管中的风险,预购和赊账中的呆账风险。

(7) 沟通产销信息。向供应商和顾客提供有关竞争者的产品、服务及价格变化等方面的信息。

(8) 为零售商服务。经常帮助零售商改进经营管理。如培训销售人员,帮助零售商建立会计和存货控制系统。

(四) 批发商的分类

(1) 普通商品批发商。经营的商品范围较广、种类繁多,批发对象主要是中小零售商店。在产业用户市场上,直接面对产品用户。

(2) 大类商品批发商。专营某大类商品,经营的这类商品花色、品种、品牌、规格齐全。通常是以行业划分商品品类,如服装批发商、酒类批发公司、专营汽车零配件的公司、仪器批发公司等。

(3) 专业批发商。专业化程度高,专营某类商品中的某个品牌。经营商品范围虽然窄而单一,但业务活动范围和市场覆盖面却十分大,一般是全国性的。如服装批发商、商品粮批发商、石油批发商、木材批发商、纸张批发商、金属材料批发商、化工原料批发商、矿产品批发商等。

(4) 批发交易市场。批发交易市场介于零售业和批发业之间的一种经营业态,交易行为也不十分规范,是以批发价格对商品进行批量交易。其类型有产地批发市场、销地批发市场、集散地批发市场。如义乌商品批发市场。

三、分销商

(一) 分销商的含义

分销商(Distributor)是指那些专门从事将商品从生产者转移到消费者的活动的机构和人员。所谓的分销是分着来销。可见在销售的过程中,已经考虑到了下家的情况,不是盲目销售,而是有计划地销售,商家有服务终端的概念。

(二) 分销商的特点

分销商与制造商(Manufacturer)之间的关系是买者和卖者的关系,分销商是完全独立的商人。分销不是代理,分销商的经营并不受给他分销权的企业和个人约束,他可以为许多制造商分销产品。他的业务是他自己的业务,因此在他是否接受分销合同的限制时,他所考虑的是自己的商业利益。分销商用自己的钱买进产品,并承担能否从销售中得到足够盈利的全部风险。分销商介于代理商和经销商之间。

(三) 分销商与批发商的区别

(1) 分销和批发是相对的,是从管理和计划的角度上对商家的定义。所以"分销商"一般指企业,用来称呼有服务终端意识的行商。

(2) 分销商是专门倒手的二道贩子,手里一般不押货,等了解到有需求,他才从厂家进货来卖。

(3) 批发商(Wholesaler)是不管有没有人买,先把货大批买来,再找人出去卖。

(4) 分销商有大量资金,可以承受长期的占押,比如交货后两个月再付款。

(5) 批发商一般资金不是很多,经不起资金占用,一般是现款现结,如果占了他的较多资金,批发商的生意就很难维持。

(6) 分销商一般是由厂家指定的,性质和代理有些相似。厂家出货只从分销商那里出,批发商是不限制的,只需有资金进货就行。

雅芳(AVON)销售渠道的变化

美国著名的化妆品厂商雅芳产品有限公司(AVON Products, Inc. 以下简称"雅芳")成立于1886年,至今仍主要靠众多女推销员来直销自己的化妆品。估计在公司110年的历史中有4000万女性做过公司的推销员,这些推销员大部分是钟点工和兼职人员。这家年销售额达35亿美元的大公司1990年所花的广告费仅460万美元。而依靠超市或零售商经销化妆品的公司,每年则需大量的广告开支。如1992年宝洁(P&G)的广告费高达21.49亿美元。

雅芳的这种个人销售法的关键在于制造商与消费者双方的直接见面。而在70年代以来,越来越多的女性从事各种各样的工作,因而直销员上门推销越来越困难。于是雅芳(AVON)公司的年销售额从最高的35亿美元下降到1992年的13.6亿美元,利润也以每年3.6%的速度下降。

90年代以后,雅芳意识到传统的直销策略存在的问题。于是决定在保留传统的直销策略的同时,通过大量的零售商店分销,大量的广告宣传和市场活动也逐步增加了。雅芳营销策略的改变为公司扭转不利形势奠定了良好的基础。

思考问题

雅芳公司采用大量的非正式推销员来进行直销,在过去适合市场需求,但现在不合时宜了,您觉得一个公司的营销策略应怎样适应形势的变化?

(资料来源:点亮网 http://www.dianliang.com)

四、经销商

(一)经销商的含义

经销商,顾名思义,一般是指一个商业单位拿着钱,从另一个企业进货,他们买货不是自己用,而是转手卖出去,他们只是经过手,再销售而已,关注的是利差,而不是实际的价格。企业对经销商不是赊销,而是收到了钱的。

(二)经销商的特点

经销商分为普通经销商和特约经销商,前者没有限制,而后者则和代理商或厂商在销售额、产品价格和广告等方面有特别约定。

经销商的特点:

(1)是独立的经营机构;

(2)拥有商品的所有权(买断制造商的产品/服务);

(3)靠经销产品的差价获得经营利润;

(4)可以经营几个企业的多个品种;

(5)经营活动过程不受或很少受供货商限制;

(6)与供货商责权对等。

(三)经销商、代理商、分销商的关系

经销商是个比较笼统的称谓,包括代理商、分销商还有单纯的贸易商(不从原厂进货而是从其他渠道)。代理商可以是代理单一品牌或多个品牌;分销商一定是代理众多品牌。

代理商属于分销商,也属于经销商,但是分销商和经销商不一定是代理商。一般分销商和经销商没什么本质区别,只是有的叫法不同。

分销是一个销售方式概念。分销商是一个中转站,一个制造企业将产品委托中转站销售。代理商是受制造企业授权在一定区域、时间和终端等进行销售。经销商类似于贸易商,自由贸易。

分销商广义上包括代理商、经销商,代理商与经销商的存在取决于是否获得授权。当然,代理商根据性质不同分为多种。

从产品所有权上区分:经销商对购买的产品有所有权;代理商一般没有产品所有权,只是代理销售,只收取佣金。

分销商得到原厂商授权,销售全线产品,是代表厂家处理业务的经销商,没有得到原厂授权,原厂不会返利;代理商得到原厂授权,销售部分产品,原厂则会返利。代理商在国外有的也叫分销商。代理商的支持者是原厂(对于单个品牌存在唯一)。

经销商分为普通经销商和特约经销商。前者无限制,与普通日用品经销商一样没有限制,而后者则和大的代理商或厂家有某些在销售额、产品价格等方面的特别约定。分销商介于代理商和经销商之间。代理商是指某产品在销售过程中由生产厂家授权在某一区域有资格销售该产品的商家。

五、代理商

(一) 代理商的含义及理解

代理商是指某种产品在销售过程中由生产厂家授权在某一区域有权销售该产品的商家,代理商是和经销商截然不同的概念,代理商是代理企业打理生意,不是买断企业的产品,而是厂家给予额度的一种经营行为,货物的所有权属于厂家,而不是商家,他们不是自己用产品,而是代企业转手卖出去。

代理商主要分为全国代理、地区级、国家级、省市县级、区域代理、品牌代理、独立代理等。有的又分为独家代理、总代理、分级代理,所有代理商家都有相应的特权,代理级别低的原则上由高一级的代理商管理。代理商的建立,可以分担厂商的风险,使厂商与代理商共同拉动市场从而降低厂商的经营风险。代理的地方越大条件越高,比如代理费用、代理保证金、代理指标等。

代理商从简单的分销转换成具有管理职能的渠道维护者,除业务管理外,代理商同时具备品牌管理、促销管理、服务对接、财务管理等各项职能。

代理商和经销商也能相互渗透,目前厂商对代理商和经销商的管理主要侧重于价格和货源的管理,对人员培训和广告等还提供一些支持。

企业或行业纯粹依靠代理来收取佣金获取利润的情况并不多见,其业务范围也很难体现为代理模式,比较典型的有负责代理房屋销售的中介公司(行业),其主要营利模式是依靠代理他人销售房屋来获取佣金(中介费),不过有时中介公司对价格适当的房屋也会买下来再转手。

(二) 代理商分类

1. 按代理权是否具有排他性分类

(1) 总代理商,是指代理权具有排他性。被代理人不得再行指定其他代理商的情形。

(2) 普通代理商,是指代理权不具有排他性,被代理人可以再行指定其他代理商进行代理活动的情形。

2. 按代理商是否有权处理法律行为分类

(1) 媒介代理商是指仅有代理被代理人进行媒介行为之权,无权与第三方订立合同,因此,一般处理非法律行为的业务。

(2) 订约代理商是指拥有与第三方订立合同之权,可以处理具有法律行为的业务。

3. 按代理商所受委托人类型分类

(1) 上级代理商受被代理人委托进行代理业务活动。

(2) 次级代理商受上级代理商委托进行代理业务活动。

4. 按代理业务的不同分类

(1) 商品代理商,是指从事购买或销售或二者兼备的洽商工作,但不拥有商品所有权的代理商。又可以进一步细分为购货代理商与售货代理商。前者指受被代理人委托以购买货物为业务内容的代理商;后者指受被代理人委托以销售货物为业务内容的代理商。

(2) 运送代理商,是指受被代理人的委托招揽货物或客人,并为被代理人运送货物或人的代理商。又可以进一步细分为陆上运送代理商、海上运送代理商及航空代理商。在国际贸易中,主要是海上运送代理商,也称为船务代理商。

(3) 输出代理商,是指于输出国,受本国商业主体委托,以该商业主体名义向海外出卖商品的代理商。

(4) 输入代理商,是指于输入国,受国外商业主体委托,以该商业主体名义在输入国从事商品售卖业务的代理商;输入代理商在国际贸易中非常普遍,往往是出口商打开国外市场、进行促销而经常借助的一条有效渠道。

(5) 广告代理商,是指受被代理人委托并以被代理人名义为其计划、创造、制作及安排广告业务的代理商。我国的广告业虽然起步较晚,但发展速度惊人。随着企业营销战略从传统的产品销售制定转移到行销企业整体形象的塑造,已有越来越多的企业在导入 CI(Corporate Identity)或 CIS(Corporate Identity System——企业的识别系统,或企业的统一化体系,或企业的自我介绍)方略,我国的广告业必将迈上新的台阶,广告代理商也将进入一个新的发展时期。

(6) 投标代理商,是指代理厂商参加国内外招标业务的代理商。这种代理商在发展中国家数量较多。

(7) 保险代理商,是指受保险人的委托通过订立保险合同代理业务的代理商。这种代理商,在发达国家数量较多。

(8) 旅行代理商,是指以旅客名义为旅客办理一切旅行手续的代理商。如各种旅行社,代旅客办理订旅馆、机票、车票等旅行必需的事项。

(三) 代理商特点

(1) 代理商是渠道的中间商。

(2) 代理商不一定是独立机构。

(3) 代理商不拥有商品的所有权(代理制造商的产品/服务)。

(4) 代理商赚取佣金(提成),经营活动受供货商指导和限制。

(5) 代理商供货权力较大。

(6) 代理商主要分为总代理、区域代理、品牌代理、总代理,总代理可以自己建立省级分公司等。

(7) 代理商可以分担厂商的风险,使厂商与代理商共同拉动市场,从而降低厂商的经营风险。

从制造商到消费者的渠道途径可以有:

(1) 制造商→总代理→经销商→消费者;

(2) 制造商→总代理→一级代理→经销商→消费者;

(3) 制造商→总代理→一级代理→二级代理→……→经销商→分经销商→消费者。

(四) 授权

授权的做法是由委托人与代理人签订代理协议,授权代理人在一定范围内代表他向第三者进行商品买卖或处理有关事务(如签订合同及其他与交易有关的事务等)。代理人在委托人授权范围所作的行为所产生的权利和义务,直接对委托人发生效力,即代理人是在授权范围内以委托人的名义行事。

代理双方属于一种委托和被委托的代销关系,而不是买卖关系。代理商在代理业务中,只是代表委托人招揽客户、招揽订单、签订合同、处理委托人的货物、收受货款等并从中赚取佣金,代理商不必动用自有资金购买商品,不负盈亏。代理双方通过签订代理协议建立起代理关系后,代理商有积极推销商品的义务,并享有收取佣金的权利,同时代理协议一般规定有非竞争条款,即在协议有效期内,代理人不能购买、提供与委托人的商品相竞争的商品或为该商品组织广告;代理人也无权代表协议地区内的其他相竞争的公司。

（五）代理商和经销商的区别

代理商和经销商的区别如表8-1所示。

表8-1 代理商和经销商的区别

比较内容	经销商	代理商
法律关系	买卖	委托
与第三者责任	自己承担	委托人承担
机构性质	拥有合法资格的企业	企业/个人
取酬方式	赚取进销差价(经营利润)	佣金/提成
产品价格	加价销售	规定价格
经营品种	多品种,多品牌经营	一般不经营竞争品牌
所有权	拥有商品所有权(买断产品/服务)	不拥有商品所有权(代理产品/服务)
经营自主性	自主经营(很少供商限制)	受供货商指导和限制
付款方式	货款两清、赊销、代销等	售后回款
付款性质	贷款或保证金	保证金
广告投入	按比例分担	由供货商分担
品牌责任	对品牌责任心较小	承担树立和维护品牌的责任
考核指标	销售量	销售量和市场质量
权责	与供货商权责对等	供货商权力较大
主体	自己的名义	以委托人厂商的名义销售、签合同
风险	有	无

六、加盟店

（一）加盟的含义

所谓加盟,就是该企业组织将该服务模式、标识、徽章等授权给加盟主,加盟主可以用加盟总部的形象、品牌、声誉等,在消费市场上招揽消费者前往消费。加盟主在创业之前,加盟总部也会先将本身的经验教授给加盟主并且协助其创业与经营,双方都必须签订加盟合约,以获利为共同的合作目标;而加盟总部则可因加盟性质而向加盟主收取加盟金、保证金以及权利金等。

（二）加盟店的特征

改革开放以来,加盟店在我国零售业的现代化进程中,正突破归属某一行业的业种店范围,向业态店发展,并呈现出以下几个分流特征。

一是向超级市场和便民店分流发展。如菜市场、粮店、杂货店、煤炭商店等分别归入超级市场或便民店。这种发展改变了这些专业商店的性质,使之成为以食品为主的综合经营的商店的一部分。

二是向规模化大店发展。这些加盟店通过改建、扩建、再建,成为与百货公司相匹配的商厦。经营内容除保持一定的专业特色外,更具有百货公司的特点,如上海南京路和北京西单、王府井的许多专业商店就已改造成这样的商厦。

三是通过对一类或一种商品进行升级换代,通过挖掘、发扬和创新传统经营特色和服务特色,提高商品适合消费者特定需求的专有程度,引入连锁经营机制,广开加盟店,形成加盟店规模经营的态势。可以说,第三种发展模式代表了我国加盟店发展的基本方向,极具发展潜力。

(三)直营店和加盟店的区别

直营店和加盟店是目前当今消费终端的两种主要构成模式,直营店是由厂家直接开设的,而加盟店则是厂家招募的利益共同体。

目前,很多企业是采用加盟和直营模式并存的,特别是在同一个区域,这两种模式并存的矛盾就会很明显地暴露出来。

1. 直营和加盟的矛盾

(1)价格冲突

价格是产生矛盾的最敏感的因素,最直接的矛盾往往是从价格开始的。因为竞争的存在,为了争取顾客,直营店或加盟店的一方常常会把降价当成竞争的重要手段。

(2)货品冲突

在货品陈列方面,直营店往往拥有较多的资源优势,能够最大限度地陈列公司的所有产品,在此方面所产生的销售力要强于加盟店。特别是一些紧俏货品的支配方面,直营店往往拥有更多的主动。

(3)形象、服务和理念等的冲突

直营店能直接诠释公司的理念,展现公司的品牌形象和服务规范,而加盟店在这些方面的表现力度相对要有所欠缺,导致品牌在两类终端无法和谐统一。

(4)人为的矛盾

一些直营店的管理人员和加盟商很容易因为各自利益的问题而站在对立面上,生成一些其他的矛盾。

(5)售后服务态度

优质的售后服务是品牌服务经济的产物,名牌产品的售后服务往往优于杂牌产品。名牌产品的价格普遍高于杂牌产品的价格,一方面是基于产品成本和质量,同时也因为名牌产品的销售策略中已经考虑到了售后服务成本。

从服务体系而言,产品的售后服务,既有生产厂商直接提供的,也有经销商提供的,但更多的是以厂家、商家合作的方式展现给消费者的。

2. 矛盾的解决

(1)制定合理的销售半径

距离能产生美,也能减少不少矛盾。让直营店和加盟店保持一定的销售距离,可以避免最直接的近距离利益和客源冲突。也就是说,在一定方圆范围内,最好不要让直销店和加盟店同时出现。

不同行业的店与店之间的合理销售半径是不一样的,必须参考当地的经济水平、主体消费人群、消费习惯等因素来制定合理的销售半径。

比如在一个城市的同一条主流商业街,如果你的产品市场容量很大,你希望开设两家以上的店,那你就最好这两家店都由公司来统一自营或者都交给同一个加盟商来开设。如果已经存在小范围内直营店和加盟店并存的情况下,双方最好协商由其中一方退出。

广东某知名餐饮连锁企业在广州市场是这样操作的:以行政区域为单位,在东山区由公司直接开设自营店,而其他几个区则每个区设立一名加盟商,加盟商只能在自己的区域内开设分店。有效保持各自的距离,以免相互争夺客流。

(2) 严格进行价格规范

直营店一定要对价格实行自律,同时公司也要对加盟店的价格实行控制,并严格防止变相降价的行为。双方可以约定最低零售价格(或折扣),谁也不得随意突破价格底线。价格保护最重要的是加强价格管理的力度,比如对加盟店可以收取一定的经营保证金,以便对加盟店的价格进行约束和规范,对加盟商擅自违反价格政策的行为要进行坚决处理,以使其能自觉遵守价格约定,从而维护品牌的整个价格体系不受冲击。

某洗衣连锁店进入每个省会城市都会预先开设一家直营店,然后再进行加盟商的招募,所以几乎在每个省会城市都有直营店和加盟店并存。但它们各店的服务价格却一直控制得很好。因为总部在和加盟商的合同上都明确约定了洗涤所有服装种类的最低价格,并对贵宾折扣卡的发放都进行了严格的限制,而且总部的人经常会以顾客的身份去各加盟店进行明察暗访,一旦发现有违反价格政策的加盟店,就会处以 1000~3000 元的罚款,所以,很多城市即使开设了七八个加盟店也能和平共处、相安无事。

(3) 统一终端形象建设

直营店和加盟店要保持竞争力的一致,形象上的统一很重要。但一些加盟商往往因为理念及自身实力等的原因,导致加盟店在形象上无法和公司直营店统一,装修档次上也不如公司的直营店。这就需要企业在挑选加盟商时候要慎重,而且在经营理念方面能经常给予引导,经常组织督导和培训人员进行跟踪管理,加强终端形象、服务的统一。

(4) 保持促销活动的统一步调

直营店和加盟店,其中的一方做促销,往往很容易对另一方的销售构成冲击。比如在商场或直营店促销期间企业应该通知加盟店同步进行一些促销活动,或者视促销规模给予加盟店一定的促销补贴。直营店在操作特价活动的时候也应该视情况给加盟商提供一些有效的特价商品等,而企业也可以要求加盟店在有促销活动推出的时候,应该报公司批准备案,而不得擅自操作促销活动。

(5) 科学地进行货品品类管理

在货品品类、货品陈列方面,加盟店往往会处于劣势。因此,企业应针对加盟商制定比较合理的退换货政策,鼓励加盟店大胆增加货品种类和陈列数量,增强其竞争力;并能有效指导加盟店优化组合货品的结构,加快货品流通率。

也有部分厂家采用加盟店和直营店销售不同规格、型号的产品的方法,这样则可以避免最直接的销售冲突。

(四) 连锁加盟的准则

准则一:选对行业。

首先,所选行业必须经得起市场的考验。这是一个最简单的基准,即企业发展连锁经营体系至少已经有两年以上。

其次,要选择大众化、普及性高的商品,这样不易发生流行热潮一过就成为泡沫的问题。

此外,商圈的普遍性也很重要。

准则二:越挑剔的总部越好。

找开店经验丰富且连锁店数量达到一定规模或发展至少两年以上的总部,这样比较有经营保障。有些新兴加盟体系,本身在市场上发展的时间就不够长,还没有经过市场的考验,顾客的消费习惯尚未养成,容易造成暂时生意兴隆的假象。

此外,连锁品牌的竞争力也是成败关键。观察美、日零售服务业的发展,连锁经营的未来必然从单店的竞争迈向品牌之争,也就是连锁体系之间的竞争,"有财团背景的连锁体系,在财力与开发团队能力较强的情况下,一定会占优势"。因此,选择弱势品牌的加盟主,虽然可以少缴加盟费与保证金,但相比之下,所能享有的总部的资源和帮助也较少;许多事情都是要靠加盟店自己打理,竞争力自然也就较弱。

准则三:评估自己的财务与方向。

很多加盟总部都喜欢已婚的加盟者,如果是和有点钱又不会太有钱的夫妇一起来更好。"因为具有这种特质的人,一方面有经济压力,也有过工作经验,是因为真正想做这行而来,不会因为不能吃苦而轻易放弃。"台湾的一位业内人士是这样评价对于加盟者的选择。另一方面,选择总部虽不要贪小便宜、因小失大,也不能因为投资金额不大,经营的心态上就放牛吃草。

准则四:亲自到总部"面对面"。

很多加盟者只听总部的书面或说明等一些资料,就草率地签约加盟,等到有纠纷时到总部一看,才发现总部比自己的店面还小,根本没有解决门店问题的能力和经验。因此,亲自走一趟总部与其加盟店,搜集第一手现场资料是必要的。

另外,可要求总部提供现有加盟店的家数与地点,请总部推荐三家与预期商圈类似的加盟店,进行拜访洽谈,了解加盟店的实际经营情况是否如总部所说一般。

第四节 销 售 合 同

销售合同是平等主体的自然人、法人、其他组织之间设立、变更、终止民事权利义务关系的协议。

签订销售合同是销售人员在销售活动中常见的一项法律活动。一份销售合同签订得好坏,不仅关系销售人员的个人经济利益,同时牵连企业的经济效益。所以,合同的签订一定要慎之又慎。

一、签订销售合同的原则

签订销售合同必须遵守以下几个原则。

(一)遵守国家的法律和政策

签订销售合同是一种法律行为,合同的内容、形式、程序及手续都必须合法。这里说的"合法"是指销售合同的订立必须符合国家法律和政策的要求。只有遵循合法原则,订立的销售合同才能得到国家的认可和具有法律效力。当事人的权益才能受到保护,并达到订立销售合同的预期目的。

(二)遵守平等互利、协商一致、等价有偿的原则

销售合同双方当事人在法律地位上是平等的,所享有的经济权利和承担的义务是对等的。双方的意思表达必须真实一致,任何一方不得把自己的意志强加于对方,不允许一方以势压人、以强凌弱或利用本身经济实力雄厚、技术设备先进等优势条件,签订"霸王合同"、"不平等条约",也不允许任何单位和个人进行非法干预。

（三）遵守诚实信用原则

销售合同的双方当事人，应诚实遵守合同的规定，积极履行合同，稳定地开展工作，为提高自己的信誉而努力。

二、销售合同的签订程序

销售合同的签订是一件非常重要的事情，销售人员在签订合同的时候，要同客户就合同的内容反复协商，达成一致，并签订书面合同。做到彼此满意，形成双赢。销售合同的签订程序具体可概括为两个阶段：要约和承诺。

（一）要约

要约是当事人一方向另一方提出订立销售合同的建议和要求。提出要约的一方称为要约人，对方称为受约人。要约人在要约中要向对方表达订立销售合同的愿望，并明确提出销售合同的主要条款以及要求对方做出答复的期限等。要约人在自己规定的期限内，要受到要约的法律约束；如果对方接受自己的要约，就有义务同对方签订销售合同；就特定物而言，不能向第三者发出同样的要约或签订同样内容的销售合同。否则承担由此给对方造成的损失。

（二）承诺

承诺是受约人对要约人提出的建议和要求表示完全同意。要约一经承诺，即表明双方就合同主要条款达成协议，合同即告成立，所以承诺对合同的成立起着决定性作用。承诺应在要约规定的期限内做出，要约中没有规定期限的，应按其合理期限考虑，即双方函电的正常往返时间加上必要的考虑时间。承诺的内容必须与要约的内容完全一致，承诺必须是无条件地完全接受要约的全部条款。如果受约人在答复中，对要约内容、条件做了变更或只部分同意要约内容，或附条件地接受要约的，就应视为对要约的拒绝，而向原要约人提出新的要约，叫反要约。

在实际的操作中，一份销售合同的订立往往要经过要约、反要约、再反要约，一直到承诺这样一个复杂的谈判过程。一个销售合同能否有效成立，主要看其是否经历了要约和承诺两个阶段。

三、销售合同的签订应具备的主要条款

销售合同的主要条款是销售合同的重心，它决定了合同签订双方的权利和义务，决定了销售合同是否有效和合法，是当事人履行合同的主要依据。主要条款是一份合同的重中之重，销售人员在签订合同的过程中，一定要对合同所具备的主要条款逐一审明，详尽规定，使之清楚、明确。

（一）标的

标的是销售合同当事人双方权利和义务所共同指向的对象，销售合同中的标的主要表现为推销的商品或服务。标的，是订立销售合同的目的和前提，没有标的或标的不明确的合同是无法履行的，也是不能成立的。

（二）数量和质量

这里是指销售合同标的数量和质量。它们是确定销售合同标的特征的最重要因素，也是衡量销售合同是否被履行的主要尺度。确定标的数量，应明确计量单位和计量方法。

（三）价款或酬金

价款或酬金是取得合同标的一方向对方支付的以货币数量表示的代价,体现了经济合同所遵循的等价有偿的原则。在合同中,销售人员应明确规定定价或酬金的数额,并说明它们的计算标准、结算方式和程序等。

（四）履行期限、地点、方式

履行期限是合同当事人双方实现权利和履行义务的时间,它是确认销售合同是否按时履行或延期履行的时间标准。双方当事人在签订合同时,必须明确规定具体履行期限,如按年、季度或月、日履行的起止期限,切忌使用"可能完成"、"一定完成"、"要年内完成"等模糊两可、含糊不清的措辞。履行地点是一方当事人履行义务,另一方当事人接受义务的地方,直接关系到履行的费用和履行期限。确定时应冠以省、市名称,避免因重名而履行发生错误。履行方式是指合同当事人履行义务的具体方法由合同的内容和性质来决定。如交付货物,是一次履行还是分期分批履行,是提货还是代办托运等。

（五）违约责任

违约责任是指销售合同当事人违反销售合同约定的条款时应承担的法律责任。

此外,销售合同的内容还包括:根据法律规定或销售合同性质必须具备的条款,以及当事人一方要求必须规定的条款,这些也是销售合同的主要条款。

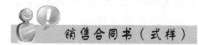

销售合同书（式样）

甲方：

乙方：

为保护甲乙双方的合法权益,根据国家有关法律法规,本着互惠互利、共同发展的原则,经双方充分协商,特订立本合同。

一、甲方授权

甲方授权乙方为_____产品在_____（地区）的独家经销商,甲方不得在前述渠道内另行从事本产品的销售业务。

产品包装：

二、销售指标

1. 市场启动期为三个月（即　　年　月　日—　　年　月　日）,乙方提货不少于　　件。

2. 其后每月进货量不少于　　件,全年累计进货量不少于　　件。

3. 当乙方完成年进货量指标,甲方给予乙方总进货量的　　%作为销售奖励,并以货物形式返给乙方。

三、供货价格、付款方式

1. 供货价格：每件_____元（即每盒_____元）。

2. 货款结算方式

（1）原则上现款提货,即在乙方货款汇至甲方账户后,甲方再行发货。

（2）甲方可按结算货款为乙方开具发票。

四、供货期限、货物运输

1. 乙方每次提货必须提前10天通知甲方,并将有效发货申请单传真给甲方。

2. 货物到乙方经销城市的铁路或公路零担费用由甲方承担。如乙方需其他运输方式,超出铁路零担运输费用由乙方承担。

3. 运输途中如有破损或数量短缺,凭承运部门证明,甲方负责更换补充。乙方在销售和仓储中造成的破损和短缺由乙方负责。

4. 乙方在收货(即货到)_____小时内完成验收,验收时如有问题应立即通知甲方,逾期甲方不再负责。乙方验货后,应在_____小时内将收货凭据经签字盖章后传真给甲方,否则视同收货认可。

五、销售价格及渠道管理

1. 本产品执行全国统一零售价格政策,每件零售价规定为_____元。

2. 经销商不得进行不正当的价格竞争,不得以任何名义直接降低价格倾销。

(1) 乙方保证以不低于甲方规定的零售价格(经甲方同意的打折促销除外),销售本产品。

(2) 如乙方在经销期间将甲方的产品低于甲方的供货价销售,一经查实将按该月货款总额的200%赔偿给甲方,同时甲方有权取消乙方的经销商资格。

3. 未经甲方书面同意,乙方不得跨区域销售产品,不得到甲乙双方约定的专销地点以外的任何地区销售,一经查实将按该货款总额的200%赔偿给甲方,同时取消乙方的独家经销商或经销商资格(本款所指销售为较大规模的公开销售)。

六、广告宣传

1. 乙方对广告宣传的内容和发布方式具有建议权,但最终确定权属于甲方。

2. 地区性的广告、宣传费用由乙方单独承担。

3. 根据乙方销售需求,甲方按成本价提供相应的宣传品。其他与产品销售有关的用品由乙方自行负责。

七、双方的权利、义务

1. 甲方的权利

(1) 对乙方的经营和推广活动有咨询、知情权。

(2) 在乙方发生违规销售时,有权查看乙方的账目。

2. 甲方的义务

(1) 有按照合同规定维护乙方合法权益的义务。

(2) 本合同生效后,在乙方未违反本合同约定的情况下,甲方不得在乙方的销售渠道内再以其他任何方式或由任何机构来销售本产品。

(3) 有按时供货、保证货物质量和提供经营信息的义务。

(4) 有向乙方提供产品销售必需文件的义务。

(5) 产品出现质量问题,有义务无偿退换并承担运费的义务。

3. 乙方的权利

(1) 乙方有在合同许可范围内的自主经营权和独家经营权。

(2) 对甲方违反本合同的行为,可以直接追究甲方经济、法律责任。

4. 乙方的义务

(1) 乙方有拓展市场、建立健全有效的销售网络的责任。

(2)乙方有在甲方提供有关手续后三十天内办好本产品上市的一切相关手续的义务。

(3)乙方有对甲方的产品技术、经营情况、市场拓展策略、价格体系等信息保密义务。

(4)乙方不得再经销其他与本产品功效成分相似或构成竞争关系的产品。

(5)乙方有义务代表甲方妥善处理当地消费者对产品的质量、功效咨询等相关事宜。

八、合同的解除

1. 乙方的进货量在半年或一年内未达到一定规模,则甲方有权解除本合同。

2. 在市场启动期结束后,如甲方在约定的供货期后15日内仍未发货的,则乙方有权解除本合同。

九、解除合同后的有关约定

1. 乙方应对甲方经营内容(包括但不限于销售政策、价格体系等)继续承担保密的义务。

2. 乙方应退还所有的文件、资料、授权委托书等(包括复制品)。

十、其他

1. 甲乙双方均不得以企业性质发生变化等原因终止或违背合同。

2. 乙方应将资质材料(营业执照、保健食品经营许可证、法人证书复印件等加盖公章)于合同签订时一并提交甲方备案存档。

3. 合同签订时,乙方须交付市场履约保证金_____元,合同期满后,如乙方无违约行为,甲方将保证金全额退还给乙方(不计利息)。

4. 当市场营销启动一定规模的广告宣传及规范的终端销售管理,则甲方有权根据费用及责任的分担情况相应调整产品的代理价格和销售量指标。

5. 因产品质量问题可随时退、换货。推广期后,经销商未售出的产品,保质期在一年以上,包装完好且不影响二次销售的,可按进货量的(比例)退、换货。

6. 未经甲方授权,乙方不得在互联网上发布与本产品有关的信息,并严禁进行网上销售。

十一、违约责任

甲乙双方同意本合同全部条款,如有违约按国家有关法律、法规解决。

十二、不可抗力

不可抗力是指不能预见、不可避免且无法克服的任何事件,包括地震、塌方、洪水、台风等自然灾害以及火灾、爆炸、战争等类似的事件,具体按照《中华人民共和国合同法》的相关规定执行。

十三、争议的解决

凡因履行本协议书所发生的或与本协议书有关的争议,各方首先应通过友好协商解决。如协商不成的,任何一方可将争议提交中国国际经济贸易仲裁委员会华南分会按照申请仲裁时该会现行有效的仲裁规则进行仲裁。仲裁裁决是终局的,对双方均有约束力。

十四、合同生效及期限

1. 本合同有效期为_____年(自　　年　月　日至　　年　月　日),经甲乙双方签字、盖章后生效。合同期满后,在同等条件下,乙方有优先续约权。

2. 本合同一式肆份,甲乙双方各执贰份,共同遵守。本合同涂改处无双方盖章为无效条款。

3. 本合同未尽事宜,双方可另行签订补充协议,与本合同具有同等法律效力。

甲方:	乙方:
法人代表:	法人代表:
代表人:	代表人:
地址:	地址:
电话:	电话:
传真:	传真:
签于: 年 月 日	签于: 年 月 日

(以上样例仅供参考)

第五节 如何进行渠道管理

销售渠道是企业经营不可缺少的一部分,作为一个优秀企业的经营者和管理者,在制订其经营方案时,特别是实施管理时,都不应忽略对销售渠道的管理,包括对销售渠道成员(中间商)进行选择、激励、评价和调整等。在对销售渠道中间商选择时应对其以往的经营业绩以及素质进行评价;企业管理者应该懂得如何使用销售渠道,如何利用销售渠道的优势,如何最大限度地激发销售渠道中间商的积极性,为本企业创造效益;对销售渠道的调整是必然会产生的,但在调整前,有必要对原来销售渠道及中间商和新销售渠道及中间商进行评价,就其新老销售渠道的经济性、可控制性和适应性方面都应加以对比和考虑。本章重点讲述销售渠道流程、渠道关系、渠道支持和渠道冲突几个方面的管理问题。

一、渠道流程管理

销售渠道正常通行主要体现在各种流程上,正是一系列流程将渠道中所有的组织成员联系在一起,因此销售渠道通行管理实际上也就是各种分销流程的管理。

销售渠道的流程最基本的是六项流程:产品实体流程、所有权流程、付款流程、信息流程、促销流程和谈判流程。

(一)产品实体流程(物流)

实体流程是指产品通过有效的装配、包装、仓储、运输、配送,顺利达到消费者的一系列活动,其最重要的功能是完成产品实体的转移(如图 8-1 所示)。

图 8-1 实体流程

(二)所有权流程

所有权流程涉及产品所有权的流向(如图 8-2 所示)。

图 8-2 所有权流程

（三）付款流程

付款流程涉及厂家的资金政策及与客户的资金往来（如图 8-3 所示）。

图 8-3　付款流程

（四）信息流程

信息是厂家生产、经营的指南，信息流程包括销售信息的收集、处理、应用各环节及渠道成员之间的有效沟通（如图 8-4 所示）。

图 8-4　信息流程

（五）促销流程

促销即向客户施加影响的各种活动，如市场推广、广告、现场展示、推销等，目的是增加产品销量。促销流程如图 8-5 所示。

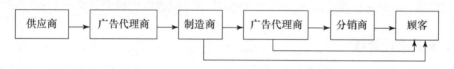

图 8-5　促销流程

（六）谈判流程

谈判是指渠道成员之间就所有权、渠道政策、价格、运输、付款等问题的讨价还价。

以汽车销售为例说明这些流程。

实体流程是指实体原料及成品从制造商转移到最终顾客的过程。例如，在汽车市场销售渠道中，原材料、零部件、发动机等从供应商运送到仓储企业，然后被运送到制造商的工厂制成汽车。制成成品后也须经过仓储，然后根据代理商订单而运交代理商，再运交顾客。如遇到大笔订单的情况，也可由仓库或工厂直接供应。在这一过程中，至少须用到一种以上的运输方式，如铁路、卡车、船舶等。

所有权流程是指货物所有权从一个市场销售机构到另一个市场销售机构的转移过程。在前例中，原材料及零部件的所有权由供应商转移给制造商，汽车所有权则由制造商转移到代理商，而后到顾客。

付款流程是指货款在各市场销售中间机构之间的流动过程。例如，顾客通过银行或其他金融机构向代理商支付账单，代理商扣除佣金后再付给制造商，再由制造商付给各供应商，还须付给运输企业及独立仓库。

信息流程是指在市场销售渠道中，各市场销售中间机构相互传递信息的过程。通常，渠道中每一相邻机构间会进行双向的信息交流，而互不相邻的机构间也会有各自的信息流程。

促销流程是指广告、人员推销、宣传报道、促销等活动由一单位对另一单位施加影响的过程。供应商向制造商推销其品牌及产品,还可能向最终顾客推销自己的名称及产品以便影响制造商购买其零部件或原材料来装配产品。促销流程也可能从制造商流向代理商(称之贸易促销)或最终顾客(最终使用者促销)。

二、渠道关系管理

渠道成员管理的核心内容不是厂商站在主导的位置上,对中间商等渠道成员指手画脚,任意地选择与评价,甚至把激励当成施舍,而是各渠道成员形成平等的关系,结成渠道的联盟。"一个关系和谐的销售渠道要求成员在处理关系的不同方面及协调行动方面应有一个共同的目标——在向最终用户提供服务过程中,保障效率性和有效性。"

渠道成员依层次可分为垂直关系(上下层级关系)、水平关系(同层次关系)和交叉关系(不同渠道类型成员之间的关系)。这些关系会发生各种各样的冲突,如政治的、经济的、文化的,但是核心仍是利益分配上的冲突。这种利益冲突会在各层次关系上表现出不同的问题,解决这些问题就是关系管理的重点,也是整个分销渠道管理的重中之重。

需要强调的是,中国目前的销售渠道管理有三大难点:一是由于赊销带来的拖账和死账问题;二是由于促销(批量作价返利)带来的地区窜货问题;三是由于零售连锁化发展带来的复杂的零售终端管理问题。

同时,销售渠道管理的目的在于效率,而效率的体现需要一系列指标体系来评价,因此,本书将探讨渠道成员或各条渠道的绩效评估问题。

表8-2　对中间商的管理

管理项目	要点
客户资料档案	随时掌握中间商的销售资料,并将客户资料建档,分别管理
销售额统计	分析年度、月份额的销售额,评估销售内容。控制销售业务的成长状况、市场占有率
销售额比率	本公司商品销售额占该中间商销售总额的比率
经费比率	分析"销售费用增加"与"销售额增加"额度的比率
货款回收状况	留意货款回收的速度与迟延现象
传达公司信息	令中间商了解本公司的经营方针与政策,以正当途径增加销售额。传达促销活动信息、新产品信息等
销售项目	经销商的销售项目与本公司商品的关系,是否正为本公司重点产品而促销
商品陈列状况	了解本公司产品在经销店内的陈列地点、空间、高度
商品库存状况	商品是否缺货或久置库存,原因在于经销店不积极还是本公司调度问题
促销活动参与情况	中间商是否积极参与本公司统一的促销活动,频率多少,销售数量是否增加
访问计划	业务员对各类中间商的访问计划是否正确,并确实执行
支持程度	不断检讨业务员与中间商的人际关系,加强意见沟通,并强化彼此之间的关系

可口可乐公司在中国采取的销售渠道

对于可口可乐公司而言,现代渠道是一个具有双重价值的重要渠道,一重价值在于它可以直接实现其产品的销售,并且这种价值会随着现代渠道市场份额的不断增加而日益显著;另一重价值在于它还可以培养消费者的消费习惯,提升消费者对可口可乐产品及品牌的偏好程度,因此,努力与客户实现"双赢"是可口可乐公司与现代渠道客户合作的总体策略。

具体的讲,可口可乐现代渠道有以下三个主要的运作策略。

第一,可口可乐通过提供全面的顾问式的服务,努力与现代渠道客户建立长期合作关系。例如,可口可乐每年都会针对不同的重要客户,依据自身的发展计划,制订一套有针对的全年合作计划,并且会定期主动与客户回顾双方的合作状况,解决存在的问题,交换相关的信息。

第二,可口可乐积极挖掘并充分利用客户所能提供的一切条件创造并满足消费者需求。例如,可口可乐始终重视现代渠道门店产品的生动化陈列,不但制定有专业明细的生动化陈列标准,详细规定了货架、堆头、端架、冰柜等的品牌搭配及产品要求,而且还十分重视对客户门店产品品类搭配和陈列位置的研究。

第三,可口可乐十分重视与现代渠道客户建立畅通的对等沟通机制,努力提高与客户的沟通效率。

思考问题

可口可乐公司的营销渠道与国内的饮料企业有什么不同?

(资料来源:http://zhidao.baidu.com/question/209443500.html)

三、如何对渠道中间商进行支持

(一)对中间商的经营管理支持

(1)指导拟定收益目标、销售目标及经营计划。

(2)指导经营计划的实施。

(3)对变更经营方针提供意见与指引。

(4)对经营者、管理者提供相关培训。

(5)提供财务方面的帮助。

(6)协助指导税务对策。

(7)指导内部机构设置及职责划分。

(8)指导电脑销售相关管理系统的应用。

(二)对中间商销售活动的支持

(1)培训商品知识与销售技巧。

(2)提供同行业动向、厂商动向等有关情报,可以定期发放总部简报相关资料。

(3)对市场分析、需求预测的指导。

(4)召开并指导销售店会议,可以召开分月、季、年不同时间的会议。

(5)举办店员、业务员教育训练班,可以组织培训和实习。

(6)指导改善商品管理办法,如库存、摆放等。

(7)支援开拓新客户的宣传活动,如派有经验的人员进行现场指导。

(8) 协助改善顾客管理,如培训客户关系管理系统等。
(9) 指导信用管理,包括对中间商本身信用理念强化及对中间商的顾客信息等级。
(10) 支援编订"推销指南",如价格表设计等。

(三) 对中间商的广告及公关活动支持
(1) 支援制作广告宣传单。
(2) 指导并支援包装纸、包装袋图案设计。
(3) 支援海报、广告板的制作配发。
(4) 支援中间商举办的文娱活动。
(5) 在电视广告、报纸广告上经常提及中间商的名字。
(6) 协助召开消费者座谈会。
(7) 分担中间商的广告费用。

(四) 对中间商的店铺装潢、商品陈列支持
(1) 协助店铺的增建与改建,对面积格局等进行指导,并统一或规范装修样式和特色。
(2) 支持制作店铺招牌、标示牌,统一招牌和标识。
(3) 支援开设展示窗、陈列室。
(4) 对店内商品展示、陈列技术作实际指导。
(5) 协助制作POP广告、展示卡、活动广告等用具。
(6) 协助提供展示台、陈列台、各种台架。
(7) 对店内装潢布置、商品排列提供技术指导。

四、渠道冲突的管理

渠道冲突指的是销售渠道成员发现其他销售渠道成员从事阻碍或者不利于本组织实现自身目标的活动。制造商与制造商、制造商与中间商、中间商与中间商之间甚至制造商与其直销办事处的冲突均有可能发生。

(一) 产生渠道冲突的原因

1. 生产企业与中间商有不同的目标

生产企业希望占有更大的市场,获得更多的销售增长额及利润;但大多数零售商,尤其是小型零售商,希望在本地市场上维持一种舒适的地位,即当销售额及利润达到满意的水平时,就满足于安逸的生活;制造商希望中间商只销售自己的产品,但中间商只要有销路就不关心销售哪种品牌;生产企业希望中间商将折扣让给买方,而中间商却宁愿将折扣留给自己;生产企业希望中间商为它的品牌做广告,中间商则要求生产企业负担广告费用。同时,每一个渠道成员都希望自己的库存少一些,对方多保持一些库存。

2. 渠道成员的任务和权利不明确

例如,有些公司由自己的销售队伍向大客户供货,同时它的授权经销商也努力向大客户推销。地区边界、销售信贷等方面的任务和权利的模糊和混乱会导致诸多冲突。冲突还可能来自渠道成员的市场知觉差异。例如,生产企业预测近期经济前景良好,要求经销商的存货水平高一些,而经销商却可能认为经济前景不容乐观,不愿保留较多的存货。

3. 中间商对生产企业的依赖过高

例如,汽车制造商的独家经销商的利益及发展前途直接受制造商产品设计和定价决策的影响,这也是产生冲突的隐患。

4. 价格原因

各级批发价的价差常是渠道冲突的诱因。制造者常抱怨分销商的销售价格过高或过低,从而影响其产品形象与定位;而分销商则抱怨给其的折扣过低而无利可图。

5. 存货水平

制造商和分销商为了自身的经济效益,都希望把存货水平控制在最低。而存货水平过低又会导致分销商无法及时向用户提供产品而引起销售损失甚至使用户转向竞争者。同时,分销商的低存货水平往往会导致制造商的高存货水平,从而影响制造商的经济效益。此外,存货过多还会产生产品过时的风险。

另外,大客户原因、付款方式协调不一致、技术咨询与服务问题、分销商经营竞争对手产品等问题也能引发渠道冲突。

(二)渠道冲突的类型

1. 水平渠道冲突

水平渠道冲突指的是同一渠道模式中,同一层次中间商之间的冲突。产生水平冲突的原因大多是生产企业没有对目标市场的中间商数量分管区域做出合理的规划,使中间商为各自的利益互相倾轧。这是因为在生产企业开拓了一定的目标市场后,中间商为了获取更多的利益必然要争取更多的市场份额,在目标市场上展开"圈地运动"。例如,某一地区经营 A 家企业产品的中间商,可能认为同一地区经营 A 家企业产品的另一家中间商在定价、促销和售后服务等方面过于进取,抢了他们的生意。如果发生了这类矛盾,生产企业应及时采取有效措施,缓和并协调这些矛盾,否则,就会影响渠道成员的合作及产品的销售。另外,生产企业应未雨绸缪,采取相应措施防止这些情况的出现。

2. 垂直渠道冲突(也称作渠道上下游冲突)

一方面,越来越多的分销商从自身利益出发,采取直销与分销相结合的方式销售商品,这就不可避免地要同下游经销商争夺客户,大大挫伤了下游渠道的积极性;另一方面,当下游经销商的实力增强以后,不满足目前所处的地位,希望在渠道系统中有更大的权利,向上游渠道发起了挑战。在某些情况下,生产企业为了推广自己的产品,越过一级经销商直接向二级经销商供货,使上下游渠道间产生矛盾。因此,生产企业必须从全局着手,妥善解决垂直渠道冲突,促进渠道成员间更好地合作。

3. 不同渠道间的冲突

随着顾客细分市场和可利用的渠道不断增加,越来越多的企业采用多渠道营销系统即运用渠道组合、整合。不同渠道间的冲突指的是生产企业建立多渠道营销系统后,不同渠道服务于同一目标市场时所产生的冲突。例如,美国的李维牌牛仔裤原来通过特约经销店销售,当它决定将西尔斯百货公司和彭尼公司也纳为自己的经销伙伴时,特约经销店表示了强烈的不满。因此,生产企业要重视引导渠道成员之间进行有效的竞争,防止过度竞争并加以协调。

(三)渠道冲突的解决办法

解决渠道冲突的办法多种多样,大多数渠道中解决问题的方法或多或少地依赖于权力或领导权。

以下是解决渠道冲突的 5 种方法。

1. 调整游戏规则

如果某些渠道冲突的确是由于企业的管理制度跟不上市场发展的步伐时,就需要调整合同,重新约定渠道成员的权利和义务;也可以在人事上做一些调整,以缓和矛盾。对于垂直性冲突,一种有效的处理方法是在两个或两个以上的渠道层次上实行人员互换。比如,让制造商的一些销售主管去部分经销商处工作一段时间,有些经销商负责人可以在制造商制定有关经销商政策的领域内工作。经过互换人员,可以提供一个设身处地为对方考虑问题的位置,便于在确定共同目标的基础上处理一些垂直性冲突。

2. 沟通劝说

通过劝说来解决冲突其实就是在利用领导力。劝说可帮助成员解决有关各自的领域、功能和对顾客的不同理解的问题,使各成员履行自己曾经做出的关于共同目标的承诺。

3. 协商谈判

谈判的目标在于停止成员间的冲突。谈判是渠道成员讨价还价的一个方法。在谈判过程中,每个成员会放弃一些东西,从而避免冲突发生,但利用谈判或劝说时要看成员的沟通能力。

4. 诉讼

冲突有时要通过政府来解决,诉诸法律也是借助外力来解决问题的方法。对于这种方法的采用也意味着渠道中的领导力不起作用,即通过谈判、劝说等途径已没有效果。

5. 退出

解决冲突的最后一种方法就是退出该销售渠道。事实上,退出某一销售渠道是解决冲突的普遍方法。当水平性或垂直性冲突处在不可调和的情况下时,退出是一种可取的办法。从现有渠道中退出可能意味着中断与某个或某些渠道成员的合同关系。

市场销售渠道越来越依靠合理的社会分工来享受、获取专门化效益。销售渠道是企业将产品送进市场的通路,企业必须对销售渠道进行合理的设计和适当的管理,才能保证产品畅通地流向市场。

青岛啤酒经销商协同管理平台

青岛啤酒采用了所有一级经销商在一个统一的平台(经销商协同管理平台)上,根据一个统一的业务标准,统一进行跨企业业务协同管理。青岛啤酒经销商协同管理平台项目经过两年的运作,不管从工作效率、信息透明,还是绩效分析都得到了极大的提高。订单的完成率由以前的70%提高到95%以上;订单流转时间由以前的一天提高到两小时;订单的准确率达到100%;订单状态查询回复时间由以前的一天优化为实时查询跟踪;在库存管理方面,加强了临期过期产品管理,减少过期损失,加强了产品的多样化管理;提高了库存周转率;可进行批次管理,提高对产品窜货的控制力度。

青啤不是以信息技术项目招标这样一个简单的思维模式去对待SCM的建设,而是从自己的实际应用层面解决青啤由增长模式走向发展模式的战略转型,董事长到区域事业部老总都积极参与、关注供应链管理。在统一管理思想后,再通过有力的技术实现,最终达到了自己预期的目的。

思考问题

1. 应用经销商协同管理平台有什么好处？
2. 如何更好地应用协同管理平台进行经销商管理？

(资料来源：青岛啤酒官方网站网址：http://www.tsingtao.com.cn/有删改)

本田汽车推行的"四位一体"分销渠道模式

广州本田是我国第一家引进整车销售、售后服务、零配件供应、信息反馈四位一体的世界先进销售模式的企业。该厂有员工 2300 多人，已形成年产 5 万辆的生产规模，并建立了 120 家特约销售服务店。

一、四位一体分销渠道模式的内涵

广州本田从成立起就建立以售后服务为中心四位一体的品牌专营特约销售服务店网络，采用全国统一价格并将车辆销售给直接用户的直销体制。

所谓的"四位一体"是把整车的销售、配件供应、售后服务、信息反馈一体化，满足市场的需求。

品牌专营有利于引导顾客上门购车，促进销售，增强顾客对产品的信心，树立良好的企业形象，提高品牌的知名度，利于提高特约店的专业服务水平。

统一价格可以解除顾客在价格方面的顾虑，避免特约店与顾客在价格问题上产生过多的争执，便于将恶性的价格竞争引导向良性的服务竞争，保证特约店的稳定经营。

直接销售可以减少中间环节，避免增加不产生任何附加值的费用，让顾客得到更多的实惠。特约店代表广州本田与顾客直接接触，缩短广州本田、特约店、顾客之间的距离，可建立良好的互相信赖的关系；便于对用户的跟踪服务，使顾客的信息可以及时、准确地得到反馈；利于广州本田对特约店的管理，对市场进行良好的培育，同时增强顾客对产品的信任度。以售后服务为中心，以顾客为中心的"四位一体"的销售网络是一开始就进行的。这不但能够增加产品的销售，而且能够在服务上及时跟踪用户，使顾客能够买得放心、用得称心。

二、四位一体分销渠道模式的概念

1. 基本理念

在产品的整个使用过程中，维护用户所期待的商品价值(性能及功能)，获得用户的满意和信赖，并提高用户对品牌的喜爱。

2. 特约店的运营方针

特约店的运营应以售后服务为中心。通过良好的售后服务，创建用户购车后能安心使用的环境，从而吸引和促使用户再次购买广州本田汽车。

通过售后服务收益来维护特约店的经营费用。因为通过新车销售获得的收益会因市场情况、经济环境的影响而产生波动，但售后服务收益是稳定增长的。新车销售收益是一次性的，用户购车后的售后服务工作将伴随用户车辆的整个使用期，从而使特约店获得更高的收益。维护用户所期待的商品价值。通过良好的售后服务,使用户车辆始终保持良好的状态。使用户财产保值,在旧车交易时获得良好的售价。

维持老用户,发展新用户,培育终身用户。通过直销及提供售后服务与用户建立良好的互相信赖关系,使每位用户都能成为广州本田的热衷者与宣传员,从而去影响用户周围的潜在用户群,使更多的人了解广州本田汽车,了解特约店。这样,特约店建立起牢固的用户网络,保证特约店的稳定经营和不断发展。

三、四位一体分销渠道模式的规模

从长度方面看,广州本田不设立大区商务中心,由厂方直接面对专营店,专营店直接面对顾客。这种一层渠道形式既可以降低费用,又可以便利沟通。

从宽度方面看,广州本田实行的是窄渠道策略。他们把设立销售网的重点放在大中城市和一些经济发达地区等用户群集中的地方。广州本田的建点原则是:客户在哪里,广州本田的网点就设在哪里。对不同的地区,广州本田根据其市场保有量情况,并考虑投资者回报率情况,会提出广州本田的一些合理建议。比如某个店一年销售达到多少台、某个城市的合理销售规模有多大等。

四、四位一体分销渠道模式的管理

1. 渠道成员的选择

广州本田选择经销商有几个必要的条件和标准。首先,必须有资金的保障。其次,经销商资产结构应比较紧密和合理;还必须有合法的经营场地和场所;最关键的是要有为用户服务的正确观念和意识,也就是要有先进的服务理念。

广州本田希望所有的销售店都能通过售后服务来维持一个店的经营,而把销售作为纯利润的收入。选择经销商的过程,广州本田是在进行调查的基础上,经企业领导层召开评价会,对其经营能力、资格进行评估后才做出结论的。

2. 渠道成员的激励

广州本田承诺经销商保证他们在1年半到2年内收回投资成本,最长期限不超过3年。实际运营情况如何呢?

以广州本田专营500台店为例:每位广州本田的经销商根据自身的实力及开店的时期不同,总投资额约为1400~1800万元不等,包括基建费和设备采购费(不含地皮费),每年销售汽车大约为600—800辆(除了基本的500辆以外,广州本田会根据每位经销商的业绩追加配额),那么经销商每年售车的毛利应该在1000万元左右。另外广州本田的返利政策是卖车时即时实现的。所以,在正常情况下经销商两年以内收回成本完全不成问题。如果说是早期加盟的经销商,以很少的投资起步,恰逢广州本田轿车的国内市场极为火爆的时期,他们更是赚个盆满钵满。

3. 店铺的管理

每家专卖店的店面设计整齐统一,内部的功能室和车间划分都非常严格。每位来访者都会感觉到置身于简洁高雅、井然有序的环境。更有经销商根据自身条件,投资了客户俱乐部、娱乐室、户外运动场等设施,让客户体会到了"家"的感觉。从软件上来讲,广州本田在服务程序上给经销商们制定了严格的几乎苛刻的规定。从车辆销售前的97项检查到对来宾、来电详细地登记存档,对客户定期跟踪、提醒服务,乃至对客户的迎送,都有详细的要求。不仅如此,经销商们还要进一步了解客户的需求,开发系列的个性化服务,比如:建立客户会员制度,在价格服务上给会员更大优惠,详细分析每位客户用车习惯,准确地提醒客户维修保养的时间,免费上门取车送车,免费赠送客户紧急求援卡等。不能不说,广州本田的客户真正成为服务的中心。

本田形象广告由广州本田自己做,营销广告由经销商做。经销商选择广告媒体的原则是投入产出比高的媒体,广告方案报厂方审批,厂方对经销商没有广告费用补贴。经销商往往联合做广告,在排名顺序上,本着团结协作、支持新店的原则。

(资料来源:威文等编著.第一流的汽车营销:精典案例全接触.北京:机械工业出版社,2002:252—259)

分析与讨论

1. 试描述本田汽车分销渠道的设计与管理内容。
2. "四位一体"的本田汽车分销渠道模式有何利弊?
3. 您对本田汽车分销渠道规划有何建议?

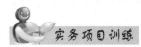

实务项目训练

销售渠道招商大会策划

一、训练目的

1. 熟悉渠道招商的目的、方法、流程。
2. 提高渠道建设的组织策划能力。

二、训练要求

1. 全班学生分几组,创办公司,经营某种产品,每组 5~8 人,分别作为渠道建设相关负责人。
2. 利用课余时间,各组充分准备相关资料。
3. 渠道招商大会策划书的每一个环节都要详细。
4. 找 5 名学生评委进行评分,任课教师作为评审员。

三、训练步骤

1. 展示环境(教室)的桌子重新摆放,达到招商会议要求即可。
2. 每组组长展示策划书的招商目的、流程、内容、开头与总结性发言。
3. 每组先各陈述各自的招商策划书内容。
4. 规定时间限制,到结束时间,每组组长做 2 分钟总结。

四、总结与评估

1. 由教师找 5 名学生做评委,给每组打分,满分 100 分。
2. 任课教师做最终评分和总结。

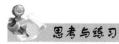

思考与练习

1. A公司华北办事处已将产品成功推进各大超市,山东经销商提出了异议,担心超市的销售会影响他的业绩。对主流渠道和非主流渠道,你会采用哪些办法来避免它们的冲突?

2. 在许多家电制造企业总部组织体系中,总会设立这样一个部门:渠道管理部;市场部;销售部;售后服务部。

对于渠道管理部不同的人有不同的看法。有人说:渠道管理部主要是签大单的,特别是在家电企业,与国美、苏宁等签订全国性合作协议,协助各分公司(营销中心)或代理商开拓市场。有人说:渠道管理部,顾名思义,是做渠道管理的,比如设定渠道开拓激励政策,督促各省分公司或代理商进行市场开拓,并统计分析各渠道类型数量产出等。还有人说:渠道管理就是要做好支持工作,为各分公司提供枪支弹药,比如智力支持与资源支持等。

通过学习,您认为渠道管理部具体应该做什么?

3. 女性服装品牌销售渠道如何选择与建设?

4. 起草一份某产品代理合同书。

第九章 客户管理

[学习目标]

学完本章,你应该达到:
1. 理解客户管理的内涵和意义;
2. 掌握客户关系管理的概念和 CRM 系统的功能与类型;
3. 了解客户信用管理的价值链和操作流程;
4. 熟悉客户投诉处理的原则和技巧;
5. 掌握客户服务管理的内容和过程。

[导入案例]

华夏基金应用客户管理完善业务

华夏基金是国内最大的基金公司之一。华夏基金在向中国证监会申请开放式基金的同时,已经开始进行系统的开发建设,建立以客户为中心的营销体系。开始,华夏基金请了一家公司(以下称为乙方)帮他们做开放基金的需求和规划,但是结果并不令人满意。在这种情况下,华夏基金聘请东软集团的两名开发人员,与原来的乙方共同规划,构建了一个以客户管理为核心的业务模式。

该业务模式基于客户服务系统。客户服务系统为综合服务坐席软件,由服务人员解答问题,受理业务,并可根据客户的历史资料提供个性化的服务。服务主要采用呼叫中心(Call Center)的方式,同时也支持 Internet 网上服务。客户服务系统与后台的业务系统有紧密的挂接,在此基础上,可以做客户行为分析,以了解客户的喜好和交易趋向。当客户电话进来,客户输入账号和密码后,就可以委托交易,同时系统会在数据库内搜索,了解客户有哪些交易习惯,而后通过呼出信息或电子邮件等方式,进行交叉销售。

(资料来源:王广宇. 客户关系管理方法论. 北京:清华大学出版社,2004(9):319—320,略有改动)

随着市场经济的逐渐深入,企业之间的竞争由产品、价格、服务手段、终端渠道的竞争,逐步转向客户资源的竞争。谁拥有了客户,谁就拥有了市场、拥有了竞争力。因此,如何掌握客户信息、如何利用客户信息分析和满足客户的需求、如何使客户的需求得到满意甚至忠诚等问题,成为摆在企业面前的重要课题。而这些重要课题的解答依赖于企业能否进行科学、有效的客户管理。据统计,93%的 CEO 认为良好的客户管理是企业成功和更富竞争力的最重要的因素。因此,本章将从多个角度、系统全面地讲述客户管理的思想、流程和方法。

第一节　客户管理概述

一、客户管理的发展

传统的管理理念以产品为中心,将制造产品所必需的厂房、设备、现金、股票、债券技术、人才等资源视为企业的资产。然而,传统的管理理念是一种闭环式的思路。只考虑了企业实现价值的基础——创造价值,而未考虑企业实现价值的条件——交付价值,而在交付价值阶段,主导者是客户。如果缺少对客户的有效管理,企业创造的价值再好,也难以实现持续健康的发展。

随着市场经济的发展和竞争的加剧,很多企业意识到以产品为中心的管理理念的弊端,管理重点从以产品为中心逐渐向以客户为中心转移,客户管理的理论应运而生。

二、客户管理的内涵

所谓客户,是指企业销售产品和服务的对象,是企业的直接市场。客户是企业销售体系中的重要组成部分,是企业的重要资产之一。

所谓客户管理,是指如何有效地开发、维护、运营客户这项资产,使企业的业务得以保值和增值。客户管理是市场营销工作的中心,是企业整体经营管理战略的一个分支。

客户管理的内涵主要体现在三个方面。首先,客户管理是和客户共同管理未来。有效的客户管理所带来的回报十分显著,而且这种回报不仅仅是业绩的提升,还能指导企业优化资源配置、提高客户忠诚度,从而帮助企业提高竞争优势。其次,客户管理是一种管理工具和管理平台。客户管理理念通过计算机技术,在企业与客户之间搭建在一座新型沟通交流的业务平台——客户关系管理系统(Customer Relationship Management,CRM),客户关系管理系统承载着客户管理理念的创新,并将客户管理理念转化为客户管理流程和方法,为客户管理提供了工具和手段。再次,客户管理追求持续发展。客户管理强调以共同利益为目标与客户结成伙伴关系。这种伙伴关系的构建须遵循三个黄金规则——着眼于长期、寻求双赢方案、信任比金钱更重要。

三、客户管理的意义

(一)业务需求的拉动

在当前激烈的竞争环境中,产品质量与服务日渐趋同,客户选择余地空前增大,客户忠诚度日趋下降。

在此背景下,如果仅凭销售人员的单打独斗,而不对客户进行系统管理,会使企业失掉很多商机。以销售的实现过程为例,目前在大多数企业的销售人员都是独自跟踪自己的销售路线,比如通过传真、电话或 E-mail 与客户联络,将联络信息记录在他们各自的计算机或笔记本中,然后定期向上级或主管汇报,得到审批后形成销售合同。这样的过程存在销售问题反馈滞后、销售重点不突出、销售人员主观性强、销售整体计划匮乏等问题,阻碍企业的业务增长。销售人员单打独斗的弊端呼唤企业加强对客户资源的系统管理。

(二)信息技术的推动

可以说,信息技术进步和通信基础设施的发展,为企业实施客户管理提供了强大的推动力量,具体体现在三个方面。

第一,互联网等通信基础设施与技术的发展,使得越来越多的企业寻求新的价值增值途径,并从整体角度考虑客户管理,精心管理每个客户接触点,实现与客户的良好沟通与互动,发展与客户一对一的长期合作关系。

第二,技术进步为更有效地管理客户提供了可能,使企业能够通过以前无法想象的方式实现产品、客户服务、沟通和定价的个性化。

第三,基于信息技术、通信基础设施及数据库,企业可获得大量的客户信息,而这些客户信息有助于企业识别最有价值的客户及其购买模式,有效地发掘交叉销售来扩大销售机会,使客户购买的产品品种更多、数量更多,为公司创造更大的价值。

(三)利润增长的来源

以客户为中心,可以为企业带来巨大的现实与潜在利益,根据国外权威机构统计,在使用客户管理后,企业的收入平均增加12%,客户满意度比以往提高20%,投资客户关系管理产品的回收期在10个月之内。同时,有关研究还表明,只要再多留住5%的客户,公司的利润就能提高大约100%;20%的客户往往产生了150%的利润;在获得一个新客户后,需要3笔交易才能收回在这个客户身上的成本;在5年之内,大多数企业可能会失丢一半的既有客户等。这说明做好客户管理,从某种意义上就是增加了利润的机会和来源。

第二节 客户关系管理

一、客户关系管理的概念

客户关系管理,是企业为提高核心竞争力,提高盈利水平,树立以客户为中心的发展战略,并在此基础上开展的包括判断、选择、争取、发展和保持客户所需实施的全部商业过程;是企业以客户关系为重点,通过开展系统化的客户研究,通过优化企业组织体系和业务流程,提高客户满意度和忠诚度,提高企业效率和利润水平的工作实践;也是企业在改进与客户关系相关的业务流程中,实现电子化、自动化的管理方法、解决方案的总和。

客户关系管理的概念包括三层含义:

(1)从管理战略和理念的角度看,客户关系管理是遵循以客户为导向的商业活动;

(2)从管理模式和经营机制的角度看,客户关系管理是通过优化企业组织体系和业务流程,改善企业与客户之间关系的新型管理机制;

(3)从技术和应用的角度看,客户关系管理是企业利用信息技术和数据库技术,建立起客户信息搜集、客户跟踪和客户分析研究的系统。

二、客户关系管理的功能

本章第一节描述了企业在缺乏客户管理时,销售工作所存在的诸多问题。客户关系管理通过对客户资源的整合、维护、管理和使用,帮助企业、销售经理和销售人员有效解决这些问题,从而提高工作效率。客户关系管理的功能具体体现在以下三个方面。

(一)为企业带来价值

客户关系管理为企业带来的价值具体表现在:

(1)通过对客户信息资源的整合,在全公司内部达到资源共享,从而为客户提供更快捷、更周到的优质服务,吸引和保持更多的客户;

(2)通过对业务流程的创新设计,更有效地管理客户关系,降低企业运营成本。

对成功实现客户关系管理的某企业的调查结果显示,通过客户关系管理,该企业的客户满意度增加 20%,销售和服务的成本降低 20%,销售周期减少了 1/3,每个销售人员的销售额增加了 51%,利润增加了 20%。

（二）为销售经理带来价值

CRM 系统向销售经理展现了部门客户、部门机会、部门活动、部门订单、部门合同、部门销售报表以及部门绩效考核等视图模块,从而帮助销售经理对部门的销售活动进行有效的管理和计划。CRM 系统帮助销售经理加强客户管理的功能主要体现在：

(1) 为销售经理提供动态而全面的客户信息资料,便于销售经理把握客户的偏好和行为；

(2) 实现对客户的分类、活动组织、事件跟踪等功能；

(3) 根据客户信息,对客户的消费购买行为进行分析；

(4) 对客户的订单进行管理,保证企业客户的安全；

(5) 对竞争对手进行跟踪和管理。

（三）为销售人员带来价值

客户关系管理是销售人员的好助手,为销售人员提供客户资料、生成活动日程表、辅助销售人员创建和跟踪销售机会、提供销售活动记录和提醒的平台,从而帮助销售人员加强自身管理、提供工作效率。

三、客户关系管理的实施——CRM 系统

（一）CRM 系统的功能模块

CRM 系统的功能是利用信息技术对客户资源进行集中而有效的管理。CRM 系统把经分析和处理的客户信息与各种业务进行结合,让市场营销、产品销售、客户服务和技术支持等部门能够共享客户资源,使企业可以根据客户的需求和偏好提供有针对性的定制化服务,提高客户满意度和忠诚度,从而吸引和挽留更多的客户,最终提升企业利润。

CRM 系统的功能体现在 CRM 系统软件的功能模块上。图 9-1 概括出了 CRM 系统软件的各功能模块的逻辑结构。

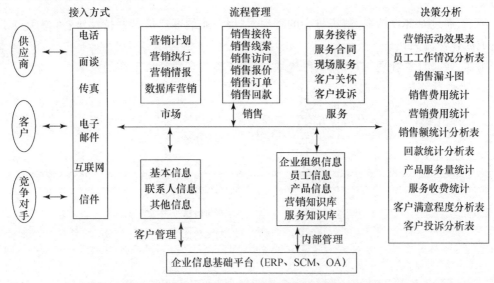

图 9-1　CRM 系统的总体功能模块

从图 9-1 可以看出,典型 CRM 系统的基本功能模块包括客户管理、内部管理(如员工管理等)、流程管理、决策分析四个部分。下面详细介绍这四个部分的设计思路。

1. 客户管理

CRM 系统的业务信息库可以帮助企业回答三类客户信息:客户是谁?客户与企业的交易如何?对客户应进行哪些营销活动?企业通过对这些信息的分析与整合,可将客户按照开发程度分为已有客户、目标客户、潜在客户和合作伙伴四个类型,针对不同类型的客户确定客户价值并提供个性化与层次化的营销方案,从而实现客户的精细化管理(如图 9-2 所示)。

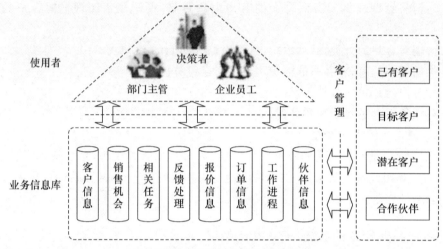

图 9-2 CRM 系统的客户管理模块

2. 员工管理

CRM 系统对员工的管理体现在以下几个方面(如图 9-3 所示):

第一,通过对工作进程、相关任务、反馈处理的管理,了解销售人员的销售活动、销售进度,对销售人员的销售过程加以跟踪和扶持;

第二,通过对销售人员销售业绩的分析,对销售人员的销售结果进行绩效考核,推动销售力度;

第三,通过对客户档案、销售机会的管理,掌握企业的客户信息并持续维护,避免员工离职造成的客户流失;

第四,通过订单管理、销售自助等模块,提高资源共享和销售工作的效率。

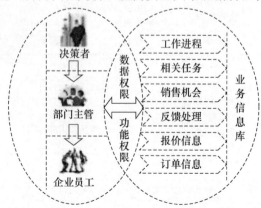

图 9-3 CRM 系统的员工管理模块

3. 流程管理

CRM 流程管理呈现销售漏斗的形状。销售漏斗的上方是潜在客户，下方是现实客户，在由潜在客户向现实客户转变的过程中，客户数逐渐减少，从而形成了上方大下方小的漏斗形状。

CRM 流程管理的具体步骤是，首先由市场部根据市场预测和潜在需求，在销售漏斗的上方写出目前市场上有哪些潜在客户，这些潜在客户就是企业可开发的销售机会。然后销售人员根据自身情况领取这些潜在客户，也就是领取了开发销售机会的任务。领完了销售机会后，销售人员开始销售公关，并持续、如实地在 CRM 系统内填写目前销售公关所处的阶段潜。CRM 系统据此评定销售人员成功的可能性，直到销售机会最终成为订单，潜在客户进入到销售漏斗下方，最终成为企业的现实客户。

通过 CRM 流程管理，企业能够加强销售的过程管理，在考核销售人员业绩的同时，了解客户目前所处的状态并及时为销售人员的客户开发提供资源和政策上的支持（如图 9-4 所示）。

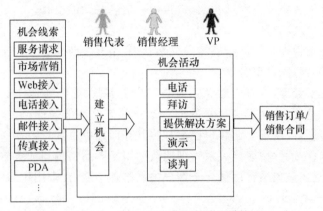

图 9-4　CRM 系统的流程管理模块

4. 决策分析

通过 CRM 系统的业务信息库，企业可以了解销售机会、工作进程等信息，从而支撑多角度的决策分析。

决策分析的内容包括服务分析、客户分析、预算分析、计划分析、费用分析、员工分析、伙伴分析、产品分析、市场分析、销售分析等。通过决策分析为部门主管和决策者的营销决策提供支持（如图 9-5 所示）。

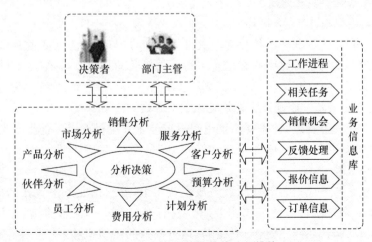

图 9-5　CRM 系统的决策分析模块

（二）CRM 系统的技术类型

按照客户关系管理的内容，客户关系管理可以分为合作型客户关系管理、运营型客户关系管理和分析型客户关系管理三大模块。

1. 合作型客户关系管理

合作型客户关系管理也称协作型客户关系管理，是通过电话、传真、网络、邮件等通信渠道集成的形式与客户直接发生接触的部分，构成与客户的交互平台。

合作型客户关系管理，实现了客户、员工、商业伙伴实时交流，保障各方都能得到完整、准确、可靠而统一的信息。例如，客户在浏览网页和进行自助服务时，可以单击"帮助"进入在线服务功能，这样就可以与企业服务人员进行网上交谈和 IP 电话等实时互动。

从使用的主体看，合作型客户关系管理比较适用于服务企业，例如，银行所使用的营业网点、网上银行和银行客户服务中心就构成与客户的交互和协作；从发挥的作用看，合作型客户关系管理适合于客户关系管理初期，常常用作信息互动的工具。

2. 运营型客户关系管理

运营型客户关系管理又叫操作型客户关系管理，是直接面向企业内部业务的应用系统，包括产品管理、机会管理、订单管理等。

运营型客户关系管理，一方面确保企业与客户更有效、更畅通地沟通交流，快速了解客户需求并及时加以满足，从而提高日常的前台运作的效率和准确性；另一方面，确保企业收集到所需的客户信息，以便建立起客户档案并将其存储在中央客户数据库中。

从使用的主体看，运营型客户关系管理比较适用于产品销售与业务管理的企业等；从发挥的作用看，运营型客户关系管理适合于客户关系管理中期，常常用作部门整合的工具。

3. 分析型客户关系管理

分析型客户关系管理是对上述两类管理在应用过程中所产生的信息进行加工处理和统计分析，产生相应报告，为企业的战略、战术的决策提供支持。

分析型客户关系管理，帮助企业实现了对客户数据的关联性查询和深入挖掘（如客户价值评估、市场细分、产品定位分析、市场活动效果分析等），从而把数据转为信息，把信息转化为客户知识，应用客户知识指导企业的目标营销、"一对一"销售和追加销售等管理活动。

从使用的主体看，分析型客户关系管理广泛适用于各种类型的企业；从发挥的作用看，分析型客户关系管理适合于客户关系管理后期，常常用作企业高层科学决策的依据。

（三）CRM 系统的实施方法

1. CRM 实施规则："1＋5 循环"

只有将全流程先进管理和一体化客户关系管理结合起来，才能保证企业 CRM 系统取得成功。中国客户关系管理研究中心在结合多行业的经验的基础上，总结出 CRM 系统的实施规则为"1＋5"循环。

（1）"1"是指一个基本原则：从业务流程重构开始。

企业实施客户关系管理，首先要注重组织再造与业务流程重构。企业寻找 CRM 解决方案，必须先去研究现有的营销、服务策略和模式，审视流程，发现不足并找出改进方法，设计和重组新的业务流程。

在项目开展之初不应把大部分注意力放在技术上，要根据业务中存在的问题来选择合适的技术，而不是调整流程来适应技术要求。只有通过改革和流程再造，才能整合内部资源，建立适应客户战略、职能完整、交流通畅、运行高效的组织机构，才能搭建起以挖掘和满足客户需求为中心的新业务流程,从而加强客户互动,提高营销服务的整体质量。

(2)"5"是指五种方法:战略重视、长期规划、开放运作、系统集成和全程推广。

① 战略重视

CRM 系统的选择和实施是一项极为复杂的系统工程,涉及整体规划、创意、技术集成内容管理等多个方面的工作。企业要建立一套高效的 CRM 系统,必然会遇到来自业务流程重构、组织再造、企业资源配置等多方面的问题。因此,实施 CRM 系统要获得企业高层发展战略上的支持。CRM 系统建设项目的行政管理者应当有足够的决策权力和管理权力,从总体上把握建设进度,设定明确的目标、向改造团队提供为达到目标所需的时间、财力、人力和其他资源,并推动这个目标自上而下地实施。

② 长期规划

企业要在自身发展战略框架内进行 CRM 系统建设项目规划,设计较长远的(至少 3~5 年)、分阶段的远景规划。从一些可行或需求迫切的领域着手,稳妥推进。期望毕其功于一役,可能会给企业带来过强的冲击。

③ 开放运作

企业实施 CRM 系统建设项目应当遵循专业化、开放式的运作思路。尽管在大型商业银行、证券和保险公司往往都拥有比较强大的研发能力和智囊,但自己从头进行分析、研究、规划和开发时,显然会遇到各方面的难题和困扰。如果与已有较成熟产品和成功案例的专业解决方案提供商深入合作,或者聘请专业咨询公司,则成功的可能性及速度会大大增加。

④ 系统集成

这意味着企业必须投入相应的项目资源,推进 CRM 软件和方案的调试、维护、评估和改进,特别要注重实现与现有企业信息系统和业务系统的集成。系统集成具体体现在三个方面:第一,要对客户联系渠道进行集成,保证企业与客户的无缝、统一、高效的互动;第二,要对工作流程进行集成,将财务部、人力资源部、产品部、销售部等各部门的工作流程纳入到 CRM 系统中,为跨部门的工作提供支持;第三,要实现与企业现有的 ERP、OA 等应用系统的集成和连接,实现各种管理工具软件的协调统一。

⑤ 全程推广

注重在实施全过程中自上而下推广 CRM 理念、方法和系统,是确保 CRM 系统建设项目成功的重要方法。实施 CRM 系统建设项目中必须高度重视人的因素,因为如果企业管理层对项目的看法不统一,各业务职能部门对 CRM 的实施意义和方法不了解,系统的最终用户缺乏必要的应用知识,那么企业即便投入巨大的资源,结果可能也不理想。为了保证 CRM 系统的建设效果,要加强企业领导层、企业员工和最终用户的培训和沟通,使他们能成功地运用 CRM 系统开发和管理客户资源。

2. CRM 实施步骤:"八阶段法"

如何实施 CRM 项目呢?通常实现一个 CRM 系统需要八个步骤,即"八阶段法"。

(1)确立业务计划

企业要清楚认识到自身对于 CRM 系统的需求以及 CRM 系统将如何影响自己的商业活动。在准确把握和描述企业应用需求的基础上,企业应制订一份最高级别的业务计划,实现合理的技术解决方案与企业资源的有机结合。

(2)建立 CRM 项目团队

企业应当组建一支有力的 CRM 项目团队。为保证团队具有整体协调和统筹安排的地位,可在拟使用 CRM 系统的每个部门中抽选出得力代表组建。

(3) 分析客户需求,开展信息系统初建

CRM 项目团队必须深入了解不同客户的需求,考虑清楚以客户信息进行商业活动的方式,做好客户信息的收集工作和信息系统的初步建设。

在信息系统初建过程中,企业应根据自身管理决策的需要、客户的特征和收集信息的能力,确定客户档案的内容,以保证档案的经济性和实用性。

(4) 评估销售、服务过程,明确应用需求

清楚了解客户需求之后,企业需要对原有业务流程进行分析、评估和重构,制定规范合理的新的业务流程。

为此,企业需要广泛地征求员工的意见,了解他们对销售、服务过程的理解和需求,并确保企业管理人员的参与。在此基础上,从应用的角度出发,确定各部门所需功能。

(5) 计划实施步骤,设置优先级,渐进推进

对实施 CRM 系统的不同功能模块需有一个整体规划和优先级排序,分段地实现相对稳定的功能模块,当需要更多的功能模块时,再不断向系统添加。这种渐进推荐的方式可以避免系统实现上的混乱,允许企业根据其业务需求随时调整 CRM 系统,且不会打断最终用户对这一系统的使用。

(6) 选择合适的方案,投入资源、开发部署

企业在选择应用软件或全面解决方案时,要考虑供应商对自己所要解决的问题是否有充分的理解和解决的把握,全面关注其方案可以提供的功能。要投入与企业规划和承受能力相符合的财力等资源,推进软件和方案在企业的安装、调试和系统集成,要结合软件的功能和新的业务处理流程,组织软件实施。

(7) 组织用户培训,实现应用系统的正常运转

企业应针对 CRM 系统确立相应的培训计划,培训计划中应包括销售人员、服务人员以及管理人员,还应根据业务需求不断对员工进行新的培训。使员工明了方案实现后管理与维护方面的需求,维持企业 CRM 系统成功运行。

(8) 使用、维护、评估和改进

企业应用 CRM 系统,开展为企业编制衡量管理绩效的数据监控体系和内部管理报表体系,编制决策数据体系和决策数据分析方法,建立信息系统管理等工作;还要对 CRM 系统提供的性能指标功能进行维护,与供应商一同负责系统正常运行和运行审查,估算系统应用的成功度;为了确保系统能产生预期的效果,要花时间对不足的模块进行改进,直到它能满足需求。

美国第一银行:CRM 支持"如您所愿"

作为世界上最大的 Visa 信用卡发卡行,拥有超过 5600 万信用卡客户的美国第一银行的核心理念是"成为客户信任的代理人",在与客户建立联系时采用一种被称之为"ICARE"的要诀:I(Inquire)——向客户询问并明确其需求;C(Communicate)——向客户保证将尽快满足其需求;A(Affirm)——使客户确信有争先完成服务工作的能力和愿望;R(Recommend)——向客户提出一系列服务的选择;E(Express)——使客户接受银行单个客户的

委托。

在"ICARE"的基础上,美国第一银行发展了一项名为"At Your Request"(如你所愿)的客户服务,赢得了客户的信任,获得巨大的商业成功。但是,无论是"ICARE"还是"At Your Request",在它们的背后,离不开美国第一银行先进的 CRM 系统的全面信息支持。

美国第一银行的客户可通过电话、电子邮件或网络得到"At Your Request"提供的三方面的服务:金融服务、旅行娱乐服务和综合信息服务。客户在使用美国第一银行的信用卡一定时期后,在信用良好的情况下,银行会寄给客户一份"At Your Request"业务邀请函。客户如果接受,只需要填写一份爱好简介,包括每个家庭成员的姓名、生日、最喜欢的杂志、最喜欢的文体活动等就可获得各种相关服务。银行通过"At Your Request"帮助客户满足其各种需求,比如"At Your Request"提供"提醒服务"功能,称为"Just-in-time",在客户的周年纪念日、特殊事件和重要约会前,会按其所希望的时间、方式、渠道来提醒。再比如客户想在饭店订座或想要送花,都可以通过"At Your Request"做到。

在业务后台,美国第一银行开发了庞大而先进的 CRM 系统,从每一笔信用卡交易中提取大范围的、十分宝贵的数据。在美国第一银行看来,从大多数使用信用卡的客户记录中,都可以"发现"他最感兴趣和最不感兴趣的商品或服务。利用所掌握的交易数据,美国第一银行建立了高度准确、按等级分类的单个客户实际偏好的记录。银行可以根据客户的消费偏好信息去确定合作商业伙伴,从他们那里得到最优惠的价格并提供给客户。银行的 CRM 系统通过持续的更新,会越来越清晰地反映出客户的需求和消费偏好,这为"At Your Request"业务的开展提供了最为有力的信息支持。

(资料来源:王广宇. 客户关系管理方法论. 北京:清华大学出版社,2004(9):310—311)

第三节 客户信用管理

一、客户信用的概念

(一)客户信用

客户信用是指以偿还为条件的特殊的价值运动。所谓的以偿还为条件,是指企业(即卖方)将产品和服务先期提供给客户(即买方),是需要客户在未来某一个时点上支付相应的货款,它不是捐赠性行为,需要有所回报。所谓特殊的价值运动,是指产品和服务的提供与货款的回收在时间上并不一致,货款的回收有一定的滞后性。

企业给予客户信用的目的在于以风险为代价获得经营收入和利润。企业总是以尽可能小的风险来获得收益,因此,信用能否实现,企业是否以赊销的形式转移价值,需要考虑两个问题:第一,客户是否具有还款承诺;第二,客户是否具有偿还能力。

在客户信用发生的过程中,企业和客户所获得的收益是不同的,企业所获得的是或有收益,也就是企业的收益能否实现,取决于在未来约定的时点客户是否支付货款。如果客户不支付货款,对于企业来讲,或有收益就变成了坏账损失。而客户所获得的是既得收益,没有支付货款,就占用了企业的资源。

客户信用发生的基本条件有哪些呢?第一,卖方需要保证增量利润大于增量期间的增量成本,增量成本是指应收账款被客户占用所产生的相应的成本,它包括应收账款的机会成本、应收账款的管理成本以及坏账损失的风险。增量利润大于增量期间的增量成本是指,应收账款的机会成本、管理成本以及坏账损失的风险这三部分成本之和要小于企业通过赊销所实现的毛利。第二,买方需要保证,在综合考虑各项交易因素以后,可以接受信用条件并且能够按时支付。能否按时支付,是买卖双方的聚焦点。

(二)客户信用风险

企业成长的过程就是不断规避风险,获得收益的过程。企业的决策更多地表现为平衡收益和风险的决策。对于多数企业来讲,信用风险是仅次于投资风险的第二大类经营风险;对于以贸易和销售为主的企业来讲,信用风险是他们面临的主要经营风险。

什么是客户信用风险呢?它是指在赊销过程中,由于客户或企业自身管理原因,造成企业应收账款的拖欠或坏账。坏账属于显性风险,拖欠属于隐性风险。

1. 客户信用风险的来源

客户信用风险有两方面的来源。

(1)来源于客户的信用风险

来源于客户的信用风险主要分成三类:第一类是客户没有履行意愿,比如蓄意欺诈、有意拖欠、恶意讨债或破产等;第二类是客户没有或部分丧失了履约能力,或者客户遇到了突发性事件致使丧失履约能力,比如清算、破产等;第三类是客户的习惯性拖欠或存在侥幸心理,比如寻找各种拖欠借口和制造贸易纠纷等。

(2)来源于企业自身管理的信用风险

来源于企业自身管理的信用风险突出表现为两类:一类是信用管理体系不健全造成的,比如没有信用控制的专业部门或专职人员,信用管理流程不够清晰,对销售人员没有回款方面的绩效考核等;另一类是具体信用决策失误造成的,包括做出信用决策的人员的决策能力不强,支持决策的数据和信息不充分,使得决策者难以做出正确决策等。

事实上,由于企业自身管理原因造成的信用风险更为严重和根本,因为即使是来自客户的资信风险,也往往是通过企业内部信用管理来表现的。比如,面对一个恶意欺诈的客户,如果企业有完善的信用管理系统,完全可以在事前进行防范,这样的客户根本不应进入企业的赊销客户名单。

2. 客户信用风险评价

最常用的客户信用风险评价的方法是"6C"分析。"6C"分析指对客户的品德(Character)、能力(Capacity)、资本(Capital)、抵押物品(Collateral)、经济状况(Condition)、连续性(Continuity)进行分析。

(1)品德(Character)

诚实、正直、有责任心以及在欠款期限内有强烈的还款愿望,这一切构成了客户的品德。但企业对客户的品德很难进行评估,品德的最佳衡量指标之一是客户过去归还欠款的记录。企业可根据以往的记录来分析客户的地位和声望是否良好、经营方针是否稳健、违约现象是否出现过、还款愿望是否强烈等。

(2)能力(Capacity)

能力分析主要分析客户的合法身份(体现为客户被授权申请欠款及其签署有约束力欠款协议的法定地位)、经营能力、企业管理能力以及有效运用资金的能力,这些因素最终决定了客户按期偿还债务的能力。

(3)资本(Capital)

企业对客户能否产生足够资本归还欠款的能力进行评估是必不可少的。企业的资本有内部和外部两个来源。其中,外部资本来源包括资产变现、贷款和发行新股票。一般来讲,如果公司盈利下降或经济状况恶化,外部资本来源将变得极不可靠。因此,依靠外部资金来源归还欠款是不合适的;相反,内部资本来源(即所有者权益,包括自有资金、公积金和未分配利润等)才是归还欠款的主要资金来源。

(4) 抵押物品(Collateral)

欠款的抵押物品可由客户的多种资产组成,企业特别关注抵押物品的适销性。当客户的主要现金流量不足以偿还其债务时,抵押物品就成为偿还欠款的第二资金来源,这相当于给企业提供了一种保护,相应地减少了企业承担的客户信用风险。

(5) 经济状况(Condition)

经济状况主要是指客户运营的环境,企业不但要根据客户的经营特点、经营方法以及技术水平等因素来判断客户微观运营的状况,还要根据社会环境、经济周期、国民收入水平和同业竞争等因素来分析客户的宏观运营环境。总之,微观经济和宏观经济的波动都有可能会影响客户债务的按期归还,因此,企业必须对上述变动因素(尤其是客户最新的行业变动趋势和社会经济周期)进行预测。

(6) 连续性(Continuity)

连续性主要是审查客户的持续经营前景。在当今科技迅猛发展的环境下,产品更新换代周期愈来愈短,市场竞争日趋激烈,客户如何针对变化的形势做出迅速调整,是其生存并发展下去的前提条件;否则,客户的事业就不具有连续发展的后劲,企业的欠款风险也随之增加。因此,连续性也就成为企业信用分析的重要内容之一。

客户信用风险评级示意表

和大多数评级模型一样,信用风险模型也是通过将不同风险因素的评分乘以权重,得到风险系数(总评分),再根据系数划分出一定的档次,根据档次评级,按照评级结果配合相应的信用政策。

风险因素	评分	权重	权重分

走访印象
  表面印象
  组织管理
  产品和行业
  市场竞争性
  经营水平
  发展前景			

财务方面
  付款历史记录
  银行信用记录
  财务营利能力
  财务周转能力
  资本总额			

续表

风险因素	评分	权重	权重分
交易方面 　　交易的营利水平 　　交易的条件 　　交易对市场的影响 　　交易的可替代性			
担保方面 　　房屋的所有权属 　　担保抵押 　　负责人背景 　　法律诉讼记录 　　经营时间			
财务偿债能力 　　净资产 　　上年利润 　　资产负债率 　　存货周转率 　　应收账款周转率 　　流动比率 　　速动比率 　　销售利润率 　　固定资产总额			
总评分			

(资料来源：中国培训师大联盟 www.china-trainers.com)

二、客户信用管理

（一）什么是客户信用管理

所谓客户信用管理，是指企业对于客户的信用赊销行为进行科学管理的专业技术，主要目的在于规避因赊销产生的风险，增加赊销的成功率。

（二）客户信用管理的对象

客户信用管理的对象是客户，其中要重点关注两类客户。

第一类是核心客户，即占有企业应收账款资源比较多的那些客户。一旦这些核心客户的应收账款回收出现问题，可能会导致整个公司的资金链出现危机。核心客户分为两类，一类是二八原则型，即按照各客户近三年（或者五年）的销售额从大到小排名，以占总额的80%作为分界线，线上的属于核心客户。另一类是持续往来型：虽然在80%线下，但有多年往来并因此享受较为宽松的信用政策，对其经营和财务状况的变化容易疏于防范，也需要作为核心客户。

第二类是高风险的客户，这类客户的财务状况出现问题的概率比较高，因此，也应该重点关注。

此外，对交易一段时期的任何信用客户，都可以总结出其习惯性的还款方式，因而需要采用有区别的信用管理（尤其是催收）策略，包括五类：到货即付（提前还款）的客户、接近到期付款的客户、提醒付款（逾期还款）的客户、强制付款（逾期还款）的客户和赖账（造成坏账）

的客户。

一般来说,接近到期付款的客户和提醒付款的客户占客户的绝大多数。信用管理的主旨是避免大多数客户对企业资金周转的负面影响。

(三)客户信用管理的目标与职能

客户信用管理的目标是降低欠款持有水平和风险,增加成功的赊销。或者说求得"最低赊销成本与风险"和"最大销售增长"之间的平衡。

客户信用管理包括客户档案管理、客户授信、逾期账款追收、应收账款管理、辅助市场开拓五项职能。

客户档案管理包括动态更新客户的交易数据、还款记录和信用记录等信息、及时提供公司内的客户信息服务、建立和维护易检索的客户档案。在需要重建/新建客户档案的公司,客户档案管理是信用管理者的工作重点。除了在数据库中动态更新信用政策外,也包括设计一整套的信用调查表,指导和督促销售在数据库中及时、全面、真实地反映客户信息。目前,很多企业的客户档案管理职能较弱,要建立电子化的客户数据库还有一个过程。

客户授信是指企业首先要对客户进行信用审核,并依据企业的信用标准,最终决定是否授予信用、授信额度和授信期限。信用标准是企业的内部文件,它统一规定了在各种情况下授信的标准和条件。企业的信用管理部门要依据这一标准,对客户的信用申请发表意见。

逾期账款追收包括诊断逾期应收账款、制定追收策略和流程、寻求法律解决途径三个阶段。企业信用管理者需要根据不同客户的特征和欠款的风险阶段,为销售制定有效的清欠策略,督促清欠,并联络公司内外的法务机构。其中要尤为重视赊销历史问题多、欠款额大、账龄长的客户。

应收账款管理包括分析欠款账龄和欠款成因、动态跟踪各客户欠款水平、调控现金流量、掌握欠款总额的规模。任何有赊销的公司,从合同订立开始,信用管理者的应收账款管理也开始了。虽然电话/实地催款是销售行为,账龄分析是财务报告,但过程却是由信用管理者来掌控。跟踪和指导的企业从赊销开始时就防患于未然。

辅助市场开拓主要是利用客户档案,发掘扩大销售的机会。好的信用管理者能通过客户信息的深度分析,提供销售有价值的客户发展建议,并通常有一套自己的外部信息渠道,协助销售部门找到新的交易机会。

三、客户信用管理的流程与关键因素

(一)客户信用管理的流程

客户信用管理的具体流程包括五个步骤:建立信用部门、制定信用总则、新客户授信、赊销跟踪和客户信用重审(如图9-6所示)。

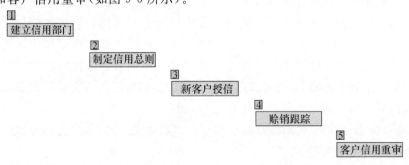

图9-6 客户信用管理流程示意图

1. 建立信用部门

信用部门可以精简机构,在相关部门的辅助下完成信用管理工作。例如,动态档案输入和应收账款监控可以由财务人员辅助工作;信息收集整理和企业自行追账可以由销售人员辅助工作;系统维护可以由技术人员辅助工作;其余的工作则一般要求由信用管理人员亲自完成。因此,很多公司的做法是设一名信用经理,辅以财务部门、销售部、技术部内的几名信用管理兼职助理,直接向财务和销售副总报告工作和要求协助。

需要注意的是,无论是否建立独立的信用部门、无论信用部门规模的大小,都必须要设有独立的信用管理专员来专门执行,以此明确信用管理权责、做好部门间的协调,避免由于部门间相互推诿所造成的损失。

2. 制定信用总则

信用总则包括客户的信用标准、所有赊销的信用总额度、现金折扣的基本政策、信用额度和交易额的关系、信用期限和交易额的关系等。信用总则的制定要突出信用委员会的协调力和权威性、营销部门和财务部门的参与性、信用管理小组的专业性,应反映出双向的推导和平衡,即在制定信用总则时要考虑两个问题:站在专业的角度上,可以承受多大的信用风险? 站在战略的角度上,愿意承受多大的风险。

信用总则的制定过程如图9-7所示。

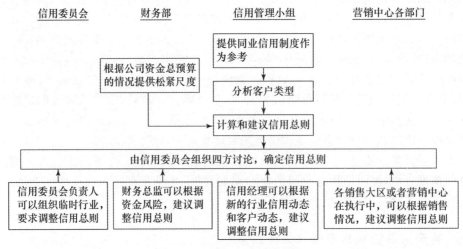

图9-7 信用总则制定流程

3. 新客户授信

新客户授信是信用风险管理的根源。新客户授信包括接受初始交易、全面调查跟踪、信用分析评定和授信传达四个阶段。初始交易阶段主要是对新客户的资料(包括客户的基础信息、联络信息和财务信息)进行审核。全面调查跟踪阶段所跟踪的信息主要是经营信息。信用分析评定与授信传达阶段的工作是信用管理部门与销售部门核对所有的客户资料、走访记录和印象评审表的内容,与财务部门核对初始交易期间的所有交易和回款记录,在此基础上整理信用管理自己的收集资料和走访记录,通过这些资料的汇总以及信用风险模型的使用,制作客户信用分析报告,对客户的信用进行分析评定,并向客户传达和解释信用政策。

4. 赊销跟踪

赊销跟踪不同于新客户授信。新客户授信属于阶段性决策,而赊销跟踪属于日常性决策,是信用管理的重点和难点。

赊销跟踪包括订单/合同的跟踪、发货阶段的跟踪、正常账期的欠款跟踪和非正常账期的欠款跟踪。

5. 客户信用重审

客户信用重审包括年度中的不定期评审和年度末的定期评审。客户信用重审的流程如图9-8所示。

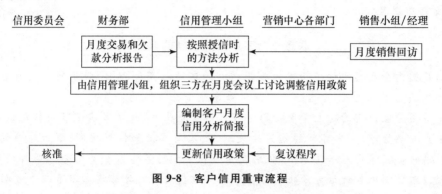

图9-8 客户信用重审流程

（二）客户信用管理成功的关键因素

1. 在组织方面,客户信用管理要有权威的决策者和协调者

客户信用管理面临决策和协调两大问题,因此需要有权威的决策者和协调者。所谓决策,是指客户信用管理需要根据对具体客户的跟踪和认识,以此来决定给予这个客户什么样的信用条件和额度。所谓协调是指客户信用管理需要对公司内部的各种关系进行协调,尤其是协调销售部门和财务部门的矛盾。销售部门是销售最大化的追求者,因此,销售部门往往将货款的回收作为第二位的问题,倾向于以优惠的付款条件和宽松的拖欠处理方式促进销售。而财务部门是资金流入量最大化的追求者,更关注货款能否回收,因此财务部门帮助企业降低经营风险,但容易制约企业对关键客户的开发和维护,甚至影响企业的业务拓展。因此,这需要从组织上有专业的信用管理人员保持中立和客户的立场,并有权协调各部门间,尤其是销售和财务之间在对待客户和回收账款的问题上所存在的观点矛盾和利益冲突。

2. 在资源方面,客户信用管理需要动态信息的支持

客户的信用状况是动态的,比如客户高管人员的更替、财务结构的变化、经营业绩的波动等都会影响客户的信用状况。而能否动态把握客户的信用状况则会影响客户信用管理能否成功。要想动态把握客户的信用状况,客户信息管理部门需要及时收集、分类、分析客户的信息,实现客户信息的动态支持。

3. 在流程方面,客户信用管理要强调"防火墙"系统

客户信用管理内部服务价值与内部监督价值要统一。客户信用管理部门既是一个服务部门,又是一个监督部门,要以危机处理和内部复议作为对内、对外的"防火墙"系统,当发生信用问题时,要有相应的处理流程和机制保证把企业的损失降到最低。

4. 在方法方面,客户信用管理要以信用规范作为行为准则

要不要给客户提供赊销、信用额度是多少、收款期有多长等问题,都应该按照信用管理的相关规定进行操作和执行。因此,客户信用管理的首要问题是要建立一套科学有效的信用管理规范制度,以制度来控制和管理人的行为。

如何建立信用管理规范制度呢？要有标准化的信用评估方法和信用风险分析模型。标准化的信用评估方法解决的是如何评定特定客户的信用等级以及不同信用等级的交易条款该如何区别对待等问题；信用风险分析模型解决的是针对某一个特定的客户，解决企业与之交易是否存在风险、风险的程度如何测量等问题。

联想——客户信用管理的典范

联想是国内企业实施信用管理的典范之一。实施信用管理后，联想的应收账款坏账率降低到营业额的万分之五，远远低于国际优秀企业千分之三的标准。

联想信用管理采用的是业界通行的全程信用管理体系，包括事前环节的信用调查、信用评估和客户分类管理；事中环节的信用政策制定、信用审批和信用控制；事后环节的应收账款监控和催收。在这个基本体系下，联想建立了独立于财务体系和市场的专业部门商务部，由这个部门对信用风险进行专业化的综合管理。综合管理具体体现在以下四个方面。

一是根据联想业务特点和合作伙伴的现状，把工作重心转移到客户和合作伙伴资金投放量的管理。一个客户或合作伙伴从联想获得产品和服务，其资金来源基本就三个途径：一是客户的自有资金；二是赊销；三是从银行等第三方获得的融资投入。客户要实现其购买行为，资金充裕是关键。在联想全程信用管理体系中增加了"商务融资"环节，即通过"商务融资"，一方面在控制联想资金成本和信用风险的同时，解决渠道伙伴的资金缺口，另一方面则表现于诉求更丰富、更成熟的金融产品，绕过厂商赊销的局限，努力促进销售达成和业务良性发展。

二是因企业制宜建立客户信用评估模型。不仅通过对客户进行评估来确定是否放账和放多少等问题，而且还对联想的一线销售组织进行评估。以此来加强一线销售组织信用环境的建设，及早了解信息、发现风险，并在第一时间采取措施。信用信息来源则以信用人员和销售人员调查为主，重视历史交易记录，同时，辅助以第三方调查公司的帮助。

在客户评级分类方面，联想首先根据业务特点进行大的分类，如对渠道客户来讲，分为分销型渠道、客户型渠道和零售型渠道等。其次是按照信用评估模型，把某一类客户进行评级，分成了 AAA 级、AA 级、A 级、B 级、C 级和 S 级。其中 S 级渠道是特殊代理，这些渠道信用评估情况可能不太好，但由于业务发展需要更大的支持，因此对这些客户会给予信用支持，但同时也会更关注他们的风险。

三是健全信用管理的整个流程。在信用审批环节，联想有信用申请审批权限管理制度等；在信用控制方面，联想重点检查应收账款是否逾期，以及授信是否超过信用额度；在账款催收方面，联想一直坚持三项主要措施：账龄监控、对账和三级催收体系。所谓对账，是指每月都和客户对上个月的账，发对账确认单，把问题解决在一个月内。所谓三级催收，是指按照天数划分催收职责，分别由销售人员、信用人员和法务人员催收。

四是充分发挥信用管理部门的作用。联想让其专业的信用管理部门商务部综合协调财务、市场、法务等部门，综合调控信用管理流程。同时，在建立信用管理部门工作的评价标准和监控方法的基础上，赋予其一定程度的灵活的政策空间，让专业而经验丰富的企业信用管理人员能够在收益与风险之间取得最佳的动态平衡。

（资料来源：360 法网 http://www.ihlaw.cn/qiye/shownews.asp? newsid=1561）

第四节 客户投诉管理

一、客户投诉的原因

当客户购买商品和接受服务时,对商品本身和企业服务会抱有良好的愿望和期盼,如果这些愿望和期盼得不到满足,就会失去心理平衡,由此产生抱怨和想"讨个说法"的行为,这就是客户投诉。造成客户投诉的常见因素有以下几个方面。

(一)产品或服务的质量不良

因为质量的问题所产生的投诉,占了所有客户投诉类型中的绝大多数。由于一些企业质量控制不严或者为了获得客户做出一些无法实现的承诺等原因,导致质量投诉高居不下。

(二)客户服务不当

客户服务不当表现在很多方面。例如,一些企业的客户服务代表的态度不好,在出现问题时一味辩解甚至与客户争吵,这样会导致客户的反感;再比如一些企业,当出现问题时各部门之间相互踢皮球,都不愿承担责任,从而导致客户的强烈不满。诸如此类的服务问题,使得服务投诉也成为客户投诉的重要原因。

(三)客户的理解错误或使用不当

由于客户的理解错误或使用不当也可能产生投诉。例如,现在流行用金银丝掺和在衣料中来增加亮丽的感觉,但是此种衣料和其他布料混合在一起洗涤就会失去光泽,而且用普通洗衣粉还会褪色,因此给顾客造成了许多不便。因此,出售衣物的零售商应该有心理准备,随时准备接受顾客的不满。而且,在出售这些新商品时,员工应该事先了解商品的特性、使用方法、保存方法、洗涤方法,然后详细地说明,让顾客了解,这样才不至于由于客户的理解错误或使用不当造成客户投诉的问题。

二、客户投诉处理

(一)客户投诉处理的原则

1. 提前做预防

客户投诉并非不可避免,而是往往因为企业的组织不健全、管理制度不完善或疏忽大意引发客户投诉,所以防患于未然是客户投诉管理的最重要原则。它有三个要点:

(1)改善管理,建立健全各种规章制度;

(2)加强企业内外部的信息交流,提高全体员工的素质和业务能力;

(3)树立全心全意为客户着想的工作态度。

2. 明确责任方

企业不仅要分清造成客户投诉的责任部门和责任人,而且要明确处理投诉的各部门、各类人员的具体责任与权限,尤其是客户投诉不能得到圆满解决的责任。

3. 响应速度快

对于客户投诉,各部门应通力合作,迅速做出反应,力争在最短时间内全面解决问题,给客户一个圆满的答复。否则,拖延时间或推卸责任,只会激怒投诉者,使事态进一步扩大化和复杂化。

4. 进度有反馈

如果客户投诉的问题当时不能解决,企业应向客户说明将采取的解决方案,并及时向客户反馈进度。

5. 有效做记录

企业对每一起客户的投诉及其处理情况都要做出详细记录,包括投诉的内容、处理过程、处理结果、客户满意程度等。通过记录,总结经验,吸取教训,为以后更好地处理客户投诉提供参考。

某企业客户投诉处理记录

No._____ 日期:_____

客户名		性别	□男 □女	地址		联络电话	
投诉内容				记录_____	投诉方法		□电话 □信件 □传真 □面访
调查	营业					责任者_____ 日 期_____	
	品管					责任者_____ 日 期_____	
处理	营业					责任者_____ 日 期_____	
	品管					责任者_____ 日 期_____	
损失估计							

(资料来源:豆丁网 http://www.docin.com/p-45121954.html)

(二)客户投诉处理的技巧

作为一名客服人员,只有了解、掌握并灵活运用多种消除投诉的技巧,才能在处理客户投诉的过程中得心应手,具体技巧主要有以下几种。

1. 换位思考法

当接到客户投诉时,首先要有换位思考的意识。如果是本方的失误,首先要代表公司表示道歉,并站在客户的立场上为其设计解决方案。对问题的解决,也许有多套解决方案,可将自己认为最佳的一套方案提供给客户,如果客户提出异议,可再换另一套,待客户确认后再实施。当问题解决后,至少还要有一到两次征求客户对该问题的处理意见,争取下一次的合作机会。

2. 耐心倾听法

客户只有在利益受到损害时才会投诉,作为客服人员要专心倾听,对客户表示理解并做好记录。待客户叙述完后,复述其主要内容并征询客户意见,对于较小的投诉,自己能解决的应马上答复客户。对于当时无法解答的,要做出时间承诺。在处理过程中无论进展如何,到承诺的时间一定要给客户答复,直至问题解决。

3. 平抑怒气法

通常客户会带着怒气投诉,这是十分正常的现象,此时客服人员首先应当耐心地听取客户的投诉,引导客户讲出原因,然后针对问题解释和解决。

这种方法适用于所有投诉处理,是用得最多的一种方法。这种方法应把握三个要点:

(1) 认真倾听客户的投诉,搞清楚客户不满的要点所在;

(2) 表明对此事的态度,使客户感到你是有诚意对待他们的投诉;

(3) 能够马上解决的应当时解决,不能马上解决的给一个明确的承诺,直到客户感到满意为止。

4. 问题转化法

问题转化法适用于误解所导致的投诉,因此处理这种投诉时应当首先让客户明白问题所在,当客户明白是因为误解导致争议时,问题也就解决了。

问题转化方式要轻松自然。这种方法运用恰当,客户会理解;若转化不当,则会弄巧成拙,使客户生气,反而会增加阻力。因此,客服人员在用此法时应心平气和,即使客户的投诉明显缺乏事实根据,也不能当面驳斥,而应旁敲侧击、启发和暗示。

5. 委婉否认法

委婉否认法就是当客户提出自己的投诉后,客服人员先肯定对方的投诉,然后再陈述自己的观点。这种方法在澄清客户的错误想法方面,会常常起到出人意料的显著效果。

6. 承认错误法

如果产品瑕疵或服务质量不能令客户满意,就应当承认错误,并争取客户谅解,而不能推卸责任或者寻找借口。因为客户理由充分时,任何推诿都会使矛盾激化。

承认错误是第一步,接着应当在明确承诺的基础上迅速解决问题,不能拖延时间。在事发的第一时间解决问题成本会最低,客户会认可,一旦时间长了就会另生事端。

7. 话题转移法

有时客户提出投诉本身就是无事生非或无端生事,或者比较荒谬,这时最好不予理睬。而应当迅速转移话题,使客户感到你不想与他加剧矛盾而采取一种回避的态度。

(三) 客户投诉处理的流程

1. 记录投诉内容

利用客户投诉记录表详细记录客户投诉的全部内容,包括投诉人、投诉时间、投诉对象、投诉要求等。

2. 判定投诉是否成立

了解客户投诉的内容后,要判定客户投诉的理由是否充分,投诉要求是否合理。如果投诉不能成立,即采取婉转的方式答复客户,取得客户的理解,消除误会。

3. 确定投诉处理责任部门

如果通过第 2 步判断投诉成立,则要根据客户投诉的内容,确定相关的具体受理单位和受理负责人。如属于运输问题,交通运输保管部门处理;如属于质量问题,交质量管理部门处理;如属于服务问题,交服务部门处理。

4. 责任部门分析投诉原因

有关责任部门要查明客户投诉的具体原因及具体造成客户投诉的责任人。

5. 提出处理方案

根据实际情况,参照客户的投诉要求,有关部门要提出解决投诉问题的具体方案。如退货、换货、维修、折价、赔偿等。

6. 提交主管领导指示

对于客户投诉,领导应予以高度重视。主管领导应对投诉的处理方案一一过目,及时做出批示,根据实际情况,采取一切可能的措施,挽回已经出现的损失。

7. 实施处理方案,处罚直接责任者

企业对已经做出决定的处理方案要贯彻落实,并通知客户,收集客户的反馈意见。对造成客户投诉的直接责任人和部门主管要按照有关规定进行处罚。依照投诉所造成的损失大小,扣罚责任人一定比例的绩效工资或奖金。如果存在对客户敷衍或不认真对待的问题,还要对责任人追究行政责任。

8. 总结评价

最后,对投诉处理过程进行总结与综合评价,吸取经验教训,提出改进对策,写出客户投诉分析报告,以完善企业经营管理和业务操作水平,提高客户服务质量和服务水平,降低投诉率。

三、客户投诉管理

(一)建立健全各种规章制度

要有专门的制度和负责人来管理客户投诉,并明确投诉受理部门在公司组织中的地位。要明文规定处理投诉的目的和业务流程,根据实际情况确定投诉部门与高层经营者之间的沟通关系。另外,还要做好各种预防工作,减少顾客投诉。

(二)确定受理投诉的标准

客户投诉管理的一个关键是要把处理的品质均一化。当处理同一类型的投诉时,如果经办人处理办法不同或同时对各个投诉者有不同的对待态度,势必会失去客户的信赖。因此,不管从公正处理的角度,还是从提高业务效率的角度来说,都应该制定出合乎本企业的投诉处理标准。

(三)规定投诉的受理时间

及时处理客户投诉,有利于争取到客户对企业的好感与信赖,因此,企业应规定投诉的受理时间。如 IBM 公司明确规定,必须在 24 小时内,对用户的咨询与投诉做出明确的答复,其具体的做法是设置用户服务子系统,开通投诉热线,安排专人记录,并将信息传递给相关部门。

(四)分清客户投诉处理相关部门及其职责

处理问题时应分清责任,确保问题妥善解决。不仅要分清造成客户投诉的责任部门和责任人,而且需要明确处理投诉的各个部门、各类人员的具体责任与权限。对于处理投诉的责任人,究竟应该给予怎样的责任与何种程度的权限,事先需进行书面化的规定。同时,对接待人员尽量给予大幅度的权限。如果事事均向上级请求,会降低客户对接待人员的信赖,甚至强化不满情绪。

(五)建立投诉处理系统

建立客户投诉处理电子系统,对每一起客户投诉及处理都要做出详细的记录(包括投诉内容、处理过程、处理结果、客户满意度等),不断改进客户投诉处理办法,并将获得的信息传达给其他部门,做到有效、全面地收集统计和分析客户意见,立即反应,做出明确适时的处理,并经常总结经验,吸取教训,为将来更好地处理客户投诉提供参考。

客户是企业的生命线,有效的客户投诉管理是企业获得竞争优势的重要途径。因此,企业必须重视和加强对客户投诉的有效管理,使其更加规范化、系统化,从而培育更加融洽的客户关系,以便在激烈的市场竞争中立于不败之地。

客户投诉处理技巧案例

案例1

情景:你是某豆浆机企业的客户服务代表,接到一个客户的电话。客户情绪非常激动:"你们的服务太差劲了!你们在三个星期前就说很快能修好,可是到今天还没有任何消息!你们到底有没有信用啊?我不管!我今天一定要取到机子,否则你们就赔偿我的全部损失。"

讨论:遇到这种情况你该怎么办?

案例2

情景:有一个客户买了你厂的笔记本电脑,使用1年后(即超过保修期),硬盘损坏。客户不接受保外维修,要求保修。

讨论:面临这种情况,如果你是客户服务代表,你该怎么办?

第五节 客户服务管理

一、客户服务部门及其组织结构

客户服务是指所有与客户接触或相互作用的活动,其接触方式可能是面对面,也可能是电话、通信或网上沟通,其活动包括向客户介绍商品或服务、提供企业相关的信息、接受客户的询问、接受订单或预订、运送商品给客户、商品的安装及使用说明、接受并处理客户投诉及改进意见、商品的退货或修理、服务的补救、客户资料的建档及追踪服务、客户的满意度调查及分析等。

(一)各部门在客户服务中的职责

由于客户服务的日益重要,所以,许多企业均已设立了客户服务部门。但全方位的客户服务并非客户服务部一个部门所能满足的,它还涉及生产部门、营销部门等。各部门在客户服务中的具体职责如图9-9所示。

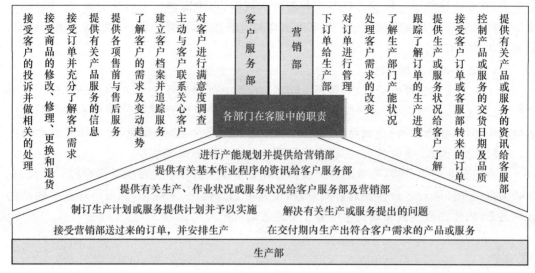

图 9-9 各部门在客户服务中的职责

（二）客户服务部门的组织结构

客户服务部门的运作，如果没有一个出色的服务职能部门作为支撑，没有一支高效运作的团队作为支持，就不可能取得好的效果，因而必须建立相应组织，组建客服团队。

1. 大型企业客户服务部门的组织结构

大型企业客户服务部门的组织结构如图 9-10 所示，其特点具体包括：第一，适合各种类型的现代大型企业客户服务管理的需要；第二，体现不同岗位的职能，每个岗位都有主管；第三，客户服务部主要负责企业客户服务的总体管理及服务战略、服务设计等工作；第四，这种组织结构具有灵活性和职能管理性的双重特点。

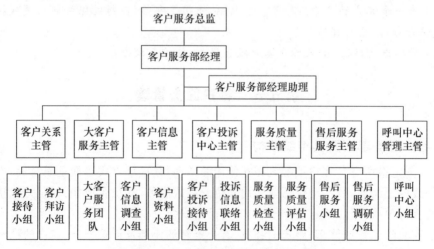

图 9-10 大型企业客户服务部组织结构图

2. 中小型企业客户服务部门的组织结构

中小型企业客户服务部门的组织结构如图 9-11 所示，其特点具体包括：第一，适合服务人员较少的现代中小型企业客户服务管理的需要；第二，客户服务部门的管理事务有专门的人员负责，有利于加强客户服务管理，提高服务工作效率；第三，客户服务部主要负责客户服务事务的总体管理工作;第四,服务范围较广,但服务人员数量较少,往往一人身兼数职;第五,具有灵活性和职能管理性的双重特点;第六,功能及职能较为综合。

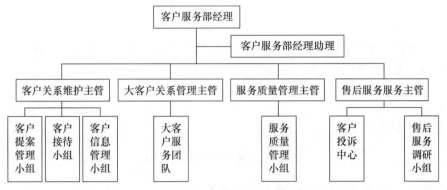

图 9-11 中小型企业客户服务部组织结构图

二、客户服务管理的内容与流程

(一)客户服务管理的内容

客户服务管理的过程比较复杂,包括收集信息、捕捉偏差、绩效评价、协调管理、制定适宜的客户服务绩效测定指标体系等一系列的工作。客户服务管理并不是一个简单的过程,在售前、售中和售后三个阶段都有很多需要考虑的内容。因此,细化客户服务管理,明确客户服务管理的内容显得十分重要。客户服务管理的内容如图 9-12 所示。

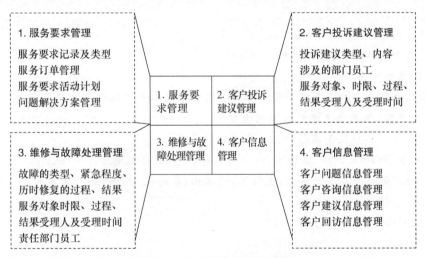

图 9-12 客户服务管理的内容

(二)客户服务管理的流程

一般来讲,客户服务管理的流程包括五个阶段:确定客户服务理念、规划客户服务管理体系、建立客户服务标准、完善客户服务流程、提高客户服务质量。

1. 确定客户服务理念

为使客户服务工作令客户更满意,应制定客户服务理念,向社会广泛宣布,并作为企业各级部门人员的行动指南。

(1) 基本理念

用简洁的语言阐明企业对客户服务的基本理念,要求所有员工都能熟记,并能运用于日常工作中。

(2) 理念的具体化

客户服务的基本理念是行动指南,为使之更有效地贯彻执行,必须将其具体化,体现到客户服务的各个环节中。

某公司的客户服务理念细化

服务理念:"先用户之忧而忧,后用户之乐而乐"

服务工作标准:符合 ISO 9002 国际质量体系认证标准

服务模式:"三六五"模式

三项服务准则:

贴心的服务,专业的技术,迅速的响应

六项服务内容

1. 总部 24 小时热线电话服务(咨询、订购、电话技术指导)
2. 网上在线服务
3. 硬件故障维修
4. 一小时上门维修服务
5. 用户回访
6. 电脑加油站(硬件有偿升级)

五星级服务体系

1. 五星级服务商和五星级服务工程师:按照技术水平和服务质量将服务商及服务工程师分为 5 个等级,并且每年进行培训与考核。
2. "五个一"工程服务工程师上门服务必须带齐:

一双鞋套、一块抹布、一块垫布、一个静电环、一张服务监督卡。

3. "五化"服务:工作职业化、流程化、标准化、表格化、数据化。
4. 五个不错过:

不错过对每一个用户进行回访。

不错过对每一个用户反映的问题的记录。

不错过对每一个用户反映的问题的解决。

不错过复查每一个问题处理的结果。

不错过将每一个问题及处理结果向销售部门反馈。

一旦收到求助信息,我们点到点的服务运作流程立即启动,无须冗长的信息传递及层层审批,令问题响应时间缩至最短,而全面的客户支持档案,使我们对您的情况了如指掌,解决问题自然事半功倍。

(资料来源:李先国.客户服务管理.北京:清华大学出版社,2006(12):19)

2. 规划客户服务管理体系

优质的客户服务,不仅要有正确的服务理念、提供代表良好形象的服务窗口,而且还需要整合企业内部资源,提供可靠的支撑,保证企业信誉和服务质量,才能有效地获得客户满意度。

因此,企业需要建立环环相扣、协同作战的链型客户服务管理体系。企业各部门在服务链中责任明确,虽各司其职,但紧密结合、有效运作,避免服务盲区的出现。

全过程客户服务管理体系贯穿售前服务、售中服务、售后服务三个阶段,不同的阶段服务的内容和侧重点有所不同(如图9-13所示)。

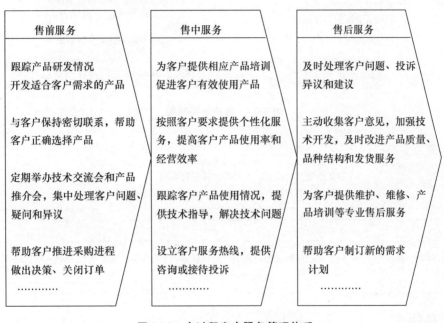

图 9-13　全过程客户服务管理体系

3. 建立客户服务标准

要实现客户服务管理的有效运作,还需要建立科学的客户服务标准,客户服务标准的意义集中体现在两个方面:一方面以合约的形式对不同客户的服务类型做出承诺,向客户提供专业化、标准化、个性化的服务,实现客户服务无差异化向差异化的转变;另一方面以书面的形式对企业客户服务部门和人员的行为加以规范,结合相应的激励、约束制度,实现岗位考核、优化结构,加大企业内员工改善客户服务的压力和动力,获得服务水平的提高。

(1) 客户服务类型

客户服务包括定期的和不定期两类服务,具体内容如图9-14所示。

(2) 客户服务行为规范

为使客户服务工作规范化、流程化、标准化,应制定客户服务规范,例如,针对服务岗位的工作规范,针对服务时间的承诺规定及客户服务工作的奖惩制度等。制度制定出来后,应对员工进行培训并监督执行。

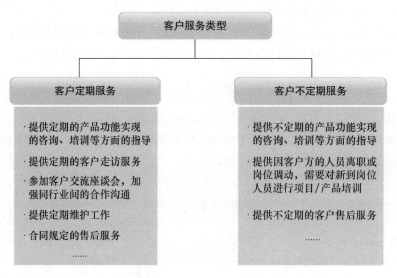

图 9-14　客户服务类型

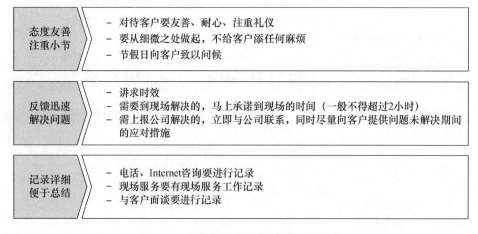

图 9-15　客户服务行为规范的一般要求

4．完善服务流程

服务流程是指客户享受到的,由企业在每个服务环节上为客户所提供的一系列服务的总和。服务流程常用服务流程图表示,服务流程图是对服务流程中各个作业步骤的描述,它是一张顺序图,说明各个作业步骤之间的前后关系或运作关系。其意义在于使服务流程形象化、具体化,更易于操作(如图9-16所示)。

5．提高客户服务质量

服务质量是维护客户忠诚最好的保证,服务质量的提高和服务特色的创新对于发展与客户的长期关系具有重要意义。因此,服务质量的管理将成为提高企业的核心竞争力的关键。

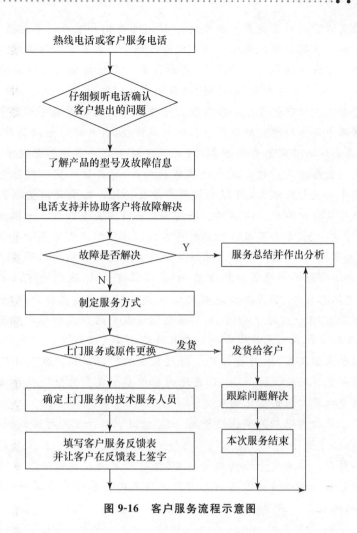

图 9-16 客户服务流程示意图

迪克连锁超市客户管理的秘密

美国普莱特·威尔士·迪克连锁超市(以下简称迪克超市)是美国著名连锁超市之一。在分析客户方面有着自己独特的经验。

迪克超市采用数据优势软件 Data Vantage,对扫描设备里的数据加以梳理,即可预测出其顾客什么时候会再次购买某些特定产品。接下来,该系统就会"恰如其时地"推出特惠价格。

它是这样运行的:在迪克超市每周消费 25 美元以上的顾客每隔一周就会收到一份订制的购物清单。这张清单是由顾客以往的采购记录及厂家所提供的商品现价、交易政策或折扣共同派生出来的。顾客购物时可随身携带此清单也可以将其放在家中。当顾客到收银台结账时,收银员就会扫描一下印有条形码的购物清单或者顾客常用的优惠俱乐部会员卡。无论哪种方式,购物单上的任何特价商品都会被自动予以兑现,而且这位顾客在该店的购物记录会被刷新,生成下一份购物清单。

迪克超市的高级营销副总裁肯·罗布说："这对于我们和生产厂家都很有利，因为你能根据顾客的需求制订促销方案。由此你就可以做出一个与顾客商业价值成正比的方案。"

迪克超市还依靠顾客特定信息，跨越一系列商品种类把订制的促销品瞄准各类最有价值的顾客。比如，非阿司匹林产品（如泰诺）的服用者可以被分成三组：全国性品牌、商店品牌和摇摆不定者。这些组中的每组顾客又可以根据低、中、高用量被分成三个次组。用量就代表着在某类商品中顾客对迪克超市所提供的长期价值（仅在这一个产品种类中，就有六个"模件"，产生出总共 9 种不同类型的顾客，这足以发动一次批量订制营销活动了）。假设迪克超市的目标是要把泰诺用户转变成商店品牌的用户，那么肯·罗布就会将其最具攻击性的营销活动专用于用量大的顾客，因为他们最有潜在价值。给予大用量顾客的初始折扣优惠远高于给予低用量和中等用量的顾客。促销活动的时间会恰好与每一位顾客独有的购买周期相吻合，而对这一点，肯·罗布通过分析顾客的以往购物记录即可做出合理预测。

"顾客们认为这太棒了，因为购物清单准确地反映了他们要购买的商品。如果顾客养有狗或猫，我们就会给他提供狗粮或猫粮优惠；如果顾客有小孩，他们就可以得到孩童产品优惠，比如尿布及婴幼儿食品；常买很多蔬菜的顾客会得到许多蔬菜类产品的优惠。"肯·罗布说："如果他们不只在一家超市购物，他们就会错过我们根据其购物记录而专门提供的一些特价优惠，因为很显然我们无法得知他们在其他地方买了些什么。但是，如果他们所购商品中的大部分源于我们商店，他们通常可以得到相当的价值回报。我们比较忠诚的顾客常会随同购物清单一起得到价值为 30~40 美元的折价券。我们的目标就是回报那些把他们大部分的日常消费都花在我们这儿的顾客。"

有时可以通过获取其他相关单位的赞助，来尽量减少折扣优惠所造成的经济损失；反过来，这些单位可以分享给你不断收集到的信息资讯。以迪克超市为例，生产厂商会给予绝大多数的打折商品补贴。作为整个协议的一部分，生产厂家可以获得从极为详尽的销售信息中所发现的分析结果。这些销售信息的处理加工均是由关系营销集团进行的，这家公司不但提供软件产品，而且还提供扫描数据采掘服务。

（资料来源：百度文库 http://wenku.baidu.com/view/4e92d94d2b160b4e767fcfcb.html）

分析与讨论

1. 迪克连锁超市是如何进行客户管理的？
2. 这则案例给我们什么启发？

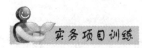

实务项目训练

客户管理的理念和技术哪个更重要？

一、训练目的

1. 认清客户管理理念和客户管理技术有哪些区别和联系。
2. 分析一些企业 CRM 系统导入失败的原因是什么。
3. 思考如何实现客户管理理念与技术的有效结合。

二、训练要求

1. 全班中选出两组学生(正方与反正),每组 5 人,各组设一名辩论组长。
2. 利用课余时间,各组充分准备本方辩论赛所需的相关资料。
3. 任课教师作为主持人,辩论会为 30~40 分钟。
4. 找 5 名学生评委进行评分。

三、训练步骤

1. 辩论前将教室桌子重新摆放,达到能辩论要求即可。
2. 每组组长组织本组参赛流程、内容、开头与总结性发言。
3. 每组先各陈述自己观点,然后再进行双方辩论。
4. 规定时间限制,到辩论结束时间,每组组长做 2 分钟总结。

四、总结与评估

1. 由教师找 5 名学生做评委,给每组打分,满分 100 分。
2. 教师做总结。

思考与练习

1. 试述客户管理的内涵和意义。
2. 如何理解客户关系管理?
3. CRM 系统的功能有哪些?
4. 如何评价客户的信用风险?
5. 如何利用信用管理价值链加强客户信用管理?
6. 简述客户信用管理流程。
7. 客户投诉的原因有哪些?企业应如何认识客户投诉?
8. 客户投诉处理的原则和技巧有哪些?
9. 客户服务管理的内容有哪些?
10. 如何进行客户服务管理?

第十章　销售终端管理

[学习目标]

学完本章,你应该达到:

1. 通过对终端货品陈列的基本要素、基本要求、基本原则和陈列技巧的学习,增强对销售终端的管理意识,基本能够胜任销售终端的日常管理工作,能够处理比较复杂的终端销售问题;

2. 通过学习订单报价、流程、软件等订货管理知识;通过熟悉备货和发货的程序;通过了解退货的原则和流程等三个方面的基础知识,能够全面地掌握订货、发货、退货整个系统的基本技能,具备在终端销售环节进行实际操作的实战能力;

3. 通过对销售终端管理的要求、内容、策略等知识的学习,能从宏观上提升管理能力,成为销售终端的合格管理者。

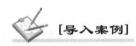

[导入案例]

某品牌燃气灶上海终端整合

【情景一】

一天都没有卖出一台产品

让公司营销总监王某没有想到的是,当他来到淮海东路的建材市场时,某品牌燃气灶的营业员抱怨声一片:"某品牌燃气灶不好卖,一天卖不出一台产品是经常的事!"进入这个建材市场有3个月了,连一个月的房租还没卖回来呢?建材市场冷冷清清,要撤还是继续开令人头疼。与此相比,处于上海徐汇区的销售终端,平均每天的销售额都在几千元以上,旺季的时候会达到1万~2万元。终端的效率相差这么悬殊,的确是王某没有料到的。王某意识到,在公司众多的终端中,"垃圾终端"普遍存在。

【情景二】

自己的货架上出现了竞品

李明立差点和一百长寿路店的营业员吵了起来。某公司在一百长寿路店设的专柜很大气,整个陈列面也比竞争品牌要大不少,在众多燃气灶品牌中,显得十分突出。一百长寿路店是李明立掌管的终端。由于处理别的终端事宜,他有一个礼拜没有到长寿路店巡视。也难怪李明立恼火,货架的POP已经陈旧破损了,也没有换新的。更让他生气的是,在自己的货架上竟然有一半摆放上了竞品。对这个营业员,李明立一想起就生气。刚接管一百长寿路店时,李明立第一次巡视就发现她在为消费者导购时就有意打压过自己的产品。这次更过分,竟然让竞品上了自己的货架。最后,李明立还是压住了火,他知道导购人员不好得罪,要怨也只好怨自己,谁让自己巡视的密度不够?

(资料来源:易淼清.销售渠道与终端管理.北京:交通大学出版社,2010.1)

第十章 销售终端管理

> **思考问题**
> 1. 你如何评价淮海东路建材市场销售终端的布局规划?
> 2. 你如何看待某公司在一百长寿路店销售终端的日常维护工作?

销售终端是指产品销售渠道的最末端,是产品到达消费者完成交易的最终端口,是商品与消费者面对面展示和交易的场所,具体表现形式有商场专柜、专卖店、连锁店、零售店等。通过这一端口和场所,厂家、商家将产品、商品卖给消费者,完成最终的交易,进入实质性消费;通过这一端口,消费者买到自己需要并喜欢的商品。

终端是一个竞争最激烈且具有决定性的销售环节,在终端柜台货架上,各种品牌的商品在这里短兵相接,如何吸引消费者的眼光并迎合他们的购买心理是终端工作之关键所在。在整个销售过程中,销售终端管理是最核心、最重要的销售环节和管理环节,其目的是提高销售质量和加快销售进度,了解销售一线情况及趋势变化,掌握库存,减少退货,调研产品信息,扩大产品影响,树立品牌形象。

第一节 货品陈列

货品陈列指以商品为主体,运用一定的艺术方法和技巧,借助一定的道具,将货品按销售者的经营思想及要求,有规律地摆设和展示,以方便顾客购买,提高销售效率的一种重要宣传手段,也是销售产业的主要广告形式。

合理的货品陈列可以起到展示商品、刺激销售、方便购买、节约空间、美化购物环境等作用。

一、终端货品陈列的基本要素

货品陈列是商家通过一定的形式在终端卖场把商品摆放到货架上,以此展示商品形象,吸引顾客的注意力,刺激消费者的购买欲望,从而使商家实现销售目的。有效的货品陈列是影响顾客购买决策的重要因素之一,终端货品陈列的优劣对销售额的影响差异巨大,众多商家十分重视货品的陈列。终端货品陈列包括下列几项基本要素。

(一)产品

产品是终端陈列的重点,也是终端实物广告的载体,它能给顾客带来直接的视觉刺激,直接影响顾客的消费意愿。陈列产品的规格要齐全,以防顾客转而求其他;陈列周转速度快的产品可以应对陈列面积不足而带来的局限;系列产品集中陈列效果突出,使生产厂家的产品信息能更加鲜明、充分地传递;系列产品中的强势产品集中陈列能营造出销售的气势,从而带动弱势产品的销售;随时更换损坏品、瑕疵品、到期品等。商家可以从产品的陈列位置、陈列规模、陈列面积和空间、陈列方式和陈列环境等几个方面为产品的终端销售搭建展示平台。

(二)附属品

附属品陈列是通过与产品有关的各种文字资料或音像资料,以各种不同的方式向消费者传递企业、品牌、价格、服务、销售策略等各种信息。附属品大致可划分如下几类。

(1)标签标牌类:价格标签、折扣价签、特卖牌、机身贴、卡片、广告牌等。

（2）纸张类：张贴画、海报、宣传画、荣誉证书、产品说明书、会员优惠告示等。

（3）实践类：现场演示仪器、现场试用设备、试用品、品尝品等。

（4）实物类：赠品、非卖品、节日大礼包、清仓廉价品、光盘、宣传片等。

（三）陈列设备

终端陈列设备主要是根据产品的特性而设计制作的一系列配套硬件装备。用技术手段提高陈列档次和产品品味，改善陈列环境，突出产品。陈列设备可分为以下几类。

（1）现场制作类：利用此类设备在现场为顾客制作产品，现做现卖，产品的整个制作过程都是在顾客的监视下进行，增强了商品的可信度。如饮料现场制作设备、冰淇淋速冻柜、自动售货机等。

（2）厂家定做类：由厂家根据产品特点而量身定做的陈列设备，使产品的陈列独具特色和魅力，实现产品陈列生动化。

（3）卖场展示类：以颇具艺术性的展示方式把商品陈列在设备上，如货架、陈列架、陈列柜、陈列桶、橱窗、橱柜、展示台、柜台、挂具等，这些陈列设备都是卖场最重要的促销工具。

正确使用这些设备可以增强商品的吸引力，方便售货，提高效率，易于管理。依据产品特点，制作一些有利于销售及营造氛围的陈列装备也是终端陈列促销的方法之一，陈列设备自身就是一件很好的促销工具。

陈列设备的使用原则：首先，陈列设备必须同商品性质、形状、颜色相符合；其次，陈列设备应该注意多样化，既有高低、又有大小；最后，陈列设备不应过多。

（四）陈列氛围

陈列的环境与氛围是指综合运用声音、灯光、颜色、画面以及文字和影视资料等衬托元素，对终端内外环境进行优化布置和设计，突显产品的品牌、性能、使用价值、美誉形象和服务等卖点，给产品陈列营造出良好的销售氛围，目的是烘托产品，吸引顾客。

在产品的销售现场，消费者喜欢在温馨的氛围中购物。商家经常运用POP（Point Of Purchase）卖点广告、特设产品展柜等方式并配上强劲或柔和的背景音乐来刺激顾客的感官、营造销售气氛、聚拢和提升销售人气。良好的销售环境和氛围取决于产品陈列的生动化，这有利于调动顾客冲动性购买的"神经"，从而达到促进销售的目的。

（五）货品陈列四个基本要素的整合

产品、附属品、陈列设备、陈列氛围四个要素各自都能对顾客的感官带来直接刺激，但是在产品陈列中既要考虑各个要素的分力，又要注重四个要素的合力；如果做到统筹安排、相互借力，陈列的效果就会锦上添花。在这四个要素中，产品要素是陈列的核心要素，其他三个要素起着辅助和烘托作用。但是，在四要素进行组合陈列时，既要突出产品要素的醒目与美观，又要兼顾与附属品、陈列设备、陈列氛围三个要素的和谐统一，从而给顾客带来强烈的感召力和冲击力。

二、终端货品陈列的基本要求

终端货品的陈列要从多方面进行设计，用不同的摆放方式突显陈列效果，以达到吸引顾客的目的。

（一）充分利用陈列的位置和空间

货品陈列要充分利用有限的摆放空间，切忌展位闲置或货源不足，以免竞争者乘虚而入。货架位置的争夺已经成为卖场商战的焦点，陈列位置要重点考虑顾客人流的移动路线，有效地利用寸土寸金的陈列段位，充分考虑货架空间摆放的最优化，把有限的货架空间布置得有气派、有规模、有品位，使商品的陈列效果展现出一定的美感以及高雅的视觉享受。

（二）陈列商品摆放要丰富

顾客来到商场最关心的就是商品，如果柜台货架上的商品琳琅满目，丰富多彩，就能激发他们的购买热情，商家最愿看到的购物情景是：顾客购物意向大增，购物兴趣高涨。中国有"货卖堆山"的说法，就是要通过商品的极大丰富来招揽顾客，刺激顾客的购买欲。商品陈列不等于样品陈列，样品陈列只是商品陈列工作诸多职能中的一种，商品陈列最重要的职能就是广告作用。商品就是广告，商品陈列就是一种叠加广告，能够增加商品的附加值。因此，要把商品陈列看成招揽顾客的一种方式，为了有效地招揽顾客，商品摆放一定要丰富，接受消费者的比较和挑选。当然，丰富不等于拥塞，不同品类的商品对丰富有不同的要求，在实际工作中视具体情况灵活处理，使其效果达到最佳。

（三）陈列要赋予商品以美感

商品的美包括商品的内在美与商品的外在美。商品的内在美是指商品拥有完美的质量，质量是商品的生命，利用终端陈列展现商品的质量是一种实物广告，对树立良好的商品形象大有裨益。商品的外在美就是运用多种手段将货架上的商品予以美化，借此激发顾客的购买欲望。多数商品在展示外在美方面尤为重要，商品美感的呈现与商品销售的关系也最为密切。

消费者对商品视觉美感的追求可为商家带来无限商机。无论是制造商还是销售商，不但要注重修炼内功，而且要为商品注入外在感性元素，全方位提升商品的内在和外在美感，共同打造具有心理价值的商品，以满足消费者对物质和精神的双重需求。

"美感优先配置法"是赋予商品以完美之感的常用陈列方法，该法是一种按照美学规律进行二度艺术创造的视觉销售手段，在视觉上使商品最大限度地展示其美感。这种商品配置方法着重考虑顾客购物中的感性思维特点，调动顾客购物情绪，激起顾客消费冲动，该方法的特点是容易进行组合陈列，易于创造卖场氛围，利于迅速打动顾客，并能引发连带销售。

（四）营造现场销售气氛

顾客购物经常引发"感情连带反应"。顾客经常被卖场所营造的现场气氛所打动，产生积极联想，继而对商品产生好感。卖场通过对商品颇具匠心的组合排列，营造出一种温馨、明快、浪漫的特有气氛，能够消除顾客与商品的心理距离，使顾客对商品产生可亲、可近、可爱、可得之感。

通过别具匠心的商品陈列可向顾客传送出一种无声的交流语言，唤起顾客的情感专注、催生顾客的购买欲望。多数消费者购买商品是在心理作用的驱使下采取购买行为的，想象买到商品后的种种情景——如亲人的反应、同事的评价、给生活带来的变化等。顾客走进经过精心布置的卖场，融入宽敞明亮、富丽堂皇的购买环境，很可能心有所动，不知不觉中进入"角色"之中。

三、终端货品陈列的基本原则

终端货品陈列要求把商品的特性、时尚、质量、颜色等与整体卖场的环境有机地组合起来，赋予货品以艺术美感和观赏价值，以此吸引顾客。货品陈列需要遵循如下基本原则。

（一）顾客至上原则

1. 显而易见原则

吸引消费者的注意力是终端销售的关键环节。陈列的货品要最终实现销售目的，首要的是要使陈列的货品显而易见，做到突出、醒目、生动、美观，从而激起消费者的购买欲望。

2. 伸手可取原则

结合消费者的年龄和身高特点，尤其是儿童和老人顾客，他们需要的商品要做到陈列人性化，使他们能够非常方便地拿取选购，陈列高度与他们的视线平行为佳，不需弯腰、踮脚，直视可至、伸手可得。

3. 生动化陈列原则

合理安排货品陈列和展售的四个要素包括：位置、外观（广告、POP 的配合）、价格牌、货品摆放次序和比例，并结合货品自身特点及展售地点和周围环境进行创意，增加货品的可视度，吸引消费者的注意。

（二）陈列方法原则

1. 最大化陈列原则

较大的陈列空间是货品得以充分展示的前提，如果陈列货品的空间增大，陈列货品的数量就增多，顾客接触和购买商品的机会就会越多。

2. 纵向集中陈列原则

顾客的扫视习惯是先上下，后左右。纵向集中陈列符合人们的观赏习惯，使商品陈列更有层次感、整体感。只要条件允许，就可把所有规格和品牌的商品纵向集中展示。如图 10-1 中的这种陈列模式就能使消费者在选购时更加方便，但是却使厂家的产品无法集中陈列，不便于厂家集中推销自己的产品。

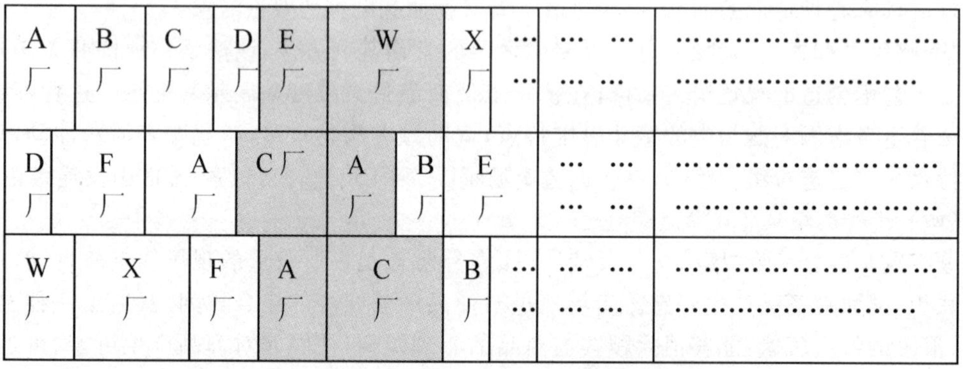

A厂	B厂	C厂	D厂	E厂	W厂	X厂	⋯⋯	⋯⋯
D厂	F厂	A厂	C厂	A厂	B厂	E厂	⋯⋯	⋯⋯
W厂	X厂	F厂	A厂	C厂	B厂	⋯⋯	⋯⋯	⋯⋯

图 10-1 按规格纵向集中陈列

（图表来源：李野新《终端营销》清华大学出版社，2009.3.）

改善策略：同一规格区域内厂家应尽可能使自己的产品"上下打通，竖直排列"，利用相邻位置紧邻摆放自己的两个或几个不同规格的产品，从而形成集中陈列的效果（如图 10-2 所示）。按价格、按包装等纵向陈列的方法也同样能达到异曲同工之妙。

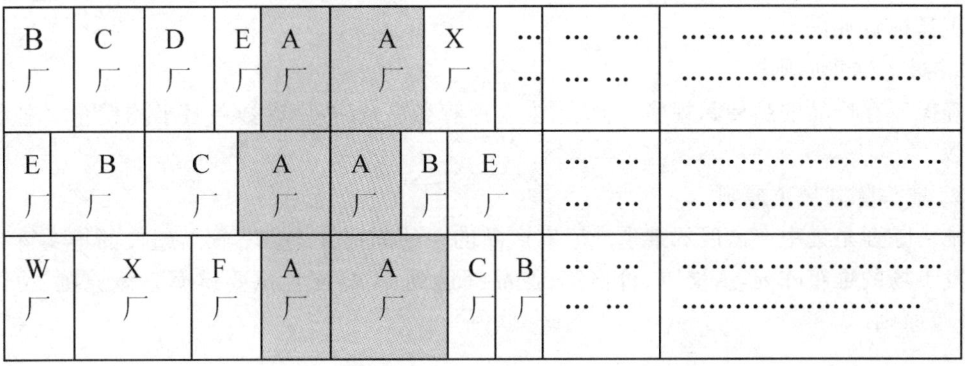

B厂	C厂	D厂	E厂	A厂	A厂	X厂	...	......
E厂	B厂	C厂	A厂	A厂	B厂	E厂	...	......
W厂	X厂	F厂	A厂	A厂	C厂	B厂	...	......

图 10-2　集中陈列效果

（图表来源：李野新《终端营销》清华大学出版社，2009.3.）

3. 下重上轻原则

将质量重的、体积大的商品摆在货架下面，质量轻的、体积小的商品摆在货架上面，便于消费者拿取，同时也顺应了顾客的审美习惯。

4. 统一性原则

所有陈列商品的标签必须统一将中文商标正面朝向顾客，使展示的效果达到整齐划一、醒目美观，保证商品的整体陈列风格和陈列基调相互统一。

5. 满陈列原则

满陈列即把商品摆满陈列架，这样既可以增加商品展示的饱满度和可见度，又能防止陈列位置被竞争品抢占。

6. 陈列动感原则

在满陈列的基础上要故意拿掉货架最外层陈列的几件商品，这样既方便消费者拿取，又可营造出商品良好的销售状态。

7. 利用空间原则

充分利用卖场中不收费的空间实行见缝插针的陈列战术，这样不仅可以直接扩大货品陈列面积，而且可以增强陈列效果的生动性并能达到最大化原则。

（三）产品维护原则

1. 整洁性原则

保证所有陈列的商品要整齐和清洁。消费者不会购买脏乱不堪的商品。

2. 价格醒目原则

价格牌的标示要清楚、醒目，既可标示出同类商品价格作比较，也可标出特价和折扣价，以吸引消费者。这样既方便顾客权衡选择，又强化了商家对商品的宣传效果。

3. 先进先出原则

按出厂日期将先出厂的产品摆放在最外一层，最近出厂的产品摆放在里面，避免产品滞留过期。专架、堆头的货品，至少每个星期要翻动一次，把先出厂的产品放在外面。

（四）其他原则

1. 色彩对比原则

货品陈列要注重色彩的合理搭配，冷色和暖色要有机组合。相同颜色的货品摆放在一起形成陈列"色块",同一色系不同"色块"的货品尽量分开摆放,使顾客易于分辨,使陈列的色彩更具视觉冲击力。

2. 最低储量原则

确保库存产品的品种和规格不低于"安全库存数"。安全库存数＝日平均销量×补货所需天数。

3. 堆头陈列规范原则

堆头陈列是集中突出展示某生产厂家产品的一种陈列方式。不管是超市的堆头陈列还是批发市场的堆箱陈列,从堆围、价格牌、产品摆放到POP配置都要遵循整体原则、协调原则、规范原则。

四、陈列实战的五个借势技巧

终端市场的货品陈列是展示产品的形象、吸引顾客眼球的重要手段,尤其是在商品零售业发生了重大变革之后,现在打破三尺柜台,实行消费者自主选择购买,有效的货品陈列逐渐成为影响顾客购买决策的重要因素之一,厂家在终端市场根据顾客的需求变化和竞争对手的策略变化灵活地使用售点陈列技巧,使厂家产品在终端变得更富活力,使展示的产品品牌更富内涵。

(一) 巧借特殊时机陈列

货品的陈列可根据时机的不同进行灵活调整。比如情人节可把平时"不见面"的巧克力和鲜花放在一起,调动顾客购买兴趣。

(二) 巧借相关商品陈列

陈列面积小、反复购买几率相对低、有延伸价值、小巧精致的商品可借相关商品优势陈列。比如香烟和打火机可借势陈列,但不宜过多使用,以防凌乱而无规律。

(三) 巧借竞品价格陈列

在其他条件基本一样的前提下,使用紧跟策略,把商品和竞品紧贴摆放,突出产品的价格优势,影响顾客的购买意向,"不怕不识货,就怕货比货"。

(四) 巧借旺销商品陈列

旺销商品的陈列位置客流量较大、顾客停留时间较长、商品被购买的机会也较多。可以紧靠热销商品借势陈列,但必须具备与旺销商品具有不同的鲜明特性,否则易于成为陪衬。

(五) 巧借购买习惯陈列

消费者的购买行为有规律可循。饮料、面包等商品陈列在人流密集的位置可迎合冲动性购买者;剃须刀、收音机等商品陈列在相对冷清的位置可迎接目的性购买者。

五、终端货品常见陈列类型

(一) 便利型售点陈列

便利型售点陈列是终端市场最常用的陈列方法。例如,少儿用品的陈列高度一般控制在1～1.4米,以利于少儿的发现和拿取;而老人用品则最好不要放置太低,防止老人因过度下蹲而出现晕厥现象。

(二) 集客型售点陈列

该型陈列是在卖场里经常可以看到的售点展示方法,如百事可乐的售点展示往往以大型的产品堆头为主,还摆放百事流行鞋、陆地滑板、个性腕表、背包等用品,整个售点显得时尚并富有个性。

（三）档次提升型陈列

该型陈列巧妙运用陈列的背景，包括装饰、灯光等展示手段，提升商品档次，使顾客一见就心生喜爱。

（四）凸显卖点的陈列

该型陈列是一种为了强调产品独特卖点的售点展示方法，如宝洁公司的海飞丝洗发水在夏季促销中为了在其原有的"去屑"的卖点上加上"清凉"的概念，在终端展示的方法上采用冰桶盛放海飞丝的方式，非常直观地向消费者传递"去屑又清凉"的感觉信息。

（五）热点比附型陈列

该型陈列是厂商的一种即时性的售点展示技巧，运用比附策略能拉近品牌与热点事件的关系。如在"世界杯"期间，很多厂商纷纷在售点现场精心设计各种各样的与世界杯有关的宣传品，在可口可乐售点布置了很多球星的海报，还用木箱放置了许多足球以衬托气氛，向顾客展示其品牌与世界杯的联系。

巧借他人资源做终端公关

做终端公关是需要投入的，厂家一般都是自己花钱来激励终端的相关人员，能不能借用别人的资源来做公关呢？朱慧是一家食用油企业的导购管理专员。"三八"妇女节快到了，各厂家都计划给终端导购员赠送一份礼物，以此来增进感情。朱慧觉得，各厂家都在这么做，如果自己不表示一下是不行的。但朱慧计算了一下，所有大大小小超市的导购员，再加上自己的促销人员，将近一千人，对于一个中小企业来说，这笔费用是承担不起的。

那怎么办呢？如果不对导购员有所表示，在以后的工作中肯定对自己不利；如果所有导购员都赠送一份礼品，投入又太大，况且礼品太差只会显得厂家小气，也收不到效果。那么，有没有省钱或不花钱的办法呢？能不能借用别人的资源呢？朱慧召集所有导购小姐开了一个"动脑筋会议"，终于想出一个很有创意的方案。朱慧首先找到一家新开张的美容店，问店老板："如果我把全市的导购员拉过来到你这里消费，你愿不愿意？"对于美容店老板来说，这是再好不过的事情了，没有哪个会说不愿意，店老板当然满口答应。

朱慧随后又问老板："那么你打几折？给我多少提成？"老板想了一下说，"6折优惠，1年内5%的提成。""如果'贵宾卡'由我来制作，你给我多少提成？""那就提成10%吧。""提成我就不要了，你就对全市营业员5折优惠吧，贵宾卡就由我来制作和发放到位。"朱慧用同样的方法，又先后找了服装店、化妆品店、影楼和鲜花精品店，都谈到了5折上下，然后朱慧把这些店联合起来，制作了一批精美的"一卡通"到这些店消费，都可享受到5折上下的优惠。"三八"妇女节那天，朱慧给每个导购员和自己的导购小姐都赠送了一张"一卡通"和一张贺卡。收到"一卡通"的导购员都非常高兴，说是今年"三八"节收到的最好礼物。

大家想想，有顾客来买油，导购员会不会想到朱慧，会不会想到她卖的食用油。

（资料来源：张小虎. 终端阵地战[M]. 企业管理出版社，2009.6）

第二节 订货、发货与退货管理

货品管理是销售管理的重要组成部分,主要包括订单、发货与退货管理,其管理水平的优劣直接关系到商品销售的成败。订货和发货流程的通畅与否会影响到商品能否及时准确地送达目标顾客的手中;退货制度是否健全会直接影响目标顾客对生产厂家的满意度和忠诚度。企业的销售管理必须重视对货品的管理,把订货、发货与退货管理作为货品管理的重中之重,因为三个管理环节相互关联、互为作用。

一、订货管理

订货管理就是从客户需求和企业自身生产能力出发,制订供货计划,接收客户订单,协调客户与企业各部门之间的业务关系,疏通企业内部的销售部门、生产部门、储运部门等之间的经营环节,以确保销售订单能够顺利按时完成。订货管理主要包括订单报价管理和订单流程管理。

(一)订单报价管理

订单管理是订货管理的主要内容。订单管理是改善企业供货水平的关键,如果订单处理不好,很可能会给企业带来巨大的经济损失和名誉损害。销售人员处理订单是否准确和迅速、存货和缺货的比率如何、能否保证不间断的供货等都取决于订单的计划、管理和控制。订单报价方法的选取是订单报价管理的主要内容,在实际操作过程中订单报价方法主要有以下两种。

1. 直接报价法

直接报价法即在客户对产品产生购买意愿并在询问产品价格之后,企业直接告知客户产品价格的一种报价方法。多数企业都会对自己生产的产品留有一定数量的库存,而且对这些产品的报价幅度范围都有明确规定,在这种情况下,报价可以采取直接报价法。

2. 估价报价法

在订货过程中,有时企业没有产品存货满足客户的现时需求,企业必须根据客户的具体要求为其生产,根据估价程序向客户报价,这就是估价报价法。估价过程由生产部门与销售部门等全程参加,对交货的注意事项严格确认,如货品名称、规格、数量、付款条件、交货条件、安装与维修费用等,确认核实无误后,按照企业的规定对订单进行估价。在仔细评估订单后,将此订货受理的估价单、客户订购单、合同书等相关证明资料,一并呈送给主管部门审阅,待取得主管部门同意后,方可向客户报出订单的估价。

无论哪种报价方式,销售部门在承接订单之后,首先要判断所承接的订单是来自新客户还是老客户。如果是新客户,原则上要预收一定数额的保证金,在交货时收取其余货款。如果是老客户,可以通过以往的交易记录,依据预订的交货日期计算出未付款余额,或注明曾经发生过交易意外事故,以此判别该客户的品质;对于忠诚的老客户,若订单金额符合相应的信用额度,即可同意本次订货交易,但对于曾发生过不信守契约或支票不兑现的客户,则只受理代理付款的订货方式。

供 应 链

供应链是指从客户订单开始,经历原材料供给、生产、产品的配送等阶段的货物移载的整个过程。这个过程包括客户下订单、订单处理、库存、生产安排、运输、储存和客户服务等活动,而协调这些活动的必要条件就是信息服务网络。所以,供应链一般由六个部分组成:生产(Production)、供给(Supply)、库存(Inventory)、选址(Location)、运输(Transportation)和信息(Information)。

(资料来源:张启杰.销售管理. http://www.vsharing.com/k/SCM/2005-7/A498508.html)

(二)订单流程管理

每个企业的产品及其生产方式不同,都各自有其独特的运作模式,接收订单的模式也不尽相同,但企业订单流程的管理大致可以分为两大类。

1. 订货生产方式的订单流程管理

订货生产方式是企业针对不同客户提出的具体订货要求来组织相关部门进行产品的设计、生产、供应,并按合同的规定按时向客户交货的一种生产方式。该生产方式体现的是个性化定制和零库存的订单理念,生产部门不是提前制作产品去被动地满足客户的需求,而是根据客户的个性化需求有针对性地制作产品,从而避免产品积压,提高了企业的资金周转率。

订货生产方式的订单流程管理(如图 10-3 所示)包括销售部门及其协调管理和客户订单管理共十个步骤。

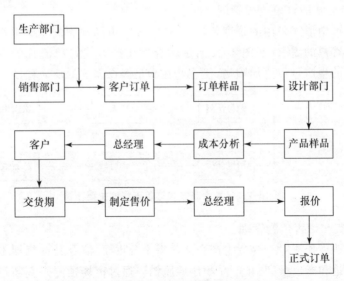

图 10-3 订货生产方式的订单流程的主要步骤

(1)销售部门管理

第一步:首先获得企业计划部门、生产部门的确认,并对客户企业的信用进行评估,销售部门才可以接受客户订单,这一原则性步骤是订货生产方式与存货生产方式最为本质的差异。

第二步:销售部门把客户的订单样品交由研究设计部门。

第三步：销售部门针对制作完成的产品样品，与生产部门共同研究工艺流程、规划生产日程，把样品成本分析报告呈送总经理核准。

第四步：销售部门将制作完成的产品样品及设计图样交与客户征求意见，获其认可并商议交货期。

(2) 客户订单管理

第一步：客户若同意交货日期，并同意接受所制成的样品，则由销售部门准确报价。

第二步：客户若不同意交货日期，但认可所提供的样品，则由销售部门与生产部门及实际生产作业部门研究后再与客户洽谈。交货日期在全面协调客户的需求和企业的生产能力之后确定。

第三步：客户若不满意样品，则由设计部门依据客户意见予以修改。

第四步：客户满意样品并同意交货期后，销售部门根据样品成本分析报告，再加计运费、保险费等各项费用及预期利润定出售价，然后列表呈报总经理核准。

第五步：总经理同意并签署批准后，由销售部门负责向客户报价。

第六步：如果客户接受报价，便可出具正式订单。

(3) 产销协调管理

采用订货生产方式的企业，其生产部门和销售部门的协调是重中之重，定期召开产销部门的协调会议是关键环节。生产部门排定生产计划应根据平均插单的多寡预留出部分生产能力，避免因紧急插单而带来换线频繁的困扰。同时定期翔实地把生产计划和标准产量信息提供给销售部门，使其准确了解和掌握企业的生产负荷状况，以此作为接收订单的依据。销售部门统筹负责订单的汇整与编排，以订单的重要性与紧迫性程度决定交货先后顺序。销售部门在与客户谈判时，要结合企业当前和将来的生产负荷状况争取有利条件。

2. 存货生产方式的订单流程管理

多数企业的产销形式采用的是存货生产方式，即在市场预测的基础上组织生产，用库存中的产品来满足客户的需求(如图 10-4 所示的存货生产方式订单流程的主要步骤)。该种生产方式使企业的生产过程更加顺畅，使企业在满足客户需求的反应程度上更加快捷。

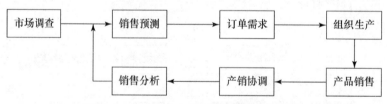

图 10-4　存货生产方式订单流程的主要步骤

(1) 市场调查与销售预测管理

市场调查与销售预测对于存货生产企业显得十分重要，能令其交货期不会出现问题，关键是控制好投入量和产出量，防止产品积压或脱销。通过市场预测来判断订单的需求，并以此决定产品的生产规模等，这就要求企业必须具备非常准确的销售预测能力，否则会造成大量的库存积压和资金占用。

(2) 部门协调与产销协调管理

销售部门准确估计企业产品在市场上的需求量和及其态势，从而为生产部门制订出一个尽可能准确的生产计划，生产部门据此来安排采购与生产作业。在实际运作时，实际销售量可能会与预测销售量有所出入,生产部门和销售部门要不定期召开产销协调会研究应对策略。销售部门根据销售资料研究判断某种产品畅销或者滞销的可能性,迅速、精确地把产品的销售分析转为预测销售量,再交由生产部门组织生产。营销部门在企业存货生产方式中扮演着重要角色,所以其销售职能的业务范围就比较广泛。

(三) 订单管理软件

随着电子商务和网络销售的兴起,各种订单管理系统软件层出不穷。订单管理软件系统以提供高效的订单处理手段为目标,为企业提供一套包括采购、销售、仓储、客户关系、账款、售后服务等功能的综合销售管理系统,基本可以满足各类企业在运营过程中希望销售管理信息化的需求。

订单管理系统软件主要对客户下达的订单信息进行管理及跟踪,动态掌握订单的进展和完成情况,其主要功能包括订单的处理、确认、取消、付款、发货等多种状态的管理,以及订单出库和订单查询等功能。订单管理软件系统的主要功能模块一般包括以下几种。

1. 订单管理

系统可实现单次及批量订单,订单管理与库存管理相连接,并且在下订单时有库存预警及提示功能,订单管理同时与客户管理相连接,可查询历史订单情况以及订单的执行情况。

2. 库存管理

库存管理以条形码为数据源,使用数据采集终端扫描条码标识进行数据采集。系统从级别、类别、货位、批次、单件等不同角度来管理库存货品的数量,以便企业可以及时了解和控制库存业务各方面的准确情况,有效地进行产品物流监控。

3. 销售费用管理

销售费用管理即建立一套完善的销售费用管理体系,帮助企业把销售费用控制在合理的范围内。

4. 直供客户销售结算

统计报表和直供客户的对账单都可以自动生成 Excel 电子表格文件,避免了大量烦琐的计算和文件格式转换。对账单能够明确反映每个直供客户的款项明细。

二、发货管理

发货是一个企业将产品交到客户手中的完整过程。在此过程中,由于交货发运而导致仓库存货减少。企业非常注重及时、安全、准确地把产品送到客户指定的地点,提高客户满意度,按时全额收回货款。发货管理的主要环节包括发货要求、发货准备、货物出库程序、发货程序、发货复核等内容。

(一) 发货要求

无论何种发货方式,均应按以下要求进行。

1. 准确无误

发货准确与否关系仓储服务的质量。在较短的发货时间内做到准确无误,这就要求在发货工作中做好复核工作,在认真核对提货单的同时,还要对配货、包装等环节复核,直到交给提货人或运输人。

2. 及时快捷

无故拖延发货是违约行为,这将造成经济上的损失。为掌握发货的主动,平时应注意与货主保持联系,了解市场需求的变动规律;同时加强与运输部门的联系,预约承运时间。在发货的整个过程中,各岗位的责任人员应密切配合,团结协作,这样才能保证发货的及时性。

3. 确保安全

在保证货物质量的同时,要保证货物出库作业的操作安全,防止在作业过程中损坏包装,以免震坏、压坏、摔坏货物。在同种货物出库中应做到先进先出,对于已发生变质的货物应停止发货。

(二)发货准备

发货前的准备工作包括以下内容。

1. 备货核查

(1)按质、按量核查

若发现货物的质量存在问题,应及早解决,备好发送货物。为应对搬运可能对货物造成的意外损坏,备货数量应留有一定余地,以备应急之需,以免因部分货物损坏而影响发货。

(2)按时、按条核查

销售部门应按时向生产、供货部门联系提货,并在备货过程中,按合同条款核查装运货物的规格、颜色等项目,若合同未规定溢短装条款,应采取措施及时补齐货物。

2. 包装检查

(1)检查包装材料及工具

对从事组装、拼箱或改装业务的仓库工作人员,在发货前应根据商品的性质和运输部门的要求,准备各种包装材料及相应的衬垫物,并准备好钉箱、打包等工具及用品。

(2)检查受损货物及包装

货物经多次装卸、堆码、翻仓和拆检后,可能使部分包装受损,仓库工作人员必须视具体情况进行加固包装和整理修补工作,使货物包装既满足运输的要求,又符合合同的规定。

3. 唛头刷制

在备货过程中,按照合同中规定的标签和标识预先刷制唛头,若合同中没有规定此项,应该联系客户提货,并在接到客户通知后及时刷唛,刷唛要求:

(1)图形文字清晰完整;

(2)字迹字号醒目适中;

(3)唛头刷制颜色鲜明;

(4)唛头位置准确突出。

4. 散货拼箱

在准备发货过程中,部分货物需要拆零、分装、重组后,进行拼箱才能出库,仓库管理人员应为此备足零散货物,为此应做好散货的挑选、分类、整理、匹配等准备工作,以免因临时拆零而延误发货时间。

5. 装卸设备

对于等待出库的货品,应留出必要的理货场地,并安排和调配必要的装卸、搬运设备,以便运输和装卸人员在提货发运时使用。

6. 组织发货

发货作业是一项涉及人员较多、处理时间较紧、工作量较大的工作,进行合理的人员组织是完成发货的必要保证。

(三) 货物出库程序

1. 验单

审核货物出库凭证,应该注意审核货物的提货单或调配单内容,特别注意单据是否有被涂改过的痕迹。

2. 登账

对于审核无误的出库货物,仓库货物会计即可按照凭证所列项目进行登记,核销存储量,并在发货凭证上标注发货货物存放的货区、库房、货位编号及发货后的结余数等;同时,转开货物出库单(如图10-5所示),连同货主开立的商品提货单一起交给仓库保管员核对配货。

3. 配货

仓库保管员对出库凭证进行严格复核,在确认准确无误后,按所列项目和标注进行配货。

4. 包装

对货物包装的要求是:封顶紧密;捆扎牢固;衬垫适当;标记正确。在大型仓库中,要由专职人员负责此项工作。

5. 待运

包装完毕后,经过复核员复核,把货物集中到理货场地,由理货员复核后在出库单上签字或盖章,然后填制货物运单,办理交接手续,并通知运输部门提货发运。

6. 复核

复核项目包括:一是复查货物出库凭证的抬头、印鉴、日期是否符合要求,不符合要求的货物应停止发货;二是复查货物储存的结余数是否与保管账目、货物保管卡上的结余数相符,对于不符的情况应及时查明原因。

7. 交付

发货人员在仓库备齐货物并经复核无误后,必须当面向提货人或运输人按照单据所列的货物内容逐件逐项办理交接手续。发货人员应在货物装车现场进行监装,一直到货物装运出库。发货结束后,应在出库凭证的发货联上加盖"发讫"印戳,单据留存备查。

8. 销账

上述七项发货作业完成后,需核销保管账、保管卡上的存量数目,以保证账、卡、货在存量上保持一致。

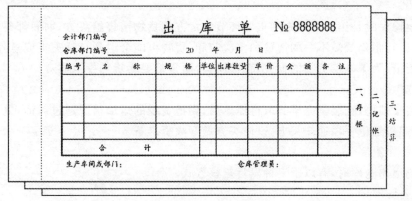

图10-5 出库单样本

(四)发货主要程序

1. 制单

货物发运分析单是企业内部与销售相关的各部门间,以及与外部各单位间办理货物发运工作的联络单据。该单据按照合同条款、货款数目、回函信息等多项内容进行编制,与发运工作的报验、储运、结算等环节密切相关,因此制单要准确、及时;单据内容要清晰、完整。

2. 检验

对于合同中要求出具检验证明的货物,要向有关部门申请检验,检验不合格的货物不允许发货出库。检验的方式有如下选项:

(1) 由商检机关检验;
(2) 委托技术监督部门检验;
(3) 由买方或卖方自己检验。

3. 运输

运输工具优化配备是保障顺畅发货的前提条件,运输工具成为直接制约发货的关键因素。

(1) 如果选择汽车作为运输工具,可以与承运公司直接协商办理承运事宜。
(2) 如果选择火车作为运输工具,根据货运车皮计划和发运要求填写托运单,以此作为收货装车的凭证。
(3) 如果选择船只作为运输工具,办理发货程序与火车大致相似。

"货物发运单"通常一式五联,一联为储运存查,二联为运输部门交货签回结算运费,三联为收货单位备查,四联为收货单位签收后退回作托收凭证,五联为收货单位签收后退回。

(资料来源:李先国. 销售管理[M]. 中国人民大学出版社,2009.7)

4. 装货

销售企业首先提前把货物运至装货场地,承运方根据装货单核对验收货物,然后由承运方签发收货单据。所装货物如果出现包装、件数等异常情况,应给予更换和调配。发货方凭借收货单据向承运方换取正式提单,办理运费结算。

5. 投保

货物运输保险是销售管理中的重要环节。卖方把货物销售给买方,期间都要经过陆地、水域、空中进行距离长短不一的运输和多次装卸,货物可能会遇到自然灾害或意外事故等不可抗力的袭击,为了补偿货物的损失,转移风险,通常都要为货物投运输险。

6. 告知

按照通常惯例,在装货完毕并取得提单后,要把货物的运输情况通过对话、电传、电子邮件、特快专递等通讯手段通知买方,以便买方做好收货准备。

(五)发货复核

在货物运出仓库时,有以下三种发货复核方式。

1. 托运复核

仓库保管员根据发货凭证负责配货,由理货员或其他保管员逐项核对货物的名称、规格、货号、花色和数量等货单内容,检查货物发往地与运输路线是否有误,复核货物的合同号、件号、体积、重量等运输标记是否清楚,经复核正确后理货员或保管员应在出库凭证上签字盖章。

2. 提货复核

仓库保管员根据货主填制的提货单和仓库转开的货物出库单所列货物名称、规格、牌号、等级、计量单位、数量等进行配货,由复核员逐项进行复核。若复核正确,由复核员签字,保管员将货物当面交给提货人;未经复核或复核不符的商品不准出库。

3. 取样复核

货物保管员按货主填制的正式样品出库单和仓库转开的货物出库单回货,核实无误,经复核员复核、签字后,将货物样品当面交给提货人,并办理各种交接、出库手续。

三、退货管理

退货就是买方将不满意的商品退还给卖方的过程。商品的流转主要包括进、销、退、存四个环节,退货本是销售活动中的正常现象,但如果退货比例过高就属于异常现象。因为这不但会增加企业的经营成本、减少营业额,而且还给企业的正常合作、货款结算、客情处理、企业声誉等方面带来不利影响。因此,企业一定要明确退货原因,提前进行有效控和管理。

(一) 商品退货的原因

销售企业只有了解造成退货的真正原因,才能对退货实行有针对性的管理,从而改善企业的经营绩效。在分析退货原因时,企业应该从以下几个方面考虑。

1. 商品原因

(1) 质量退货:由于产品自身质量出现问题而导致的退货,产品质量也是导致退货的最常见原因。

(2) 包装退货:在货物运输过程中,由于野蛮装卸而造成商品包装的破损或污染而要求退货。

2. 人为原因

(1) 错发退货:送达客户手中的商品在条码、品项、规格、重量、数量等方面与订单不符,必须无条件退货。

(2) 顾客退货:顾客退货有三种可能。首先,商品确实是缺陷品;其次,商品本身完好,顾客认为它有缺陷,该商品属"无缺陷的缺陷品";最后,在质量保证期或维修期内被退回,要求退换或维修。

(3) 广告退货:凭借夸张、虚假广告宣传产品,致使产品名不副实而导致退货。

3. 协作原因

(1) 期限退货:首先,产品到保质期结束仍未销售出去,导致产品过期而退货;其次,产品已过销售季节,但仍未销售出去而导致错过销售期造成退货。

(2) 协议退货:签订特别协议的季节性商品、试销商品、代销商品等,在协议期满后,剩余商品需要退货。

4. 环境原因

经济环境对退货的影响也不能忽视。经济发展形势的景气与否对退货率的影响大不相同。退货率在景气时为5%,而在不景气时则为15%。尽管产品品质相同,但退货率却上升很多。

(二) 退货管理的原则

销售企业处理客户退货事宜必须坚持一定的原则,不能无条件接受退货,否则会使卖方承受巨大风险,因此,可以把退货与销售条件捆绑在一起,在交易时事先表明接受退货的条件。

1. 执行内外退货标准

销售企业进行退货管理实行内外兼顾的策略，对企业外部要制定一套退货标准，对企业内部要制定一套符合企业自身标准的退货管理流程。

2. 建立退货控制程序

产品退货必须由责任人填写《产品退货申请、验证、评审表》，说明退货产品名称、规格、数量、批号、原因等，并将申请表交质量管理部门；质管部门根据《产品退货申请、验证、评审表》，对退货产品进行检查和检验，确认退货原因并写出处理方案或意见，再由管理者代表和销售部门副总签字后办理退货。成品库凭借各部门签字的《产品退货申请、验证、评审表》，对退货产品进行清点计数，建账，做好标识，隔离存放。成品库根据退货产品处置意见，定时通知生产部门对不合格品进行处理。对报废的产品需经销售、生产、技术、质管各部门评审，报总经理批准后进行处理。审计部门对退货产品处置费用进行审核。

3. 明确部门间的责任

在责任明确的情况下，企业各部门共同参与的退货管理才能一路畅通，不留死角。比如，业务发展部、外贸部负责提出退货申请并实施，质量检验部负责对退货产品的监督检查，财务部负责退货产品账物相符情况的控制和检查，仓储部门负责退货产品的管理，综合管理部负责对本制度有效执行的监督与考核等。

（三）退货管理流程

1. 单据驱动式退货管理流程

企业内部退货管理必须有一套标准化的管理流程。流程的具体内容是：以"成品退货单"在各部门间流动来控制客户所退商品的管理和调整。这个流程中涉及的部门主要有物料部门、仓储部门、仓运部门、质量管理部门等。企业单据驱动式管理流程包括下面具体内容。

（1）退货品的运回

物料管理部门接到业务部门送达的退货，如果企业人员少，部门不多，可将上述部门的工作归纳到相关部门的工作职责中。应先审查有无注明依据及处理说明，若没有应将"成品退货单"退回业务部门补充，若有则依"成品退货单"上的客户名称及承运地址联络承运商运回。

（2）退货品的验收

首先，退货品运回企业后，仓运部门应会同有关人员确认退回的成品异常原因是否正确，若确属事实，应将实退数量填注于"成品退货单"上，并经点收人员、质量管理人员签章后，第一联存于会计，第二联送收货部门存，第三联由承运人携回依此申请费用，第四联送业务部向客户取回原发票或销货证明书。其次，物料管理部门收到尚无"成品退货单"的退货品时，应立即联络业务部门主管确认无误后先暂予保管，等收到"成品退货单"后再依前款规定办理。

（3）退货品的更正

首先，若退回成品与"退货单"记载的退货品不符时，物料管理部门应暂予保管（不入库），同时于"成品退货单"填注实收情况后，第三联由运输公司携回依此申请运费，第二联送回业务部门处理，第一联暂存仓运部门依此督促。其次，业务部门查验退货品确属无误时，应依实退情况更正"退货单"送物料管理部门办理销案。最后，倘退货品系属误退时，业务部门应于原开"退货单"第四联注明"退货品不符"后，送回物料管理科据以办理退回客户，将其交运作业按有关的规定办理,并在"成品交运单"注明"退换货不入账",本项退回的运费应由客户负担。

2. 作业程序式退货管理流程(如图 10-6 所示)

仓库接受退货需要规范的程序与标准,如什么样的货品可以退,由哪个部门决定,信息如何传递等。

(1) 接受退货

仓库的业务部门接到客户传来的退货信息后,要尽快将退货信息传递给相关部门,运输部门安排取回货品的时间和路线,仓库人员做好接收准备,质量管理部门确认退货的原因。一般情况下,退货由送货车带回,直接入库;批量较大的退货要经过审批程序再进行处理。

(2) 重新入库

对于客户退回的商品,仓库的业务部门要进行初步的审核。由于质量原因产生的退货,要放在为堆放不良品而准备的区域,以免和正常商品混淆。退货商品要进行严格的重新入库登记,及时输入企业的信息系统,核销客户应收账款,并将退货信息及时通知商品的供应商。

(3) 财务结算

退货的发生给财务部门的工作带来一定程度的冲击。如果客户已经支付了商品费用,财务要将相应的费用退给客户。同时,由于销货和退货的时间不同,同一货物价格可能出现差异,同质不同价、同款不同价的问题时有发生,故仓库的财务部门在退货发生时要对退回商品货款进行估价,将退货商品的数量、销货时的商品单价以及退货时的商品单价信息输入企业的信息系统,并依据销货退回单办理扣款业务。

(4) 跟踪处理

退货发生时,要跟踪处理客户提出的意见,统计退货发生的各种费用,要通知供应商退货的原因并退回生产地或履行销毁程序。退货发生后,首先要处理客户端的问题,由于退货而出现的商品短缺、对质量不满意等问题要由业务部门重点解决。退货所产生的物流费用比正常送货高得多,所以要认真统计,并将此信息反馈给相应的管理部门,以便制定改进措施。同时要把退货的所有信息传递给供应商,如退货原因、时间、数量、批号、费用、存放地点等,以便供应商能将退货商品取回进行处理。

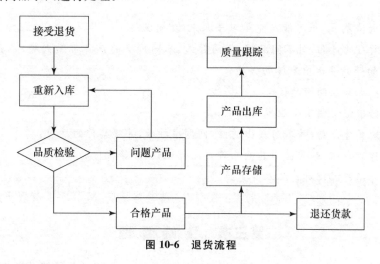

图 10-6　退货流程

（四）退货管理中应注意的问题

在企业管理退货时，应注意以下四个方面的问题。

1. 退货商品处理

在对客户的退货实施清点时，应确定退货商品的数量是否正确，有无损伤，是否属于商品的正常状态；清点完毕，不但要对仓库的库存量加以动态调整，而且要尽快编制退货受理报告书，作为商品入库、冲销销货额等的原始资料归档备查。

2. 退货价格设计

退货价格有全额退款和部分退款之分，全额退货是对零售商的退货，按照原来的批发价进行全额退款，而部分退货则在批发价的基础上给予一定折扣。在一定的批量约束下，通过对退货价格的调整，可以使供应商和零售商的总体利益达到最优。

3. 退货比率约束

现在有"零退货"的策略，零退货意味着生产厂商不接受来自零售商的任何退货，而在发货时给予零售商一定的折扣。事实上，这项政策是把退货的责任转移给零售商，从而减少生产商和经销商的费用，但同时生产商失去了对商品的控制权。

制定退货政策的初衷，就是为了免除或减轻销售风险，鼓励零售商大批量进货、顾客大量购买，以扩大产品销售的机会，使厂商和零售企业的成本利益达到最优。因此，厂商及零售商可以协商制定一个合适的退货比率以平衡由此产生的成本和收益，提高企业的竞争优势。

4. 明确部门责任

企业内不同的部门对退货承担的责任要明确，比如，对退货商品是否确保品质无误要由产品检查部门负责；清点退货商品并且确保其数量的准确性要由仓储部门负责；调整应收账款余额等事项的再处理应由会计部门负责等。

在终端卖场如何识别"间谍"

具有以下特点的人，很可能是竞争对手派来的"间谍"：

（1）浏览所有的产品，对不同品牌、不同款式、不同价格的产品都感兴趣，尤其对新产品或具有鲜明特点的产品表示出浓厚的兴趣；

（2）问一些很专业的问题；

（3）在谈话中经常使用专业术语；

（4）专注地听你介绍，并不时提出质疑，问题很细致，并观察你的反应；

（5）针对你的介绍，经常提出其他品牌产品作比较，并等待你的回答；

（6）对你介绍产品比对产品本身更感兴趣。

（资料来源：张小虎. 终端阵地战[M]. 企业管理出版社，2009.6）

第三节 终端管理

终端是所有企业营销渠道的最后一环，它直接代表了企业产品的最终营业表达。同时，也是产品流向市场，形成消费的关键。随着市场竞争的日益激烈，企业之间的竞争已趋于白热化,而竞争的重心则仍是销售终端,决胜终端已成为当今企业界的共识。在进行商品分销的过程中,真正能够产生销售的是终端,激烈竞争的最后环节也是终端,消费者对产品的选择与消费亦在终端。如何科学有效地掌握终端,是销售管理的一个重要组成部分。

一、终端管理的要求

终端销售的实现往往需要企业通过整合各方面的资源来完成,由于竞争压力使得终端销售技术不断提高,对管理工作提出了严峻的挑战,所以终端销售管理必须做到以下几点。

(一)选择有利的终端类型

选择何种业态、商店或销售场所,必须经过仔细的考虑,同时还必须对这种业态或商店的商圈特征,如人口结构、生活形态、地理环境、竞争态势等进行认真评估。并非选择有名的商店或有利的商圈位置就一定能提高销售效果,企业应该认真研究自己的目标与实力,选择合适的终端类型。

(二)增加人力的配备

许多终端销售活动需要大量的人力来实现,但对于许多企业而言,在短时间内培训出一支符合要求的销售队伍绝非易事。为了解决这一问题,一些企业开始雇佣商业学校的学生或临时的专业人员来从事这一工作。实践证明,这是一种既经济又高效的做法。但企业必须加强管理与监督,确保总体销售活动朝着自己确定的目标进行。

(三)提高促销的整体配合

强调终端销售的价值,绝非排斥其他形式的促销活动。终端销售的实现一般是以企业形象的确立与品牌价值的塑造为前提的,这也是知名品牌往往能在销售终端占据有利位置的原因。事实上,终端销售与其他促销形式是相辅相成的,若运用得当会收到意想不到的效果。

(四)争取店方的合作

这是改善终端销售效益的难点。通常情况下,店方更愿意把机会给予知名的企业或品牌,但新企业或新品牌也并非没有机会,这就要求企业必须掌握谈判的技巧,把自己的优势和特点准确地告知店方。同时,还要强化其他的促销形式,最大限度地发挥终端的作用。

二、终端管理的内容

终端的构建和管理最能够检验出一个企业的优秀与否以及企业对市场和消费者的用心程度。企业应该建立科学、严谨、规范的终端管理制度,并挖掘和培养有经验、有能力的终端执行人员进行管理。终端的建设、管理、维护是一项长期工程,需要常抓不懈。

(一)终端货品管理

良好的商品陈列是企业最直观的广告,可以在现场产生较强的品牌吸引力,是导致冲动型购买的主要原因,也在很大程度上反映了企业的总体管理水平和实力。企业为了提高货品陈列的规范性和生动性,可以从货品陈列的位置和陈列方式考虑。

1. 陈列位置的规范化管理

具体到某个终端而言,企业产品的陈列位置对消费者的吸引力显著不同。醒目和人流多的地方是黄金位置,一般来说,接触到产品的消费者越多,产品被购买的可能性就越大。企业应当对终端积极开展公关活动,争取到有利的陈列位置。

2. 陈列方式的生动化管理

首先,应尽量争取更多的陈列空间,达到充实、美观和生动的效果,显示厂家的综合实力和气势,给消费者带来较强的心理刺激。一般要求产品集中陈列,不同品牌或型号所占空间有明确规定,同时还要考虑产品次序、外观、广告品和价格标签等因素。

其次,要按照一定的比例陈列所有规格的商品。消费者在不同的场合和时机所需商品的规格或包装不同,如果在现场找不到如意的商品就可能转而购买竞争对手的产品,这会使他们的满意度大大降低。

(二)终端促销管理

随着终端争夺战的加剧,仅有良好的货品陈列是不够的,还需借助适当的时机实施终端促销,即利用各种短期诱因鼓励消费者大量购买产品,这是促使其产生具体购买行动的推动力。终端促销的方式多种多样,各有所长。

企业为销售产品或鼓励顾客购买,用各种短期诱因举行各种促销活动。近年来,在各大卖场出现的导购服务,就是一种比较好的销售促进方式。导购服务主要通过导购人员的讲解、推荐与演示,来激发消费者的兴趣,促使消费者购买产品。

1. 商场内部广告

商场内部广告是实现终端销售工作生动化的关键之一,也是对媒体广告的有益补充。它针对性强,能够刺激冲动购买、宣传产品、美化企业形象。从目前状况看,企业盲目地应用终端广告反而削弱了其本身应有的效用,因此必须紧密结合企业的行业和产品特点、终端商店的位置结构、营销策略等情况选取恰当的投放时机,统一细化投放的操作标准,使广告的形象和促销活动保持一致。

2. 人员导购

企业可以在终端由服务人员向消费者介绍产品,减少他们购买决策的阻力,利用双向交流说服其现场购买。同时,企业可由此获得第一手反馈资料,有利于营销组合的改进。运用这种方式必须保证导购人员具有较高的综合素质和一定的专业技能,这样才能达到理想的效果。

3. 公共关系

公关必须保持一定的层次性,即要求企业销售管理者和终端工作人员、终端管理者和业务人员展开全方位的充分沟通,相互理解,达成共识,实现双赢。需要注意的是,适度的促销可让利于终端,提高其积极性,加速产品的流通,增加销售量,但如果促销过度,从长远看,可能造成终端管理者和业务人员片面追求促销利益,降低正常经营的盈利率,破坏价格体系,同时也会增大消费者的心理成本,引发他们的逆反心理。

(三)终端零售管理

现在越来越多的企业纷纷采取各种方式对零售终端进行支援和辅助指导,通常包括以下五个方面。

1. 提高商品附加值

利用零售商店的二次加工能力,以较低成本的竞争优势开发商品,通过零售商店的高品质、高附加值的转换程序,使这些原始产品转换成被赋予了零售商店生命和魅力的二次加工商品。由此可见,商品销售活动的筹划,不仅对零售商店具有重要意义,而且对于推动企业的产品销售亦具有直接影响。

2. 传授促销方法

零售商店常因缺乏某些商品的销售技术而丧失商机,这实际上为生产企业的辅导活动提供了机遇。诸如店头广告、商品说明书、海报、DM、赠品安排及各种展示活动等,均可由企业制造商帮助设计。

3. 塑造店头魅力

在消费活动日益个性化的时代,尤其是对感性购买动机的顾客,店头魅力对吸引他们来店选购影响极大,因此,商店的外观、橱窗布置、装潢、商品陈列与结构、照明、色彩等,都是不可或缺的魅力塑造项目。

4. 建立内部管理制度

终端卖场所获得的利润,一部分来自合理化的经营管理,因为依靠财务和人事制度等各项管理制度能够减少不必要的浪费,降低管理成本,提高管理绩效。

5. 提供市场信息

制造商应该系统地向零售终端提供市场价格、市场竞争信息,以此作为销售终端进行决策的依据。另外,竞争者或业界成败的案例也可提供给终端零售店作为经营管理的借鉴。

另外需要指出的是,厂家对零售终端的辅导要尊重他们自己的意愿,切不可喧宾夺主。因此,厂家辅导人员必须与经营者充分沟通,在弄清楚卖场的特点和需要后,再设计具体的辅导计划。为了确保辅导工作的稳定性,建议企业厂家除了强化销售人员的辅导技能外,还可设立专门的由资深销售人员及经营管理专家组成的辅导部门,并制订专门的辅导拓展计划,以配合企业总体的销售安排。

（四）对终端工作人员的管理

对终端工作人员的有效管理是终端管理中的重要组成部分,企业对终端工作人员的管理主要表现在以下四个方面。

1. 报表管理

通过工作报表来追踪终端人员的工作情况是规范终端工作人员行为的一种切实有效的方法。严格的报表制度,不仅可以使终端工作人员产生动力,督促他们克服惰性,而且可以使终端人员做事有计划、有规律、有目标。

同时,报表也是企业了解员工工作情况与终端市场信息的有效工具,主要报表有竞争产品调查表、终端岗位职责量化考评表、工作日报表、周报表、月总结表、样品及终端分级汇总表等。此外还有主管要求临时填报的、用于反映终端市场信息的特殊报表。终端工作人员一定要准确、按时填写报表,不得编造、虚报,以便客观反映终端人员的工作情况,避免不实信息误导企业决策者。

2. 对终端人员进行培训

终端管理范围广、环节多,对企业管理人员的综合素质要求很高,对此企业要有计划地对他们进行在职培训,增强其管理能力。对于终端管理人员遇到的问题和困难,要及时了解,提供必要的指导和帮助,保持他们的士气和稳定性。

3. 进行终端工作监督

管理者要定期走访市场,对市场销售情况做出客观的记录,并公布评估结果。同时,企业要建立健全竞争激励机制,对成绩突出的工作人员,不仅要充分肯定其成绩,而且要鼓励他们向更高的目标冲击;对成绩一般的终端工作人员,主管不仅要协助他们改进工作方法,还要督促他们更加努力地工作;对那些完全失去工作热情的工作人员,要坚决予以辞退。

4. 搞好终端协调

企业一定要高度重视终端工作人员反映的问题,弄清情况后尽力解决。这样一方面可体现终端人员的价值,增强其认同感、归属感;另一方面可提高其工作的积极性,鼓励他们更全面、更深入地思考问题,培养自信心。企业要建立一套完整的终端人员管理制度,据此来规范终端工作人员的行为,保证终端管理的效果。

三、终端管理的策略

终端销售管理是激烈的市场竞争对企业销售工作提出的基本要求。大多数企业的终端销售工作做得并不理想,很多企业甚至没有形成这方面的工作计划,没有把终端销售管理作为企业销售活动中重要的工作来看待,有意或无意地忽略了这一环节。对于这个问题需要通过三个方面来解决。

(一)拓宽终端销售范围

终端销售的范围包括针对企业产品销售所经历的一切终端环节,即零售商、批发商以及其他终端销售场所。从零售商看,包括大中型商场、便民店、百货店、连锁商店、超级市场等;从批发商来看,包括总经销商、一级、二级等各级批发商。尽管每个企业选择的终端环节可能不尽相同,终端销售可以有重点、分层次地进行,然而这并不等于只抓经销商、代理商等上层环节,也不等于只抓销售大户。企业必须为此制订科学、合理的计划,拓展终端销售范围。

(二)提高终端管理水平

提高终端销售管理人员的素质使其符合销售管理工作的需要。销售管理人员在终端促销中起到非常关键的作用,他们的工作热情、管理知识等都能从不同的方面影响销售人员和消费者。企业要对销售管理人员进行系统的上岗培训,使其了解企业文化,提高管理技能,掌握沟通技巧,巧妙解答顾客疑问,防止由于顾客对销售人员和管理人员的服务态度不满而出现投诉现象。

(三)增强终端销售意识

企业应该从意识上高度重视终端销售这个环节。一是增强终端服务意识,提高服务质量。二是增强终端市场意识,分析研究终端消费者的构成及其消费特点,根据市场环境变化把握销售机会。三是增强终端品牌意识,转变终端销售观念,打造终端服务品牌。

终端管理"五问、四看、三一样"

终端管理归结起来有七个字:"五问、四看、三一样"。这七个字概括了企业在有效管理终端的过程中所要做的一切。

五问:问销量、问效益、问趋势、问需求、问竞争。

四看:看陈列、看库存、看客流、看记录。

三一样:处理问题像警察一样,关心关怀像家人一样,扶持帮助像老师一样。

(资料来源:易淼清.销售渠道与终端管理[M].北京:交通大学出版社,2010.1)

丝宝集团舒蕾终端销售模式

在国内的快速消费品领域,竞争最为激烈的属日化行业,丝宝集团的主打品牌舒蕾之所以能从宝洁、联合利华以及众多国内品牌的夹击中脱颖而出,关键就在于其气势汹涌的终端推广,舒蕾给人最深的印象就是把洗发水当保健品来做。

早在1997年舒蕾发轫之时,丝宝就确立了"从终端打造核心竞争力"的方略并持之以恒坚持至今,这直接造就了舒蕾在国内唯一可以与宝洁在单一产品上对峙的品牌地位(2000年舒蕾与飘柔、海飞丝进入洗发水品牌前三名),因而在中国洗发水市场首次出现国产品牌与宝洁、联合利华三足鼎立的局面。

据悉丝宝集团目前已经进入了销售的"平台期",有促销有销量、没促销没销量,成为令管理层万分头疼的头号难题。有媒体报道,舒蕾2002年的销售额也由两年前的近20亿元跌到10亿元以内,"发家法宝"已经成为"败家之道"。

舒蕾当年主推终端的重要原因是能够"低成本开拓市场",然而随着在其他日化厂家纷纷模仿"舒蕾模式"的形势下,现在的终端成本也水涨船高,不但一点也不低而且有赶超大众传播成本之势,已经有人提出"不做终端等死,做终端找死"的说法。

在产品策略上,最为严重的是丝宝集团已经开始全面实施自己的"多品牌战略",在洗发水中有舒蕾、风影;在化妆品中有丽花丝宝、柏兰、美涛;在卫生用品中有洁婷。我们认为"多品牌陷阱"可能是舒蕾包括其终端面临的最大威胁。因为多品牌策略对资源和管理的要求极高,连GM这样的超级企业都顾此失彼,目前的丝宝只具备在单一品牌上对宝洁有抗衡能力,战线延长的结果必然是被拖垮。

在产品价格上,随着宝洁的降价,舒蕾在价格上本来不大的优势已经丧失殆尽,最大的问题存在于通路,舒蕾的终端优势离不开其直接分销的渠道系统。然而在今天,自建分公司的通路策略使得舒蕾的销售组织极为庞大,销售费用极为高昂,终端管理极为困难。舒蕾终端策略的本质是在不得不放弃一部分市场的前提下集中强化一部分终端的策略,然而今非昔比,现在放弃大于所得。

思考问题

1. "舒蕾模式"失败的原因是什么?
2. 你将如何对舒蕾的终端管理进行调整?

(资料来源:安贺新.销售管理实务[M].清华大学出版社,2009.9.有删节)

分析与讨论

1. 丝宝集团"舒蕾模式"这个案例给你带来什么启示?
2. 结合丝宝案例谈搞好终端销售管理策略的重要性?

如何使销售终端的手机陈列更具销售力

一、情景素材

手机的销售在不同的终端卖场有不同的陈列方式,这些不同的陈列方式可以直接开启目标消费者的心扉。因为有的消费者是考虑好了价格才来的,"我要买一个便宜的手机,大概在800元左右";有的消费者是"我要买某品牌的手机";有的消费者是"我要买一个促销的、超值的手机";有的消费者是"我要买一个有短消息群发的手机";有的消费者是"我要买一个小的手机"。这些不同想法的消费者,面对不同的陈列,很可能被打动,不同的陈列可以促使消费者进入店以后,走到相应的柜台前,店员就可以"对症下药",推荐机型,提高了销售成功的机会。

二、辩论目的
1. 能根据不同的情景有创意地开展货品陈列。
2. 能对终端货品陈列的效果进行检验和评估。

三、辩论要求
1. 辩论对手:全班中选出两组学生(正方与反方),每组五人,各组设一名辩论组长。
2. 课后准备:利用课余时间,各组充分准备本方辩论赛的相关资料。
3. 辩论时间:任课教师作为主持人,辩论会时间为30～40分钟。
4. 评委成员:由五名学生组成评委进行评分。

四、辩论程序
1. 辩论前将教室桌子重新摆放,达到辩论赛举办的要求;
2. 每组组长设计本组参赛流程、内容、开头与总结性发言;
3. 每组辩手先各自陈述自己的观点;
4. 双方自由辩论;
5. 辩论结束前,每组组长做2分钟总结发言。

五、辩论评比
1. 成绩评估:由五名学生做评委,给每组打分,满分100分。
2. 评估项目:(1)方案设计;(2)团队合作;(3)成果展示;(4)专业知识;(5)创意创新;(6)语言表达。

思考与练习

一、思考题
1. 如何使货品陈列的诸要素实现有机地整合,从而达到完美的陈列效果?
2. 订货、发货与退货管理为什么会影响目标顾客对企业的满意度和忠诚度?
3. 如何增强终端管理人员的销售意识和管理水平?

二、实训报告
根据第十章所学内容,利用双休日时间按照教学要求对北京市手机市场的终端货品陈列情况进行一次实地调查,写一份调查报告。
1. 要求:捕捉创意、发现特色、获得启示、数据真实、理论联系实际。
2. 字数:2000字以上。

第十一章 网络销售管理

[学习目标]

学完本章,你应该达到:
1. 了解网络销售的概念与特点;
2. 掌握网络销售的流程和方法;
3. 熟知网络销售人员的管理内容;
4. 学会规避网络销售风险的方法和管理措施。

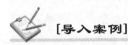

[导入案例]

亚马逊书店的网络营销策略

亚马逊书店是世界上销售量最大的书店。它可以提供310万册图书目录,比全球任何一家书店的存书要多15倍以上。而实现这一切既不需要庞大的建筑,又不需要众多的工作人员,亚马逊书店的1600名员工人均销售额达37.5万美元,比全球最大的拥有2.7万名员工的Barnes Noble图书公司要高3倍以上。下面就让我们来看看这个零售网站的商业战略和提供的功能。

一、页面布置(Site-map)

该公司的页面布置非常合理。例如,在其书籍销售页面中,整个页面主要分为三列,左边一列是当日的礼物介绍和一些进入其他页面的超级链接,中间一列是一系列的主题分明的广告和最佳书籍简介以及购物指南,右边一列是其他两个主页(音乐类和影视类)的最新动态和产品排行榜。这种菜单和页面布置方式,使得产品分类清晰,便于用户购买。同时,不同类别和主页之间又有相互交叉,有助于公司对多种产品的推销。另外,在每个页面左上角最显眼的地方都放置了"Search"功能按钮,使得用户能够方便查询和购买。

二、运作活动

由于亚马逊书店是一家书籍和电子音像产品的零售业公司,它本身并不涉及产品的生产,所以,从它的网页中很少能够看到涉及生产价值活动的部分。值得注意的是,我们仍旧可以从其网页上看到产品的客户化职能。它是如何运作的呢?如果你要在amazon.com站点买一本书并再次访问该站点,屏幕上就会出现欢迎你回访的内容。通过分析你的当前购买习惯及你已经做出的对其他书的估量,屏幕上将建议你购买几种你可能喜欢的新书。而且系统能记住你的个人信息,这样,以后再要买书,就不用输入个人信息,只需输入顾客号,用鼠标点击就能买书了。

三、购买过程

进入亚马逊书店站点后,首先顾客可以通过各种检索手段找到自己想要买的书:把它放入手推车中;然后可以选择继续或付款;在手推车屏幕中,顾客还可以任意删减已选中的书;挑选完毕之后进入付款主页,在这里顾客可以选择付款方式;如果是礼品还可以附上赠言,甚至还可以选择礼品包装纸;最后可以选择交货方式和地点。

四、进货

进货通常是企业面对特定的供应商的,包括对原材料(书籍、CD等)的搬运、质量检查、仓储、库存管理、车辆调度和向供应商退货等。由于这一部分的电子商务主要面向供应商和公司的内部事务,所以在网上很少能看到这一方面的内容。据了解,亚马逊书店的进货比传统书店有很大的优势,传统书店一般要配足160天的库存才能提供足够的购书选择,而进来的图书45~90天后必须向分销商或出版社付款,因此必须承担4个月的图书成本。而亚马逊书店只保留15天的库存,且买主又是用信用卡立即付款,因此手中总有1个月左右的免息流动资金。

五、发货

发货是在顾客购买了商品之后,公司对商品的订货处理、库存管理、发送货物、车辆调度等。这一部分的功能在亚马逊书店的网页上有所体现。在运输管理中,亚马逊书店会给顾客多种运输方法的选择。对于不同的运输方法,货物运输需要的时间和运费是不同的,顾客可以灵活地选择所需要的运输方式。至于其他的库存管理和车辆调度等其他的发货后勤功能则无须客户操心,属于公司的内部管理。可以推想,在公司的电子商务的内部系统中,是一定有这一重要的部分的。不过,对于我们顾客来说,这些部分我们是看不到的。

六、电子支付

亚马逊书店提供了多种支付方式,目前有信用卡支付、离线支票支付。它在安全保证上是怎么做的呢?在亚马逊书店的主页中,有专门对其安全可靠性的说明页,它对电子支付系统做了100%的保证:其安全服务软件是符合工业标准并且是现今安全商贸软件中最好的一个,它对你的所有的个人信息进行加密,包括信用卡账号、姓名、地址等,因此,这些信息在互联网上传送时都是不可读的。有了这种保证,如果顾客还是不能放心使用,又怎么办呢?该公司还提供了另外一种方法:还是不想用信用卡吗?没问题,只要你填一张在线表,填入你的信用卡的最后五位数字和它的到期日,一旦你提交了你的订单,你就会被提供一个电话号码,你能打此电话告诉我们你的信用卡的其余号码。可见,亚马逊书店在使用户订货方便和安全上下了不少的工夫。

七、经营销售

亚马逊书店的营销活动在其网页上体现得最为充分。营销活动,特别是其促销活动的大部分几乎均有涉及。亚马逊书店在营销方面的投资也令人注目:现在,亚马逊书店每收入1美元就要拿出24美分做营销,拉顾客,传统的零售商店则仅花4美分就够了。

(一)产品策略。亚马逊书店根据所售商品的种类不同,分为三大类:书籍、音乐和影视产品,每一类都设置了专门的页面,同时在各个页面中也很容易看到其他几个页面的内容和消息,它将书店中不同的商品进行分类,并对不同的电子商品实行不同的营销对策和促销手段。

(二)定价策略。亚马逊书店采用了折扣价格策略。所谓折扣价格策略,是指企业为了刺激消费者增加购买而在商品原价格上给予一定的回扣。它通过扩大销售量来弥补折扣费用和增加利润。亚马逊书店对大多数商品都给予了相当数量的回扣。例如在音乐类商品中,书店承诺:"对CD类给40%的折扣,其中包括对畅销CD的30%的回扣。"

(三)促销策略。前面已经提过,常见的促销方式,即企业和顾客以及公众沟通的工具主要有四种,它们分别是广告、人员推销、公共关系和营业推广。在亚马逊书店的网页中,除了人员推销外,其余部分都有体现。

多媒体广告和新闻广告是营销中所包含的一项重要的价值活动,它作为企业同目标顾客和公众沟通的四种主要工具之一,具有高度的公开性和强烈的渗透性,它可以迅速地把信息传递给顾客,有助于人们了解商品和扩大销售。逛书店的享受并不一定在于是否有足够的钱来买想要的书,而在于挑选书的过程。手里捧着书,看着精美的封面,读着简介往往是购书的一大乐趣。在亚马逊书店的书页上,除了不能直接捧到书外,这种乐趣并不会减少,精美的多媒体图片,明了的内容简介和权威人士的书评都可以使人有身临其境的感觉。广告的位置也很合理,首先是当天的最佳书,而后是最近的畅销书介绍,还有读书俱乐部的推荐书以及著作者的近期书籍等。不仅在亚马逊书店的网页上有大量的多媒体广告,而且在其他相关网络站点上也经常可以看到它的广告,例如,在 Yahoo! 上搜索书籍网站时就可以看到亚马逊书店的广告。

八、售后售前服务

(一)搜索引擎。一家书店,如果将其所有书籍和音像产品都一一列出,是没有必要而且也是无意义的,对用户来说也是不方便的。因此,设置搜索引擎和导航器以方便用户的购买就成为书店的一项必不可少的技术措施。在这一点上,亚马逊书店的主页就做得不错,它提供了各种各样的全方位的搜索方式,有对书名的搜索、对主题的搜索、对关键字的搜索和对作者的搜索,同时还提供了一系列的如畅销书目、得奖音乐、最卖座的影片等的导航器,而且在书店的任何一个页面中都提供了这样的搜索装置,方便用户进行选购。这实际上也是一种技术服务,归结为售前服务中的一种。

(二)顾客的技术问题解答。除了搜索服务外,书店还提供了对顾客的常见技术问题的解答这项服务。例如,公司专门提供了一个 FAQ(Frequently Asked Questions)页面,回答用户经常提出的一些问题。例如如何进行网上的电子支付?对于运输费用顾客需要支付多少?如何订购脱销书?等等。

(三)用户反馈。亚马逊书店的网点提供了电子邮件、调查表等以获取用户对其商务网点的反馈。用户反馈既是售后服务,也是经营销售中的市场分析和预测的依据。电子邮件中往往有顾客对商品的意见和建议。书店一方面解决用户的意见,这实际上是一种售后服务活动;另一方面,也可以从电子邮件中获取大量有用的市场信息,常常可以作为指导今后公司经营策略的基础,这实际上是一种市场分析和预测活动。另外,它也经常邀请用户在网上填写一些调查表,并用一些免费软件、礼品或是某项服务来鼓励用户发来反馈的电子邮件。

(四)读者论坛。亚马逊书店的网点还提供了一个类似于 BBS 的读者论坛,这个服务项目的作用是很大的。企业商务活动站点中开设读者论坛的主要目的是吸引客户了解市场动态和引导消费市场。在读者论坛中可以开展热门话题讨论。以一些热门话题,甚至是极端话题引起公众兴趣,引导和刺激消费市场。同时。开办网上俱乐部,通过俱乐部稳定原有的客户群,吸引新的顾客群,通过对公众话题和兴趣的分析把握市场需求动向,从而经销用户感兴趣的书籍和音像产品。

> **思考问题**
> 1. 亚马逊书店为何能在美国取得巨大成功？
> 2. 如果在中国，你认为亚马逊书店模式能成功吗？为什么？

（资料来源：中国案例教学网 http://www.cctc.net.cn 有修改）

网络销售是企业销售工作的重要组成部分，也是企业充分挖掘市场潜力的重要途径和方法。网络购物也已经成为更多消费者购买物品的一个重要途径，消费者可以通过网络购物在更大范围内比较并选择自己称心如意的物品。本章我们站在企业的角度来研究网络销售管理的问题。

第一节　什么是网络销售

一、网络销售的概念

宽泛地说，凡是以网络作为主要手段，为达到一定的销售目的而进行的销售活动，都可以称为网络销售。网络销售不同于传统的销售方式，网络销售不是简单的销售网络化，它的存在和运作并未完全抛开传统的销售理论，而是网络化与传统销售的整合。这里所指的网络，不仅仅是互联网，也包括城域网、无线网、卫星等其他增值网。网络销售目前还处于发展阶段，同许多新兴学科一样，网络销售还没有一个比较公认的、规范的定义。

一般认为，网络销售（Online Marketing 或 Cyber Marketing）是企业销售实践与现代信息通信技术、计算机网络技术相结合的产物，是企业以电子信息技术为基础，以计算机网络为媒介和手段而进行的各种销售活动（包括网络调研、网络新产品开发、网络促销、网络分销、网络服务等）的总称。网络销售根据其实现的方式有广义和狭义之分：广义的网络销售是指企业利用一切计算机网络（包括 Intranet、EDI 行业系统专线网和 Internet）进行的销售活动，而狭义的网络销售仅指互联网销售。

二、网络销售的优势

网络销售是随着互联网（Internet）的普及而兴起的。Internet 使企业、团体、组织以及个人的信息交换更加便捷，上网已经成为人们生活中的一部分。与传统的销售手段相比，网络销售具有传统销售所无法比拟的优势。

（一）网络销售突破了时空局限

传统的销售由于地域、交通的制约，企业的商圈被局限在某一个范围内。在互联网时代的今天，网络具有超越时间约束和空间限制进行信息交换的优势，为企业增加了更多的时间和空间进行全球性销售服务。同时，企业可以利用网络展示企业形象、介绍企业产品、发布供求信息和寻找合作伙伴等，达到更好的销售效果。

（二）网络销售的表现方式丰富多彩

互联网上的信息，可以通过文字、声音、图像、流媒体等多种媒体形式表现出来，信息交换也可以通过多种形式进行，只要充分发挥销售人员的创造性和能动性，不仅能全方位地为顾客介绍商品，而且还能让顾客真实地感受商品，为达成交易提供帮助。

(三) 网络销售具有极强的互动性

通过互联网,企业既可以为顾客展示商品型录,连接资料库来提供有关商品信息的查询,同时还可以和顾客做双向互动沟通。企业可以通过电子布告栏、线上讨论广场和电子邮件等方式,以很低的成本在销售的过程中进行即时的信息搜索、市场情报收集、产品测试等,消费者则有机会对产品从设计到定价、服务等一系列问题发表意见。这种双向互动的沟通方式提高了消费者的参与性和积极性,从根本上提高了消费者满意度。

(四) 网络销售降低了销售成本

作为一种直接销售方式,网络销售可以跨越中间商这一环节,让企业直接与消费者沟通,大幅度降低了印刷与邮递成本,无店面销售免去租金、水电费与人工费等诸多销售成本。此外,在传统广告方式下,企业为更新广告内容和商品目录,需要花费很多人力和财力,而网络则帮助企业方便快捷地展示并即时更新商业信息、商品目录、网络广告等内容。

(五) 网络销售过程具有整合性

互联网上的销售中商品信息发布、查询、收款、售后服务一气呵成,因此也是一种全程的销售渠道。此外,企业还可以借助互联网将不同的传播销售活动进行统一设计规划和协调实施,以统一的传播信息向消费者传达信息,避免由于传播方式的不一致产生的消极影响。

(六) 网络销售提高了消费者的购物效率

现代化生活节奏的加快,使得人们越来越珍惜闲暇的时间。在这种情况下,人们用于外出购物的时间越来越少。网络销售给消费者提供了很多方便,使购物的过程不再是一种沉重的负担,节省了消费者到达购物场所的路途时间、购买后的返途时间及在购买地的逗留时间,提高了消费者的购物效率,甚至有时还是一种休闲、一种娱乐。

(七) 网络销售容易实现5C策略

传统的销售组合策略是以产品(Product)、价格(Price)、渠道(Place)和促销(Promotion)为内容的4P。这一理论以企业的利润为出发点,忽略了客户需求的重要性。市场竞争要求企业提高客户价值,将4P策略转变为5C策略。5C策略是指以消费者需求(Consumer's need)、满足需求的成本(Cost)、方便消费者购买(Convenience)、便于与消费者沟通(Communication)、实施客户关系管理(Customer Relationship Management)为核心内容的销售策略。网络销售借助于互联网的沟通便捷、成本低等优势,使实施5C策略变得更加容易。

视野与思考

美国大选中的网络销售

奥巴马赢得了2008年美国总统的大选。有人认为,奥巴马获胜一点儿也不意外,他除了年轻(47岁)、系黑人平民外,善于利用互联网也是他的一大成功因素。

Google埃里克曾说:互联网将决定美国大选结果。在2007年2月举办的世界经济论坛上,比尔·盖茨宣称:互联网5年内颠覆电视。政治观察家们纷纷表示,从奥巴马与希拉里的党内候选人之争到与麦凯恩的两党候选人的战争的胜利,网络销售起了决定性的作用。

奥巴马深知,要赢得竞选,网络的力量非借助不可。于是,很早他就延揽了一批互联网销售方面的专家。其中克里斯·休斯就是其中的佼佼者,他的另外一个身份就是当今世界上最大的SNS网站Facebook的创始人之一。有了这样的一个强大的网络销售幕僚团队,奥巴马的全部规划紧紧围绕互联网展开。下面我们就来看看他们是怎么做的。

第一，募款方式。依靠基数强大的网民小额捐款获得了大量的政治献金。美国传统的政党政治主要是依靠财团和财阀的捐款以及社会的中产阶级以上的人的捐款。但是奥巴马深知在布什总统的8年任期内，美国人民已经厌倦了共和党，需要一个新鲜的面貌来改造美国社会，创新改革将成为竞选过程中的主要名词。于是奥巴马就来了个全新的募款方式，以网络小额支付的形式进行募款。在美国网络媒体发达的今天，在以克里斯·休斯为首的策划团队的策划下，奥巴马一炮走红，不仅获得了足够的竞选款项，而且这种新鲜的方式也获得了全民的口碑传播。

第二，借力网络强化奥巴马个人品牌。"我等不及2008年大选，宝贝，你是最好的候选人！你采取了边境安全措施，打破你我之间的界限。全民医疗保险，嗯，这使我感到温暖……"这是视频网站YouTube上《奥巴马令我神魂颠倒》的一段歌词。在视频中，身穿比基尼的演唱者搔首弄姿，在奥巴马照片旁大摆性感热辣造型，毫无掩饰地表达着自己对奥巴马的倾慕之情。据统计，这段视频在YouTube上被点击超过900万次，并且被无数的网站和传统媒体转载。一个不容置疑的事实是，互联网成了本次美国大选影响民意的主要手段，博客、MySpace社区、YouTube视频显示出了巨大的影响力。MySpace和Facebook关于奥巴马的专题网站上聚集了数以百万计的忠实粉丝，这些人活跃在各个社区，为奥巴马摇旗呐喊，这些人是美国网民中最活跃的一个群体，这部分人极大地影响了美国网络社群的舆论风向。

第三，利用互联网攻击对手，Web2.0成为民意传达生力军。对于麦凯恩这位72岁的老先生，奥巴马很好地强化了自己在互联网号召力方面的优势，精心策划，从多个方面向麦凯恩发动攻击，把麦凯恩塑造为保守的、传统的、思维守旧的白人。奥巴马自己青春活力无限，充满斗志、果敢、聪明、坚毅的形象和麦凯恩的满头白发垂垂老矣的形象形成鲜明的对比。不仅仅是在BBS上发帖这么简单，无数的个人主页谈论的是对奥巴马的崇拜，视频里播放的是奥巴马青春活力、睿智无限的形象，这一套组合拳组成起来时，老迈的麦凯恩无力阻挡。

（资料来源：杨学成．企业电子商务管理[M]．北京：经济管理出版社，2010.7）

第二节　网络销售的基本流程

网络销售的交易过程大致可以分为以下三个阶段，即交易前、交易中、交易后。

一、交易前

这一阶段主要是指买卖双方和参与交易各方在签约前的准备活动，包括在各种商务网络和互联网上寻找交易机会，通过交换信息来比较价格和条件、了解各方的贸易政策、选择交易对象等。

买方根据自己要买的商品，准备购货款，制订购货计划，进行资源市场调查和市场分析，反复进行市场查询，了解各个卖方国家的贸易政策，反复修改购货计划和进货计划，确定和审批购货计划。再按计划确定购买商品的种类、数量、规格、价格、购货地点和交易方式等，尤其要利用互联网和各种网络销售网络寻找自己满意的商品和商家。

卖方根据自己所销售的商品，全面进行市场调查和市场分析，制定各种销售策略和销售方式，了解各个买方国家的贸易政策，利用互联网和各种电子商务网络发布商品信息，寻找贸易合作伙伴和交易机会，扩大贸易范围和商品所占市场的份额。

其他参加交易各方如中介、银行金融机构、信用卡公司、海关系统、商检系统、保险公司、税务系统、运输公司也都应为进行网络销售交易做好准备。

二、交易中

交易中包括交易谈判、签订合同和办理交易进行前的手续等。

(一)交易谈判和签订合同

交易谈判和签订合同主要是指买卖双方利用网络销售系统对所有交易细节进行网上谈判,将双方磋商的结果以文件的形式确定下来,以电子文件形式签订贸易合同。明确在交易中的权利、所承担的义务、对所购买商品的种类、数量、价格、交货地点、交货期、交易方式和运输方式、违约和索赔等合同条款,合同双方可以利用电子数据交换(EDI)进行签约,也可以通过数字签字等方式签约。

(二)办理交易进行前的手续

办理交易进行前的手续主要是指买卖双方签订合同后到合同开始履行之前办理各种手续的过程,也是双方贸易前交易准备过程。交易中要涉及有关各方,即可能要涉及中介方、银行金融机构、信用卡公司、海关系统、商检系统、保险公司、税务系统、运输公司等,买卖双方要利用 EDI 与有关各方进行各种电子票据和电子单证的交换,直到办理完并可以按合同规定将所购商品从卖方开始向买方发货的一切手续为止。

三、交易后

交易后包括交易合同的履行、服务和索赔等活动。这一阶段是从买卖双方办完所有各种手续之后开始的,卖方要备货、组货、发货,买卖双方可以通过网络销售服务器跟踪发出的货物,银行和金融机构也按照合同处理双方收付款、进行结算,出具相应的银行单据等,直到买方收到自己所购商品,完成了整个交易过程。索赔是在买卖双方交易过程中出现违约时,需要进行违约处理的工作,受损方要向违约方索赔。

四、网络商品销售基本流程

不同类型的网络销售交易,虽然都包括上述三个阶段,但其流转程序是不同的。通常可以归纳为两种基本的流程:网络商品直销的流程和网络商品中介交易的流程。

(一)网络商品直销的流程

网络商品直销是指消费者和生产者,或者说需求方和供应方直接利用网络形式所开展的买卖活动。这种交易的最大特点是供需双方直接通过网络进行交易,环节少、速度快、费用低。其直销流程如图11-1所示。

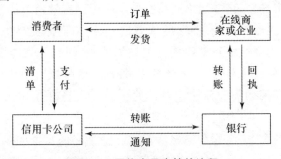

图 11-1 网络商品直销的流程

(资料来源:人事考试教育网)

由图 11-1 可以看出,网络商品直销过程可以分为以下六个步骤:

(1) 消费者进入 Internet,查看在线商家或企业的主页;

(2) 消费者通过购物对话框填写姓名、地址、商品品种、规格、数量、价格;

(3) 消费者选择支付方式,如信用卡、借记卡、电子货币或电子支票等;

(4) 企业或商家的客户服务器检查支付方服务器,确认汇款额是否认可;

(5) 企业或商家的客户服务器确认消费者付款后,通知销售部门送货上门;

(6) 消费者的开户银行将支付款项传递到消费者的信用卡公司,信用卡公司负责发给消费者收费清单。

网络商品直销的交易方式不仅有利于减少交易环节,大幅度降低交易成本,降低商品的最终价格,而且可以减少售后服务的技术支持费用并为消费者提供更快捷方便的服务。但这种方式也有其不足之处,主要表现在两个方面:第一,购买者只能从网络广告上判断商品的型号、性能、样式和质量,对实物没有直接的感知,在很多情况下可能产生错误的判断,而某些生产者也可能利用网络广告对自己的产品进行不实的宣传,甚至可能打出虚假广告欺骗顾客;第二,购买者利用信用卡进行网络交易,不可避免地要将自己的密码输入计算机,由于新技术的不断涌现,犯罪分子可能利用各种高新科技的作案手段窃取密码,进而盗窃用户的钱款。

(二) 网络商品中介交易的流程

网络商品中介交易是通过网络商品交易中心,即虚拟网络市场进行的商品交易。在这种交易过程中,网络商品交易中心以 Internet 网络为基础,利用先进的通信技术和计算机软件技术,将商品供应商、采购商和银行紧密地联系起来,为客户提供市场信息、商品交易、仓储配送、货款结算等全方位的服务。

网络商品中介交易的过程可分为以下四个步骤。

(1) 买卖双方将各自的供应和需求信息通过网络告诉给网络商品交易中心,网络商品交易中心通过信息发布服务向参与者提供大量的、详细准确的交易数据和市场信息。

(2) 买卖双方根据网络商品交易中心提供的信息,选择自己的贸易伙伴。网络商交易中心从中撮合,促使买卖双方签订合同。

(3) 买方在网络商品交易中心指定的银行办理转账付款手续。

(4) 网络商品交易中心在各地的配送部门将卖方货物送交买方。

通过网络商品中介进行交易具有许多突出的优点:第一,网络商品中介为买卖双方展现了一个巨大的世界市场。第二,网络商品交易中心可以有效地解决传统交易中"拿钱不给货"和"拿货不给钱"两大难题。第三,在结算方式上,网络商品交易中心一般采用统一集中的结算模式,即在指定的商业银行开设统一的结算账户,对结算资金实行统一管理,有效地避免了多形式、多层次的资金截留、占用和挪用,提高了资金风险防范能力。当然,网络商品交易中心仍然存在一些问题需要解决。目前的合同文本还在使用买卖双方签字交换的方式,如何过渡到电子合同,并在法律上得以认证,尚需解决有关技术和法律问题。信息资料的充实也有待于更多的企业、商家和消费者参与。整个交易系统的技术水平如何与飞速发展的计算机网络技术保持同步,则是在网络商品经交易中心起步时就必须考虑的问题。

第三节 网络销售的主要方法

网络销售职能的实现需要通过一种或多种网络销售手段,常用的网络销售方法除了搜索引擎注册之外,还有网络广告、交换链接、信息发布、邮件列表、许可 E-mail 销售、个性化销售、会员制销售、病毒性销售等。冯英健在《网络营销基础与实践》一书中介绍了十种常用的网络销售方法及一般效果。

(资料来源:冯英健著,清华大学出版社)

一、搜索引擎注册与排名

这是最经典、也是最常用的网络销售方法之一。现在,虽然搜索引擎的效果已经不像几年前那样有效,但调查表明,搜索引擎仍然是人们发现新网站的基本方法。因此,在主要的搜索引擎上注册并获得最理想的排名,是网站设计过程中就要考虑的问题之一,网站正式发布后尽快提交到主要的搜索引擎,是网络销售的基本任务。

二、交换链接

交换链接也称互惠链接,是具有一定互补优势的网站之间的简单合作形式,即分别在自己的网站上放置对方网站的 Logo 或网站名称并设置对方网站的超级链接,使得用户可以从合作网站中发现自己的网站,达到互相推广的目的。交换链接的作用主要表现在:获得访问量、增加用户浏览时的印象、在搜索引擎排名中增加优势、通过合作网站的推荐增加访问者的可信度等。更重要的是,交换链接的意义已经超出了是否可以增加访问量,比直接效果更重要的在于业内的认知和认可。

三、病毒性销售

病毒性销售并非真的以传播病毒的方式开展销售,而是通过用户的口碑宣传网络,信息像病毒一样传播和扩散,利用快速复制的方式传向数以千计、数以百万计的受众。病毒性销售的经典范例是 Hotmail.com。现在几乎所有的免费电子邮件提供商都采取类似的推广方法。

四、网络广告

几乎所有的网络销售活动都与品牌形象有关,在所有与品牌推广有关的网络销售手段中,网络广告的作用最为直接。标准标志广告(Banner)曾经是网上广告的主流(虽然不是唯一形式),进入 2001 年之后,网络广告领域发起了一场轰轰烈烈的创新运动,新的广告形式不断出现,新型广告由于克服了标准条幅广告条承载信息量有限、交互性差等弱点,因此获得了相对比较高的点击率。有研究表明,网络广告的点击率并不能完全代表其效果,网络广告对那些浏览而没有点击广告的、占浏览者总数 99% 以上的访问者同样产生作用。

五、信息发布

信息发布既是网络销售的基本职能,又是一种实用的操作手段,通过互联网,不仅可以浏览到大量商业信息,同时还可以自己发布信息。最重要的是将有价值的信息及时发布在自己的网站上,以充分发挥网站的功能,比如新产品信息、优惠促销信息等。

六、许可 E-mail 销售

基于用户许可的 E-mail 销售比传统的推广方式或未经许可的 E-mail 销售具有明显的优势，比如可以减少广告对用户的滋扰、增加潜在客户定位的准确度、增强与客户的关系、提高品牌忠诚度等。开展 E-mail 销售的前提是拥有潜在用户的 E-mail 地址，这些地址可以是企业从用户、潜在用户资料中自行收集整理，也可以利用第三方的潜在用户资源。

七、邮件列表

邮件列表实际上也是一种 E-mail 销售形式，邮件列表也是基于用户许可的原则，用户自愿加入、自由退出，稍微不同的是，E-mail 销售直接向用户发送促销信息，而邮件列表是通过为用户提供有价值的信息，在邮件内容中加入适量促销信息，从而实现销售的目的。邮件列表的主要价值表现在四个方面：作为公司产品或服务的促销工具、方便和用户交流、获得赞助或者出售广告空间、收费信息服务。邮件列表的表现形式很多，常见的有新闻邮件、各种电子刊物、新产品通知、优惠促销信息、重要事件提醒服务等。

八、个性化销售

个性化销售的主要内容包括：用户定制自己感兴趣的信息内容、选择自己喜欢的网页设计形式、根据自己的需要设置信息的接收方式和接受时间等。个性化服务在改善顾客关系、培养顾客忠诚以及增加网上销售方面具有明显的效果，据研究，为了获得某些个性化服务，在个人信息可以得到保护的情况下，用户才愿意提供有限的个人信息，这正是开展个性化销售的前提保证。

九、网络会员制销售

网络会员制销售已经被证实为电子商务网站的有效销售手段，国外许多网上零售型网站都实施了会员制计划，几乎已经覆盖了所有行业，国内的会员制销售还处在发展初期，不过已经看出电子商务企业对此表现出的浓厚兴趣和旺盛的发展势头，一度是中国电子商务旗帜的时代珠峰公司（My8848.net）于 2001 年 3 月初推出的"My8848 网上连锁店（U-Shop）"就是一种会员制销售的形式。

十、网上商店

建立在第三方提供的电子商务平台上、由商家自行经营网上商店，如同在大型商场中租用场地开设商家的专卖店一样，是一种比较简单的电子商务形式。网上商店除了通过网络直接销售产品这一基本功能之外，还是一种有效的网络销售手段。从企业整体销售策略和顾客的角度考虑，网上商店的作用主要表现在两个方面：一方面，网上商店为企业扩展网上销售渠道提供了便利的条件；另一方面，建立在知名电子商务平台上的网上商店增加了顾客的信任度，从功能上来说，对不具备电子商务功能的企业网站也是一种有效的补充，对提升企业形象并直接增加销售具有良好的效果，尤其是将企业网站与网上商店相结合，效果更为明显。

第四节 网络销售人员管理

一、网络销售人员必备的能力

从网络销售角度来看,网络销售人员主要是通过互联网这个平台负责网络推广方面的工作,包括 SEO 专员、网络编辑、网络策划、策划博客、论坛发帖、邮件销售、网站架设等。作为一个优秀的网络销售人员,必须具备信息处理、网络沟通、技术运用、团队协作和销售管理五大能力,这五大能力是对一个网络销售人员最基本的要求,也是成为一名优秀的网络销售人员必须熟练掌握的能力。

（一）信息处理能力

信息处理是指对网络销售信息的收集、分析、统计和总结,网络销售是以海量的信息为基础的,一般所需要处理的信息包括客户信息、行业信息、竞争对手信息、政策信息以及公司内部的信息等,对这些信息的处理就成为网络销售人员的一项基本的能力。搜索引擎是企业收集网络销售信息最重要的渠道,也许网络销售人员对搜索引擎已经习以为常,但在搜索引擎的使用上,也要求销售人员掌握一些搜索的小技巧,例如如何使用限定词和运算符更快捷地找到需要的内容,如何利用专业搜索引擎提高搜索效率等。

对网络销售信息的分析是指对收集到的分析进行辨别、筛选的过程。通过互联网收集的信息包括很多虚假、过期的信息,对这些信息进行辨别、筛选,找到企业需要的信息,是网络销售信息处理的第二步。完成信息的辨别、筛选之后,再对信息进行统计和总结,根据网络销售信息使用的形式,对信息进行统计存档。如果有需要,再进一步对分析统计的结果进行总结,写出分析报告。

（二）网络沟通能力

网络沟通能力是网络销售人员必备的第二大能力,相比其他的沟通方式,网络沟通的渠道更广、方式更多,论坛、博客、SNS、留言板、E-mail、即时通信等都是进行网络沟通的方式。不同的沟通方式都有各自的特点,论坛、博客、SNS 以群体的分享和互动为主,E-mail 和留言板则用于较正式的沟通场合,即时通信工具则是个体之间一对一的沟通。针对不同的沟通场合选择不同的沟通工具,需要网络销售人员根据实际情况选择,不同的沟通方式一定程度上决定了网络销售中的沟通效果。

此外,网络沟通一般都以文字作为信息传递最重要的方式,这就要求网络销售人员具有很强的文字表达能力。网络销售人员要深刻理解各种网络群体的特点和接收信息的方式,了解各种群体的沟通习惯,例如 QQ 和 MSN 的主要群体,网络用语的应用等。

（三）技术运用能力

网络销售是技术导向的销售方式,对 Web 技术的运用也成为网络销售人员一项重要的能力。网络销售对技术的要求首先是广,一名优秀的网络销售人员要良好的 Web 技术运用能力,包括对网站编程、Web 数据库、网页脚本、界面设计、网络广告设计、Web 服务器配置及应用软件的使用等有广泛的了解,不一定要求有多深,但一定要广。其次,网络销售对技术的要求是运用,网络销售人员不是编程人员,不是网站建设人员,而是技术的运用人员,销售才是技术运用的终极目标。因此,网络销售人员一定要站在销售的角度、客户的角度去看技术,要避免本末倒置而陷入技术的泥潭。对技术的运用也需要我们有很强的自学能力和应变能力,对各种技术只要遵循原理,都可以通过搜索引擎和网友的帮助解决各种问题。

(四) 团队协作能力

网络销售是一个系统工程,网络销售项目的实施不是仅仅一两个销售人员就可以完成的,必须需要一个密切配合的团队才能完成。这个团队可能包括策划人员、信息处理人员、沟通人员、管理人员、技术人员等,这就要求每一个网络销售人员都有很好的团队协作能力,与他人紧密配合来完成一个系统的网络销售项目。在任何时候,都要有系统的思想,以大局为重,才能将这项系统工程做得完美。

(五) 销售管理能力

优秀的网络销售人员也需要有良好的管理能力,这里所说的管理主要指网络销售管理,即对事的管理。作为一项系统工程,网络销售的各个环节之间错综复杂,如果没有良好的管理,就难以发挥系统效应。网络销售项目的实施,必须有计划、有方案、有步骤、有控制、有评估、有总结,要总揽全局,有系统思想,才能有条不紊地执行下去。

二、网络销售人员管理办法

和许多管理问题一样,如何解决好网络销售人员的工资和奖金,最大限度地激发网络销售人员的潜能是一个重要的环节。提高工作积极性并不是一件十分容易的事情,如果管理不当,不能得到多数员工的认同,就很容易让员工对公司产生抱怨,甚至会在员工之间发生冲突,从而导致工作效率大大下降,公司业绩降低。因此,如何有效地对网络销售人员进行管理是十分重要的。对网络销售人员的管理主要有以下几个方面。

(一) 时间管理

大多数市场的顾客都是互不相同的,从顾客的角度,每位网络销售人员应做好销售时间安排,从以下三个方面来考虑时间管理问题:

(1) 在潜在顾客身上要花多少时间?

(2) 在现有顾客身上要花多少时间?

(3) 如何在现有顾客和潜在顾客之间进行合理地分配时间?

(二) 加强培训的力度

如今的顾客要求销售人员具备更深入、全面的产品知识,能够增添产品的新意。因此,公司在销售培训上应加大投入的力度。培训时间根据销售工作的复杂性和招聘的销售人员类型的变化而变化。培训的方法有很多种,例如传统的使用声频、视频带,播放 CD,教授计划课程,远程教育,电影等。有一些公司尝试使用角色扮演和敏感性、移情训练的方法来帮助销售人员识别在与顾客交谈时其所处的状态、感觉以及动机。

阿尔特拉(Altera)

阿尔特拉公司制造可重复编写的芯片产品,专门为电脑制造商、汽车生产商和电子消费品生产企业提供芯片。2002 年开始后的 5 年时间里,阿尔特拉公司投入了近 11 亿美元的经费,利用各种方法对销售人员进行移情训练,公司最初使用 MBTI 人格类型定向模型来对销售人员的性格进行测试,目的是为了因才组队,建立适合的销售团队。后来,销售人员又经历了一系列的训练,帮助销售人员站在顾客的角度思考。其中有一个方法叫做"心神不定",

它要求销售人员想象自己跟随在别人身后,并通过这个人的眼睛看世界。移情训练的培训者还要进行角色扮演训练,扮演消费者的角色,并在10分钟的时间里尽可能多地提问,这些问题都是平时销售人员无法回答的关题。培训和组织结构上的调整使得公司取得了良好的效果,顾客与销售人员建立了亲密无间的关系,阿尔特拉也因此获得了2005年度增长最快的芯片制造企业的称号。

(资料来源:百纳网 http://www.ic98.com/service/baike/3061.html)

(三)采用适当的激励措施

大多数的销售代办需要鼓励和特殊的激励,特别是那些每天在风口浪尖上,遇到无数挑战的销售人员,就更需要激励。营销管理者认为,给予销售人员的激励越高,他们付出的努力就越大,取得的成绩就越好,获得的奖励就越多,满意度就越高。公司可以根据年度销售计划设立年销售配额,如销售额、单位销售量、边际效益、推销努力或者活动、产品种类等。

甲骨文(Oracle)

甲骨文是世界上第二大软件制造公司,为了找出销售萎靡不振的原因和顾客所关注的东西,公司对销售部门进行了全面透彻的分析检查。近年来不断进行实践,甲骨文发现,公司各部门如人力资源、供应链、客户关系管理等的迅速扩张,使得客户管理系统变得更为复杂。单一的销售代表不能够再像以前那样,销售甲骨文全线的产品。重组后的规定要求销售人员只在少数产品上加深专业化程度。为了降低并改变销售团队长久以来形成的急功近利的声誉,甲骨文调整了佣金在整个薪酬中所占的比重,从原来的2%—12%降低到4%—6%,而且还采纳了一套销售人员指南,这套指南关于怎样与销售组织结构中的合作伙伴和谐相处提出了指导性意见,例如渠道经销商、独立的软件销售商、中间商、整合者和提升附加值的中间商,这6类主要被提及的销售角色,对于他们的识别以及相互之间的合作,彼此尊重各自的位置,以及在销售过程中尊重各自为产品所附加的价值。这条原则目的是为了加强合作者的反馈,甲骨文公司能够而且应该变得更可预料的,更值得信赖。

(资料来源:《营销管理》[美]菲利普·科特勒凯文·莱恩·凯勒著,上海人民出版社,2006.9)

(四)对网络销售人员的评价

评价的内容通常包括定性和定量两方面的内容。销售人员对公司、产品、客户、竞争对手等信息的了解。个人的性格,如风度、仪表、言谈、态度等也可进行评价,也可以包括销售人员动机和服从上级方面的问题。销售人员还要总结销售成功或失败的原因以及如何在今后的网络销售中改进工作。此外,评价指标要基本上能反映网络销售人员的销售绩效,主要有:销售量增长情况、毛利、收到订单的百分比、一定时期内新顾客的增加数及失去的顾客数目、销售费用占总成本的百分比等。为了科学、客观地进行评估,在评估时还应注意一些客观条件。

第五节 网络销售风险管理

网络销售作为一种全新的销售方式在市场经济中扮演着越来越重要的角色,现已经成为企业扩大宣传、推广产品以及销售服务的重要渠道和企业制定战略发展目标不可缺少的因素,有效地发展网络销售是更好地满足企业和消费者之间利益的重要渠道。但是由于多种因素的影响,企业开展网络销售活动还面临着技术、信用、法律、市场等风险,特别是网络市场的空前开放、竞争的日趋激烈,使企业网络销售风险也比传统销售活动大大增加。

一、网络销售风险的特征

网络销售风险是指企业在销售过程中遇到的网络技术、人员管理和网络欺骗等方面的问题以及这些问题对网络销售的影响。网络销售风险包括引起网络销售风险的原因和可能导致的结果,例如技术漏洞、人为的恶意攻击等给商家带来的不可预知的损失或伤害。网络销售风险管理则是指识别、评估和判断网络销售风险,并进行决策采取行动预测风险和减轻后果,以及监控和反馈的全部过程。网络销售风险主要有以下几个特征。

(一) 客观性

网络销售风险的存在与发生就总体而言是一种必然现象,是一种不以人们的主观意志为转移的客观存在。

(二) 可变性

风险的存在,是风险发生的前提条件。由于风险发生的偶然性和不确定性,我们可以推论出风险存在的可变性。因此在一定条件下,网络销售风险是可以转化的。这种转化包括风险性质的变化、风险量的变化,某些风险在一定的空间和时间内被消除、新的风险的产生。

(三) 复杂性

网络销售风险的复杂性首先表现为其发生的原因、表现形式、影响力和作用力是复杂的;再者,网络销售风险形成的过程是复杂的,人们对其产生不能完全了解、全面掌握,在网络销售开展过程中各个环节均可能产生风险,但是风险的强弱、频度及表现是不同的,经营者对其把握存在一定的难度。

(四) 偶然性

网络销售风险的存在具有抽象性和不确定性,但风险的表现形式却有具体性和差异性,风险的发生无论是范围、程度、频度还是时间、区间、强度等都可以表现出各种不同的形态,并以各自独特的方式表现自身的存在。对网络销售风险的认识只有通过无数次观察、比较、分析和积累总结,才能发现和揭示网络销售风险的内在运行规律。

二、网络销售风险管理的基本流程设计

(一) 网络销售风险的识别

在网络销售风险管理工作中,首要也是最重要的工作就是进行风险识别,即要判定存在哪些风险因素、引起这些风险的主要原因、这些风险因素引起的后果及严重程度等问题。其他风险管理步骤都是根据这一步而完成的。

网络销售中可采用的风险识别方法有 Delphi 法、SWOT 法、流程图法、头脑风暴法、环境分析法、损失统计记录分析法等。但是网络销售人员需要注意的是,每一种风险识别的方法都存在一定的局限性。任何一种风险识别方法都不可能完全识别出网络销售面临的全部风险,更不可能完全识别导致风险事故的所有因素,因此必须根据具体网络销售的实际情况以及每种风险识别方法的用途,将多种风险识别方法结合使用。同时,由于经费的限制以及不断增加的工作成本会引起收益的减少等原因,网络销售人员必须根据实际条件选择效果

最优的方法或方法组合。网络销售风险识别是一个连续不断的过程,仅凭一两次调查分析不能完全解决问题,许多复杂和潜在的风险要经过多次识别才能获得较为准确的答案。

(二)网络销售风险的计量

在识别了网络销售所面临的各种风险及潜在损失之后,网络销售人员就应对风险进行计量,估计各种损失将发生的频率及这些损失的严重程度,以便于评价各种潜在损失的相对重要性,从而为拟订风险处理方案、进行风险管理决策做准备。网络销售风险计量主要包括以下工作。

(1)收集有助于估计未来损失的资料;

(2)整理、描述损失资料;

(3)运用概率统计工具进行分析、预测;

(4)了解估算方法的缺陷所在,通过减少它们的局限性来避免失误。

计量风险以确定网络销售风险事件发生的概率及其损失程度,是网络销售风险管理中最具挑战性的工作。损失的"不确定性"正是概率统计所研究的对象。根据有关数据建立概率分布,揭示损失发生频率及损失程度的统计规律,能够使网络销售人员更全面、更准确地计量风险并进行预测。

(三)网络销售风险管理决策

传统上,人们往往仅凭工作经验和主观判断来处理风险。随着风险的日益广泛和复杂,决策的科学性和合理性将直接影响风险管理活动的效果。不同的决策对风险的认识不同,决策的结果也有很大差异,因此,网络销售风险管理决策是整个网络销售风险管理的核心。在网络销售风险管理决策中决策者的损失期望值与效用值的确定是两个关键,也能体现出决策者的特点。

网络销售风险管理决策是指根据其目标和宗旨,在科学的风险识别、计量的基础上,合理地选择风险管理工具,从而制订出处置网络销售风险的方案的一系列活动,包括以下三个基本内容。

(1)信息决策过程。了解和识别网络销售各种风险的存在、风险的性质,估计风险的大小,也是对网络销售风险管理流程前面两个阶段的深化。

(2)风险处理方案的计划过程。针对某一具体的客观存在的网络销售风险,拟订若干风险处理方案。

(3)方案选择过程。根据决策的目标和原则,运用一定的决策手段选择某一个最佳处理方案或某几个风险方案的最佳组合。

(四)网络销售风险管理决策方案的执行

在网络销售风险管理决策做出后,能否达到预期的风险管理目标,取决于执行。执行成为实现决策目标最为重要的工作。相对于风险管理决策来说,风险管理决策方案的执行更具体、更复杂、更烦琐,有时甚至是长期、艰苦的劳动。

网络销售风险管理决策目标是要通过人、财、物、时间、信息等基本要素的管理和组织来实现的。执行对象、执行措施和执行结果等必须是现实的,只有从网络销售实际出发,按客观规律办事,并认真准备风险管理决策方案执行所涉及的所有环节,才能收到预期的效果。同时在风险管理决策方案执行中若遇到突发情况,应及时反馈,以便及时调整修订风险管理决策方案。

（五）网络销售风险管理后评价

网络销售风险管理后评价是指在对网络销售实施风险管理方案后的一段时间内（半年、一年或更长一些时间），由风险管理人员对相关部门及人员进行回访，考察评价实施网络销售风险管理方案后管理水平、经济效益的变化，并对网络销售风险管理全过程进行系统的、客观的分析的过程。通过风险管理活动实践的检查总结，评价风险管理问题的准确性，检查风险处理对策的针对性，分析风险管理结果的有效性；通过分析评价找出成败的原因，总结经验教训；通过及时有效的信息反馈，为未来风险管理决策和提高风险管理水平提出建议。

网络销售风险管理后评价应包括风险管理决策后评价、风险管理方案实施情况后评价、风险处理技术后评价、风险管理经济效益后评价、风险管理社会效益后评价等内容。网络销售风险管理后评价的主要评价方法有影响评价法、效益评价法、过程评价法、系统综合评价法等方法。

三、网络销售风险的类型及管理措施

（一）网络销售风险的类型

1. 信用风险

与传统销售模式相比，网络销售改变了商品交易过程中的物流和资金流的方式，物流与资金流不同步进行，势必会增加商家交易的风险。在中国，信用体系还不够健全，缺乏完备的信用法律体系和奖惩机制。人们的信用意识比较薄弱，具体的企业或个人的信用信息是封闭的，网上交易者无法查询别人的信用信息，各个部门都把这些当做商业秘密或者个人隐私加以保护，使得商家在不了解对方信用的情况下进行交易，大大增加了网络销售的风险。同时，网络社会的特殊环境也使得网络成员缺乏道德自律。此外，网络社会的管理方式也发生了巨大变化，外部监督机制乏力。网络购物中的信用问题已成为制约网络购物迅速发展的瓶颈。

2. 拒绝服务攻击

如果网络商家的竞争对手或黑客利用 DDOS 方式对其进行攻击，就会使得该网络商家的客户无法登录系统，影响正常交易。攻击者想办法让网络商家机器停止提供服务，是黑客常用的攻击手段之一。其实黑客对网络商家带宽进行的消耗性攻击只是拒绝服务攻击的一小部分，只要能够对网络商家造成麻烦，使网络商家的客户无法登录，交易无法正常开展等都属于拒绝服务攻击。拒绝服务攻击之所以能够不断地发展并且成为攻击者的终极手法，究其原因是网络协议本身的安全缺陷造成的。攻击者对网络商家进行拒绝服务攻击，实际上是实现两种效果：一是迫使服务器的缓冲区满，不接收新的请求；二是使用 IP 欺骗，迫使服务器把合法用户的连接复位，影响合法用户的连接。攻击者的最终目的就是让被攻击的网络商家的系统陷入瘫痪，无法开展网上的一切交易，给以沉重的经济打击。

3. 客户资料被窃取

恶意竞争对手通过不正当的手段，获取客户资料，不仅侵犯了这些客户的隐私权，更严重的是有可能将这部分客户从原商家抢走，从而影响该商家新产品的开发、业务的拓展、营销方案的实施及整体经济收益的提高。

4. 信息传输风险

（1）冒名偷窃。网络商家的竞争对手为了获取机密数据、资源和信息，采用源 IP 的方式进行攻击。

（2）篡改数据。黑客或是网络商家的竞争对手在未授权的情况下潜入系统，对订单或是客户资料等重要信息加以删除、修改，干扰网络商家的正常决策，影响其提货、发货等正常交易。

（3）信息丢失。因为网络传输线路或是信号的影响导致网络商家传输的信息丢失；如果网络商家自身的网络存在安全隐患，也会发生信息因被删除或窃取导致信息丢失；或是在不同 OS 或有版本差异的软件上转换信息亦会导致信息丢失。

5. 系统存在漏洞

我们硬件系统上应用的 OS 或应用软件在逻辑设计上或多或少存在一定的缺陷或错误，这些缺陷和错误很容易被不法者利用，通过网络植入木马、病毒等方式来攻击或控制整个电脑，窃取网络商家电脑中的重要资料和信息，甚至破坏对方的系统。有些黑客利用 Web 站点的漏洞选择在结账前修改 URL，就可以不花钱即可获得货物。这是因为在某些 Web 站点上，采购信息被保存在 URL 字符串自身中，其中包括商品的价格。结账时，Web 站点只通过 URL 中信息决定划走多少钱而并不去认定价格的正确性，这就给黑客一个可乘之机。这些网络上的漏洞如不及时发现并采取补救措施，同样会给网络商家造成严重的经济损失。

（二）网络销售风险管理的措施

1. 防火墙

商家可以通过建立防火墙，以此抵挡外界的侵袭，具体可以从三个方面展开。

首先是加强网络安全，可以通过创建一个阻塞点来实现所有的流量都通过这个点，一旦这些阻塞点清楚地建立，防火墙设备就可以监控、过滤和检查所有网络商家进出的流量。通过强制所有进出流量都通过这些阻塞点，网络商家可以集中在比较少的监控点来实现安全目的，也可以在防火墙上配置安全软件如口令、加密、身份认证等。各种安全措施的有机结合，对网络安全性能会起到加强作用。

其次，可以通过隔离不同网络以防止网络商家信息的泄露，企业秘密是大家普遍非常关心的问题，尤其竞争对手对这些信息更是虎视眈眈，一个内部网络中不引人注意的细节可能包含了有关安全的线索而引起黑客或是竞争对手的兴趣，甚至因此而暴露了内部网络的某些安全漏洞。通过隔离不同网络的方法可以阻塞有关内部网络中的 DNS 信息，使得主机的相关信息不会被外界所了解。

最后，可以有效地审计和记录内、外部网络上的活动。即保证所有的访问都经过防火墙，那么，防火墙就能记录下这些访问并进行日志记录，同时也能提供网络使用情况的统计数据，并提供网络是否受到监测和攻击的详细信息，可以为网络商家提供非常重要的安全管理信息。防火墙有包过滤型、双宿网关型、屏蔽主机型和屏蔽子网型等类型可供选择。

2. 入侵检测

入侵检测是指识别针对计算机或网络环境闯入或闯入的企图，通过安全日志或其他网络上可以获得的信息进行阻断。网络商家可以通过监视、异常行为模式的统计分析、操作系统的审计跟踪管理等方式实现入侵检测，防患于未然。

3. 身份识别

网络商家可以通过消费者所拥有的东西来证明对方的身份,如 IC 卡、USB Key、个人数字证书等,通过出示这个东西也可以确认对方的身份;也可通过可以提供比用户名/密码方式更强的用户认证,如动态口令、秘密问题回答、生物特征和客户端数字证书等。

4. 加密

网络商家为了保证重要信息的安全性,提高信息系统及数据的安全性和保密性,可以通过加密技术实现。与防火墙相比,数据加密与用户授权访问控制技术比较灵活。数据加密主要针对动态信息的保护。在对动态数据的主动攻击和被动攻击中,虽然对于主动攻击无法避免,但却可以有效地检测;而对于被动攻击,则可以避免。

数据加密技术就是通过对信息进行重新编码,从而隐藏信息内容,使非法用户无法获取信息的真实内容的一种技术手段。网络商家可以通过数据加密技术增强其商业机密、客户资料、重要数据等的安全可靠性,能够有效地防止重要资料的泄露。而商家在加密算法中有对称密钥和非对称密钥两种算法可供选择。

5. 加强网络销售中各环节的管理

网络销售的各环节也存在一定的风险,如消费者订单的处理、会员管理、客户反馈意见的处理等都会或多或少的存在漏洞或是失误的操作,商家应该建立专门的订单处理系统,安装客户管理系统等软件以减少错误的发生,提高工作效率,增加效益。

全国独家连锁集团 Club Med 动静结合的销售案例

Club Med——源于法国的全球度假连锁集团,敏锐地洞察到这一片蓝海市场,早于 1967 年就创办了带孩子度假的"迷你俱乐部",成为世界上第一个专为儿童而推出的一价全包假日服务,开创了全球亲子度假的先河。在庆祝"迷你俱乐部"成立 40 周年之际,Club Med 瞄准了东南亚的度假热潮,在亚太的亲子度假村举办"夏日家庭嘉年华",并选择了覆盖面广、快速便捷的网络媒体作为向庞大中国消费市场渗透的捷径。通过与网易的合作,双方共同打造了活动主题网站 http://clubmed.163.com/,运用动静结合的销售方式,吸引网民参与"夏日家庭嘉年华"活动,打开了进军中国亲子度假市场的大门。

动:参与销售引发链式传播

销售传播,可以说就是在适当的时候,将适当的信息以适当的方式传递给最需要它的人群。2007 年 5 月 11 日—6 月 29 日,Club Med 与网易联手发起"2007 夏日家庭嘉年华——网络摄影大赛",抢在暑期度假前先入为主,向潜在目标群体展开了参与销售。"一价全包的完美假期"是 Club Med 本次销售推广的重要理念。Club Med"迷你俱乐部"的度假产品精心照顾到全家度假中的每一处细节,倡导自由、舒适、健康、轻松和友善的度假观念,为游客提供了包括起居、美食、娱乐、健身等度假全过程的一条龙服务。各个年龄层的孩子都能得到专业的照顾,并能参加多姿多彩的文体活动,一家人共同享受亲子假期的欢乐时光。

一家三口免费飞往 Club Med 在普吉岛或巴厘岛的度假村欢度亲子假期,成为了本次

Club Med 网络摄影大赛的头等大奖,这也是对 Club Med"一价全包的完美假期"服务理念的阐释,吸引了众多网民跃跃欲试。在活动主题网站中,以 Club Med 特有的极限运动、度假胜地风景、人物为素材,制作了"找不同"、"空中飞人"等几款简单有趣的游戏。网民完成趣味游戏并回答 Club Med 亲子度假的相关问题后,就可以注册上传全家一起度假出游的照片。互动游戏和简单答题,使网民快乐参与的同时,增强了对度假胜地的好感和对 Club Med 服务产品的认知。"生命就像一颗巧克力,你永远不知道下一颗是什么味道。"那么,上传照片的过程中等待网民的又是什么呢?照片上传后,会自动生成一张以海边度假休闲画面为背景的电子贺卡,网民一家快乐出游的照片镶嵌其中。

Club Med 的 Logo 和广告语"一价全包的完美假期"也植入画面,与贺卡的海蓝背景融为一体,精美的贺卡给人无穷的美妙幻想。在贺卡旁边轻松填写朋友的 E-mail,即可与好友分享快乐的度假祝福。转发邮件后,网民会获得参与幸运抽奖的机会,有机会获得一家免费度假的大奖。通过为网友提供自制电子贺卡并发送给朋友分享的参与体验,Club Med 也获得了网友自发传播 Club Med 品牌理念的加倍回报。网友之间一传十、十传百,快速形成了链式传播。活动进行一星期,参与人数已经超过 5000 人,转发邮件数量则为 5 倍。

静:植入式销售渗透品牌理念

Club Med 网络摄影大赛还通过对活动主题网站页面,以及专业旅游电子杂志《易游人》内容的精心设计,对潜在目标消费群进行植入式销售。"好广告不只在传达信息,它能以信心和希望,穿透大众心灵。"活动主题网站的页面设计很好地实践了广告大师李奥贝纳的观点。网站以清新的海蓝为背景,画面到处洋溢着度假休闲的欢乐气氛,令人对未来充满了幻想和憧憬。别具一格的是,鼠标滑过精美的照片或相关栏目按钮时,指针会变成 Club Med 的 Logo 图案,时隐时现的 Logo 给人满眼的新鲜与惊喜。网站页面每一个细节的设计都投射着对 Club Med 理念的传递,将植入式广告做到极致。

《易游人》作为网易在国内门户网站中首家推出的专业旅游电子杂志,以精美的原创图片、轻松优美的语言文字等至美的视听体验为优势,一上线就迅速博得了大量读者的青睐。平均每期月独立访问者数量超过 70 万,并正以大于 10% 的速度增长。第 11 期《易游人》于 5 月底上线,通过电子杂志封面、目录来宣传 Club Med 的品牌和服务理念,并运用跨页广告吸引读者参加 Club Med 的网络摄影大赛,及其在亚太地区的"夏日家庭嘉年华"活动。《易游人》还专门策划了"海蓝假期"栏目,用多达 12 页图文并茂的篇幅,在读者中掀起有关海岛旅游话题的讨论热潮。读者在享受视觉盛宴的同时,在无形之中认知了 Club Med 的品牌文化与服务理念。短短十天,杂志页面的点击量就突破了 1 万次。

网易帮助 Club Med 成功地把参与销售和植入式组合应用,动静之间,Club Med 的品牌理念已然占据了消费者的心。

(资料来源:网易. 动静结合的创新网络营销 Innovative Met marketing, the Combination of Activity and Motionless——全球独家连锁集团 Club Med 与网易合作案例解析. 广告大观(综合版),2007(8))

分析与讨论

1. Club Med 动静结合的销售方式体现了网络销售的哪些特点?
2. 试分析 Club Med 动静结合的销售过程中,使用了哪些网络销售的方法?

 实务项目训练

为你所熟悉的公司做一个网络销售策划方案

一、训练目的

1. 通过这项实训活动，可以培养学生掌握并运用网络销售的方法和内容。
2. 可以培养学生创造性思维和综合运用所学知识的能力。
3. 提高学生综合学习能力并增强学生团队合作的精神。

二、训练要求

1. 把全班学生分为 4～5 个小组，每组 6～7 人，各组设一名组长。
2. 利用课余时间，各组收集所需资料及讨论策划方案。
3. 任课教师作为主持人，策划方案展示为 30～40 分钟。
4. 找 5 名学生评委进行评分。

三、训练步骤

1. 每组组长组织本组开头与总结性发言。
2. 每组派出一个代表向大家展示所策划公司的网络销售策划方案。
3. 其他组的成员对所展示组的策划方案自由提问，展示组成员答疑，时间为 5 分钟。
4. 规定时间限制，到展示策划方案结束时间，每组组长做 2 分钟总结。

四、总结与评估

1. 由教师找 5 名学生做评委，给每组打分，满分 100 分。
2. 每组分数加总后平均。
3. 由教师对每组的网络销售策划方案进行总结和综合点评。

 思考与练习

一、思考题

1. 简述网络销售渠道与传统销售渠道的区别与联系。
2. 网络销售的主要方法有哪些？
3. 简述网络营销的特征和优势。
4. 网络销售的流程是什么？
5. 如何进行网络销售人员的管理？
6. 如何规避网络销售的风险？

二、实训报告

通过学习本章知识，按照教学要求，写一份报告（例如，网络销售调查报告，网络销售风险分析报告，网络销售管理建议报告等）。

第十二章 销售诊断与控制

[学习目标]

学完本章,你应该达到:
1. 理解销售诊断与控制的基本内涵;
2. 了解销售诊断的工作步骤与内容;
3. 基本熟悉销售分析与评价的常用方法,能够分析企业销售情况,形成分析报告;
4. 掌握销售目标控制的各种控制方法,能够对本企业销售情况做出控制方案。

[导入案例]

诊断生奇效,滞销变热销

江西省宜黄县地处江西省中部偏东、抚州市南部。境内山峦秀丽、森林茂密,是全国唯一存有世界濒危动物华南虎种群的地方,也是目前世界上已发现的野生华南虎种群主要栖息地之一。

小竹笋是宜黄县的一大特产,因肉嫩味鲜,香脆爽口,营养丰富,备受人们喜爱。

为了占领城市市场,宜黄县Z食品厂开发出260g小包装小竹笋,确定市场零售价格为5.50元,并想借道大型超市进入城市居民餐桌。没想到,事与愿违——1个月下来,全部的营业额竟不抵超市进场费、上架费、条码费。

为了扭转市场被动局面,宜黄县Z食品厂委托国际经管联为其诊断。接受委托后,国际经管联资深经营管理咨询师深入市场进行调研,发现导致产品滞销的直接原因,是零售价格偏高——在同一超市,生产于江西省吉安市永丰县的上海某食品公司同样的同规格产品,其市场零售价格仅为5元,低于宜黄县Z食品厂的成本价格。

于是,国际经管联咨询师最后建议宜黄县Z食品厂将产品定位于来自虎啸山庄的天然绿色食品,并在超市相应位置悬挂醒目的"天然绿色食品,来自虎啸山庄"大红条幅展开营业推广活动。由于产品价值的提升,市场境况迅速转变,不但产品由滞销变热销,而且有效地避免了价格战的恶性竞争。

思考问题

1. 宜黄县Z食品厂小包装小竹笋是如何由滞销变热销的?
2. 通过本案例你得到哪些启发?[①]

销售诊断与控制是企业日常销售管理工作的重要组成部分,它能发现企业销售工作中

---

① 资料来源:国际经管联北京管理咨询中心案例库;本案例系作者亲历案例。

的动态情况与问题,并能及时采取有效措施引导企业销售工作按照既定的目标行进。

本章从销售诊断与控制概述、销售诊断工作步骤与内容、销售分析与评价、销售目标控制四个方面对销售诊断与控制作系统介绍。

第一节 销售诊断与控制概述

一、销售诊断概述

销售诊断,是指在企业目前的条件以及竞争环境下,通过全面的销售检查,发现目前所存在的销售问题,并找到解决方案的过程。

销售诊断借用的是医疗学说的一个名词,它非常形象地诠释了这一企业的经营管理活动。企业是人格化的组织,社会学中称之为"法人"。同"自然人"一样,"法人"也有自己的生命周期。销售诊断就好像给企业"看病"一样,要找出症结所在,对症下药,才能使企业"病体"恢复健康和正常。通过销售诊断,还可全面掌握销售的各个环节,快速找到其中的漏洞、错误以及解决方案。

市场遇到障碍与瓶颈,最需要的是销售诊断。

(1)市场销售诊断是由独立的、合格的个人或多数人在鉴别与调查关于市场运行过程中的政策、机构、程序和方法中所提供的一项服务工作,他们提出采取适当行动的建议,并协助执行这些建议。

(2)市场销售诊断是指调查企业的实际经营状态,诊断经营方面的问题,提出具体的改善建议或者在此基础上对改善建议的落实给予指导。

(3)市场销售诊断是由具有丰富经营管理知识和经验的专家,运用各种科学方法,找出市场运行存在的主要问题,进行定量或确有论据的定性分析,查明问题产生的原因,提出科学的改善方案,进而指导实施改善方案,谋求企业发展的一种改善企业经营的服务活动。

布艺连锁店诊断案例

雅赫布艺是青岛市的一家布艺连锁店,主要经营窗帘和室内布艺装饰用品,在青岛的连锁店有十几家,经营的产品主要是中高档产品。发展过程中,这个企业遇到了瓶颈——"品牌造不好,销量上不去"。

经过抽样问卷和面谈调查,诊断人员发现:

(1)雅赫想成为地区领导品牌,但是换了几届老总均未在消费者心中建立起知名品牌形象,并未成为消费者的首选布艺家装产品。

(2)产品销量增长缓慢,企业营销手段单一,很少运用营销组合来提升连锁店的销量,不会运用公关来提升品牌知名度。

这个企业的问题特殊于其他企业的情况在于:首先是该企业想做区域老大,但是品牌却并没有深入人心;其次是销量是区域领先的,但是销量却很难再有突破;再次是老总是一个有能力的女强人,但是公司缺少专业营销人员,市场部没有专门负责渠道开发、品牌塑造的团队。

针对此企业较特殊个案,诊断人员作诊断如下。

一、企业优势调查：雅赫布艺在青岛市场上竞争对手较少，且重视人才，重视管理，重视"以客户心理"为导向的营销战略，能够抓住有钱人"我不在乎钱，我在乎的是时间和品味"的心理。

二、劣势调查：雅赫布艺尚未建立自己的品牌，在青岛人眼里还未被视为第一选择或针对某一人群的特定产品；产品定位不够清楚，产品特色不明显，差异化竞争优势不明显。鉴于现今市场的无序性，只要抓住机会，合理地运用营销策略，霸占市场份额理所当然。

三、机遇调查：青岛布艺市场没有领头羊。青岛人喜欢浪漫，已婚人士追求品味，用于家具装饰的费用较高，在装饰上一部分人想花钱但不知道怎么花。

四、挑战调查：大的布艺品牌商想在青岛找加盟商，新的行业进入者虎视眈眈。

经分析研究，诊断人员提出如下具体方案：

一、将现有的产品归类，分成差异化鲜明的布艺家装套装。套装分成：(1) 高贵型，(2) 学识型，(3) 富有型，(4) 成功型，(5) 品味型，(6) 温馨型。

二、为客户提供个性方案。包括：房间科学配色，专门为别墅豪宅设计的布饰合理搭配方案，专业房间布置，家具合理摆放；人性化售前服务，免费咨询并开通400免费咨询服务电话、免费上门设计、免费送货上门、电话跟踪。

三、克服营销近视症：不但卖窗帘等家装布艺还卖家装方案和家居装饰，开发新产品——新产品必须是竞争者所没有的，如沙发套、挂花挂画、门帘、电视套、专门为小孩设计的泡沫地板、专门为女人设计的闺房装饰等。

四、宣传造势：鉴于企划运作资金有限，找大名气的代言人成本过高，不出名的代言人效果又不好，故搞一个中国青岛最成功人士评选活动。本次活动由雅赫布艺和青岛信息港合作，结果公布在网上。评选候选人员包括商业、政要、事业单位、优秀工人。并把此次活动冠名为"青岛雅赫最成功人士"评选。之后从中选出前三位最成功的人士给雅赫做代言人。

五、广告：在青岛人眼里最羡慕的人为雅赫打造品牌之时，迅速展开广告策略。选择的媒体有：青岛1台、半岛报纸、财经报纸。并设立路边广告牌，广告语为"传达您成功信念"，以此来传达雅赫是成功、高雅的象征。广告投放采取一波未平一波又起的策略，即广告投递按照全年分四个阶段爆炸式、持续式投放，每三个月一个阶段。

六、公关：为了更好地塑造品牌，公关活动自然也不能少。(1) 以现金的形式资助青岛大学和青岛海洋大学的"成功"大学生；(2) 为"成功"教师赠送家装布艺；(3) 为"成功"的母亲赠送家装布艺；(4) 为"最成功人士"赠送家装布艺，同时在报纸上进行软文宣传。

(资料来源：http://www.aliqq.com.cn/marketing/diagnosis/135803.html 有修改)

二、销售诊断工作原则

销售诊断如医生诊疗，诊断质量的高低将直接影响企业问题的解决。为此，在给出解决方案前诊断人员对企业的相关情况及问题必须了解。这就要求销售诊断人员需要一双"火眼金睛"，洞悉行业、企业之玄机。要做到这一点，诊断人员就必须做到"走得远、问得细、看得准、思得深"。

(一) 走得远

要下到企业市场一线，调查企业的营销渠道网络、销售终端，找到这些营销要素的问题。同时，了解目标消费者的特征，包括对消费者的识别特征、消费者的购买因素特征。

1. 销售诊断人员要走访经销商，进行调查

(1) 经销商软硬件实力。经销商实力的大小关乎企业及其产品在该经销商所管辖的区

域内影响力的强弱,同时,对经销商实力大小有了比较准确的把控后,对于后期制订解决方案就会有极大的参照意义。考察经销商软硬件实力,可以通过考察经销商库房面积的大小、库存量的多少、配送车辆多少、配送能力大小、业务人员的多少等,来获得评估其实力强弱的依据。

(2) 经销商行销意识的强弱。意识决定行动,现代市场竞争要求经销商要有较强的行销意识,表现在:① 对所辖区域市场状况的熟悉程度,包括所辖区域人口情况,人口构成,收入情况,哪些地区富裕,哪些贫困,市场规模的估算情况,哪些销售终端卖得好,哪些产品卖得好等;② 经销商对下线客户(如二批)的服务态度如何,包括送货的及时性、帮助下级经销商铺货等。

(3) 经销商的市场管理能力。① 区域覆盖能力,包括开发下线区域的下线经销商的能力、销售网络的开发建设;② 库房管理能力,不但包括库房进出有序、对进销存的把握,还包括库存产品的组合问题。

2. 销售诊断人员要走终端,了解终端及销售情况

(1) 终端与目标消费者的匹配度如何?

(2) 终端是否经常断货?补货情况怎样?

(3) 价格是否混乱?是否存在乱价的风险?

(4) 商品在终端的流通速度怎样(特别是食品,生产日期是否新近?)

(5) 终端的市场覆盖率怎样?覆盖程度高低?产品在终端的铺市率又怎样?

(6) 终端生动化布置如何?需要理货吗?

(7) 竞品在终端有哪些促销动作?

(8) 其他的市场机会,如是否存在特通渠道终端?等等,不一而足。

3. 销售诊断人员要了解消费者特征

在识别特征上,可以通过以下之一或多个描述:(1) 年龄及生命周期;(2) 区域;(3) 职业;(4) 收入;(5) 性别;(6) 心理;(7) 价值观;(8) 角色与地位;(9) 生活方式;(10) 受影响及参考对象等。在购买因素特征上,在受以上特征的影响下,对选择某个产品时的考虑因素,是以上识别特征的必然性结果,包括决定性因素、次要性因素。

(二) 问得细

对企业上至高层,下至基层员工进行访谈,最好以一对一式的访谈为主,看看企业上下对战略规划是否形成了比较一致的共识,包括企业 4P 状况和企业内部组织现状。

1. 营销环境与战略

(1) 企业产品所在行业、品类的发展历程和走向,本品牌在其中的成长情况。

(2) 企业和品牌已经拥有的强势资源有哪些?潜在资源又有哪些?

(3) 品牌的直接竞争对手是谁?他们的资源及战略如何?"前狼后虎"的竞争者又有哪些?他们的资源与战略又如何?

(4) 我们的整体战略是什么?实现这个战略目标的计划是怎样的?

这部分,我们需要考虑:① 本品牌定位;② 年度与中长期的整体发展战略;③ 最近几年营销目标及完成情况,制定这些目标的依据是什么?

2. 营销 4P 方面

(1) 产品:① 企业产品线的历史、现状是怎样的?② 在所有的产品中哪些是重要品种?为什么这样界定?这些重要品种我们对其有进行产品定位分析吗?有提炼产品概念、卖点吗?包装和品质如何?

(2) 价格：① 了解终端定价、各环节定价及定价的依据；② 直接竞品的定价情况是怎样的？③ 各环节对定价的反应怎样？有何差距？为什么会产生这样的差距？

(3) 通路：① 目前通路整体的结构及运作方式是怎样的？② 目前我们企业给予通路的政策是怎样的？③ 目前我们的通路遇到怎样的问题？④ 竞品在通路上执行的政策及所做的工作；⑤ 企业终端的整体覆盖情况是怎样的？终端分为哪几大类？各类终端的开发、建设、维护、激励等政策及运作方式如何？

(4) 推广：现行媒体投放策略、流程、依据是什么？促销活动的设计流程、执行方式是怎样的？

3. 内部营销环境的了解

(1) 营销组织架构。

(2) 效果评估系统。

(3) 销售培训系统：包括对业务员的培训，对导购员的培训。

(4) 流程管控系统（销售管理）：① 销售目标、计划、行动方案与控制方案的制订流程；② 销售任务下达、执行、监督、评估、反馈、调整的整个流程。

(三) 看得准

看得准指的是对企业真实硬件实力的把握。

1. 看企业的实力和规模

企业的实力决定了企业能够实行的营销模式；营销方案需要与企业的具体实力与规模相匹配。"大方案"、"大手笔"对企业的实力和规模要求是显而易见的，一旦企业实力满足不了，"大方案"、"大手笔"就执行不了；相反，如果企业的实力已有基础，而营销方案只是"小方案"、"小手笔"，那么就会浪费机会。总之一句话，营销方案对于企业来说，适合的才是最好的。

2. 看企业产能情况

很多企业的实际情况表现为：自己的产能一般不大，有相当一部分产能在别的工厂，特别是非主业产能。其实，很多时候，营销策划，尤其是"大方案"、"大手笔"的策划，会在短期内带来销量的猛增，包括大招商、大广告带来的需求猛增，一旦企业的产能跟不上，会错过大好时机不说，还会让之前的努力白费。对企业产能的了解方法，我们总结了以下两条：(1) 看生产线：生产线的新旧、生产线上工人操作熟练度，这些都会直接影响产能；(2) 看包装点：包装点能力大小直接反映了企业产能的大小。

(四) 思得深

通过"走得远"、"问得细"、"看得准"诊断后，就需要抓住企业存在的关键问题、短板，进而综合分析，从而得出方向性建议及营销方案，解决企业存在的关键问题和短板。这主要包括两个层面：

一是高瞻远瞩，站在老板需要的角度，给出企业发展方向和企业的机会点。

二是给予企业一个最可行、最直接的解决方案——我们该怎样做？是把企业所存在的问题逐一分析然后解决呢，还是找到总的方向，然后抓住关键问题，先解决关键问题？这个问题需要视具体企业及轻重缓急予以选择。

值得说明的是：火眼金睛的诊断不是闭门造车想出来的，而是深入市场调查研究出来的，靠的是80%的"腿"功外加120%的脑功。"走得远"、"问得细"、"看得准"成就了"火眼金睛"诊断高手，而"思得深"顺理成章会带来好的解决方案。

三、销售控制概述

销售部门的主要工作是计划、实施和控制营销活动。由于销售计划在实施过程中会发生许多意外的事件,销售部门必须对销售活动进行控制。销售控制是销售部门进行有效经营的基本保证。

从管理学的角度讲,控制是管理的一项重要职能之一。控制就是将计划的完成情况和计划目标进行对照,然后采取措施纠正计划执行中的偏差,以确保计划目标的实现。如果把管理者制订计划、实施计划和进行管理控制看做是一个周而复始的过程,那么,控制可以说是前一次循环的结束,又孕育着新循环的开始。

销售控制是将企业销售组织的各个管理部门或环节的活动约束在组织的经营方针、发展目标和计划要求的轨道上,为尽快实现企业的经营目标,取得销售活动的最佳效益,对各销售要素的运动态势及相互间的协调状况进行监督与考察、审核与评估、操纵与把握等一系列规范化约束行为的总和。销售控制是企业从事销售活动的必要条件,是企业销售组织的重要组成部分。

销售控制的本质在于对销售活动的操纵与把握,主要通过对销售活动的每一个行为和事件的测试来检验其是否与原定的计划、指令、原则相吻合;如果发生了偏差,就立即采取措施,如调整或修正原来的计划、指令或行动,以便更好地实现既定的销售目标和任务。

四、销售控制的作用

销售控制的作用,就是尽量使销售活动的每一个行为和事件与企业规划的市场目标保持一致。具体作用如下。

(一)销售控制可以使销售计划实施过程得到有效的必要的调整

从管理学的原理可知,计划是一个组织为实现一定目标而科学地预计和判定未来的行动方案。这种行动方案多少都带有许多不确定的因素,在具体的实施过程中难免会遇到各种意外事件的冲击而发生困难。如果在实施计划过程中,经常地运用某种手段检查计划的执行情况,确保计划在规定的时间内达到其预定的目标,就能有效保证组织目标的效能。销售控制正是这种手段之一。

(二)销售控制是提高销售组织工作效率的基础

销售控制在销售计划实施过程中,可以及早地发现问题,避免事故的发生,以及寻找更好更有效的管理方法和手段,充分控制潜力,提高销售工作的效率。例如,控制某种产品或地区市场的获利性,可使企业保持较高的获利水平;实施产品质量售后跟踪服务,可以避免顾客购买后产生不满情绪等。

(三)销售控制还有监督和激励作用

如对销售人员进行行为控制,可以检查销售人员的销售工作目标和任务完成的程序,预防问题的出现,及时解决销售障碍。同时,促使他们努力工作,追求卓越的工作业绩,并更符合销售目标任务的要求。

第二节 销售诊断工作步骤与内容

销售诊断是一项综合性工程,它涉及企业营销的方方面面、里里外外。诊断小组及其诊断人员在进行销售诊断的时候,应力争在最短的时间里使自己对所诊断企业的行业有比较深的了解。同时,努力保留着至关重要的第一印象,以使自己不至于陷得太深而失去旁观者的客观与冷静。

一、预备诊断阶段:查找问题

这个阶段,需要了解企业各种情况。值得注意的是,任何时候,诊断者都必须用自己的眼睛、耳朵和大脑来感知企业,同时用心去综合知觉。

1. 听取详细的企业情况介绍,整理分析数据资料。
(1) 工作目标:全方位了解企业的历史、现状以及未来发展方向。
(2) 工作方法:心无杂念聆听,挑灯夜战苦读,暴风骤雨讨论。
2. 亲临企业经营现场,按照营销流程,对企业进行有目的、有针对性的现场考察。
(1) 工作目标:捕捉到问题及其要害,为选定营销诊断课题提供依据。
(2) 工作方法:利用目标捉捕法和诊断中的"望"字诀。
3. 调查、了解员工的想法和意见。
(1) 工作目标:更全面地了解企业现行的经营状态和员工的思想动态。
(2) 工作方法:调查问卷、小组会、面对面访谈等。
4. 选定诊断课题、组成课题小组、制订主体诊断计划。
(1) 工作目标:确定本次诊断的纲和目、设立正式的诊断目标、选定诊断课题、制订正式的诊断计划。
(2) 纲的部分:根据企业的诊断项目和诊断目标的需要而设立,不一而足,一般我们按企业活动范围划分为:
① 企业的市场营销战略诊断;
② 企业的内部营销环境诊断;
③ 企业的市场营销组合诊断。
(3) 诊断计划:包括诊断课题的题目、诊断的目的、诊断人员的分工安排、协作项目诊断进度计划、预计的诊断效果。
(4) 预备诊断阶段与各级员工访谈时,有必要问以下四个问题,以进行诊断的开启——即借用SWOT分析法:

企业的优势有哪些?
企业的劣势有哪些?
企业的机会点在哪里?
企业的问题点在哪里?

利用SWOT(优势Strengths、劣势Weaknesses、机遇Opportunities、威胁Threats),不但可以看清企业进行营销的大小环境,理清企业的营销思路,修正计划,而且还能突出重点思维,让自己对工作的每一步都做到心中有数。

二、正式诊断阶段:深度访谈

正式诊断阶段是整个营销诊断中最为重要的环节,主要探察问题根源。通过预备阶段的工作和企业SWOT分析,企业的大致情况或者说一些表面的问题,基本上都已如冰山浮出水面。但是,这些问题是如何造成的?它的根源又在哪里呢?诊断者必须具有敏锐的思维和善于发现问题的眼光,随时发现和抓住一些关键问题,进行深度访谈。

深度访谈需要事先拟好访谈提纲,针对不同的访谈对象(企业决策层、营销各级主管、一二级批发商、终端销售人员),分别提出不同的问题。问题的内容应包括以下范围。

(一) 市场营销战略诊断

(1) 项目选择方面的访谈或行业市场分析:决策层如何看待企业在行业中所处地位?

(2) 市场营销观念、企业核心价值方面的访谈(对普通员工不一定提具体问题)。

(3) 营销战略规划访谈:营销各级主管是否了解企业营销总体目标、步骤以及相关决策?

(4) 营销目标访谈:目标是否明确、实际,是否以合理的营销组合目标为手段来规范市场行为?

(5) 目标市场访谈:是否了解地域目标市场及目标消费者的定位、认知、把握?

(6) 品牌战略访谈:如何看待企业的品牌形象定位、品牌形象规划、品牌形象推广?

(7) 通路建设访谈。

(二) 内部营销环境诊断

(1) 营销组织架构访谈:目前的组织架构是否站在客户的立场上考虑过?相关人员是否了解直接上司和直线下级的职责和权力范围等?

(2) 效果评估系统访谈:企业各级营销组织及其人员对现有评估制度是否了解或认可?

(3) 流程管控系统访谈:职工是否了解营销目标?主管是否定期检查销售队伍的效率与效果?

(4) 专业销售队伍和系统人员培训方面的访谈:是否了解竞争对手的队伍情况?是否对团队进行培训?

(5) 市场信息系统访谈:各级销售决策人做决策参考哪些依据?信息如何收集、信息反馈后处理效率(反应速度)如何?

(三) 市场营销组合与管理诊断

营销组合指的是营销基本要素的组合,开展市场营销组合与管理诊断时,主要针对以下七个方面进行访谈。

1. 产品(本部分访谈对象应包括生产主管)

(1) 产品品质:访谈对象如何看待产品品质与包装在同行中的水平?消费者是如何评价的(要拜访顾客)?

(2) 产品定位:企业是如何进行产品定位的?在产品概念方面,有无独特概念、给顾客带来什么利益、顾客如何认知这种概念?

(3) 产品线及其延伸:产品系列是什么样的体系?其中强势产品的地位是如何策划的?有无延伸的设想?

2. 价格(本部分访谈对象应包括财务主管)

(1) 定价:定价基于什么因素?是否了解各环节价格差?经销商或消费者的心理接受价位预计是多少?

(2) 价格政策的管理与控制:有无价格政策?利益相关者是否认同?如何进行控制与管理?价格异议程度多大?有否窜货、抬价与压价现象?这些现象是如何做的处理?

3. 通路(渠道)

(1) 通路建设与控制:有无通路政策?效果如何(要拜访经销商)?通路是怎样设定的?是经验、习惯还是战略考虑?经销商对下级经销商有哪些具体的支持?

(2) 通路促销:让采访对象以案例说明通路促销政策、效果如何(要拜访经销商)?未来1—2年的通路促销计划是如何制订的?

4. 广告策略

广告策略是如何制定的、有无投放(含资金)计划和媒体组合？有无效果测定与跟踪？

5. 促销

如何制订年度促销计划？对不同的消费者和通路的不同层面,采用了何种促销方法？效果如何测定？是否有专门的促销活动督导人员？促销活动的预算是如何计算的？

6. 公关

有无公关活动计划？在操作中如何提升或把握知名度与美誉度的关系？

7. 日常管理

各级销售目标是如何进行制定与落实的？销售费用是如何进行预算和控制的(要拜访财务主管)？对销售人员如何进行日常管理？销售人员是否认为他在上级监控之下(要拜访本人)？

总之,销售诊断就是这样一个庞大、系统的工程。利用以上调查框架,肯定能找到一系列问题,以分别设立研究课题。当然销售诊断不是就此进行罗列,而是必须经过综合分析,找出问题的根源所在。

三、发布结论阶段：撰写诊断报告

在取得大量诊断信息之后,要进行全面而系统的加工整理,进而进行综合分析。这是整个销售诊断过程中的核心部分,也是发布结论阶段的基础性工作。其质量好坏,直接决定了营销诊断的水平。

诊断信息的加工整理工作与各类调查研究活动之后的信息加工整理工作完全相同,与本章"第三节 销售分析与评价"所述的内容也类似,因此在此不作赘述。

把花费了大量时间调查、整理和分析的信息,以书面的形式、别人能接受的方式叙述出来,这就是一篇销售诊断报告。

通常情况下,销售诊断报告的读者仅限于企业小范围,集中在企业的决策层,他们有自己对本行业的理解与觉悟,他们需要报告能给企业带来切中要害的批判和警醒,并设立课题去研究企业销售管理如何去发展和变革。他们反对报告撰写者以自我为中心或自以为是,他们反感含糊与抽象,他们不屑连篇累牍地去读报告,因为他们其实也是专家。

报告定稿后,即要与诊断委托者沟通,尽早安排时间进行阐述。值得注意的是：千万不要把报告会开成演讲会或其他类型会议,最好不要安排与诊断内容无关的发言。

报告会后,一定要召开一系列的座谈会,广泛听取意见,以利于后续工作的进一步展开。

第三节 销售分析与评价

销售分析与评价是销售控制的主要手段,它是利用计划资料、核算资料、历史资料以及同行业资料等,结合调查研究,采用一定的方法,分析检查销售计划的完成情况和实际销售效果,其目的在于控制销售业务的开展,保证销售活动正常有序地进行,从而提高销售效率。

一、销售分析与评价的步骤与作用

(一)销售分析与评价的步骤

销售分析与评价作为销售工作的重要一环,要有组织、有秩序地进行,因此应遵循一定的程序。具体来说,一般有以下几个步骤：

(1) 制订销售分析与评价的计划；

(2) 收集分析与评价所需要的资料；

(3) 整理、分析、研究资料;
(4) 做出销售分析与评价结论;
(5) 编写销售分析与评价报告。

(二) 销售分析与评价的作用

销售分析与评价报告是销售人员向销售主管部门及有关领导汇报分析与评价情况的书面资料。

销售分析与评价的作用,主要表现在:
(1) 通过销售分析与评价,有利于企业经营管理水平的提高;
(2) 通过销售分析与评价,有利于目标管理的推行;
(3) 通过销售分析与评价,有利于目标利润的实现;
(4) 通过销售分析与评价,有利于促进销售人员的成长。

二、销售活动分析的方法

销售分析与评价的方法很多,这里仅选择几种常用的分析方法来进行说明。

(一) 绝对分析法

绝对分析法是通过销售指标绝对数值的对比确定数量差异的一种方法,它是应用最广泛的一种方法,其作用在于揭示客观存在的差距,发现值得研究的问题,为进一步分析原因指明方向。

依据分析的不同要求,主要可作三种比较分析。

1. 与计划资料对比,可以找出实际与计划的差异,说明计划完成的情况,为进一步分析指明方向。如计划 2010 年 5 月完成销售额 60 万元,实际完成了 80 万元,这就说明了实际情况好于计划水平。

2. 与前期资料对比,如与上月、上季、上年同期对比可反映销售活动的发展动态,考察销售活动的进展情况。如 2010 年 5 月实际完成销售额 80 万元,而 4 月实际完成销售额 55 万元,这就说明了本月情况好于上个月的情况。

3. 与先进资料对比,可以找出同先进水平的差距,有利于吸收和推广先进经验,挖掘潜力,提高工作效率和利润水平。

(二) 相对分析法

相对分析法是指通过计算、对比销售指标比率,确定相对数差异的一种分析方法。依据分析的不同目的要求,可计算出各种不同的比率进行对比。

1. 相关比率分析

相关比率分析是将两个性质不同而又相关的指标数值相比,求出比率,从销售活动的客观联系中进行分析研究,其计算公式为:

$$相关比率 = \frac{某一指标数值}{另一性质不同而有联系的指标数值} \times 100\%$$

比如,将纯利润与企业全部投资相比,求出投资收益率;将销售费用与销售收入额相比,求出销售费用率等。然后利用这些经济指标再进行对比分析。

2. 构成比率分析

构成比率分析是计算某项销售指标占总体的比重,分析其构成比率的变化,掌握该项销售指标的变化情况,其计算公式为:

$$构成比率 = \frac{总体部分数值}{总体全部数值} \times 100\%$$

如将某一种产品的销售额与企业总的销售额相比,求出它的构成比率,然后将它的前期构成比率和其他产品构成比率相对比,能发现它的变化情况和变化趋势。

3. 动态比率分析

动态比率分析是将某项销售指标不同时期的数值相比,求出比率,以观察其动态变化过程和增减变化的速度。由于采用的基期数值不一样,计算出的动态比率有两种,即定基动态比率和环比动态比率。

定基动态比率是指某一时期的数值固定为基期数值计算的动态比率,其计算公式为:

$$定基动态比率 = \frac{比较期数值}{固定基期数值} \times 100\%$$

环比动态比率是指以每一比较期的前期数值为基期数值计算的动态比率,其计算公式为:

$$环比动态比率 = \frac{比较期数值}{前期数值} \times 100\%$$

(三)因素替代法

因素替代法是指通过逐个替代因素,计算几个相互联系的因素对经济指标变动影响程度的一种分析方法。

在运用因素替代法时要保持严格的因素替代顺序,不能随意改变。分析前必须研究各因素的相互依存关系。一般来说,有实物量指标和货币量指标,应先替换实物量指标,后替换货币量指标,因为实物量指标的增减变化一般不会改变货币量指标的变化。就数量指标和质量指标而言,应先替换数量指标,后替换质量指标。这是因为数量指标的增减变化,在其他条件不变的情况下,一般不会改变质量指标的变化。如果同类指标又有各种因素,则应分清主要和次要的因素,依据其依存关系确定替代顺序。这样有利于分清各个因素对销售指标变动的影响程度,判断有关方面的经济责任,公正评价销售管理部门的工作。

下面举例说明因素替代法的应用:

假定某销售部门某月计划以单价 1 元的价格销售某种小商品 4000 件,销售额为 4000 元。到了月末,只以单价 0.8 元售出 3000 件,销售额为 2400 元,销售实绩与计划差额为 1600 元,完成了计划的 60%。那么,销售实绩的差额有多少是由于降价引起的?有多少是由于销售量下降而引起的?运用因素替代法分析计算如表 12-1 所示。

表 12-1 某销售部门因素替代分析表

计算顺序	替换因素	影响因素		销售额(元)	与前一次计算差异(元)	各因素的影响程度(%)
		销售(件)	单价(元)			
计划数	—	4000	1	4000	—	
第一次替代	销量	3000	1	3000	-1000	62.5
第二次替代	单价	3000	0.8	2400	-600	37.5
合计					-1600	100

由表 12-1 可见,销售额的下降有 62.5% 是由销售量的目标没有达到造成的,有 37.5% 是由于降价引起的。

（四）本、量、利分析法

本、量、利分析法是对成本、销量、利润之间相互关系进行分析的一种简称，也称 CVP 分析（Cost-Volume-Profit Analysis）。

盈亏临界点的确定是本、量、利分析中非常重要的内容。盈亏临界点指利润为零时的销售量或销售额；盈亏临界点的分析就是根据成本、销售收入、利润等因素之间的函数关系，预测企业在怎样的情况下达到不盈不亏的状态。

运用本、量、利分析法，首先测算保本点即盈亏临界点，然后在此基础上进行分析。如果销售量大于盈亏临界点就能获得一定的利润，如果销售量小于盈亏临界点就发生亏损。

盈亏临界点分析是以成本形态分析和变动成本法为基础的，在变动成本法下，利润的计算被描述为如下公式：

$$利润＝销售收入－变动成本－固定成本$$

盈亏临界点就是利润为零的销售量，即：

$$销售收入额＝盈亏临界点的变动成本总额＋固定成本$$

或

$$销售量×单价＝销售量×单位变动成本＋固定成本$$

这就是盈亏临界点的基本计算模型。

公式可以演变为：

$$盈亏临界点销量＝\frac{固定成本}{单价－变动成本}$$

假设：

Q_0——表示盈亏临界点销售量；
SP——表示单位产品价格；
VC——表示单位商品变动成本；
FC——表示固定成本总额。

则盈亏临界点的计算模型可以表示为：

$$Q_0 \times SP = Q_0 \times VC + FC$$

整理得：

$$Q_0 = \frac{FC}{SP - VC}$$

例如，某企业生产和销售某种产品，该产品的单价为每件 50 元，单位变动成本为 30 元，固定成本总额为 50 000 元。根据量、本、利分析法，可计算出盈亏临界点的销售量：

$$Q_0 = \frac{FC}{SP - VC} = \frac{50\,000}{50 - 30} = 2500（件）$$

当企业的销售量超出盈亏临界点时，可以实现利润。盈亏临界点分析是在假定企业的利润为零的经营状况下来研究问题的。企业的目标当然不是利润为零，而是尽可能多地超越盈亏临界点而实现利润。所以，实现利润是盈亏临界点分析的延伸和拓展。为了便于分析和预测目标利润，需建立实现目标利润的计算模型。

假设：

Q_t——实现目标利润的销售量；
SP——单位产品价格；
VC——单位商品变动成本；

FC—固定成本总额；
P_t—目标利润。
则有：

$$实现目标利润的销售量 = \frac{目标利润 + 固定成本}{单价 - 单位变动成本}$$

即：

$$Q_t = \frac{P_t + FC}{SP - VC}$$

例如，某企业生产和销售某种产品，该产品的单价为每件 50 元，单位变动成本为 25 元，固定成本总额为 50 000 元，目标利润定为 40 000 元。可计算出实现目标利润的销售量：

$$Q_t = \frac{P_t + FC}{SP - VC} = \frac{40\,000 + 50\,000}{50 - 25} = 3600(件)$$

这就是说实现目标利润要完成 3600 件该产品销售。

单位售价变动对目标利润的影响也是比较直接的。假设上例中的产品单价由 50 元下降到 45 元，其他条件不变，则可实现利润 22 000 元（即 $3600 \times (45 - 25) - 50\,000 = 22\,000$），即比目标利润少 18 000 元。此时实现目标利润的销售量应为：

$$实现目标利润的销售量 = \frac{40\,000 + 50\,000}{45 - 25} = 4500(件)$$

如果销售量可以超过预计的 3600 件而达到 4500 件，则目标利润尚能实现，否则就无法实现。

以上是几种常用的分析方法，企业及诊断者应根据自己的具体情况选择不同的分析方法。

三、销售分析与评价的指标

一般来说，管理人员可从销售业绩、市场占有率、赢利能力、顾客满意程度等指标来分析与目标的差异，并进一步分析造成差距的原因，从而提高销售管理的水平。

（一）销售业绩的分析与评价

销售业绩的分析与评价可分为以下几个方面。

1. 总销售额的分析与评价

总销售额是企业所有地区、所有产品、所有客户销售额的总和。这一数据可以表现出一个企业的整体运营情况。总销售额分析与评价用于全面分析公司的销售业绩。

2. 按区域分类的销售分析与评价

进行区域销售量评估可遵循如下四个步骤：

(1) 确定每个区域的市场指数；

(2) 用市场指数乘以企业的销售目标就得到各个销售区域的销售目标；

(3) 明确每个销售区域在分析时期内的实际销售额或销售量指标，这些数据可以从销售报表中获得；

(4) 用实际销售额除以销售目标得到各销售区域的偏差程度。

下面举例进行说明，如表 12-2 所示。

表 12-2　某公司某年按区域核算的销售额

地区	市场指数（%）	销售目标（万元）	实际销售（万元）	业绩完成率（%）	销售额偏差（万元）
A	17	300	340	113	＋40
B	24	420	500	119	＋80
C	15	280	200	7.1	－80
D	21	390	320	82	－7.0
E	23	440	480	109	＋40
合计	100	1830	1840		

从表 12-2 可以看出，五个地区的总销售额是 1840 万元，计划销售目标是 1830 万元，所以企业的计划目标已经超额完成。但是，五个地区的实际完成情况却与计划出现了较大的偏差。其中，A 区、B 区、E 区超额完成了计划目标，而 C 区、D 区销售业绩不理想，没有达到预计目标。所以，该企业的销售管理人员应了解 A 区、B 区、E 区成功的经验，分析其成功的经验是否适合改善 C 区、D 区的情况。

3．按产品分类的销售额分析与评价

举例说明，如表 12-3 所示。

表 12-3　某公司某年产品销售目标分析表

产品	目标销售额(万元)	实际销售额(万元)	偏差(万元)
A	170	216	＋46
B	100	45	－55
C	80	76	－4
D	40	42	＋2
合计	390	379	－11

从表 12-3 可以看出，该企业的销售偏差为－11 万元，也就是比计划销售目标低 11 万元。通过表中的数据反映，销售额不达标是由 B 产品和 C 产品造成的，尤其是 B 产品，它是降低销售业绩的主要产品，所以销售管理人员应该看到这个产品的销售不足，改进销售工作。至于是否要放弃该产品的经营，需要销售管理人员结合其他方面更多地进行分析。

（二）市场占有率的分析与评价

所谓市场占有率，是指在一定时期内，企业产品在市场上的销售量或销售额占同类产品的销售总量或销售总额的比重。市场占有率可以揭示企业的竞争实力，反映企业在市场的地位和业绩。

然而，这一指标却不能反映与竞争对手的对比情况，因此，我们可运用相对市场占有率表明企业市场竞争地位的高低和竞争力的强弱，其计算公式为：

$$市场占有率 = \frac{本企业某产品在该市场的销售量}{该市场该产品的销售总量} \times 100\%$$

$$相对市场占有率 = \frac{本期本企业市场占有率}{本期主要竞争对手的市场占有率} \times 100\%$$

当所处行业有多家竞争对手时，企业的相对市场占有率在 100% 以上，则具有较强竞争能力；相对市场占有率在 65%—100%，企业具有一定的优势；如果企业的相对市场占有率在

65%以下,则要谨防被对手击败。

(三)赢利能力分析与评价

一般来说,企业的赢利能力可用一个综合性指标——资产净利率表示。资产净利率又可分解为销售净利率和资产周转率。

1. 资产净利率

资产净利率是指企业得到的净利润与平均资产总额的百分比。其中,净利润指的是税后利润,即企业的全部收入扣除所有的成本费用后可用于分配的利润;平均资产总额是指企业本年度或月度一开始时拥有的资产数与一个营业期间结束时企业所拥有的资产数的平均数。

资产净利率指标的计算意义在于将企业一定营业时期获得的净利润与企业的全部资产相比较,来了解企业资产的利用效率。

2. 销售净利率

销售净利率是指净利润与销售收入的百分比。用公式表示为:

$$销售净利率 = \frac{净利润}{销售收入} \times 100\%$$

这个指标反映的是,当一个企业实现100元钱的销售收入时可以为企业带来多少钱的净利润,从而体现了销售收入的收益水平。

3. 资产周转率

(1) 总资产周转率

总资产周转率指的是销售收入与平均资产总额的比值。这个指标又可称为总资产周转次数,表示总资产在1年内可以周转的次数。

$$总资产周转率 = \frac{销售收入}{平均资产总额} \times 100\%$$

$$平均资产总额 = \frac{期初资产总额 + 期末资产总额}{2} \times 100\%$$

(2) 流动资产周转率

流动资产周转率是指销售收入与全部流动资产的平均余额的比值,这个指标也称为流动资产周转次数。

$$流动资产周转率 = \frac{销售收入}{平均流动资产} \times 100\%$$

$$平均流动资产 = \frac{期初流动资产 + 期末流动资产}{2} \times 100\%$$

(四)顾客满意分析与评价

许多企业除了上述因素的控制分析外,也定期检查顾客对公司产品与服务的满意程度。

企业可以借助调查问卷、电话访谈等对顾客满意度进行调查。比如,根据企业的规模确定问卷发放量,以重要性为权重计算出满意度综合得分。此外,也可以每月进行电话访问,调查顾客对公司的态度。如果调查结果对公司产品或服务满意的比率下降,意见增加,就有可能表示不久之后企业的销售额将下降,企业就应当及早采取纠正措施,以提高顾客对企业的满意程度。

四、销售活动分析报告

销售活动分析报告是企业根据销售活动的各项计划指标、销售活动开展情况的各种统计资料、会计核算资料以及调查研究所掌握的情况,对本企业的销售活动状况进行分析评价而写出的书面报告。

（一）销售活动分析报告的作用

销售活动分析报告对于实际工作的作用主要有以下三个方面：

(1) 促进销售计划的完成；

(2) 为提高经济效益服务；

(3) 为制订新的销售计划提供依据。

（二）销售活动分析报告的特点

(1) 专业性。

(2) 定期性。

(3) 注重数量描述。

（三）销售活动分析报告的结构与写法

1. 标题

一般要写明分析的单位、分析的时限和分析的内容,最后加上"分析"或"分析报告"等字样,如"2011年某地区灯具销售情况分析"。有时,也可省略分析单位和分析时限,突出分析报告的主要内容。

2. 正文

正文一般包括销售活动情况概述、销售活动状况分析和改进工作的意见三方面内容。

3. 署名和填写日期

正文完了,在正文右下方写上作者（单位或个人）的姓名（名称）,然后填上日期。

第四节　销售目标控制

销售管理的控制作为销售实践的重要方法,可以帮助企业正确认识各项销售活动内在的联系,明确影响销售活动的各种原因,找出销售活动中存在的关键问题。这就为销售措施的改进和新的销售战略的制定提供了科学依据。在销售战略的实施过程中进行销售分析与评估,既可以监督、检查战略的实施情况,又能考察销售战略是否符合实际和有效。

一、目标管理（Management by Object, MBO）

"假如不知道何去何从,那么你走哪一条路都无所谓；假如目标已定,那么你所迈出的每一步都意味着靠近或远离。"制定目标有助于我们更加明智地工作,有助于我们集中精力掌控目标市场主导权。

（一）目标管理的优点

没有目标就像一个没有方向或没有目的的旅程,人们没有办法为这个旅程做充分准备,也不知道将会走到哪里。企业有了销售目标,就可以根据这一目标投入市场开发费用,组织销售队伍,制定相应的销售策略。除此之外,目标管理还有以下优点：

(1) 通过制定有挑战性的目标来提高销售人员积极性和绩效；

(2) 可以作为销售人员绩效考核的客观依据；

(3) 将每个销售人员的工作与公司的整体发展目标联系起来；

(4) 在整个企业系统内制定目标,明确对每个员工的要求,有助于促进计划与协调；

(5) 使员工明确了解企业对他们的要求。

由此可见,制定销售目标对于企业销售管理十分重要。目前,国内外各企业都在大力推行目标管理这一行之有效的管理手段,然而目标如何制定、如何管理不是每个企业或部门都能有效使用的。

企业发展需要目标,正确的目标可促进企业发展。然而有了一个错误的目标,将会比没有目标对企业的危害还要大。目标过高,生产过剩,职员过多,市场投入过大,销售人员及管理人员因为明知指标不能完成而采取放弃态度,使投入与产出失控;目标过低,生产能力设计不足,市场投入过小,销售人员的压力不够,本应占领的市场却没有占领,给竞争对手有充足的时间抢占市场,这样尽管容易完成销售指标却失去了大部分的市场份额,后患无穷。

(二)销售目标管理的步骤

销售目标管理工作的步骤根据具体任务和情形详略不同,有所差异,但大体有以下七步。

第一步,制定目标。

制定一个合适的目标是十分重要的,公司要制定公司的总目标,各地区及部门要制定各地区及部门的目标。每个销售人员也要制定个人目标,要有长线目标、中线目标及短线目标,目标可以分每年、每季、每月、每周、每天制定,甚至业务拜访中的每次拜访都最好能够制定目标。

第二步,明确关键性成果。

制定目标之后,企业应当确立执行标准或关键性成果,以便把握达标的进度。

关键性成果将为企业或部门提供衡量达标进度的客观尺度。譬如,销售人员要想成为全公司5%的顶尖销售人员中的优胜者,则必须每个月售出价值50万人民币的产品。明智的做法是把关键性成果建立在具体销售活动的基础之上。比方说,销售人员可以把某一项关键性成果设定为每月成交的新客户量,或者设定为挖掘新客户所花费的时间。

第三步,评估优劣势。

一旦制定了目标和关键性成果,就着手分析自身优势和劣势,以便明确是否具备了达标所需的全部资源,包括时间、人力和资金。

例如,某公司的销售目标是占领25%的市场份额,那么或许就有必要在广告或其他促销方式上投资,以便创建客户对于产品的购买需求。假如,企业拥有广泛的客户基础,但竞争对手的新产品却在价格方面更具优势,那么或许就有必要提供额外的服务,以便保住市场份额。

第四步,确立行动方针。

销售经理和销售人员都应当提出一项如何达标的行动计划。要创立有效的行动计划,关键还在于评析所参加的每一项活动,并且优先考虑那些希望集中精力,以帮助实现关键性成果活动。

譬如,某一项关键性成果是要在每个月成交两家新客户,那么就必须规划出一部分销售时间,以便挖掘新的客户。当准备行动计划的时候,要决定每周花多少时间展开电话销售攻势。

重要的是,销售人员必须识别和优化那些将为达标提供最佳机会的营销活动。

第五步,资源分配。

整理好行动计划之后,还必须分配好要使用的资源。在绝大多数情形下,资源包括时间、差旅费预算以及能够用来帮助完成商业目标的任何公司资源。资源贫乏之际,正是发挥创造力之时。

第六步,确立达标期限。

对所计划的每一项活动都要确立达标期限,这不仅提供了考验是否确信能在某个具体日期之前实现关键性成果的机会,而且提供了评估不同任务之间相对优先顺序的机会。

制定目标和行动计划,既提供了从思想上重视夺标的机会,也是对承诺达标的一种确认。

此外,制订行动计划还有助于和别人交流计划内容,有助于把注意力始终集中在那些对于达标最为重要的活动上面。

第七步,监督结果。

销售管理人员每个月都要和销售人员进行两三次面谈。目的在于审核销售人员的目标,并讨论任何有可能影响目标实现的关键性成果的问题。

当这些影响达标的问题超出了销售人员的控制范围时,销售经理应该调整目标,或修改实现关键性成果的预定期限。

第八步,落实奖赏。

落实奖赏将激励销售人员实现自己的目标。一般销售人员的奖金和加薪是建立在达标的基础上,而达标则是他们向单位承诺兑现的任务。少有人会不受到金钱刺激的影响,这种影响所带来的感受将激励销售人员全力以赴地工作。

目标管理的九个步骤

一、制定目标——每月出售50万元的产品,成为公司的优胜者。

二、明确关键性成果——每月成交两笔。

三、评估优劣势——虽拥有可靠的安装基础,但竞争对手的新产品价格更具有优势。

四、确立行动方针——采取电话销售攻势,以挖掘新客户;并成立一个"用户群,"以帮助自己调整销售时间。

五、规划资源——把80%的销售时间用于现有客户,20%的时间用于开拓新业务。

六、确立达标期限——8月1日之前实现销售目标。

七、编制计划——已经编制好计划,并且做好销售活动的时间安排。

八、监督结果——与销售经理每周一次面谈进展程度。

九、落实奖赏——一旦成为优胜者,就带家人外出旅行一周。

总之,能够制定并遵循目标的企业及其人员在工作方面更具效率,也更为成功。除此之外,他们还往往比那些得过且过的企业及其人员表现得更积极、更乐观、更热情。

二、目标控制

营销目标控制不是一个简单的过程,总结现实市场做法,可以归纳出四种不同的营销控制方法。

(一)年度计划控制

年度计划控制是高层管理人员与中层管理人员为了检查计划目标是否实现而使用的。

方法：销售分析；市场份额分析；财务分析；顾客态度分析。

（二）盈利率控制

盈利率控制常用于销售人员与财务人员为了检查公司在哪些地方赚钱，哪些地方亏损。

方法：产品、地区、顾客群、销售渠道、订单大小等盈利情况分析。

（三）效率控制

效率控制常被职能管理部门、销售部门、会计人员用于评价和提高经费开支率以及营销开支的效果。

方法：销售队伍、广告、促销和分配等效率分析。

（四）战略控制

战略控制主要用于高层管理人员、营销审计人员检查公司是否在市场、产品和渠道等方面正在寻求最佳机会。

方法：营销有效评价手段分析、营销审计。

总之，市场竞争异常激烈，各企业应该增强营销管理技能，使企业在日趋激烈的市场竞争中站稳脚跟，飞速发展。

两太阳能企业销售中的目标管理

R太阳能公司在2010年年初有一新产品上市，是一个在国际上较领先的产品，全公司上下都信心十足地定下"2011销售年度完成6000万元的销售目标"。而到2011年12月31日才完成了不到600万元，且回款仅200万元，然而市场开发费用却以6000万元销售目标投入。目标与现实、投入与产出反差巨大。

H太阳能公司在2010年年初也有一个新产品上市，年初定下600万元的销售指标，年底却完成900万元。尽管全公司上下对大大超额完成任务感到异常兴奋、欢欣鼓舞。然而从销售管理角度来看，这并非是一个让人值得高兴的事，我们看到同样目标与现实差距也是如此之大。

通过R、H两家太阳能企业的情况可以看出：R太阳能公司肯定失落感十足；H太阳能公司显然欣喜若狂。然而从另一个角度来看，H太阳能公司与R太阳能公司一样没有成功，因为他们在销售目标订立与管理上是一样失败的。我们可以看到国际上的大公司及国内的成功企业目标制定与实际差距一般不会超过10%。

（资料来源：国际经管联北京管理咨询中心案例库；本案例系作者亲历案例）

W乳品公司的营销诊断

一、W公司营销现状

W乳品公司于2011年2月筹建，同年6月试产销四大类25个品种与规格的液态奶产品：塑袋系列有11个品种与规格，产品线较长，以含乳饮料为主；屋型纸盒系列有4个品种

7种规格,产品线较短,主要包括纯鲜牛奶与乳酸菌饮品;塑杯与塑瓶产品作为补充产品线不再赘述。

该企业销售范围在本省市场分两大市场区域:省城市场与省内外埠市场。省城市场的销售额占55%,其中奶站、学校市场等通路占据25.5%,商超通路占据29.5%。产品进A类店11家、B类店(包括小型连锁门店)90家、C类店23家,设立12家奶站,发展了1000余户的送奶家庭,开发了部分学校、酒店通路。外埠市场的销售额占45%,已发展8个地级市与40个县级市的经销商,地市级覆盖率达到80%,县市级达到46.5%。经销模式均为总经销制。地、县两级经销商发展的网络重点是直营的送奶到户,销售比重分别占据各自的70%与90%。另一渠道为酒店,无商超渠道,社区零售渠道也非常薄弱。2011年6—12月销售走势除11月略有下降外,销售额逐月增长,月均增长幅度在80%左右,但从10月份起增长明显减缓。W公司运作半年来实现各类产品销售额230万元,其中91.8%的销售额来自塑袋与屋型纸盒系列产品,与最初制定的2011年销售额指标相比完成率仅为34.1%,差距甚大。迄今为止,每月亏损额在20万—30万元之间。

二、市场环境

W公司地处内陆省会城市,该城市居民约250万,居民平均月工资1500~2000元。全省人均年乳品消费量在国内处于偏低水平,省会市场具有代表性乳品消费正处在低级与不成熟阶段,消费者将奶与奶饮料混为一谈,市场主导品种为含乳饮料,纯鲜牛奶消费比重低,低档的塑袋产品比例大,中高档的屋型纸盒产品比例低,产品小规格多于大规格,订奶消费群体不稳定,随机性购买比例高,重度和中度消费群比重较低,对产品价格敏感,关注产品味道超过牛奶本身的营养价值。

乳品销售渠道方面,巴氏塑袋牛奶的主力渠道是当地的早餐摊点,星罗棋布随处可见,构成了一个覆盖面相当广泛的网络体系,约70%的塑袋含乳饮料及纯鲜牛奶通过它销售。单纯开展塑袋牛奶订取业务的奶站数量很少,送奶上门的直营通路也刚刚起步,销量占比不大。塑袋系列产品的另一主要通路是中专、大学的学生食堂。

屋型纸盒牛奶的主销渠道是大型超市,也有一些企业在食品店,自选商店等投放冷柜来拓展屋型纸盒牛奶的销售通路。

在省会城市,传统的中小型百货店、食品店、自选店以及杂货店仍是主流,因此中高档冷链乳品面临两大问题:一是可利用的商业销售冷链资源少,众多品牌对商业冷链的争夺成为焦点,产品能否放进冷柜、能否抢占更佳更大的陈列位置在很大程度上决定了产品的竞争力;二是产品的定价与促销配合如何适应大型超市的价格取向与运作模式,从而使产品更具竞争力。

(资料来源:国际经管联北京管理咨询中心案例库)

1. 分析W乳品公司的营销问题。
2. 修正W乳品公司的营销优势与机会点。
3. 讨论W乳品公司的新营销实施方案。

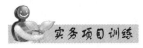

考察并诊断实际企业销售活动

一、训练目的

1. 联系实际深入理解销售诊断各相关理论内容；
2. 掌握销售诊断的操作技能。

二、训练要求

1. 以 5~10 人为一组，各组设一名组长。
2. 利用课余时间，各组分别自行就近选择一家企业开展市场调查并提交书面诊断报告。
3. 任课教师作为主持人，主持实际企业销售诊断报告会。
4. 找 5 名学生评委进行评分。

三、训练步骤

1. 分组并选定组长。
2. 任课教师布置任务并明确提出任务要点。
3. 每组组长组织开展市场调查并提交书面诊断报告。
4. 规定时间内每组先介绍所调查企业的相关情况，然后撰写诊断报告。
5. 评比总结。

四、总结与评估

1. 由教师找 5 名学生做评委，给每组打分，满分 100 分。
2. 教师做总结评价。

1. 什么销售诊断？什么是销售控制？
2. 销售诊断工作步骤及其对应内容有哪些？
3. 销售分析法的绝对分析法有哪几种常用方法？
4. 销售目标管理的步骤有哪些？

参 考 文 献

[1] 万晓,左莉,李卫.销售管理[M].清华大学出版社,北京交通大学出版社,2009.
[2] 熊银解.销售管理[M].北京:高等教育出版社,2002.
[3] 苏朝晖.客户关系的建立与维护[M].北京:清华大学出版社.
[4] 李先国.销售管理(第二版)[M].北京:中国人民大学出版社,2009.
[5] 绳鹏.销售行为学[M].北京:清华大学出版社,2005.
[6] 〔英〕加文·肯尼迪.万事皆可谈判(第三版)[M].北京:中国人民大学出版,2006.
[7] 庄铭国.国际礼仪[M].北京:中共中央党校出版社,2006.
[8] 〔美〕杰勒德·I.尼尔伦伯格.谈判的艺术[M].上海:上海翻译出版社,1986.
[9] 〔美〕霍华德·雷法.谈判的艺术与科学[M].北京:北京航空学院出版社,1987.
[10] 〔美〕约翰·温克勒.讨价还价技巧[M].北京:机械工业出版社 1988.
[11] 查尔斯·M.富特雷尔,雄银解.销售管理[M].北京:高等教育出版社,2006.
[12] 芮新国.区域市场谋略[M].北京:机械工业出版社,2007.
[13] 黄坤编.区域经理实战手册[M].北京:企业管理出版社,2006.
[14] 〔美〕拉尔夫·W.杰克逊.销售管理[M].北京:中国人民大学出版社,2003.
[15] 〔美〕威廉姆·J.斯坦顿.销售队伍管理[M].第10版.北京:北京大学出版社,2003.
[16] Robert E. Hite,Wesley J. Johnston. Managing Salespeople:A relationship Approach,South Western College Publishing,an ITP Company. ,1998.
[17] 查尔斯·M.富特雷尔.销售学基础[M].北京:机械工业出版社,2006.
[18] 查尔斯·M.富特雷尔.销售管理[M].北京:机械工业出版社,2004.
[19] 罗珊·L.斯皮罗,等.销售团队管理[M].北京:机械工业出版社,2005.
[20] 菲利普·科特勒.营销管理[M].上海:上海人民出版社,2006.
[21] 罗伯特·J.卡尔文.周洁如译.销售管理[M].北京:中国财政经济出版社,2003.
[22] 熊银解.销售管理[M].北京:高等教育出版社,2004.
[23] 李先国.销售管理教程[M].北京:北京大学出版社,2005.
[24] 孙玮林.销售管理[M].杭州:浙江大学出版社,2004.
[25] 李先国.销售管理[M].北京:首都经济贸易大学出版社,2006.
[26] 李敬.渠道营销[M].成都:西南财经大学出版社,2007.
[27] 王广宇.客户关系管理方法论[M].北京:清华大学出版社,2004.
[28] 王永贵.客户关系管理[M].北京:清华大学出版社,2007.
[29] 杨德宏.客户关系管理成功案例[M].北京:机械工业出版社,2002.
[30] 李先国.客户服务管理[M].北京:清华大学出版社,2006.
[31] 李国冰.客户服务实务[M].重庆:重庆大学出版社,2005.
[32] 马学召.客户管理实操细节[M].广东:广东经济出版社,2006.
[33] 王琛磷.客户投诉心理分析与应对技巧[M].深圳:海天出版社,2007.
[34] 陈玉菁.客户信用分析技巧[M].上海:立信会计出版社,2006.
[35] 安贺新.销售管理实务[M].北京:清华大学出版社,2009.
[36] 易淼清.销售渠道与终端管理[M].北京:北京交通大学出版社,2010.

[37] 李野新.终端营销[M].北京:清华大学出版社,2009.

[38] 张小虎.终端阵地战[M].北京:企业管理出版社,2009.

[39] 孔伟成,陈永芬.网络营销[M].北京:高等教育出版社,2005.

[40] 罗锐韧.哈佛经理手册[M].北京:企业管理出版社,2001.

[41] 刘敏兴.销售人员专业技能训练教程[M].北京:北京大学出版社,2010.

[42] 郭国庆.市场营销学[M].武汉:武汉大学出版社,2000.

[43] http://finance.qq.com/a/20061008/000318_3.htm

[44] http://hi.baidu.com/lvxiufan/blog/item/5e80bf342cf040b4d1a2d35f.html

[45] http://lj2008122.blog.163.com/blog/static/6274824320098101174339/

[46] http://www.wanliluschool.com/news.asp?newsID=29

[47] http://management.mainone.com/ceo/2007-08/112704.htm

[48] http://info.ceo.hc360.com/2010/06/300824112779-2.shtml

[49] http://www.51edu.com/guanli/zzy/news/2266237.html

[50] http://www.crbanking.com/marketing/skills/200705/20070516161934.html

[51] http://xiaohua.zol.com.cn/detail11/10600.html

[52] http://www.tem.com.cn/Html/20090601/124384623919683.shtml

[53] http://ywshipin.com/zixun/2497.html

[54] http://www.hudong.com/

[55] http://www.es86.com/Product.aspx

[56] http://www.doc88.com/p-37080763077.html

[57] http://www.baidu.com/

[58] http://www.lfys.net/pic/gif/1278922363.jpg

[59] http://www.djhlscs.com/

[60] http://www.xieli88.com/

[61] http://www.lfys.net/pic/gif/1278922363.jpg

[62] http://www.djhlscs.com/

[63] http://www.xieli88.com/